Quellen zur Erziehung
von Kindern mit geistiger
Behinderung

Band 2: 20. Jahrhundert

Andreas Möckel, Heidemarie Adam, Gottfried Adam
(Herausgeber)

Quellen zur Erziehung von Kindern mit geistiger Behinderung

Band 2: 20. Jahrhundert

edition bentheim Würzburg 1999

Für die Bilder auf den Kapitel-Startseiten danken wir den Malerinnen und Malern der Gruppe „Die Wilderers" in Hildesheim, für die Erlaubnis zum Abdruck Pastor Wolfgang Reese, Direktor der Diakonischen Werke Himmelsthür.

Die Deutsche Bibliothek – CIP-Einheitsaufnahme

Quellen zur Erziehung von Kindern mit geistiger Behinderung / Andreas Möckel ... (Hrsg.) – Würzburg ... Ed. Bentheim
Bd. 2. 20. Jahrhundert. – 1999
ISBN 3-925265-26-0

© edition bentheim 1999

Ohmstr. 7, 97076 Würzburg
Tel. 09 31/20 92-167 (Vertrieb), Fax 09 31/20 92-170

Das Buch oder Teile davon dürfen weder fotomechanisch, elektronisch noch in irgendeiner anderen Form ohne schriftliche Genehmigung des Verlages wiedergegeben werden.

Lektorat: Dr. Wolfgang Drave
Titelfoto: Wolf-Dietrich Weissbach, Würzburg
Gestaltung: Dieter Soldan, Stuttgart
Layout: Hannelore Ohle-Nieschmidt, Stuttgart
Druck und Herstellung: cityDruck GmbH, Würzburg

Inhaltsverzeichnis

Vorwort   **9**

Einführung   **10**

Literatur   **24**

Editionshinweise   **29**

I. Das neue Jahrhundert

    1. *Johannes Trüper*   **32**
       Ungelöste Aufgaben der Pädagogik (1896)

    2. *Ellen Key*   **38**
       Das Recht des Kindes (1900)

    3. *Maria Montessori*   **44**
       Die Entdeckung des Kindes (1952)

    4. *Rudolf Steiner*   **48**
       Aus der Selbstbiographie (1923/1925)

    5. „EOS" – Zur Einführung der Zeitschrift (1905)   **50**

    6. *Theodor Heller*   **54**
       Zur Geschichte der Heilpädagogik (1904)

    7. *Arno Fuchs*   **56**
       Schwachsinnige Kinder (1921)

II. Die Verfolgung geistig behinderter Kinder

    8. *Henry Herbert Goddard*   **62**
       Die Familie Kallikak (1912)

    9. *Karl Binding und Alfred Hoche*   **74**
       Die Freigabe der Vernichtung lebensunwerten Lebens (1920)

    10. *August Henze*   **78**
       Grundlagen der Geistesschwachenfürsorge (1930)

    11. *Heinrich Hanselmann*   **81**
       Was ist Heilpädagogik? (1932)

    12. Das Gesetz zur Verhütung erbkranken Nachwuchses (1933)   **86**

13. *Theodor Heller* **90**
   Heilpädagogik in Österreich (1935)

14. *Allgemeine Anordnung für die Hilfsschulen in Preußen (1938)* **96**

15. *Familien erfahren von der Ermordung Angehöriger (1940/1941)* **100**

16. *Lothar Kreyssig* **104**
   Brief an den Reichsminister der Justiz (1940)

17. *Paul Gerhard Braune* **110**
   Denkschrift (1940)

18. *Theophil Wurm* **120**
   Brief an den Reichsminister des Innern (1940)

19. *Clemens August Graf von Galen* **125**
   Predigt (1941)

20. *Arthur Kuhn* **134**
   Bericht (1945)

21. *Viktor von Weizsäcker* **145**
   „Euthanasie" und Menschenversuche (1947)

III. Das Recht auf Leben und auf Erziehung und Unterricht

22. *Bundesvereinigung Lebenshilfe e. V.* **154**
   Einladungsschreiben, Gründungsprotokoll, Satzungen (1958, 1959, 1968)

23. *Nigel Hunt* **160**
   Ich verlaufe mich in London und Innsbruck (1966)

24. *Karl König* **166**
   Der Mongolismus (1959)

25. *Andreas Rett* **170**
   Mongolismus (1977)

26. *Hans Asperger* **172**
   Autistische Psychopathen (1952)

27. *Schulpflicht für geistig behinderte Kinder (1964)* **178**

28. *Karl König* **181**
   Die drei Grundpfeiler von Camphill (1965)

29. *Heidemarie Adam* **187**
   Das Magnolia-Curriculum (1978)

30. Gustav Heinemann Ansprache (1970)	**192**
31. Vereinte Nationen Deklaration der Rechte der geistig Behinderten (1971)	**194**
32. Leszek Kolakowski Es gibt keinen Rückzug aus unserer Kultur (1973)	**198**
33. Carl Friedrich von Weizsäcker Der Behinderte in unserer Gesellschaft (1976)	**202**
34. Dieter Fischer Entflechten und reduzieren im Unterricht (1978)	**208**
35. Die Salamanca-Erklärung (1994)	**210**
36. Diskriminierungsschutz in Deutschland (1994)	**213**
37. Heilpädagogik, Behinderung und geistige Behinderung	**214**

IV. Integration und Normalisierung

38. Bengt Nirje Das Normalisierungsprinzip und seine Auswirkungen in der fürsorgerischen Betreuung (1969)	**226**
39. Deutscher Bildungsrat Empfehlungen der Bildungskommission (1973)	**233**
40. Vereinigte Staaten von Amerika: The Education for All Handicapped Children Act (Public Law 94-142) (1975)	**237**
41. Luciano Galliani Situation und Probleme der Sonderpädagogik in Italien (1981)	**244**
42. Wolf Wolfensberger Die Entwicklung des Normalisierungsgedankens in den USA und in Kanada (1986)	**249**
43. Integrativer Unterricht in Österreich: 15. SchOG-Novelle (1993)	**256**
44. Münchener Manifest gegen Aussonderung (1995)	**258**

V. Die Herausforderung der schweren geistigen Behinderung

45. John F. Kane und Gudrun Kane   **264**
Aufgaben zur Lenkbarkeit (1976)

46. Andreas Fröhlich   **269**
Basale Stimulation (1991)

47. Peter Singer   **278**
Die schiefe Bahn: von der Euthanasie zum Völkermord? (1979)

48. Bundesvereinigung Lebenshilfe e. V.   **282**
Lebensrecht niemals in Frage stellen (1989)

49. Kinsauer Manifest (1992)   **286**

50. Bioethik-Konvention des Europarates (1997)   **288**

51. Winfried Mall   **290**
Entspannungstherapie mit Thomas.
Erste Schritte auf einem neuen Weg (1980)

52. Ursula Braun   **294**
Unterstützte Kommunikation (1995)

53. Rosemary Crossley   **306**
Gestützte Kommunikation (1997)

54. Arne Maiwald   **311**
Nicht sprechen können, aber alles verstehen (1996)

Vorwort

Wir freuen uns, nunmehr den 2. Band der „Quellen zur Erziehung von Kindern mit geistiger Behinderung" vorlegen zu können. Die Texte, die er enthält, umfassen den Zeitraum des 20. Jahrhunderts. Im Blick auf die Entwicklungen in der ersten Jahrhunderthälfte liegt der nötige zeitliche Abstand vor, um die Auswahl der Texte im Rückblick vorzunehmen. Die Entwicklungen der Geistigbehindertenpädagogik in der zweiten Hälfte des Jahrhunderts haben Herausgeber und Herausgeberin selbst miterlebt und teilweise mitgestaltet. Dies macht die Auswahl der Quellen insofern möglich, als die tatsächlichen Schwerpunkte des Entwicklungsganges präsent sind. Die Gefahr, aufgrund des eigenen Engagements eine einseitige Auswahl zu treffen, ist dabei vergleichsweise gering; es waren im Verlauf der Jahre die jeweiligen Themenschwerpunkte deutlich erkennbar. Von daher darf man mit aller gebotenen Vorsicht sagen, daß die Quellenauswahl im wesentlichen das Selbstverständnis dieser Jahre widerspiegelt. In der Einführung sind die Gesichtspunkte der Auswahl im einzelnen ausgeführt.

Wir haben nicht mehr die Aufbruchstimmung, die Anfang der siebziger Jahre Motor der Entwicklung bezüglich der Erziehung und Bildung von Kindern und Jugendlichen mit geistiger Behinderung war. Umso mehr ist es notwendig, daran zu erinnern, daß Menschenwürde und Anerkennung einer jeden Person in ihrem Sosein auch für diejenigen gilt, die weithin eher am Rande unserer Gesellschaft, in jedem Falle unter enorm erschwerten Bedingungen leben müssen. So mag der Quellenband dazu beitragen, die gegenwärtige Situation von Kindern, Jugendlichen und Erwachsenen mit geistiger Behinderung in unserer Gesellschaft wahrzunehmen, präsent zu halten, zu verstehen und dadurch mithelfen, daß im beginnenden neuen Jahrtausend menschlicher Geschichte die gesellschaftliche Solidarität mit und die Respektierung der Menschenwürde von Personen mit geistiger Behinderung nicht abnehmen, sondern wachsen mögen.

Neben der Herausgeberin und den Herausgebern hat eine Reihe von anderen Personen und Institutionen ihren Anteil daran, daß dieser Band erscheinen kann. Wir haben auch diesmal der Barbara-Schadeberg-Stiftung (Bielefeld) für einen Druckkostenzuschuß zu danken. Martina Jülich verdanken wir die Bearbeitung von Text Nr. 40, Hinweise und Auskünfte erteilten Dipl. Päd. Harald Ebert (Karlstadt), Frau Mag. Helga Kappus (Wien), Frau Isolde Kausen (München), Frans Meijer (Rotterdam), Dr. Traugott Schöffthaler (Deutsche UNESCO-Kommission), Prof. Peter Rödler (Koblenz), Prof. Dr. Manfred Thalhammer (Würzburg), der Bundvereinigung Lebenshilfe (Marburg), dem Generallandesarchiv Karlsruhe, dem Landeskirchlichen Archiv der Ev. Landeskirche in Württemberg, dem Nachrichtenmagazin für behinderte Menschen in Linz und der Zentralverwaltung der Universität Marburg.

Besonders hervorzuheben ist schließlich die erneut gute Zusammenarbeit mit Dr. Wolfgang Drave von der edition bentheim. Ihm ist es zu danken, daß das Buch in einer solch schönen Gestalt erscheinen kann.

Würzburg, Leipzig, Wien, im März 1999

Andreas Möckel
Heidemarie Adam
Gottfried Adam

Einführung

Zur Geschichte der Erziehung von Kindern und Jugendlichen mit geistiger Behinderung im 20. Jahrhundert

1. Zur Bedeutung der Fachgeschichte

Viele Texte zur Geschichte der Erziehung von Kindern mit geistiger Behinderung aus dem 19. Jahrhundert sind schwer zugänglich. Band 1 sollte diesem Mangel nach Möglichkeit abhelfen und interessierten Leserinnen und Lesern einen Überblick über die Anfänge der Erziehung geistig behinderter Mädchen und Jungen geben. Band 2 ist dem 20. Jahrhundert gewidmet, dessen Fachliteratur reichlicher und im allgemeinen auch leichter zugänglich ist als die des 19. Jahrhunderts. Viele Ereignisse, besonders die Verbrechen unter der NS-Diktatur, sind den meisten Heilpädagoginnen und Heilpädagogen innerlich noch so nahe, daß die erste Hälfte des Jahrhunderts zwar als vergangen gilt, aber immer noch wie eine dunkel gefühlte Bedrohung erlebt wird. Die Texte dieser Sammlung wollen ein Beitrag zur Geschichte der Erziehung geistig behinderter Kinder und Jugendlichen sein. Sie gehörte zu den Aufgaben der Heilpädagogik, deren Notwendigkeit ins Bewußtsein aller Pädagoginnen und Pädagogen gehoben werden sollte. Sie ist bisher in der allgemeinen Geschichte der Erziehung ganz übersehen worden oder viel zu kurz gekommen. Das ist angesichts der dringenden praktischen und theoretischen Aufgaben und der zahlenmäßig bescheidenen Besetzung von Hochschulinstituten mit Mitarbeiterinnen und Mitarbeitern für pädagogisch-historische Forschungen auf diesem Spezialgebiet verständlich, aber trotzdem bedauerlich.

Zur Geschichte der Erziehung geistig behinderte Kinder gibt es nach dem Zweiten Weltkrieg mehrere, nach ihrem Umfang unterschiedliche Arbeiten, die sich um einen Gesamtüberblick bemühen (Beschel 1960, Klevinghaus 1962, Speck 1979, Kaspar und Wollasch 1980, Jantzen 1982, H. Meyer 1983, Möckel 1984, Bachmann 1985).

Zu Einzelfragen sind auch schon vor dem Zweiten Weltkrieg gründliche Untersuchungen entstanden. Immer noch lesenswert sind die Beiträge von Max Kirmsse, die unter dem Aspekt der Fachgeschichte in seiner Zeit einzigartig sind (Premerstein 1964). Seine Arbeiten sind heute zugleich Geschichtsquellen, weil sie eine fast vergessene Sicht der damaligen Leiter und pädagogischen Mitarbeiterinnen und Mitarbeiter von Anstalten und Hilfsschulen widerspiegeln. Kirmsse (1877–1946) war Lehrer im Kalmenhof in Idstein im Taunus, dessen Leitung er nach 1945 übernahm. Seit 1922 lebte er als freier Schriftsteller, und bis 1932 war er sozialdemokratischer Stadtverordneter. Seine sorgfältig recherchierten Studien waren zugleich Vorarbeiten für eine Geschichte der Heilpädagogik, die er 1918 als ein Werk in vier Bänden ankündigte: „Der Schwachsinnige in Vergangenheit und Gegenwart". Er hoffte, „die seit langem geplante Arbeit über die Entwicklung der Schwachsinnigenbehandlung in absehbarer Zeit erscheinen zu lassen" (Kirmsse 1918, S. 193). Leider blieb es bei der Ankündigung. Kirmsse, der als Lehrer die Leistungen sowohl der Anstaltsschulen als auch der Hilfsschulen realistisch einschätzen konnte, sah die Erziehung in den beiden Institutionen als ein und dieselbe Aufgabe an und hatte anders als die Hilfsschulpädagogik seiner Zeit das Ganze der Heilpädagogik im Blick. Seine liebevollen, zuweilen auch eigenwilligen Studien waren zu seiner Zeit Ausbildungsinhalte. In der Gesamtsicht der Erziehung geistig behinderter Kinder ging er allerdings über die Darstellungen von Paul Gerhardt und Theodor Sengelmann nicht hinaus, auch fehlt der Gesamtentwurfs einer Geschichte der Heilpädagogik, den Georgens und Deinhardt erreichten (Band 1, Nr. 25, besonders S. 254–267).

Erst nach dem Zweiten Weltkrieg erschienen Monographien zu Teilaspekten und Teilbereichen der Fachgeschichte. Dr. theol. Johannes Klevinghaus (1911–1970), Leiter des Wittekindshofes bei Bad Oeynhausen, einer Schwesteranstalt von Bethel bei Bielefeld, schrieb eine Geschichte unter dem Titel „Hilfen zum Leben". Er war seit 1953 Vorsitzender des Verbandes Evangelischer Einrichtungen für geistig und seelisch Behinderte und berücksichtigte besonders die Tradition der evangelisch geprägten Anstalten, zu deren Unterlagen er Zugang hatte. Er verwendete die Akten des Wittekindhofes und die des „Verbandes Deutscher Evangelischer Heilerziehungs-, Heil- und Pflegeanstalten". Ihn beschäftige „der innere Widerspruch" des „Centralausschusses für Innere Mission" im Jahre 1932, der sich dafür ausgesprochen hatte, der „Fürsorge für den erbgesunden Teil des Volkes vor der für den erbkranken Teil" Vorrang zu geben (Klevinghaus 1972, S. 126). Solche Vorstellungen spielten ungewollt der nach 1933 einsetzenden Medizinpolitik der Zwangssterilisation und den darauf folgenden völlig ungesetzlichen Tötungen von psychisch Kranken und behinderten Menschen in die Hände. Ludwig Schlaich, der Leiter von Stetten im Remstal, gab das Buch zwei Jahre nach dem Tod von Klevinghaus, der einen Autounfall erlitten hatte, aus dem Nachlaß heraus.

Im Jahre 1980 erschien zum 75jährigen Jubiläum des Verbandes katholischer Einrichtungen für Lern- und Geistigbehinderte eine zweibändige Geschichte von Franz Kaspar (Band 1 „Zeit der Gründungen") und Hans-Josef Wollasch (Band 2 „Ausbau und Bedrängnis: Die erste Hälfte des 20. Jahrhunderts"). Beide Autoren arbeiteten in vorbildlicher Weise die ältere Literatur auf und werteten die einschlägigen Akten aus kirchlichen und staatlichen Archiven aus, verständlicherweise besonders das Archiv und die Bibliothek des Deutschen Caritasverbandes. Auf das umfangreiche Literaturverzeichnis sei ausdrücklich hingewiesen.

Ganz anders als Klevinghaus, Kaspar und Wollasch setzt Wolfgang Jantzen in seiner „Sozialgeschichte des Behindertenbetreuungswesens" an (1982). Er versuchte, verschiedene „Forschungsstränge auf sehr vielen Ebenen als Verankerungspunkte" zu nutzen, „um die ungeheure Menge an Material in einem bisher historisch wenig erforschten Bereich zu gliedern und aufzuspannen" (S. 5). Aufschlußreich ist die kritische Untersuchung des Begriffs „Psychopathie" (S. 64–69), der in der Erziehung von Menschen mit Behinderungen in der ersten Hälfte des Jahrhunderts großen Schaden anrichtete.

Von den Monographien und Biographien seien nur einige wenige genannt. Frank Selbmann hat Leben und Werk von Jan

Daniel Georgens beschrieben (Selbmann 1982). Diese Dissertation erschien in Giessen, wo Walter Bachmann den ersten Band der „Heilpädagogik" von Georgens und Deinhardt neu herausgegeben hatte. Bachmann selbst veröffentlichte „Zur Geschichte der Heilpädagogik", so der Untertitel, eine Monographie und zugleich Dokumentation von wissenschaftlichen Untersuchungen aus der Zeit vor der Aufklärung mit dem Haupttitel „Das unselige Erbe des Christentums: Die Wechselbälge" (Bachmann 1985). Ernst Klee untersuchte die Verfolgung der geistig behinderten Kinder und Erwachsenen und der psychisch Kranken während des Zweiten Weltkriegs auf der Grundlage von Akten aus Ärzteprozessen. Er machte vierzig Jahre nach dem Ende des Zweiten Weltkriegs das Ausmaß der Verbrechen und die Verwilderung im akademischen Denken und Sprechen sichtbar, die nach dem Ersten Weltkrieg auf dem Gebiete der Volksgesundheit eingetreten war. Zur Geschichte der geistig behinderten Kinder im Nationalsozialismus erschienen seit den siebziger Jahren Beiträge (z.B. Höck 1979, Rudnik 1990, Berg/Ellger-Rüttgardt 1991, 1996, Brill 1994). Einige Untersuchungen gelten traditionsreichen Anstalten wie Mariaberg (Eder 1997) oder Neuendettelsau (Müller/Siemen 1991, Hümmer 1998). Eine Darstellung, die der Geschichte der Erziehung geistig behinderter Kinder und Jugendlicher seit den Anfängen bis zur Gegenwart gewidmet ist, steht jedoch noch aus. Die zwei Bände dieser Textsammlung wollen dazu ermutigen, der Geschichte des Faches mehr Gewicht beizulegen, als es bisher geschieht.

Kann das in einem Studium gelingen, wenn Geschichte der Heilpädagogik kein selbständiges Prüfungsfach mehr ist und nur zusammen mit der Systematischen Heilpädagogik geprüft wird? Die Verbindung von Geschichte und Allgemeiner Heilpädagogik muß kein Nachteil sein. Bedingung ist allerdings, daß Studenten nicht gezwungen werden, einfach nachzubeten, was die Professorinnen und Professoren gerne hören, sondern Quellen lesen lernen. Was vom Geschichtsstudium allgemein gesagt worden ist, gilt auch für die Fachgeschichte, deren enge Verknüpfung mit der politischen Geschichte im 20. Jahrhundert auf der Hand liegt. „Es schadet nichts", schrieb Jakob Burckhardt in seinen Weltgeschichtlichen Betrachtungen, „wenn der Anfänger das Allgemeine auch wohl für ein Besonderes, das sich von selbst Verstehende für etwas Charakteristisches, das Individuelle für ein Allgemeines hält; alles korrigiert sich bei weiterem Studium, ja schon das Hinzuziehen einer zweiten Quelle erlaubt ihm durch Vergleichung des Ähnlichen und des Kontrastierenden bereits Schlüsse, die ihm zwanzig Folianten nicht reichlicher gewähren" (Burckhardt 1897, S. 20).

Schon die Einführung zum ersten Band dieser Quellensammlung begründete die Notwendigkeit, die Geschichte der Erziehung geistig behinderter Kinder zu erinnern und zu reflektieren, und forderte dazu auf, die Grundbegriffe der Heilerziehung auf dem Hintergrund der Fachgeschichte zu klären. Die Herausgeber und die Herausgeberin haben sich um Ausgewogenheit bemüht, sind aber nicht neutral, sondern bekennen sich zur „Entscheidungsobjektivität". Hans Rothfels, der diesen Begriff prägte, schrieb sechzehn Jahre nach Kriegsende: „Nie sollte Objektivität aus Selbstzucht und Wille zum Verstehen verwechselt werden mit Neutralität in Grundfragen menschlicher Entscheidung. Das historische Denken setzt wohl das Bewußtsein des Bedingten aller Geschichte voraus, aber nicht den Verzicht auf Unbedingtes, auf Normen des Handelns, auf Werte hinter Kausalitäten" (Rothfels 1961, S. 11).

Rothfels sah in der „Begegnung" mit der Geschichte das Kernstück aller wissenschaftlichen Interpretationen und insofern ihren Beitrag zur Menschenbildung: „So erhält gerade in einer Zeit tiefer Betroffenheit die Geschichte, wie schon Jakob Burckhardt mahnte und wie in verwandten Worten ein führender Kopf des deutschen Widerstandes es postuliert hat, ‚die Funktion, die Erinnerung an das Unverlierbar-Menschliche zu bewahren, das Menschenbild für eine noch unbekannte Zukunft zu retten'" (ebda).

Dieses Wort trifft auch auf die Geschichte der Erziehung von Mädchen und Jungen mit geistiger Behinderung zu; denn auch mit ihrer gesellschaftlichen Einbeziehung oder Ausgrenzung entscheidet sich in einer politische Kultur, ob sie den einmal erreichten Grad der Menschlichkeit in der Gegenwart und für die Zukunft bewahren will oder nicht. Band 2 zeigt nicht nur für die erste, sondern auch für die zweite Hälfte des Jahrhunderts, daß Menschlichkeit einer wachen Entschlossenheit bedarf und leicht verspielt werden kann. Auch die Erhaltung eines einmal erreichten Niveaus in der Heilpädagogik bedarf einer immer neuen argumentativen Anstrengung gegenüber den gesellschaftlichen Gruppen und Kräften. Schiebt man die Sorge für Frauen und Männer mit geistiger Behinderung in eine isolierte, medizinisch technisch bestimmte Provinz ab und überläßt die politischen und gesellschaftlichen Prozesse mehr oder weniger sich selbst, ist vorauszusehen, daß sich deren Lebensbedingungen verschlechtern. Vielleicht kann die Textsammlung Studierenden, Lehrenden und Schulpolitikern den Blick dafür öffnen, wie notwendig es für den Fortgang der Heilpädagogik ist, immer wieder sowohl die Institutionen für Einblicke und für Kritik von außen zu öffnen als auch gesellschaftliche Kräfte von der Notwendigkeit der Heilpädagogik zu überzeugen. Hierzu sind Grundkenntnisse der Fachgeschichte notwendig. Man kann nicht behaupten, daß es damit zum besten steht. Das läßt sich an systematischen Arbeiten nachweisen, die auf die Geschichte zurückgreifen, um mit ihr zu argumentieren.

In einer 1990 erschienenen Sozialgeschichte, der Name tut nichts zur Sache, wird die Einrichtung der ersten Blödsinnigenanstalten damit erklärt, daß Eltern versuchten, ihre Kinder in sich verstärkendem Maße in Taubstummenanstalten unterzubringen. Diese seien teilweise zu Zufluchtsstätten geistig behinderter Kinder aus Adel und Bürgertum geworden. Zum Beleg weist der Autor auf eine Geschichte der Hilfsschule hin, in der dieser Andrang als Grund angesehen wird, ‚blödsinnige' Kinder in gesonderten Anstalten zusammenzufassen. Auch diese Schrift beruft sich wiederum auf einen anderen Autor. So entstehen Wandersagen. Es gibt kein Beispiel für eine Gehörlosenanstalt, deren Unterricht durch den großen Andrang geistig behinderter Mädchen und Jungen beeinträchtigt worden wäre. Wohl aber erkannten Verantwortliche in den Taubstummenschulen früher als andere das Problem schulisch verwahrloster geistig behinderter Kinder. Die Anstalten von Gotthard Guggenmoos in Salzburg, Karl Wilhelm Saegert in Berlin, Ferdinand Kern in Leipzig könnten gemeint sein, lassen sich bei näherer Prüfung jedoch nicht zum Beweis dieser These anführen. Und selbst wenn sich eine Anstalt finden sollte, die ein „Zufluchtsort" für geistig behinderte Kinder gewesen ist, geht diese Deutung insgesamt an der geschichtlichen Wirklichkeit vorbei.

Ebenso fragwürdig ist die auch in der Fachliteratur anzutreffende Gleichsetzung von Heil- und Erziehungsanstalten und psychiatrischen Anstalten. Ein Ergebnis dieser Gleichsetzung ist dann die immer wieder kolportierte Behauptung, die Anstalten des 19. Jahrhunderts seien Bewahranstalten gewesen, womit kurzerhand ein ganzes Jahrhundert der Geschichte der Heilpädagogik amputiert wird. Die Heilpädagogik von Pestalozzi bis zu den Anstaltsgründungen im Vormärz trat gegen die bloße psychiatrische Aufbewahrung geistig behinderter Kinder und Erwachsenen an. Die Anfänge der Erziehung geistig behinderter Kinder fanden im hellen Licht der Geschichte statt und sind doch selbst bei Fachleuten im engeren Sinne wenig bekannt. Um der Zukunft der Heilpädagogik und um der Gesprächsfähigkeit gegenüber der Allgemeinen Pädagogik willen muß der Ruf „ad fontes" beherzigt werden. Aus Platzgründen mußte es in vielen Fällen bei Auszügen bleiben. Wenn die Texte trotz dieser Einschränkungen zu einem vertieften Studium und damit selbstverständlich auch zu einer Überprüfung dieser Auswahl selbst anregen, ist das erwünscht.

2. Zur Geschichte der Erziehung geistig behinderter Kinder und zur Auswahl der Texte

Das neue Jahrhundert

Im 19. Jahrhundert war die Geschichte der Erziehung geistig behinderter Kinder, wie Band 1 leicht entnommen werden kann, hauptsächlich eine Geschichte der sogenannten Idiotenanstalten (D. Meyer 1973, Bradl 1991). Das ist insofern verständlich, als die ersten Schulen für geistig behinderte Jungen und Mädchen Heimschulen waren und sich die Direktoren der Anstalten 1874 zur „Conferenz für Idioten-Heil-Pflege" zusammenschlossen und seit diesem Zeitpunkt regelmäßig Kongresse abhielten. Pfarrer, Ärzte und Lehrer behandelten hierbei alle Aufgaben der Anstalten in großer Breite. Die Konferenz schuf sich außerdem ein Verbandsorgan („Zeitschrift für die Behandlung Schwachsinniger und Epileptischer"). Auf dem ersten Kongreß ging es um „das Wesen der Idiotie, die Intelligenz, das Gemüth und den Willen der Idioten", ferner um „Arbeit, Unterricht und Erziehung". Die zweite Konferenz im Jahre 1877 behandelte den „Lese-Unterricht", „die Minimalforderung an das religiöse Wissen", die Spielgaben Fröbels in der Erziehung Schwachsinniger, „die Strafe", „die Behandlung der kranksinnigen unter den Idioten", statistische Fragen, wie die Einführung von „Zählkarten" in den Anstalten.

Ein wichtiges Ereignis in der Geschichte der Erziehung geistig behinderter Mädchen und Jungen im 19. Jahrhundert war die Gründung der ersten Hilfsschulen um 1880 (Band 1, Nr. 30 und 31). Die Konferenz nahm im Jahre 1880 in Stuttgart dieses neue Thema auf und arbeitete dazu eine Entschließung aus. „Die Konferenz erklärt es unter den jetzigen Verhältnissen für wünschenswert, dass grössere Städte für schwachbefähigte (imbecille) Kinder besondere Klassen errichten" (Reichelt 1880, S. 27). Seit 1883 nahmen auch Hilfsschullehrer an den Konferenzen teil und arbeiteten fünfzehn Jahre lang mit den Anstaltslehrern zusammen, trotz offener oder latenter Spannungen. Im Jahre 1898 kam es schließlich zur Trennung und zur Gründung des „Verbandes der Hilfsschulen

Deutschlands" (Möckel 1976, 1998). Der neue Verband bewies gesellschaftspolitisches Geschick und übertraf die Konferenzen hinsichtlich der Anzahl der Teilnehmerinnen und Teilnehmer und im Blick auf den Grad der politischen Wirkung bei weitem. Die Leitung des Verbandes fühlte sich zunächst nur für die Kinder der Hilfsschule zuständig und versuchte, die eigene Erziehungsarbeit von der Anstaltserziehung abzugrenzen. Erst nach dem Ende des Zweiten Weltkrieges öffnete sich der „Verband Deutscher Sonderschulen" auch für die Arbeit anderer sonderpädagogischer Fachrichtungen. Seit 1977 führt er demgemäß den zusätzlichen Namen „Fachverband für Behindertenpädagogik".

Eine Folge der Trennung im Jahre 1898 war, daß der von Theodor Sengelmann ins Leben gerufene Verband der Anstalten nach 1900 stagnierte. Unter dem Namen „Verein zur Erziehung, Bildung und Pflege Geistesschwacher" existierte er noch bis 1933 und hörte dann – genau so wie der Verband der Hilfsschulen Deutschlands – zu bestehen auf. Die „Zeitschrift für die Behandlung Anomaler" ging genau so wie die 1908 gegründete Zeitschrift „Die Hilfsschule" in der nationalsozialistischen Einheitszeitschrift „Die deutsche Sonderschule" auf. Der letzte Vorsitzende des Verbandes der Anstalten war der Psychiater Dr. med. Ewald Meltzer, seit 1918 Direktor der sächsischen Landesanstalt für Schwachsinnige in Großhennersdorf in Sachsen.

Das neue Jahrhundert kündigte sich hinsichtlich der Erziehung geistig behinderter Mädchen und Jungen in einem eigentümlichen Zwielicht an. Es gab Hoffnung auf weitere Verbesserung. Hier setzen die Texte dieses Bandes ein. Johannes Trüper, Gründer und Leiter des Erziehungsheims Sophienhöhe und Schüler von Wilhelm Rein, kann zur Schulreformbewegung gezählt werden (Hillenbrand 1994, S. 72–74). Die Ankündigung einer neuen wissenschaftlichen pädagogischen Zeitschrift (Nr. 1) umschreibt den Bereich von Pädagogik und Heilpädagogik. Trüper versuchte den Verband der Hilfsschulen Deutschlands zur Zusammenarbeit in einem größeren heilpädagogischen Horizont zu gewinnen (Hillenbrand 1998, S. 169), leider ohne Erfolg. Auch bei der Reformpädagogin Maria Montessori läßt sich der enge und fruchtbare Zusammenhang mit der Heilpädagogik erkennen (Nr. 3). Montessori stieß auf die Schriften Séguins. Sie erfaßte die Realität des Leidens in der Schule, wenn Erwachsene ihre Sicht unbarmherzig an den Bedürfnissen von Kindern vorbei zur Geltung bringen. Das wird oft als eine Anklage der bestehenden Erziehungsverhältnisse verstanden, was es gewiß auch ist. Was aber darüber hinaus gesehen werden muß, ist ihr Mut zur Anerkennung der Tatsache, daß Erziehung ungewollt, aber unausweichlich Leid verursacht. Dieser Einsicht weichen idealistische und materialistische Richtungen in der Pädagogik in gleicher Weise aus. Die Schriften der Ärztin Montessori wurden in den zwanziger Jahren in Deutschland nicht zu ihrem Besten ausgelegt, was mit Hilfe einer immanenten Interpretation ihres Lebenswerkes möglich gewesen wäre, sondern selbst von namhaften Pädagogen kleinlich abgewehrt (Schulz-Benesch 1970).

Auch Rudolf Steiner (Nr. 4) kann zur Reformpädagogik gezählt werden. Seine Lehre von der Erziehung ist offen für heilpädagogische Unterrichts- und Erziehungsfragen. Steiner war als junger Hauslehrer und dann nach dem Ersten Weltkrieg von drei jungen Lehrern der Sophienhöhe in

Jena mit der Heilpädagogik konfrontiert worden. Sein Lebenswerk wirkt sich auch heute noch auf die Heilpädagogik fruchtbar aus (Nr. 28, Nr. 49). In Österreich gab Salomon Krenberger einer neuen heilpädagogischen Zeitschrift den Namen der griechischen Göttin der Morgenröte „Eos" und zeigte damit an, mit welchen Hoffnungen die Heilpädagogik in das neue Jahrhundert ging (Nr. 5). Die Hilfsschulen nahmen nach der Jahrhundertwende auch geistig behinderte Schülerinnen und Schüler auf, zuerst in Berlin. Mit Sammelklassen innerhalb der Hilfsschulen versuchte der Berliner Stadtschulrat Arno Fuchs den bis dahin unwirksamen Hilfsschulunterricht für sie angemessen zu organisieren und sie nicht einfach dem damals üblichen Frontalunterricht zu überlassen (Nr. 7).

Zwielicht herrschte zu Beginn des Jahrhunderts insofern, als neben hoffnungsvollen, auch bedenkliche Anzeichen auftauchten, die damals allerdings nicht auffielen, aus heutiger Sicht jedoch wie erste gefährliche Signale erscheinen. Dazu gehört das Buch von Ellen Key „Das Jahrhundert des Kindes" (Nr. 2). Es gibt vermutlich kaum ein Buch über die Reformpädagogik, in dem sie nicht wenigstens erwähnt wird. Ihre unbarmherzige, drohende Absage an behinderte Kinder ist jedoch fast unbekannt.

Die Verfolgung geistig behinderter Kinder

Die Anfänge der Anstaltserziehung, so schwierig sie im einzelnen auch gewesen sein mochten, wiesen mit ihren Erfolgen in die Zukunft. Die Zusammenarbeit von Ärzten, Pfarrern und Lehrern war im 19. Jahrhundert nicht immer einfach gewesen, aber sie hatte sich bewährt. Im Gefolge von Charles Darwins berühmtem Buch „On the Origin of Species by means of Natural Selection, or the Preservation of Favoured Races in the Struggle of Life" (1859) kam eine naturwissenschaftliche Betrachtungsweise der menschlichen Gesellschaft auf. Sie erschütterte die Zusammenarbeit und hemmte die Fortschritte in der Erziehung. Die Vorstellung von der stetigen Verschlechterung der Gesellschaft und der im Interesse der nationalen Stärke und Größe damit notwendig werdenden Verbesserungen der Gesundheit einzelner Menschen und ganzer Völker wurde außerdem durch die Erkenntnisse der Erblehre deutlich verstärkt. Die Überschätzung naturwissenschaftlicher Methoden für bevölkerungspolitische Ziele trat mit einer Verzögerung von mehreren Jahrzehnten zunächst nahezu unbemerkt ein. Kennzeichnend für die Tendenzen in dieser Zeit ist die Untersuchung zur Familie „Kallikak" von Henry Herbert Goddard (Nr. 8). Sie wurde in Deutschland einseitig rezipiert und dazu benützt, um Debilität zu einer großen sozialen Gefahr aufzubauschen.

In Wahrheit hatte die Schulerziehung in einigen Heil- und Erziehungsanstalten im 19. Jahrhundert eine beachtliche Höhe erreicht. Sie war auf dem Wege, aus Almosenempfängern Steuerzahler zu machen, – ein Wort, mit dem Konrad Biesalski (1908, S.12) die Rehabilitation der körperbehinderten Kinder und Jugendlichen charakterisierte, das aber auch die damalige Tendenz der Hilfsschulen und Anstalten gut charakterisiert. Das beweisen zum Beispiel die Statuten von Ecksberg, die sich (1872) auf Lehrgegenstände „wie in gewöhnlichen Schulen" bezogen: Religion, Lesen, Schreiben, nützliche Kenntnisse, unterstützt durch Anschauung (Band 1, S. 301). Die Unterrichtsanforderungen von Kraft Philipp Rall in Mariaberg (1869) waren ähnlich anspruchsvoll (Band 1, S. 294–295). Viele Anstaltsdirektoren versuchten, möglichst bis zur Volksschule hinzuführen. Die heute geläufige Unterscheidung von geistiger Behinderung und Lernbehinderung bestand damals noch nicht. Maßstab der Anstaltsschulen war der Volksschulunterricht. Das alles trat nun im öffentlichen Bewußtsein zurück, sofern es überhaupt zur Kenntnis genommen worden war, – ja mehr noch, das Argument sozialer Nützlichkeit begann sich gegen die Erziehungs- und Heilanstalten zu richten. Der Erste Weltkrieg hatte in den Materialschlachten in Frankreich Hunderttausende von Opfern gefordert. Vermutlich verstärkte diese Erfahrung die irrationale kollektive Angst vor der Vermehrung Asozialer. Sowohl die Vertreter der Hilfsschulen als auch der Anstalten gerieten in die Abhängigkeit von unkritisch aufgenommenen sozial-medizinischen Argumenten. Schon vorher war die medizinisch orientierte Heilpädagogik immer stärker geworden. Der wissenschaftliche Ansatz einer „heilpädagogischen Pädagogik" bzw. einer „pädagogischen Heilpädagogik", wie ihn Georgens und Deinhardt vertreten hatten, geriet darüber in Vergessenheit. Nach dem Ersten Weltkrieg warfen Binding und Hoche den verhängnisvollen Terminus „lebensunwertes Leben" in die Debatte (Nr. 9). Er steht der „Ehrfurcht vor dem Leben", wie die fast gleichzeitig entstandene Ethik Albert Schweitzers fordert, diametral entgegen (Schweitzer 1954). Den Anstalten, den Hilfsschulen, den Schulverwaltungen und den Pädagoginnen und Pädagogen fehlte die Tradition einer Zusammenschau ethischer und pädagogischer Fragen unter Einbeziehung behinderter Kinder, wie sie zum Beispiel Séguin, Georgens und Deinhardt und Maria Montessori entworfen hatten.

Die Ausgangslage der Lehrerinnen und Lehrer in Anstalten und Hilfsschulen für die Auseinandersetzung mit den maßlosen Übertreibungen der Rassenhygiene war denkbar schlecht. Gefährlich war auch das Vordringen utilitaristischer Gedanken und die halb politische, halb wissenschaftliche Einordnung der geistigen Behinderung in erbbiologisch motivierte Konzepte zur Aufbesserung von Volk und Rasse. Der Siegeszug der Naturwissenschaften wirkte über die Grenzen der Wissenschaft hinaus massiv und prägte die Weltsicht. Dies wird zum Beispiel im Monismus oder im Glauben an ein Volk ohne Erbkrankheiten deutlich. Zwangsvorstellungen dieser Art entwickelten sich zu einem handfesten Religionsersatz, der mit der christlichen Tradition und deren ganz anderem Umgang mit menschlichem Leid konkurrierte.

Im Schulalltag und in den Fachzeitschriften beherrschten zwar hauptsächlich pragmatische Vorstellungen das Feld. Aber die geistigen und ethischen Grundlagen aller bis dahin entstandenen Anstalten zur Erziehung von Kindern und Jugendlichen mit Behinderungen standen nicht mehr außer jeder Kritik. Der Angriff auf schwache und kranke Menschen und ihre Verteidigung wurden Teil eines geistigen Kampfes, dessen Fronten keineswegs eindeutig entlang von Partei- und Konfessionslinien verliefen.

Ein Gesetz, das die Sterilisierung erlauben und die Weitergabe von Erbkrankheiten an die nächste Generation verhindern sollte, war schon vor 1933 und nicht nur in Deutschland diskutiert worden. Die nationalsozialistischen Machthaber machten daraus einen zentralen Programmpunkt und ein gesellschaftliches Instrument zur Machtausübung (Nr. 12). Das „Gesetz zur Verhütung erbkranken Nachwuchses" hatte eine ähnliche politische Funktion wie das schon kurz vorher erlassene „Gesetz zur Wiederherstellung des Berufsbeamtentums", mit dessen Hilfe den Standesorganisationen der Beamten das Rückgrat gebrochen wurde und mit dem die politisch und rassisch motivierten Verfolgungen in Deutschland begannen. Öffentliche Ablehnung oder Zustimmung hatte eine Bekenntnisfunktion, die Feinde ausschloß und Schweigende zu Komplizen des Unrechts machte. Die Zustimmung zum Gesetz zur Verhütung erbkranken Nachwuchses und die Aufnahme des sogenannten Arierparagraphen in die Satzungen von Vereinen nach 1933 besiegelte den Akt der Gleichschaltung. Ein Beispiel dafür sind die 1930 und 1933 geschriebenen Artikel von August Henze, dem Schriftleiter der Zeitschrift „Die Hilfsschule" (Nr. 10). Sie gehören zu einer Auseinandersetzung im Verband der Hilfsschulen Deutschlands seit dem Ersten Weltkrieg, die keineswegs zwingend in eine bestimmte Richtung führte, aber unter dem Druck der Gleichschaltung gegen die Heilpädagogik entschieden wurde. Außerhalb Deutschlands konnten sich Heinrich Hanselmann in Zürich und Theodor Heller in Wien vom biologischen Konzept der Volkshygiene freihalten (Nr. 11 und 13).

Die Allgemeine Anordnung für die Hilfsschule in Preußen, eine Verordnung für das ganze Deutsche Reich, verschloß in Deutschland geistig behinderten Kindern die Türe zur Hilfsschule und damit faktisch zu jeder öffentlichen Tagesschule (Nr. 14). Im Zweiten Weltkrieg ließ Hitler über den Reichsleiter Bouhler und seinen Leibarzt Brandt Erwachsene und Kinder aus Heil- und Pflegeanstalten und aus psychiatrischen Anstalten evakuieren und in eigens dafür vorbereiteten Einrichtungen ermorden. Das Parteibüro Hitlers erklärte die Evakuierungen, die doch nicht geheim blieben, zu kriegsbedingten Maßnahmen, so daß Widerspruch und Widerstand wie ein Mangel an Patriotismus erscheinen sollten. Die mit Hilfe von staatlicher Macht ausgeübten Verbrechen lösten bei den Angehörigen und bei vielen Menschen mit Behinderungen und psychisch Kranken Verzweiflung aus (Nr. 15). Protest gegen die Verfolgung behinderter Kinder nach 1933 brachten die Protestierenden selbst in Gefahr. Der nationalsozialistische Staat übte unter vielfältigen Vorwänden Repressionen aus. Als der Krieg begonnen hatte, war offener Protest noch gefährlicher (Nr. 14 bis Nr. 19). Die Namen Lothar Kreyssig, Paul Gerhard Braune, Theophil Wurm und Clemens August Graf von Galen stehen für den Mut derer, die es trotzdem wagten, gegen das Unrecht ihre Stimme zu erheben. Sie verdienen Anerkennung auch in einer Geschichte der Erziehung. Die gesellschaftliche Akzeptanz behinderter Kinder ist eine der Grundlagen der Heilpädagogik. Sie muß immer wieder gegen bestimmte Strömungen des Zeitgeistes verteidigt werden. In der Zeit der nationalsozialistischen Diktatur war das besonders klar und besonders schwer. Auf dem Hintergrund der damals weit über den Kreis der NSDAP hinaus anerkannten sozialdarwinistischen Überzeugungen und eines überhitzten Nationalismus schienen Einwände gegen die kaltblütige Beseitigung kranker und behinderter Menschen unpatriotisch, kleinlich und ethisch veraltet.

Vor einer französischen Untersuchungskommission berichtete Dr. med. Arthur Kuhn als einer der ersten Anstaltsärzte von den Geschehnissen während des Krieges

(Nr. 20). Ähnlich wie in Emmendingen liefen die Ereignisse auch in anderen Einrichtungen ab. Victor von Weizsäcker wies aus Anlaß des Nürnberger Ärzteprozesses auf die Rolle einer spezifischen Art unsolidarischer, abstrakter Wissenschaft hin, die viele Beteiligte für monströse Verbrechen anfällig gemacht hatte, ja ihnen sogar die Vorstellung suggerierte, wissenschaftlich besonders fortschrittlich zu sein (Nr. 21).

Die Zäsur in der Geschichte der Erziehung von Menschen mit Behinderungen, welche die NS-Zeit in Deutschland bewirkte, war besonders groß. Gefährliche pseudowissenschaftliche Vorstellungen von Behinderungen aus der ersten Hälfte des 20. Jahrhunderts haben sich aber mit dem Ende der Nazizeit leider nicht erledigt, sondern stellen auch heute noch eine latente Gefahr dar. Trotzdem kann man sagen, daß nach dem Zweiten Weltkrieg ein neuer Abschnitt begann.

Das Recht auf Leben und auf Erziehung und Unterricht

Herausgeber und Herausgeberin standen bei der Auswahl der Texte zu diesem Abschnitt vor schwierigen Entscheidungen. Erstens gibt es eine nicht zu bewältigende Fülle von Zeugnissen. Mit dem Ausbau der akademischen Lehrerbildung in Deutschland stieg die Anzahl neuer Ansätze und der Publikationen. Hinzu kommt, daß die europäischen Staaten und die deutschen Bundesländer das Sonderschulwesen zum ersten Mal in der Geschichte in einer umfassenden Weise gesetzlich ordneten. Nur mit Hilfe von Beispielen war es möglich, diese Ansätze zu dokumentieren. Zweitens sind viele bedeutende Texte für einen Abdruck zu lang, vertragen aber Kürzungen nur schwer. Manche Leserinnen und mancher Leser werden daher bedauern, daß dieser oder jener Text ganz fehlt oder nur in gekürzter Form abgedruckt ist. Drittens ist es immer schwierig, geistige Strömungen, die noch in Bewegung sind, mit ausgewählten Texten richtig zu kennzeichnen und die Gewichte hierbei gerecht zu verteilen. Kompromisse waren nicht zu vermeiden. Es war das Ziel, ein Bild von der Fachgeschichte der Erziehung geistig behinderter Kinder und Jugendlicher in der zweiten Hälfte des 20. Jahrhunderts zu zeichnen, das in den Grundzügen bestehen kann.

Das Augenmerk galt in diesem Teil besonders auch neuen Ansätzen und neuen Gefahren. Die Auswahl von Definitionen zur Heilpädagogik, zur Behinderung allgemein und zur geistigen Behinderung im besonderen soll einen Eindruck davon vermitteln, was zur wissenschaftlichen Neuordnung und zur vertieften Begründung der Heilpädagogik als Fach und als gesellschaftliches Aufgabengebiet geleistet worden ist (Nr. 37).

Nach dem Ende des Weltkrieges begann schrittweise, die rechtliche Gleichstellung von Kindern mit geistiger Behinderung mit allen anderen. Es galt ihr Ansehen in der Öffentlichkeit zu verbessern und ihre Rechte, wie sie sich aus den allgemeinen Menschenrechten oder auch aus der Schulpflicht ergeben, gesetzlich zu verankern (Nr. 27). Die Bundesvereinigung Lebenshilfe vertrat das Recht auf Leben und auf Erziehung nachdrücklich und erfolgreich (Nr. 22). Ihre schulpolitische Wirkung kann kaum überschätzt werden. Sie hat sich über Deutschland hinaus große Verdienste erworben. Nach dem Zweiten Weltkrieg kamen viele Anstöße aus dem Ausland. So verdankt die Bundesvereinigung Lebenshilfe ihre Entstehung dem Niederländer Tom Mutters. Mehrere Texte belegen den

Vorsprung des Auslandes, lassen allerdings dann auch ähnliche Probleme wie in Deutschland erkennbar werden (Nr. 23 bis 27, Nr. 29).

Im 19. Jahrhundert waren geistig behinderte Jugendliche hauptsächlich nach dem Grad der Behinderung unterschieden worden, wobei die vermutete Intelligenz eine besondere Rolle spielte. Schon 1943 und 1944 beschrieben Hans Asperger und Leo Kanner eine autistische Form der geistigen Behinderung (Nr. 26). Das Buch von Nigel Hunt, einem jungen Mann mit Down-Syndrom aus London erregte bei seinem Erscheinen beträchtliches Aufsehen, weil bis dahin die meisten Fachleute eine solche Leistung von einem geistig behinderten Jugendlichen nicht erwartet hatten (Nr. 23). Es war wichtig, daß das verfestigte Verständnis von geistiger Behinderung erschüttert wurde. Die Beschreibung von Kindern mit Down-Syndrom von Karl König (Nr. 24), dem Begründer der Camphill-Bewegung (Nr. 28), erschien im gleichen Jahr wie der Bericht über die Entdeckung der Trisomie 21 (Nr. 25); diese neue Sichtweise hat jedoch bisher nicht zu medizinischen Heilerfolgen, sondern nur zu der umstrittenen vorgeburtlichen Diagnostik und zur Beseitigung von Feten geführt.

In den sechziger Jahren wirkte sich das Umdenken nach der Zeit des Nationalsozialismus auf die Schulgesetzgebung in Deutschland aus. In den siebziger Jahren erreichte es mehr und mehr auch die Öffentlichkeit (Nr. 30 bis Nr. 32). Die Vereinten Nationen erklärten die Rechte der geistig Behinderten (Nr. 31). Der aus Polen stammende, in England lebende Philosoph Leszek Kolakowski (Nr. 32) und Carl Friedrich von Weizsäcker (Nr. 33) begründeten das Lebensrecht behinderter Kindern kulturphilosophisch. In diesen Zusammenhang gehören auch der Diskriminierungsschutz von behinderten Menschen als Verfassungsrecht (Nr. 36) und die Salamanca-Erklärung auf der Weltkonferenz der UNESCO von 1994 (Nr. 35). Damit ist die Erziehung geistig behinderter Kinder von politischer Seite im Welthorizont klar angesprochen und in den Zusammenhang des allgemeinen Schulwesens gerückt worden. Das war im 19. Jahrhundert nie gelungen. Es entstanden demgemäß neue Curricula für geistig behinderte Menschen, wie zum Beispiel das Magnolia Curriculum (Nr. 29). In den Schulen für geistig behinderte Kinder und Jugendliche verfeinerten sich die Unterrichtsverfahren (Nr. 34).

Im 19. Jahrhundert galt, wie wir gesehen haben, die Orientierung am Volksschullehrplan. Das gilt für die Schulen für geistig behinderte Kinder nach dem Zweiten Weltkrieg entweder überhaupt nicht oder höchstens in eingeschränktem Maße. Hier liegt im Blick auf die Erziehung geistig behinderter Kinder ein beträchtlicher Unterschied zwischen dem 19. und dem 20. Jahrhundert. Schulen für geistig behinderte Kinder und Jugendliche und Förderschulen zur individuellen Lebensbewältigung, wie sie in Bayern heißen, haben eigene Lehrpläne und bereiten durch möglichst selbständiges Lernen auf ein möglichst selbständiges Leben im Erwachsenenalter vor, wo es nötig ist, auch unter Verzicht auf die klassischen Grundschulfächer Lesen, Schreiben und Rechnen. Dieser Verzicht entlastet die Lehrenden insofern, als sie nicht in der Gefahr stehen, mit zu hochgesteckten Zielen Schülerinnen und Schüler zu überfordern oder von Unterricht ganz auszuschliessen, wie das vor 150 Jahren vermutlich oft vorgekommen ist. Insofern wird man in diesem Wandel einen Vorteil sehen können.

Dieser gegenüber dem 19. Jahrhundert neue Ansatz ist auch im Licht der Tradition zu reflektieren. Nachdem einerseits die Überforderung und andererseits die Abschiebung von geistig behinderten Kindern in bloße Pflegeanstalten überwunden ist, müssen die heutigen Schulen sich von den Lehrplänen des 19. Jahrhundert gewissermaßen fragen lassen, wie sie der Gefahr der Unterforderung begegnen wollen. Nach dem Zweiten Weltkrieg sammelte sich der größte Leistungswille oft bei den Eltern geistig behinderter Kinder. Sie forderten nicht selten mehr Leistung, während die Schulleitungen vor der Überforderung der Mädchen und Jungen warnten. Dieser überraschende Rollentausch wird im Lichte der Geschichte in aller Deutlichkeit sichtbar. Der Wandel im Verständnis der Erziehungsaufgabe zeigt ein offenes Problem an, das nicht nur in die Didaktik gehört, sondern auf dem Hintergrund der beschämend resignativ geführten Auseinandersetzung mit der Brandmarkung „psychopathische Minderwertigkeit" in der ersten Hälfte des Jahrhunderts zu sehen ist. Gibt es ein wirksames, pädagogischen Verständnis von „heilen" und von „Heilung"? Die Kritik von Heinrich Hanselmann an der Verwendung des Begriffs „heilen" in der Pädagogik (1941) hatte Folgen, die bis zum heutigen Tage anhalten. Er erlag einem geschichtlichen Mißverständnis. Denn im 19. Jahrhundert, als der Begriff aufkam, meinten Pädagogen keine medizinische Heilung, sondern das Fortschreiten von qualitativ niedrigen Lernstufen zu neuen, höheren durch Erziehung und Unterricht. „Unter 'Geheilt' versteht die Anstalt jenen Grad körperlicher und geistiger Entwicklung, in welchem ein vernünftiges Denken und Handeln und die nützliche Verwendbarkeit zu irgend einer Arbeit erreicht ist", hieß es in den Statuten von Ecksberg (Band 1, S. 303). Georgens und Deinhardt äußerten sich dazu ausführlich (Band 1, Nr. 25).

Die Herausgeber haben Definitionen zur Heilerziehung und zur Erziehung geistig behinderter Kinder zusammengestellt, die deutlich machen, wie vielfältig die Zugänge zur Frage der Erziehung geistig behinderter Kinder sind. Diese Auswahl von Stimmen, die leicht erweitert werden könnte, wirft die Frage auf: Wo ist am Ende des 20. Jahrhunderts der Wille zum pädagogischen Heilen geblieben? Die Erziehungserfolge früherer Generationen sind am Ende des 20. Jahrhunderts selbstverständlich geworden. Es ist nach der Meinung der Herausgeber und der Herausgeberin nicht daran zu zweifeln, daß überraschende Erfolge, von denen die Geschichte der Heilpädagogik zu berichten weiß, auch in Zukunft möglich sind, wenn sie erwartet und durch geduldige Arbeit vorbereitet werden.

Integration und Normalisierung

Zu den großen Unterschieden gegenüber dem 19. Jahrhundert gehören die Forderungen der Integration und der Normalisation. Die Grundsätze sind zuerst in Schweden und Dänemark bedacht und in die Praxis eingeführt worden (Nr. 38). Man kann sie als Antworten auf die ethische Katastrophe von Politik und Wissenschaft in der ersten Hälfte des 20. Jahrhunderts in Deutschland ansehen. Beide Forderungen werden am Ende des Jahrhunderts weltweit erhoben und von der UNESCO unterstützt (Nr. 31, 35, 40-44). Beides sind gesellschaftliche Ziele, die einen hohen Anspruch an die Erziehung und an den menschlichen Umgang mit behinderten Frauen und Männern stellen, der noch lange nicht erfüllt ist. Seit der Zeit der Reformation sind in Deutschland nicht die Bundesregierung oder früher die Reichsregierung, sondern die Einzelstaaten für das Schulwesen verantwortlich,. Anfang der siebziger Jahre erarbeitete eine Kommission des von der Bundesregierung einberufenen Deutschen Bildungsrates Empfehlungen „Zur pädagogischen Förderung behinderter und von Behinderung bedrohter Kinder und Jugendlicher" (Nr. 39). Auch in der Bundesrepublik gibt es eine Integrationsbewegung, an der sich Eltern beteiligen, die gegenüber den Gründerinnen und Gründern der Bundesvereinigung Lebenshilfe eine jüngere Generation vertreten (Nr. 44). Ihnen sollte mehr Aufmerksamkeit geschenkt werden; denn ihr Beitrag zur Heilpädagogik ist deswegen unentbehrlich, weil sie den behinderten Kindern am nächsten stehen und vieles sehen, was von Fachleuten einfach übersehen wird (Nr. 23).

Die Herausforderung der schweren geistigen Behinderung

In der zweiten Hälfte des 20. Jahrhunderts bezogen die Schulverwaltungen in der Bundesrepublik Deutschland mehr und mehr auch schwerstbehinderte Mädchen und Jungen in das öffentliche Schulwesen ein. Das war konsequent gedacht, ist aber nicht selbstverständlich. Es begannen praktische Versuche, wie zum Beispiel die Basale Stimulation (Nr. 46) oder die Anwendung der Verhaltenstherapie (Nr. 45). Von dem Recht, Kinder vollständig von der Schulpflicht zu entbinden, machten die Schulverwaltungsbehörden glücklicherweise immer weniger Gebrauch.

Die Einladung des australischen Philosophen Peter Singer (Nr. 47) zu einem Symposion der Bundesvereinigung Lebenshilfe, das im Jahre 1988 ethische Fragen bei schwerer Behinderung klären sollte, führte zu einem Eklat (Nr. 48). Die öffentliche Diskussion, die sich daran anschloß, zeigte deutlich, daß eine professionelle Erziehung schwer behinderter Kinder, die mit Pflege verbunden ist, in der Gesellschaft noch besser als bisher begründet und daß das Erreichte entschieden verteidigt werden muß. Ethische Grundsätze müssen sich auch angesichts der Herausforderungen neuer naturwissenschaftlicher und medizinischer Möglichkeiten bewähren, es kann nicht einfach um die Anpassung der Ethik an den wissenschaftlich-medizinischen oder gar den technischen Fortschritt gehen. Die menschliche Würde aller Beteiligten muß gewahrt bleiben (Nr. 31, 36, 49, 50).

Schwere geistige Behinderung verdient in einer Quellensammlung besondere Beachtung. Der Begriff der Bildungsfähigkeit ist in historischer Perspektive nicht statisch zu sehen. Er bedeutet nach dem Weltkrieg, am Ende des 20. Jahrhunderts etwas anderes als in der deutschen Klassik zu Beginn des 19. Jahrhunderts. Der Vergleich mit den Texten aus Band 1 ist hier aufschlußreich. Mehrere Beispiele lassen erkennen, daß in den Anfängen der Erziehung geistig behinderter Kinder durchgehend die Meinung herrschte, geistig behinderte Kinder seien zwar anders als bis dahin vermutet, aber bildungsfähig. Darin lag ein großer Fortschritt. Es herrschte jedoch zugleich die Überzeugung, daß es unter den Kindern mit geistiger Behinderung eine kleine Anzahl von bildungsunfähigen Mädchen und Jungen gäbe. Darin lag eine eigentümliche Inkonsequenz. Diese Feststellung hätte schon nach dem damaligen Stand des Wissens immer nur mit dem Vorbehalt einer später möglichen Revision gemacht werden dürfen. Séguin, Saegert und andere hatten die vorschnellen Festlegungen ihrer Zeit in der Beurteilung blödsinniger Kinder Schritt für Schritt überwunden. Wie sollte allein aus der Praxis heraus festgestellt werden, wie weit Bildungsfähigkeit reicht und was Bildungsfähigkeit ist, wenn die Erzieherinnen und Erzieher doch gerade erst mit Mühe gelernt hatten, daß Irrtümer und wissenschaftliche Vorurteile für behinderte Kinder Jahrhunderte lang verheerende Folgen hatten? Fehleinschätzungen waren in der Geschichte des Faches nicht selten. Das sollte bescheiden machen; denn sie erinnern daran, daß auch unsere Vorstellungen an Grenzen stoßen, die hoffentlich einmal überwunden sein werden. Die Heilpädagogik muß heute versuchen, ihre Begründungen besser zu formulieren, als das der Gründergeneration im vergangenen Jahrhundert gelungen ist. Für sie war eine katastrophale Preisgabe von Menschen mit Behinderungen, wie sie sich in den zwanziger Jahren in Deutschland anbahnte und in den dreißiger Jahren dann vollzog, undenkbar.

Die Sammlung schließt mit der Dokumentation einiger Erziehungsansätze, die erst im letzten Jahrzehnt dieses Jahrhunderts entwickelt worden sind (Nr. 51–54). Am Beispiel der Erziehung geistig behinderter Kinder wird deutlich, daß Verbesserungen dort erzielt worden sind, wo die Kommunikation in ganz unterschiedlichen Hinsichten verbessert werden konnte (Nr. 51). Das gilt in einem viel radikaleren Sinne, als es im allgemeinen verstanden wird, und ist auch ein Schlüssel zum Verständnis der Erfolge im 19. Jahrhundert. Erziehung geschieht immer in sprachlich strukturierten Situationen. Der tiefste Grund dafür ist die menschliche Sprache selbst, deren härteste und geheimnisvollste Kraft die Namen sind, wie Pavel Florenski und Eugen Rosenstock-Huessy unabhängig voneinander zeigten. Weil Kinder Namen haben, befinden sich auch geistig behinderte Kinder immer schon innerhalb der Gesellschaft. Es war ein verhängnisvolle Fehler der Heilpädagogik in der ersten Hälfte des 20. Jahrhunderts, daß Heilpädagogen sich von einem Naturbegriff blenden ließen. Benannte, namentlich vertraute Kinder gehören von Anfang an zur menschlichen Gesellschaft und haben Anspruch auf Solidarität. In der Heilerziehung ist es seit zweihundert Jahren immer wieder gelungen, Mädchen und Jungen mit geistiger Behinderung in verständlicher Weise anzusprechen und verständig zu machen und dadurch immer besser in Familie, Schule, in das Berufsleben und in die Geselligkeit einzubeziehen. Die Erziehungs- und Unterrichtsverfahren sind verfeinert und Kinder und Jugendliche damit angesprochen, einbezogen, angeleitet, ermutigt und zur Selbständigkeit geführt werden. Vor der Zeit der Aufklärung war das Verhältnis zwischen Erwachsenen und geistig behinderten Kindern selten ungetrübt, meistens gleichgültig und oft feindselig. Sprachlosigkeit zwischen Menschen, die auf engem Raum zusammenleben, führt zu Aggression. Der Titel eines Buches zur Geschichte der Kindheit „Hört ihr die Kinder weinen?" (Lloyd deMause 1977) gilt für die Geschichte der Kinder mit geistiger Behinderung ganz besonders.

Der seit der Aufklärungszeit zurückgelegte Weg in der Erziehung von Mädchen und Jungen mit geistiger Behinderung verdient auch in der Allgemeinen Pädagogik intensive Beachtung. Wenn man das ganze Jahrtausend überblickt, ist damit eine neue Aufgabe für die Menschheit in den Blick gekommen, die eng mit den ethischen und anthropologischen Aufgaben und Problemen der Gegenwart verbunden ist. Der Umgang mit Fremden und der Umgang mit behinderten Kindern in Familie, Schule und Öffentlichkeit zeigen, wie es um den „Garten des Menschlichen" in einer Gesellschaft bestellt ist.

Literatur

Adam, Heidemarie: Curriculumkonstruktion für Geistigbehinderte. Eine Untersuchung zu Theorie und Praxis in den USA, unter besonderer Berücksichtigung des Normalisierungsprinzips. Marburg 1977.

Adam, Heidemarie: Arbeitsplan für den Unterricht mit Geistigbehinderten. Limburg 1978, 3. Aufl. Würzburg 1997.

Altstaedt, Ingeborg: Lernbehinderte. Kritische Entwicklung eines Notstandes. Reinbek bei Hamburg 1977.

Asperger, Hans: Heilpädagogik. Wien 2. Aufl. 1956.

Ayres, A. Jean: Lernstörungen. Sensorisch-integrative Dysfunktionen. Berlin/Heidelberg/New York 1979.

Ayres, A. Jean: Bausteine der kindlichen Entwicklung. Berlin/Heidelberg/New York/Tokio 1984.

Bach, Heinz: Sonderpädagogik im Grundriß. Berlin 1975.

Bach, Heinz: Geistigbehindertenpädagogik. Berlin 1967.

Bachmann, Walter: Das unselige Erbe des Christentums: Die Wechselbälge. Zur Geschichte der Heilpädagogik. Mit Ergänzungen von Sandor Illyés und Siegfried Schröder. Giessener Dokumentationsreihe Heil- und Sonderpädagogik. Band 6. Giessen 1985.

Becker, Kurt-Peter und Autorenkollektiv: Rehabilitationspädagogik. Berlin 1979.

Berg, Christa und Sieglind Ellger-Rüttgardt (Hrsg.): „Du bist nichts, Dein Volk ist alles". Forschungen zum Verhältnis von Pädagogik und Nationalsozialismus. Weinheim 1991.

Beschel, Erich: Der Eigencharakter der Hilfsschule. Weinheim 1960, 3. Aufl. 1965.

Biesalski, Konrad: Was ist ein Krüppel? In: Zeitschrift für Krüppelfürsorge (1908).

Bleidick, Ulrich: Pädagogik der Behinderten. Berlin 1972.

Bradl, Christian: Anfänge der Anstaltsfürsorge für Menschen mit geistiger Behinderungen („Idiotenanstaltswesen"). Ein Beitrag zur Sozial- und Ideengeschichte des Behindertenbildungswesens am Beispiel des Rheinlandes im 19. Jahrhundert. Frankfurt a. M. 1991.

Braun, Ursula (Hrsg.): Unterstützte Kommunikation. Düsseldorf 2. Aufl. 1996.

Brill, Werner: Pädagogik im Spannungsfeld von Eugenik und Euthanasie, Die „Euthanasie"-Diskussion in der Weimarer Republik und zu Beginn der neunziger Jahre. Ein Beitrag zur Faschismusforschung und zur Historiographie der Behindertenpädagogik. St. Ingbert 1994.

Bopp. Linus: Allgemeine Heilpädagogik in systematischer Grundlegung und mit erziehungspraktischer Einstellung. Freiburg i. Br. 1930.

Breitinger, Martin und Dieter Fischer: Intensivbehinderte lernen leben. Würzburg 1977.

Brown, Christi: Mein linker Fuß. Berlin 12. Aufl. 1982.

Bundesvereinigung Lebenshilfe e. V.: Normalisierung – eine Chance für Menschen mit geistiger Behinderung.

Bericht des Ersten Europäischen Kongresses der Internationalen Liga von Vereinigungen für Menschen mit geistiger Behinderung, hrsg. von der Bundeszentrale. Große Schriftenreihe Band 14. Marburg a.d. Lahn 1986.

Burckhardt, Jakob: Weltgeschichtliche Betrachtungen (1897). Ullstein Buch 97, Köln o. J.

Busemann, Adolf: Psychologie der Intelligenzdefekte mit besonderer Berücksichtigung der hilfsschulbedürftigen Debilität. München 1959.

Creech, R.: Reflections from a unicorn. Greenville 1992.

Crossley, Rosemary: Gestützte Kommunikation. Ein Trainingsprogramm. Übersetzung aus dem Englischen, deutsche Bearbeitung und Nachwort: Ralf Schützendorf, Weinheim/Basel 1997.

Dräbing, Rudolf: Der Traum vom „Jahrhundert des Kindes". Frankfurt a.M./Bern u. a. 1990.

Deutscher Bildungsrat: Empfehlungen der Bildungskommission. Zur pädagogischen Förderung behinderter und von Behinderung bedrohter Kinder und Jugendlicher (1973). Stuttgart 1974.

Eder, Karl Rudolf (Hrsg.): 150 Jahre Mariaberger Heime. Beiträge zur Geschichte geistig behinderter Menschen. Reutlingen (Selbstverlag der Mariaberger Heime) 1997.

Ellger-Rüttgardt, Sieglind (Hrsg.): Verloren und Un-Vergessen. Jüdische Heilpädagogik in Deutschland. Weinheim 1996.

Emmrich, Michael: Der vermessene Mensch. Aufbruch ins Gen-Zeitalter. Berlin 1997.

Fandrey, Walter: Krüppel, Idioten, Irre. Zur Sozialgeschichte behinderter Menschen in Deutschland. Silberburg Wissenschaft 277. Geschichte. Stuttgart 1990.

Feuser, Georg: Die Stellung des geistigbehinderten Kindes im Erziehungs- und Bildungsprozeß. In: Zschr. f. Heilpädagogik 26 (1975), S. 460-467.

Fischer, Dieter: Neues Lernen mit Geistigbehinderten. Eine methodische Grundlegung. Würzburg 1978, 4. Aufl. Bonn-Bad Godesberg 1986.

Fischer, Dieter: Wir lernen in der Küche. Bonn-Bad Godesberg 1981.

Florenski, Pavel: Denken und Sprache. Berlin 1993.

Fornefeld, Barbara: „Elementare Beziehung" und Selbstverwirklichung geistig Schwerstbehinderter in sozialer Integration. Reflexionen im Vorfeld einer leiborientierten Pädagogik. Aachen 1989.

Frensch, Michael, Michael Schmidt und Martin Schmidt (Hrsg.): Euthanasie. Sind alle Menschen Personen? Schaffhausen 1992.

Galliani, Luciano: Situation und Probleme der Sonderpädagogik in Italien. In: G. Klein, A. Möckel, M. Thalhammer (Hrsg.): Heilpädagogische Perspektiven in Erziehungsfeldern. Bericht der 18. Arbeitstagung der Dozenten für Sonderpädagogik in deutschsprachigen Ländern vom 12.–14. Oktober 1981 an der Universität Würzburg. Heidelberg 1982, S. 339–352.

Gewerkschaft Erziehung und Wissenschaft. Bezirksverband Frankfurt a. M. (Hrsg.): Streit um den Namen einer Schule. Dokumentation. (K)ein Vorbild? August Henze. Frankfurt a.M. 1998, nicht im Buchhandel.

Hähner, Ulrich: Von der Verwahrlosung über die Förderung zur Selbstbestimmung. Fragmente zur geschichtlichen Entwicklung der Arbeit mit „geistig behinderten Menschen" seit 1945. In: Bundesvereinigung Lebenshilfe e. V. (Hrsg.): Vom Betreuer zum Begleiter. Eine Neuorientierung unter dem Paradigma der Selbstbestimmung. Marburg 1997, S. 25–51.

Hänsel, Dagmar: Die 'physiologische Erziehung' der Schwachsinnigen. Édouard Séguin (1812–1889) und sein Konzept einer medizinischen Pädagogik. Freiburger Forschungen zur Medizingeschichte. Neue Folge Band 3. Freiburg i. Br. 1974.

Hanselmann, Heinrich: Grundlinien zu einer Theorie der Sondererziehung (Heilpädagogik). Ein Versuch. Erlenbach-Zürich 1941.

Heinemann, Gustav: Präsidiale Reden. Einleitung von Theodor Eschenburg. Frankfurt a.M. 1975.

Heller, Theodor: Grundriss der Heilpädagogik. Leipzig 1904.

Henze, August: Gedanken zur künftigen Geistesschwachenfürsorge und das Sterilisierungsgesetz. In: Die Hilfsschule 26 (1933), S. 532–541

Hillenbrand, Clemens: Reformpädagogik und Heilpädagogik unter besonderer Berücksichtigung der Hilfsschule. Bad Heilbrunn 1994.

Hillenbrand, Clemens: Die Tagungen und Kongresse des Verbandes. In: A. Möckel (Hrsg.): Erfolg, Niedergang, Neuanfang. 100 Jahre Verband Deutscher Sonderschulen – Fachverband für Behindertenpädagogik. München 1998, S. 166–185.

Hiller, Gottfried Gerhard und Franz Schönberger: Erziehung zur Geschäftsfähigkeit. Entwurf einer handlungsorientierten Sonderpädagogik. Essen 1977.

Hochstetter, Herbert: Gesetz zur Vereinheitlichung und Ordnung des Schulwesens in Baden-Württemberg (Schulverwaltungsgesetz) mit den wichtigsten Nebenbestimmungen. Stuttgart 1964, 5. Aufl 1967.

Höck, M.: Die Hilfsschule im Dritten Reich. Berlin 1979.

Homburger, August: Vorlesungen über Psychopathologie des Kindesalters. Heidelberg 1926, reprographischer Nachdruck Darmstadt 1967.

Horst, Wilhelm ter: Einführung in die Orthopädagogik. Stuttgart 1983.

Hümmer, Klaus: Zwangssterilisation in der ehemaligen Diakonissenanstalt Neuendettelsau. Regensburg 1998.

Jantzen, Wolfgang: Was ist Behinderung? Versuch einer begrifflichen Klärung. In: W. Jantzen: Behindertenpädagogik, Persönlichkeitstheorie, Therapie. Vorbereitende Arbeiten zu einer materialistischen Behindertenpädagogik. Köln 1978, S. 33–41.

Jantzen, Wolfgang: Sozialgeschichte des Behindertenbetreuungswesens. DJI (Deutsches Jugendinstitut) Materialien. München 1982.

Kane, John F. und Gudrun Kane: Geistig schwer Behinderte lernen lebenspraktische Fertigkeiten. Arbeiten zur Theorie und Praxis der Rehabilitation in Medizin, Psychologie und Sonderpädagogik, hrsg. von Dieter Eggert, Band 8. Bern/Stuttgart/Wien 1976.

Kanner, Leo: A History of the Care and the Study of the Mentally Retarded. Springfield, Ill. 1967.

Kaspar, Franz: Ein Jahrhundert der Sorge um geistig behinderte Menschen. Band 1. Die Zeit der Gründungen: Das 19. Jahrhundert. 75 Jahre Verband katholischer Einrichtungen für Lern- und Geistigbehinderte. Freiburg o. J. (1980), siehe auch Wollasch.

Klein, Gerhard, Andreas Möckel und Manfred Thalhammer (Hrsg.): Heilpädagogische Perspektiven in Erziehungsfeldern. Bericht der 18. Arbeitstagung der Dozenten für Sonderpädagogik in deutschsprachigen Ländern vom 12. Bis 14. Oktober 1981 an der Universität Würzburg. Heidelberg 1982.

Klevinghaus, Johannes: Hilfen zum Leben. Zur Geschichte der Sorge für Behinderte. Bielefeld o. J. (1970).

Kobi, Emil: Grundfragen der Heilpädagogik und der Heilerziehung. Bern/Stuttgart 2. Aufl. 1975.

Kolakowsi, Leszek: Killing handicapped babies – ein philosophisches Problem. In: Z. Merkur 27 (1973), S. 1093–1100.

Kraat, A. W. Communication interaction between aided and natural speakers. Madison 1985.

Krebs, René: Im Zeichen der Bioethik. In: Zschr. f. Heilpädagogik 49 (1998), S. 64–68.

Kugel, R. B. und Wolf Wolfensberger (Hrsg.): Geistige Behinderung – Eingliederung oder Bewahrung? Englische Ausg. 1969. Übersetzung von Wilfried Borch, Stuttgart 1974.

Landesarbeitsgemeinschaft Bayern: Dokumentation 10. Bundeselterntreffen der Bundesarbeitsgemeinschaft „Gemeinsam leben – gemeinsam lernen" am 29. und 30. April 1995. München 1995.

Lejeune, J., Gautier, M., Turpin, R: Étude des chromosomes somatiques de neuf enfants mongoliens. In: C. R. Acad. Sci (Paris) 248, 1959, S. 1721–1722.

Maiwald, A.: Nicht sprechen können, aber alles verstehen. In: Ursula Braun (Hrsg.): Unterstützte Kommunikation. Düsseldorf 2. Aufl. 1996, S. 18–20.

Mall, Winfried: Entspannungstherapie mit Thomas. Erste Schritte auf einem neuen Weg. In: Praxis der Kinderpsychologie und Kinderpsychiatrie. Zschr. für Analytische Kinder-und Jugendpsychologie, Psychotherapie, Psychagogik und Familientherapie in Praxis und Forschung, hrsg. von R. Adam, A. Dührssen u. a. 29 (1980), S. 298–301.

Mause, Lloyd de (Hrsg.): Hört ihr Kinder weinen? Eine psychogenetische Geschichte der Kindheit. Frankfurt a.M. 1977, [The History of Childhood. New York 1974.]

Meinertz, Friedrich: Heilpädagogik. 3. Aufl. neu bearbeitet und erweitert von Rudolf Kausen. Bad Heilbrunn 1972.

Meyer, Dagmar: Erforschung und Therapie der Oligophrenien in der ersten Hälfte des 19. Jahrhunderts. Berlin 1973.

Meyer, Hermann: Geistigbehindertenpädagogik, In: S. Solarová (Hrsg.): Geschichte der Sonderpädagogik. Stuttgart 1983.

Möckel, Andreas: Die besondere Grund- und Hauptschule. Von der Hilfsschule zum kooperativen Schulzentrum. Rheinstetten 1976.

Möckel, Andreas: Alte und neue Sichtweisen in der Arbeit mit geistig behinderten Menschen. In: Geistige Behinderung 27 (1988), S. 260–269.

Möckel, Andreas: Historische und gesellschaftliche Aspekte der pädagogischen Förderung geistig Behinderter. In: Geistige Behinderung 23 (1984), S. 1–19).

Möckel, Andreas, Heidemarie Adam, Gottfried Adam (Hrsg.): Quellen zur Erziehung von Kindern mit geistiger Behinderung. Band 1: 19. Jahrhundert. Würzburg 1997.

Möckel, Andreas (Hrsg.): Erfolg, Niedergang, Neuanfang. 100 Jahre Verband Deutscher Sonderschulen – Fachver-

*band für Behindertenpädagogik. München 1998.
Moor, Paul: Heilpädagogik. Ein pädagogisches Lehrbuch. Bern und Stuttgart 1965.
Müller, Christine-Ruth und Hans-Ludwig Siemen: Warum sie sterben mußten. Leidensweg und Vernichtung von Behinderten aus den Neuendettelsauer Pflegeanstalten im „Dritten Reich". Neustadt a.d. Aisch 1991.
Neuer-Miebach, Therese: Politik macht Ethik. In: Geistige Behinderung 36 (1997), S. 1–2.
Nolan, Ch.: Unter dem Auge der Uhr. Köln 1989.
Oelkers, Jürgen: Reformpädagogik: Eine kritische Dogmengeschichte. München 1989.
Pfeffer, Wilhelm: Aspekte eines handlungsorientierten pädagogischen Begriffs von Behinderung. In: Hans-Peter Schmidtke (Hrsg.): Sonderpädagogik und Sozialpädagogik. Bericht der 17. Arbeitstagung der Dozenten für Sonderpädagogik in deutschsprachigen Ländern. Heidelberg 1982, S. 60–70.
Pietzner, C. (Hrsg.): Camphill: 50 Jahre Leben und Arbeiten mit Seelenpflegebedürftigen Menschen. Übersetzung aus dem Englischen von Susanne Lenz und Ulrich Zeutschel. Stuttgart 1991. Original: A Candle on the Hill. Edinburgh/Hudson/USA 1990.
Premerstein, Ernst v.: Max Kirmsses Forschungen und ihre Bedeutung für eine Geschichte der Sonderpädagogik. In: Heilpädagogische Forschung 1 (1964), S. 113–143.
Reble, Albert: Geschichte der Pädagogik. Stuttgart 3. überarbeitete Auflage 1957.
Reichelt, E. (Hrsg.): Bericht über die III. Konferenz für Idioten-Heil-Pflege. Stuttgart am 13.-15. September 1880. Dresden 1880.
Rödler, Peter: Menschen, lebenslang auf Hilfe anderer angewiesen. Grundlagen einer allgemeinen basalen Pädagogik. Frankfurt 1993.
Rosenstock-Huessy, Eugen: Der Atem des Geistes. Frankfurt a. M. 1950, 2. Aufl. 1990.
Rothfels, Hans: Einleitung. Das Fischer Lexikon Geschichte, hrsg. von Waldemar Besson. Frankfurt a. M. 1961.
Rudnik, Martin (Hrsg.): Aussondern – Sterilisieren – Liquidieren. Die Verfolgung Behinderter im Nationalsozialismus. Berlin 1990.
Rush, W. L.: Journey out of silence. Lincoln 1986.
Salamanca-Erklärung: Die Salamanca-Erklärung und der Aktionsrahmen zur Pädagogik für besondere Bedürfnisse, angenommen von der Weltkonferenz „Pädagogik für besondere Bedürfnisse: Zugang und Qualität". Salamanca, Spanien. Linz 1996. Übersetzung von Petra Flieger.
Schulz-Benesch, Günter (Hrsg.): Montessori. Wege der Forschung Band CC. Darmstadt 1970.
Schweitzer, Albert: Ehrfurcht vor dem Leben. Bern 1954.
Sienkiewicz-Mercer, R.: Ruth – ich sage ja zum Leben. München 1991.
Singer, Peter: Praktische Ethik. Stuttgart 1984.
Speck, Otto: Geschichte. In: H. Bach (Hrsg.): Handbuch der Sonderpädagogik – Pädagogik der Geistigbehinderten. Berlin 1979, S. 57–72.
Speck, Otto: System Heilpädagogik. Eine ökologisch reflexive Grundlegung. München 1987.

Speck, Otto und Manfred Thalhammer: Die Rehabilitation der Geistigbehinderten. München 1974.

Spranger, Eduard: Die Heilpädagogik im Rahmen der Normalschulpädagogik. In: A. Fuchs (Hrsg.): Die heilpädagogische Woche in Berlin vom 15. bis 22. Mai 1927. Berlin o. J. (1927), S. 8–24.

Stinkes, Ursula: Spuren eines Fremden in der Nähe. Das „geistigbehinderte" Kind aus phänomenologischer Sicht. Würzburg 1993.

Waardenburg, P. J.: Mongolismus (mongoloide Idiotie). In: Das menschliche Auge und seine Erbanlagen hrsg. von M. Nijhoff. Daag 1932, S. 44–48.

Weizsäcker, Carl Friedrich von: Der Garten des Menschlichen. München/Wien 1992.

Wolfensberger, Wolf: Die Entwicklung des Normalisierungedankens in den USA und in Kanada. In: Normalisierung – eine Chance für Menschen mit geistiger Behinderung. Bericht des Ersten Europäischen Kongresses der Internationalen Liga von Vereinigungen für Menschen mit geistiger Behinderung, hrsg. von der Bundesvereinigung Lebenshilfe e.V. Bundeszentrale. Große Schriftenreihe Band 14. Marburg a. d. Lahn 1986, S. 45–62.

Wollasch, Hans-Josef: Ein Jahrhundert der Sorge um geistig behinderte Menschen. Band 2. Ausbau und Bedrängnis: Die erste Hälfte des 20. Jahrhunderts. 75 Jahre Verband katholischer Einrichtungen für Lern- und Geistigbehinderte. Freiburg i. Br. 1980.

Editionshinweise

Einrichtung der Texte:
Die Texte werden in der Originalfassung wiedergegeben. Offensichtliche Schreibfehler wurden stillschweigend korrigiert. Hervorhebungen im Original (Kursivierungen, Sperrungen, Großschreibung) werden durchgängig in kursivierter Form wiedergegeben.

Einleitungen:
Die Einleitungen zu den einzelnen Texten enthalten die Fundstellen der abgedruckten Texte und Hinweise zu den Autorinnen und Autoren. Dabei wurde im Einzelnen auf Literaturangaben verzichtet.

[1] [2] **usw.**
Die Anmerkungen der Autorinnen und Autoren sind mit arabischen Ziffern gekennzeichnet.

[a] [b] **usw.**
Die Anmerkungen der Herausgeber/Herausgeberin sind mit den Zeichen des Alphabets gekennzeichnet.

[...]
Ergänzungen der Herausgeber/Herausgeberin stehen in eckigen Klammern.

I. Das neue Jahrhundert

Nicole Lorenz
Ohne Titel
1993, Kohle auf Papier, 70x50 cm

Johannes Trüper

Ungelöste Aufgaben der Pädagogik (1896)

Ein Programm einer neuen Zeitschrift. Zur Pädagogischen Pathologie und Therapie[1]**. Pädagogisches Magazin, hrsg. von Friedrich Mann, Heft 71. Langensalza 1896, S. 1–14 (in Auswahl).**

Trüper (1855 – 1921) war fünfzehn Jahre lang Lehrer in Stade, Emden und Bremen. Er studierte ab 1887 in Jena hauptsächlich bei Wilhelm Rein und war gleichzeitig Oberlehrer an der dortigen Universitätsschule. 1890 schied er aus dem Staatsdienst aus und gründete auf der Sophienhöhe bei Jena ein „Heim für entwicklungsgeschädigte und -gestörte Kinder", das von Professoren der Universität unterstützt und bald weit über Jena hinaus bekannt wurde. Unter anderem erhielten auf der Sophienhöhe Hermann Lietz und Paul Geheeb wichtige Anstöße für ihre spätere Arbeit in der Landerziehungsheimbewegung. Trüper wollte nach Georgens und Deinhardt die wissenschaftliche Heilpädagogik neu begründen. Zu diesem Zweck gab er zusammen mit dem Arzt Dr. med. Julius Ludwig August Koch (1841 – 1908), dem Rektor Christian Ufer (1856 – 1934) und Prof. Dr. theol. et phil. Friedrich Zimmer (geb. 1855) seit 1896 die Zeitschrift „Die Kinderfehler – Zeitschrift für Pädagogische Pathologie und Therapie in Haus, Schule und sozialem Leben" heraus. Die Herausgeber begründeten die Neuerscheinung in einer selbstständigen Schrift. Hier wird der Aufsatz von Trüper mit kleinen Kürzungen abgedruckt. Koch schrieb zum Verhältnis von „Pädagogik und Medizin", Ufer fragte „Welche Bedeutung hat die pädagogische Pathologie und Therapie für die öffentliche Erziehung?" und Zimmer begründete „Seelsorge und Heilerziehung".

Es könnte scheinen, als wenn wir mit der Herausgabe einer Zeitschrift für pädagogische Pathologie und Therapie die Überproduktion auf dem Gebiete der Journalistik für Pädagogik und für Medizin noch unnötig vermehren wollten. Doch das wäre nur Schein. Denn in der That giebt es zahllose Zeitschriften für Pädagogik und fast noch mehr Schul- und Lehrerzeitungen und nicht minder zahlreiche medizinische Zeitschriften und Ärzte-Zeitungen; allein, welche Zeitschriften für Pädagogik *und* Medizin sind vorhanden, und insbesondere für das von uns gedachte Grenzgebiet, das gemeinsames Besitztum und gemeinsames Arbeitsgebiet für Ärzte, Seelsorger und Erzieher ist?

Überdies sind es besondere Gründe, welche uns zu dem Unternehmen die Veranlassung wie den Mut und die Freudigkeit geben, um so einen Wunsch zu erfüllen, der aus pädagogischen Kreisen mir von der Gründung meiner Erziehungsanstalt an bis heute wiederholt zum Ausdruck gebracht worden ist ...

Unsere Aufgabe soll nun zunächst darin bestehen, die Pädagogik – gleichviel, ob sie in der landläufigen Praxis erwachsen ist oder mehr auf philosophischen Erwägungen beruht – wie auch die pädagogische Philosophie zu ergänzen.

Wir wollen zunächst *Ergänzungen zur Psychologie* bringen und, referierend wie in selbständigen Abhandlungen, vor allem das in der Pädagogik des Normalen sehr vernachlässigte Gebiet der Psychologie des Physiologischen wie Pathologischen im Kindesleben bebauen.

Es soll das zuvörderst geschehen durch Einzelbeschreibungen von problematischen Kindesnaturen – „Individualitätenbilder" nennt sie der Pädagoge, „Krankengeschichten" der Arzt. Die Medizin wie die Heilpädagogik (in Zeitschriften für die Behandlung Taubstummer, Epileptischer, Idioten u.s.w.) haben zwar diesen Weg der Anschauung in der Psychologie längst betreten; allein an die Thüre der Haus-, Schul- und Kirchenpädagogik sind solche Arbeiten selten gedrungen. Gerade hier aber möchten wir anklopfen und hoffen dabei auf ein freudiges „Herein" und „Willkommen!"

Sodann soll das geschehen durch Anwendung der „Statistik" – um einen Ausdruck aus der Volkswirtschaftslehre zu entlehnen – auf die Psychologie des Kindes als Individuum wie als Schulgemeinschaft ...

Das soll drittens geschehen durch Anwendung der Psychologie des Abnormen, Krankhaften im Kindesleben, gewöhnlich Psychopathologie und Psychiatrie des Kindes genannt, auf die pädagogische Psychologie und die psychologische Pädagogik. Ihre Bedeutung möchte ich hervorheben mit den Worten *Krafft-Ebings*[a]: „Wenn die Pädagogik ein tieferes Studium aus dem Menschen auch in seinen pathologischen Verhältnissen machte, so würden manche Fehler der Erziehung überhaupt wegfallen, manche unpassende Wahl des Lebensberufes unterbleiben und damit manche psychische Existenz gerettet werden."

Die systematische, philosophische Psychologie soll unser Forschungsgegenstand nicht sein. Es würde uns aber zur Freude gereichen, wenn wir derselben Material für ihre Fortentwickelung bieten würden.

Wie nun die Psychologie des Normalen, so bedarf auch die die Pädagogik begründende philosophische Ethik in ihrer Anwendung und vielleicht auch in ihrer Voraussetzung einer Ergänzung nach der Seite des Abnormen, des Pathologischen, im Individual- wie Sozialleben. Wir sind ferne davon, jede Sünde, jede Fehlerhaftigkeit als Krankheit zu betrachten und sie damit der Verantwortung der Einzelnen wie der menschlichen Gemeinschaft zu entziehen. Doch gilt es weit mehr, als bisher geschehen, zu untersuchen – und das ist zugleich auch ein Gebot der christlichen Moral, der Humanität, der Idee des Wohlwollens wie der Gerechtigkeit und Billigkeit –, *inwieweit* eine ethische Regelwidrigkeit Sünde oder Krankheit ist. Wie so mancher Psychologe stets mit einer Musterseele, be-

---

[1] *Die pädagogische Pathologie.* Beiträge zur Heilerziehung in Haus, Schule und sozialem Leben. Herausgegeben von *J. Trüper*, Direktor der Erziehungs- und Heilanstalt auf der Sophienhöhe bei Jena. Dr. med. *J. L. A. Koch*, Rektor der königl. württ. Staatsirrenanstalt in Zwiefalten, *Chr. Ufer*, Rektor der Reichenbachschulen in Altenburg und Prof. Dr. theol. et phil. *Fr. Zimmer*, Direktor des Predigerseminars und Vorstand des Ev. Diakonievereins in Herborn. Langensalza, Hermann Beyer & Söhne. Die Blätter erscheinen als Ergänzungsbeilage der „Zeitschrift für Philosophie und Pädagogik", herausgegeben von *W. Rein*, Professor der Pädagogik und Direktor des pädag. Universitäts-Seminars in Jena und *O. Flügel*, Pastor in Wansleben, wie auch als selbständige Zeitschrift zunächst im Umfange von 6 mal 2 Bogen jährlich.

---

[a] Krafft-Ebing = Richard Freiherr von Krafft-Ebing (1840 – 1902), nach Tätigkeiten in der Irrenanstalt Illenau und als Nervenarzt Prof. für Psychiatrie in Straßburg, Graz und Wien.

wußt oder unbewußt, rechnete, so arbeitete auch mancher Moralist mit einer zu großen Willensfreiheit, mit einer fast unbedingten „Musterfähigkeit" von Wollen und Handeln.

Insbesondere werden wir an Bildern von Kindern mit moralischen Defekten dem Ethos in der Kindesseele nachzuforschen und die uralte Religionen zeugende Frage nach „Erlösung", nach Befreiung von Sünde und Schuld, nach dem Ausgleich des Defizits zwischen dem, was sein soll und dem, was sein kann, zwischen dem (idealen) Wollen und dem Vollbringen, dem „Gesetz im Gemüt" und dem „Gesetz im Fleisch", die ihm für die Erziehung gebührende Aufmerksamkeit schenken.

Vor allem aber wird unser Bestreben sein, die herrschende *Pädagogik* zu ergänzen.

Weil sie auf solche zum Teil unzulängliche Psychologie und Ethik fußte – und vielleicht gar nur zu fußen glaubte –, so mußte sie naturgemäß in Einseitigkeiten, wenn nicht gar Irrtümer verfallen.

Weil sie die Grenze des Könnens und Wollens zu sehr aus dem Auge verlor und zugleich in eine übertriebene Wertschätzung der Intelligenz verfiel, bearbeitete sie seit Jahrzehnten vorwiegend nur die Didaktik und vernachlässigte in auffallender Weise die Zuchtlehre, selbst da, wo man dem Unterricht das Prädikat „erziehend" beilegte. Eine psychologisch und ethisch begründete systematische Lehre von der Regierung und Zucht (Erziehung im engeren Sinne) besitzen wir überhaupt nicht.

Man erwartet auch weit mehr vom Unterricht, als er in Wirklichkeit zu leisten vermag, und die Schule und der „Schulmeister" sind dadurch unverdienterweise lange Zeit hindurch zum Sündenbocke für allerlei moralische, soziale und politische Mißstände gemacht worden. Naturgemäß verengerte die allgemeine Pädagogik sich so zu einer bloßen Schulpädagogik, deren wesentlicher Kern die Schuldidaktik bildet. Die Erziehungsfragen in Haus, Kirche, Staat und im sozialen Leben wurden vollständig übersehen. *Ziller*,[b] *Dörpfeld*[c] u.a. drängten zwar wiederholt, die brachliegenden Gebiete zu bebauen; sie begannen auch damit, allein ihre Kräfte reichten nicht dafür. Einer kann nicht alles machen und ihre Schüler wandten sich immer wieder den didaktischen Problemen zu. Charakteristisch genug ist es, daß im Jahre 1890 ein Professor an der Berliner Universität sein Kolleg über „Anwendung der Psychologie auf die Pädagogik" mit der Bemerkung schließen konnte: „Wir haben jetzt die Anwendung der Psychologie auf die Didaktik beendet. Wir hätten sie jetzt auf die Erziehung anzuwenden. Allein ich muß hier abbrechen; denn dafür fehlt uns eine Psychologie." ...

Hierzu kommt ein Druck von oben, der die Schulpädagogik immer wieder nur nach Verbesserung des Unterrichts verlangen läßt, die oft nicht einmal eine Verbesserung genannt werden kann. Es werden nämlich von oben her die Leistungen der Schule nur zu häufig nach dem examinierbaren, gedächtnismäßigen Wissen beurteilt; ob Leib und Seele dabei zu Grunde gehen, darnach wird weniger gefragt. Um so mehr galten darum Normallehrpläne, Normalschulen, Normalschüler fast als eine selbstverständliche Voraussetzung des Schullebens. Was von der Norm, d.h. hier nur vom Durchschnitt, abweicht, das sind – abnorme Dinge, mit denen die Schule, vor allem die „höhere", sich eigentlich nicht abgeben sollte. Dummheit, Faulheit, Ungezogenheit, Flegelei u.s.w. der Kinder galten darum gewöhnlich als Ursache der abnormen Erscheinungen. Für das Individuelle und Abnorme zeigte man weder Interesse noch

34

Verständnis. Erst seit etlichen Jahren wird wenigstens die Volksschul-Pädagogik sich der christlichen Aufgabe mehr bewußt, daß auch in der Schule nicht die Gesunden des Arztes bedürfen, sondern die Kranken. Die zahlreichen in den letzten Jahren gegründeten Schulen für Schwachbefähigte sind ein Beispiel dafür. Man lernte hier doch allmählich einsehen, daß es keine besondere Kunst ist, aus einem geistig kräftigen und begabten Knaben einen leistungsfähigen Jüngling heranzubilden, sondern daß die Pädagogik als Kunst sich bei dem Abnormen erst voll bewähren kann.

Von diesem Gesichtspunkt aus wendet sich auch der Blick der Volksschul-Pädagogik wieder mehr der Lehre von der Zucht zu, und man lernt so wieder einsehen, daß die Aufgaben der Zucht wichtiger sind als die des Unterrichts. Denn die Zucht (Erziehung im engeren Sinne) sucht unmittelbar den Charakter zu bilden, der Unterricht, der es vorwiegend auf Vermehrung des Wissensschatzes absieht, kann dies nur mittelbar und ist in seinem Erfolge hinsichtlich der Charakterbildung von der Zucht abhängig.

Nach allen diesen Seiten hin möchten nun unsere Beiträge ergänzend und anregend wirken, indem sie das *Abnorme* zum besonderen Gegenstand ihrer Erörterung machen und damit die schwierigsten Probleme der Pädagogik aufzudecken und zu lösen suchen, es der allgemeinen Pädagogik dann überlassend, ihre Theorie an der Hand der Empirie auch dieses „Menschlichen" fortzubilden.

Ein ähnliches ließe sich sagen über die Nichtachtung der physiologischen Bedingungen für Pflege, Unterricht und Erziehung, über die Vernachlässigung der Hygiene für Leib und Seele. Allein, sich hierüber näher auszusprechen, bleibt Sache unseres ärztlichen Mitherausgebers und so verweise ich auf dessen Artikel über „*Medizin und Pädagogik*".

Im Rahmen des angedeuteten Arbeitsfeldes will unsere Zeitschrift zunächst Beiträge zur *Pathologie der Erziehung* liefern, d.h. sie will alles Fehlerhafte, Regelwidrige, Krankhafte, Herabgeminderte aufsuchen und klarlegen, will die äußeren Symptome, so weit uns das möglich ist, auf tieferliegende Ursachen zurückführen.

Dadurch kommen wir dann schon von selber auf die *Prophylaxe*, auf die Frage, wie man solchen Erscheinungen bei noch gesunden Zuständen vorbeugen kann. Die „*Hygiene der Erziehung*" würde *Mantegazza*[d] das gesamte Ergebnis nennen. Unsere Zeitschrift will für den Aufbau derselben nach und nach die Bausteine sammeln.

Wo wir es aber bereits mit fehlerhaften Zuständen zu thun haben, werden wir jedesmal vor die Frage der zweckmäßigsten Behandlung, der *Therapie*, geführt. Die Mittel und Wege einer rationellen Therapie werden wir nun einerseits an der Hand der pädagogischen Theorie und Erfahrung, andererseits aber in der Psychiatrie, Neuropathologie und Heilpflege suchen müssen.

So wird unsere Zeitschrift von selber zugleich eine *Brücke zwischen Pädagogik und Medizin*, zwischen der erzieherischen

---

[b] Ziller = Tuiskon Ziller (1817 – 1882), Prof. für Pädagogik in Leipzig, Schüler Herbarts, der zwischen Regierung (Disziplinvorsorge) und Zucht (Charaktererziehung) unterschied.
[c] Dörpfeld = Friedrich Wilhelm Dörpfeld (1824 – 1893), Hauptlehrer (Leiter) einer Schule in Wupperfeld bei Barmen, Schriftleiter des angesehenen Evangelischen Schulblattes.
[d] Mantegazza = Paolo Mantegazza (1831 – 1910), ital. Anthropologe, Physiologe und Arzt, nach Tätigkeit als Arzt in Mailand Prof. der Pathologie zu Pavia, danach Prof. der Anthropologie zu Florenz.

Praxis (wohin auch die Seelsorge gehört) und der ärztlichen, und es wird unsere besondere Bemühung sein, zu betonen, daß Ärzte, Seelsorger und Lehrer stets aufeinander angewiesen sind und darum weit mehr als bisher jeder Stand sich bemühen muß, die Arbeit des anderen zu verstehen und zu würdigen, woran es leider zum Unsegen unseres Volkes allzusehr gefehlt hat.

Doch wir wollen nicht bloß eine Pathologie und Therapie der Kindesseele anstreben, sondern auch die Fehlerhaftigkeit und die Verbesserung *der Erziehung selbst* ins Auge fassen.

Zunächst bedarf die Pflege und die Zucht des *Hauses* einer stetigen Reform. Im Elternhause liegen die Wurzeln der Kraft für den Einzelnen wie für die menschlichen Gemeinschaften. Jede Verbesserung sozialer Mißstände, die nicht auch hier mit ansetzt, hat selten Erfolg. Das wird leider heutzutage so häufig vergessen. Die Familie aber bleibt der ewige Urorganismus alles sozialen Lebens. Erhalten wir sie gesund an Leib und Seele, dann braucht uns um die Zukunft unseres Volkes nicht zu bangen. Die Erziehung im Elternhause steht darum auch bei uns zu oberst.

Suchen nun *Schule und Erziehungsanstalten aller Art* ihr Vorbild in der Familie, so werden mache ungesunden Zustände im Schul- und Anstaltsleben, sofern sie ihre Vorbilder mehr in Klöstern und Kasernen haben, bald von selber schwinden. Im übrigen aber werden wir alle Verkehrtheiten der Schul- und Anstaltserziehung, wie z.B. die Überbürdung durch einseitige, ermüdende Arbeit, die Vernachlässigung der körperlichen wie geistigen und sittlichen Hygiene u.s.w. aufzudecken suchen und Verbesserung erstreben.

Das einzelne Kind, die Familie und die Schule aber bestehen nicht für sich allein. Sie sind nach vielen Seiten abhängig von dem weitverzweigten *sozialen Leben*. Zahllose Mißstände sind darum nichts anderes als eine Folgeerscheinung sozialer Übel. Die Untersuchung der Ursachen von pathologischen Erscheinungen im Kindesleben in Haus und Schule führt uns somit von selber zu den *Fehlern sozialer Erziehung* durch Politik, Sozialwirtschaft u.s.w. Ich erinnere nur, wie oft die Minderwertigkeit eines Kindes seine Ursache hat in der Syphilis, dem Alkohol und der nächtlichen Schlafentziehung durch die Art unseres geselligen Lebens. Gerade der Pädagoge und der Arzt werden darum gedrängt, die Privilegien, welche der Vertrieb von Volksgiften und die Pflege verkehrter Geselligkeit genießt, auf das entschiedenste zu bekämpfen und Verbesserungsvorschläge zu machen. Und so kommen wir schließlich auch zu einer *Pathologie und Therapie der Erziehung im sozialen Leben*. Der Schwerpunkt unserer Aufgabe aber soll und muß die *Einzelseele des Kindes* bilden.

Unser Blatt will also auch solche und ähnliche Weise die heutige Pädagogik des Normalen zu ergänzen trachten. Sie will es thun nicht im Gegensatz zu ihr und auch nicht in der Abgeschlossenheit von ihr, sondern in innigster Verbindung und Fühlung mit ihr. Den Sammelpunkt unserer Arbeit bildet darum Jena, dessen Universität lange Zeit hindurch die einzige Deutschlands war, welche einen selbständigen Lehrstuhl für wissenschaftliche Pädagogik hatte und welche noch die einzige ist, die für die Pädagogik eine Institution (Übungsschule) besitzt, die für sie dieselbe Bedeutung hat oder haben sollte, wie die Klinik für die Medizin …

Als solches will es Organ und Sprechsaal sein für alle, welche sich bald mehr bald weniger der *Heilpädagogik,* widmen. Wir denken hier besonders an die männlichen wie weiblichen Leiter, Lehrer, Erzieher und Pfleger der Schulen für Schwachbefähigte, der Rettungshäuser, der Anstalten für Zwangserziehung, der Idioten-, Taubstummen, und Blindenanstalten, der Kinderheilstätten, der Kindergärten, Kleinkinderschulen und Kinderbewahranstalten; desgleichen an die Seelsorger für Gefängnisse, Irrenanstalten u.s.w.; an die Arbeiter in der inneren und äußeren Mission; an die gebildeten Eltern von Kindern mit fehlerhafter oder geschwächter Veranlagung; an die Kinderärzte, wie an die Nerven- und Irrenärzte, sofern ihre Praxis sich auch auf Kinder erstreckt. In diesem Umkreise suchen wir unsere Mitarbeiter wie Leser.

Ellen Key

Das Recht des Kindes (1900)

Aus: Das Jahrhundert des Kindes. Stockholm 1900 (deutsche Ausgabe 1902); hier nach der 15. Aufl. Leipzig 1911, S. 30–36, 43, 53–54, 57, 62 und 69 (in Auswahl).

Key (1849–1926), eine schwedische Schriftstellerin und Lehrerin (1883–1903), behandelte in ihren Büchern soziale Fragen, besonders der Frauenbewegung und der Erziehung. „Das Jahrhundert des Kindes" „erlebte innerhalb von sechs Jahren 14 Auflagen, und sein Titel wurde zum Schlagwort der Zeit" (Reble 1957, S. 270). Sie kritisierte die bestehende Schulerziehung und setzte sich besonders für die freie Entfaltung der kindlichen Kräfte ein. Sie ist als eine der Begründerinnen der Reformpädagogik bekannt (Dräbing 1990). Weniger beachtet wird die Wirkung ihrer unkritischen, enthusiastischen Sozialhygiene. Ellen Key rief in ihren Schriften zur Achtung vor den Kindern auf, sofern sie gesund waren. Sie äußerte sich nicht zur Bildungsfähigkeit behinderter Kinder und überging die Erfolge der Heilpädagogik. Ihre biologistische Anthropologie nahm an manchen Stellen die Argumentation von Binding und Hoche (siehe Nr. 9) vorweg. Die zweischneidige Seite der Reformpädagogik nach der Jahrhundertwende, die sich eine gefährliche Abstraktion, „das Kind", schuf und diese dogmatisch verklärte, wird besonders in ihren Schriften deutlich (Oelkers 1989). Die folgenden Abschnitte sind dem ersten Kapitel „Das Recht des Kindes, seine Eltern zu wählen" entnommen.

In Francis Galtons[a] berühmter Arbeit *Hereditary Genius*[1] ist beinahe schon alles, was aus dem Gesichtspunkte der Rassenveredelung heute gefordert wird, ausgesprochen ...

Galton, der aus einem griechischen Wort einen Namen für die Wissenschaft von der Veredelung der Rasse geschaffen hat, „eugenics", beweist, daß der zivilisierte Mensch, was die Fürsorge für die Veredelung der Rasse betrifft, jetzt viel tiefer steht als die Wilden, um nicht von Sparta zu sprechen, wo es den Schwachen, den zu Jungen, den zu Alten nicht gestattet war, zu heiraten, und wo der nationale Stolz auf eine reine Rasse, eine kräftige Blüte so groß war, daß die Einzelnen sich in die Opfer fanden, die dieses Ziel erheischte. Galton – sowie Darwin[b], Spencer[c], A. R. Wallace[d] u.a. – hebt hervor, daß das Gesetz der natürlichen Auslese, das in der übrigen Natur „the survival of the fittest" gesichert hat, in der menschlichen Gesellschaft nicht mehr gilt, wo ökonomische Beweggründe zu unrichtigen Heiraten führen, die der Reichtum ermöglicht, während die Armut die richtigen Heiraten hindert, und wo außerdem die Entwicklung der Sympathie als ein die natürliche Auswahl störendes Moment aufgetreten ist. Die erotische Sympathie wählt nämlich nach Motiven, die allerdings auf das Glück des einzelnen abzielen, aber darum nicht die Veredelung der Rasse verbürgen. Und während andere Schriftsteller[2] einen freiwilligen Verzicht auf die Ehe in jenen Fällen erhoffen, wo dieselbe eine schlechte Nachkommenschaft erwarten läßt, befürwortet Galton hingegen sehr strenge Maßregeln, um die schlechten Menschenexemplare zu hindern, ihre Laster oder Krankheiten, ihre geistige oder physische Schwäche fortzupflanzen. Gerade weil Galton nicht an die Erblichkeit erworbener Eigenschaften glaubt, ist für ihn die Auslese von allergrößter Bedeutung.

Andererseits tritt er dafür ein, mit allen Mitteln jene Heiraten zu fördern, bei denen der Stammbaum auf beiden Seiten eine ausgezeichnete Nachkommenschaft verspricht. Denn für ihn, wie später für Nietzsche[e], ist das Ziel der Generation die Hervorbringung starker, genialer Persönlichkeiten.

Galton betont, daß der zivilisierte Mensch durch sein Mitgefühl mit schwachen, lebensuntauglichen Individuen dazu beigetragen habe, deren Fortdauer zu unterstützen, während dies seinerseits die Möglichkeiten der Lebenstauglichen, die Gattung fortzupflanzen, verringerte. Auch Wallace und mehrere andere heben bei verschiedenen Anlässen hervor, daß die Menschen in Bezug auf diese Fragen härter werden müssen, wenn die Art sich nicht verschlechtern soll; daß die moralischen, sozialen und sympathischen Faktoren, die in der Menschheit dem Gesetz von „the survival of the fittest" entgegenwirkt und es den Niedrigsten möglich gemacht haben, sich am meisten zu vermehren, neuen Gesichtspunkten in der Betrachtung gewisser moralischer und sozialer Fragen weichen müssen, wodurch dann das natürliche Gesetz durch den Altruismus unterstützt werden wird, anstatt daß ihm wie bis jetzt dieses Gefühl entgegenwirkt.

...

Wenn man in ethnographischen und soziologischen Werken[3] liest, welchen ehelichen Restriktionen die wilden Völker sich oft nur auf Grund abergläubischer Vorurteile mit religiösem Gehorsam unterworfen haben, da dürfte die Hoffnung, daß die Kulturmenschen sich einmal vor wissenschaftlich bewiesenen Sätzen beugen werden, wohl nicht zu optimistisch sein!

Wallace befürwortet nicht so absolute Maßregeln wie Galton, um die Ehen der Minderwertigen zu hindern und die der

---

[1] Nicht nur in diesem grundlegenden Werke, sondern auch in „Inquiries into human faculty and its development" in „Life history album", „Record of familiy faculties" und „Natural inheritance" hat Galton seine Gesichtspunkte dargelegt.

[2] z. B. W. R. Grey, der die Frage in „Enigmas of Life" behandelt hat.

[3] z. B. in Mc. Lennans „Primitive Marriage" oder Westermarck „The human marriage".

---

[a] Galton = Sir Francis Galton (1822–1911), britischer Naturforscher, Vetter von Charles Darwin, Begründer der Eugenik. Der vollständige Titel seines grundlegenden Werkes heißt „Hereditary Genius, its laws and consequences" (1869) deutsch: „Die Vererbung von Begabung, ihre Gesetze und Konsequenzen".

[b] Darwin = Charles Roberts Darwin (1809–1882), englischer Biologe, Begründer der Selektionstheorie. Hauptwerk: „On the origin of species by means of natural selection" (1859) deutsch: „Die Entstehung der Arten durch natürliche Zuchtwahl" (1860).

[c] Spencer = Herbert Spencer (1820–1903), englischer Philosoph und Soziologe.

[d] Wallace = Alfred Russel Wallace (1823–1913), englischer Zoologe, stellte 1858 seine Lehre von der natürlichen Zuchtwahl durch Auslese im Kampf ums Dasein auf.

[e] Nietzsche = Friedrich Wilhelm Nietzsche (1844–1900), Philosoph, wirkte durch seine scharfe Kulturkritik indirekt auf die Reformpädagogik. Ellen Key setzt ihrem Buch ein Nietzsche-Zitat als Motto voran.

Übermenschen zu fördern. Er sieht ein, daß das Problem ungeheuer verwickelt ist. Unter anderem, weil die persönliche Erotik gerade aus dem Gesichtspunkt der Rassenveredelung außerordentlich wesentlich ist. Wenn die Menschen gleich Zuchtvieh gezüchtet werden könnten, so dürfte das wohl kaum den Übermenschen hervorrufen! Die Menschenrasse des Mittelalters sank, sagte Galton, weil die Besten in die Klöster flohen und die Schlechteren sich fortpflanzten. Aber wenn Galtons strenge Forderungen an jeden Stammbaum erfüllt werden müßten, bevor eine Ehe gestattet würde, so würde nicht nur die Ehe ihren tiefsten Inhalt verlieren, sondern auch die Rasse ihr edelstes Erbe.

...

Maudsley [f4] hat besonders die Frage von der Erblichkeit der Geisteskrankheiten beleuchtet, obgleich auch in diesem Fall die nervösen und psychischen Krankheiten der Eltern bei den Kindern oft ihren Charakter verändern. Auch er fordert ein ärztliches Zeugnis vor der Eheschließung und verlangt, daß das Auftreten einer Geisteskrankheit in der Ehe einen gesetzlichen Grund zur Scheidung bilde. Und er hofft, daß ein „reiner" Stammbaum, in einem neuen Sinne des Wortes, ebenso wichtig für die Ehen der Zukunft werden wird, wie für die des Adels in früheren Tagen. Einer von Maudsleys Sätzen ist so interessant, daß er hier angeführt werden soll, nämlich daß Väter, die ihre ganze Energie für die Erwerbung von Reichtum angespannt haben, entartete Kinder erhalten; denn die erwähnte Nervenspannung untergräbt das System ebenso unfehlbar wie Alkohol oder Opium! Sollte dieser Satz sich bestätigen, so würde man noch einen Gesichtspunkt zu den vielen besitzen, die zeigen, wie lebensfeindlich das jetzige, nur auf Macht und Gewinn abzielende Gesellschaftsleben ist und wie notwendig jene Umgestaltung des Daseins, die die Arbeit und die Produktion einem neuen Zwecke dienstbar machen wird; der Forderung jedes Menschen, ganz, allseitig und menschenwürdig zu leben und eine mit allen Möglichkeiten für ein ähnliches Leben ausgerüstete Nachkommenschaft hinterlassen zu können.

...

Im Zusammenhang hiermit steht die Entwicklung neuer Rechtsbegriffe auf diesen Gebieten. Während die heidnische Gesellschaft in ihrer Härte die schwachen oder verkrüppelten Kinder aussetzte, ist die christliche Gesellschaft in der „Milde" so weit gegangen, daß sie das Leben des psychisch und physisch unheilbaren kranken und mißgestalteten Kindes zur stündlichen Qual für das Kind selbst und seine Umgebung verlängert. Noch ist doch in der Gesellschaft – die unter anderem die Todesstrafe und den Krieg aufrecht hält – die Ehrfurcht vor dem Leben nicht groß genug, als daß man ohne Gefahr das Verlöschen eines solchen Lebens gestatten könnte. Erst wenn ausschließlich die Barmherzigkeit den Tod gibt, wird die Humanität der Zukunft sich darin zeigen können, daß der Arzt unter Kontrolle und Verantwortung schmerzlos ein solches Leiden auslöscht.

...

Die verantwortungsvolle Verpflichtung gegen die Kinder wird um so strenger werden, je mehr die Gesellschaft es lernt, als eine ihrer vornehmsten Aufgaben die Verhinderung alles unverschuldeten, sinnlosen Leidens zu betrachten.

Die Sittlichkeit der Zukunft wird nicht darin bestehen, daß man der Heiligkeit der Familie die sogenannten Bastarde opfert, die von der Natur oft reich ausgerüstet sind, aber durch die jetzt herrschende Rechtsauffassung eine solche Behandlung erhalten, daß sie oft dadurch „Bastarde" werden, erfüllt von Rachsucht gegen die Gesellschaft und die verkehrten Rechtsbegriffe, deren Opfer sie sind. Die Kindermorde, die Phosphorvergiftungen, die „Engelmacherei" – alles hängt mit diesen verkehrten Rechtsbegriffen zusammen. Aber alle diese Folgen sind doch weniger unheilvoll als die, welche die Gesellschaft sich durch jene „unehelichen" Kinder zuzieht, die wohl nicht physisch, aber psychisch untergehen. In ihnen sind häufig nicht nur gute Kräfte verlorengegangen, sondern gesellschaftszerstörende Kräfte entwickelt worden.

...

Die Zeit wird kommen, in der das Kind als heilig angesehen werden wird, selbst wenn die Eltern mit profanen Gefühlen dem Mysterium des Lebens genaht sind; die Zeit, in der jede Mutterschaft als heilig betrachtet werden wird, wenn sie durch ein tiefes Liebesgefühl veranlaßt war und tiefe Pflichtgefühle hervorgerufen hat.[5]

Dann wird man das Kind, das sein Leben von gesunden, liebenden Menschen empfangen hat und das dann in Weisheit und Liebe erzogen wird, ein „eheliches" nennen, auch wenn seine Eltern sich in voller Freiheit vereinigt haben.

Dann wird man das Kind, das in einer liebelosen Ehe geboren oder durch die Schuld der Eltern mit körperlicher oder geistiger Krankheit belastet ist, als Bastard betrachten, und wären dessen Eltern auch vom Papste in der Peterskirche getraut! Und nicht auf die unvermählte, zärtliche Mutter eines strahlend gesunden Kindes wird der Schatten der Mißachtung fallen, sondern auf die legitime oder illegitime Mutter eines durch die Missetaten seiner Vorväter entarteten Wesens.

...

Es gibt eine alte Redeweise, daß man seinen Eltern für das Leben Dank schuldig sei. So können unsere Eltern, das weiß ich selbst aus Erfahrung, selbst die Erben der körperlichen und seelischen Gesundheit gewesen sein, die die Folge davon ist, daß Muttereltern, Vatereltern und Voreltern alle frühe, richtige und glückliche Ehen geschlossen haben! Aber in den meisten Fällen müßten die Eltern umgekehrt die Kinder für deren Dasein um Verzeihung bitten.

...

Die Jugend muß daher Ehrfurcht vor ihrer zukünftigen Aufgabe lernen, die sie verfehlt, wenn sie ihre seelische und körperliche Schönheit an leichtsinnig geschlossene und gelöste Verbindungen ohne die Absicht der Treue, ohne die Würde der Verantwortlichkeit vergeudet. Aber die Jugend muß auch wissen, daß man diese Aufgabe in noch viel tieferer Weise verfehlt, wenn man mit kaltem Herzen und kalten Sinnen das Leben eines Kindes hervorruft, sei es in einer aus weltlichen Motiven geschlossenen Ehe, oder in einer aus „sittlichen" Gründen zusammengehaltenen, in der die eingetretene Disharmonie auf neue Wesen fortgepflanzt wird.

...

---

[4] Besonders in „The Physiology and Pathology of Mind".

[5] Man sehe den Roman „Mutterrecht" von Helene Böhlau.

---

[f] Maudsley = Henry Maudsley (1835–1918), englischer Psychiater, befaßte sich mit der Erblichkeit von Geisteskrankheiten und mit Fragen der Rechtsmedizin. Er schrieb „The Pathology of Mind" (1867).

Wenn es sich um die Vervollkommnung des Menschengeschlechtes handelt, ist die Umgestaltung der Sitten und Gefühle immer das Wesentliche, und im Vergleiche damit wird der Einfluss der Gesetzgebung immer gering sein. Aber auch diese hat, wie schon gesagt, ihre Aufgabe zu erfüllen. Besonders in Bezug auf Krankheiten, von deren Erblichkeit man absolut überzeugt ist, muss die Gesellschaft ehehindernd eingreifen. Man hat in Deutschland und in Amerika einen guten Uebergangsvorschlag in dieser Richtung gemacht, nämlich dass das Gesetz das Vorweisen eines ärztlichen Zeugnisses – mit vollständigen Daten über die Gesundheit beider Teile – als obligatorische Bedingung der Eheschliessung verlangen solle. Dann hätten die Kontrahenten noch immer ihre Entscheidungsfreiheit, aber sie würden wenigstens nicht wie jetzt unwissend in die Ehe treten und sich selbst und ihre Kinder deren schädlichen Folgen aussetzen. Und es scheint mir, als müsste es für die Gesellschaft mindestens ebenso wichtig sein, ein ärztliches Zeugnis über die Fähigkeit zur Ehe, wie über die Fähigkeit zum Kriegsdienst zu erhalten! In dem einen Falle gilt es, Leben zu geben, in dem anderen, es zu nehmen; und obgleich das letztere freilich bis jetzt als eine weit ernstere Angelegenheit betrachtet wurde als das erstere, dürfte doch ein erwachendes Gesellschaftsbewusstsein bald einen Schritt in der erwähnten Richtung fordern.

Maria Montessori

Die Entdeckung des Kindes (1952)

Hrsg. und eingeleitet von Paul Oswald und Günter Schulz-Benesch. Freiburg i. Br. 8. Aufl. 1987 S. 25–29 und 31–33 (in Auswahl). Original: La scoperta del bambino (1952).

Montessori (1870–1952), italienische Ärztin und Pädagogin, erhielt für die Entwicklung ihrer Materialien und der nach ihr benannten Schulen starke Impulse aus der Erziehung geistig behinderter Kinder. Besonders Jean Gaspar Itard und Édouard Séguin schätzte sie sehr (siehe auch Quellen, Band 1, S. 16). Die folgenden Stellen zeigen die Bedeutung der Erziehung geistig behinderter Kinder für ihr Lebenswerk und belegen, daß Pädagogik und Heilpädagogik bei ihr in einer engen Verbindung stehen. Die Pädagogik Maria Montessoris stieß in Deutschland zu ihren Lebzeiten auf Widerstand und auf Unverständnis (Schulz-Benesch 1970). In den letzten Jahrzehnten erlebte die Montessori-Pädagogik einen starken Aufschwung.

Als Assistenzärztin an der Psychiatrischen Klinik der Universität Rom hatte ich vor einigen Jahrzehnten Gelegenheit[a], das Irrenhaus zu besuchen, um die Kranken zu beobachten, die für den klinischen Unterricht auszuwählen waren – und so interessierte ich mich für im Irrenhaus untergebrachte idiotische Kinder. In jener Zeit befand sich die Schilddrüsen-Organtherapie in voller Entwicklung und lenkte inmitten von Konfusion und Übertreibung therapeutischer Erfolge stärker als vorher das Interesse der Ärzte auf schwachsinnige Kinder. Ich hatte einen regulären medizinischen Dienst in Krankenhäusern für innere Medizin und in pädiatrischen Ambulanzen geleistet und so schon vorher meine Aufmerksamkeit ganz besonders dem Studium von Kinderkrankheiten gewidmet.

Da ich mich für Idioten interessierte, lernte ich die von Édouard Séguin[b] erdachte spezielle Erziehungsmethode für diese unglücklichen Kinder kennen und begann mich ganz allgemein mit den damals auch unter praktischen Ärzten aufkommenden Gedanken der Wirksamkeit „pädagogischer Behandlung" bei verschiedenen Krankheitsbildern – wie Taubheit, Lähmung, Idiotie, Rachitis usw. – zu befassen. Die Tatsache, daß die Pädagogik sich in der Therapie mit der Medizin zusammentun mußte, war die praktische Errungenschaft des Denkens der damaligen Zeit, und die Kinesiotherapie hat sich ja gerade in dieser Richtung entwickelt.

Im Gegensatz zu meinen Kollegen hatte ich jedoch die Eingebung, daß das Problem der geistig Zurückgebliebenen eher überwiegend ein pädagogisches als überwiegend ein medizinisches war; während auf medizinischen Kongressen viele von der medizinisch-pädagogischen Methode zur Behandlung und Erziehung schwachsinniger Kinder sprachen, nahm ich auf dem Turiner Kongreß 1898 die *moralische Erziehung* zum Thema. Ich glaube, daß ich dabei eine stark schwingende Saite berührte, da der Gedanke, der von den Medizinern zu den Grundschullehrern übersprang, sich im Nu als eine die Schule interessierende lebendige Frage verbreitete.

Ich erhielt in der Tat von meinem Lehrmeister, dem hervorragenden Erziehungsminister Guido Bacelli[c] den Auftrag, vor den Lehrerinnen in Rom eine Vortragsfolge über die Erziehung schwachsinniger Kinder zu halten. Dieser Kurs entwickelte sich danach zur Scuola magistrale ortofrenica[d], die ich noch zwei Jahre lang leitete.

Dieser Schule hatte ich eine Klasse von Externen mit verlängerter Unterrichtszeit angegliedert, in die ich Kinder aufnahm, die wegen Geistesschwäche als in Grundschulen nicht erziehbar angesehen wurden. Später entstand dank einer Gesellschaft ein pädagogisches Institut, in dem neben den Externen alle idiotischen Kinder des römischen Irrenhauses untergebracht wurden.

So bereitete ich mit Hilfe von Kollegen die römischen Lehrer zwei Jahre lang nicht nur auf die Spezialmethoden zur Beobachtung und Erziehung schwachsinniger Kinder vor, sondern, was wichtiger ist, ich begann, selbst Kinder zu unterrichten und die Arbeit der Erzieherinnen schwachsinniger Kinder in unserem Institut zu leiten, nachdem ich in London und Paris die Erziehung von geistig Zurückgebliebenen in der Praxis studiert hatte.

Ich war länger anwesend als eine Grundschullehrerin und unterrichtete die Kinder ohne festen Turnus ununterbrochen von acht Uhr morgens bis sieben Uhr abends. Diese zwei Jahre Praxis geben mir meinen ersten und wahren Anspruch in Bezug auf Pädagogik.

Seit jener Zeit, in den Jahren 1898 bis 1900, widmete ich mich der Erziehung geistig zurückgebliebener Kinder und glaubte intuitiv zu erfassen, daß diese Methoden nicht nur ein Versuch waren, den Idioten zu helfen, sondern vernünftigere Erziehungsgrundsätze als die bisher üblichen enthielten; Methoden, die sogar eine unterentwickelte Geistigkeit für eine Weiterbildung empfänglich werden ließen. Diese Intuition wurde meine Idee, nachdem ich die Schule für geistig zurückgebliebene Kinder verlassen hatte; nach und nach gelangte ich zu der Überzeugung, daß ähnliche Methoden, auf normale Kinder angewandt, deren Persönlichkeit auf eine erstaunliche Weise entwickeln würden.

...

Die Erziehungsmethoden für geistig zurückgebliebene Kinder nahmen ihren Anfang zur Zeit der Französischen Revolution durch einen Arzt, dessen medizinische Werke in die Geschichte eingegangen sind.

...

Itard[e] kann ... als Begründer der wissenschaftlichen Pädagogik angesehen werden... Das Verdienst, ein wirkliches und vervollständigtes Erziehungssystem für geistig zurückgebliebene Kinder entwickelt zu haben, gebührt jedoch Édouard Séguin, der zuerst Lehrer, dann Arzt war. Er ging von Itards Versuchen aus, die er unter

---

[a] Bezogen auf 1950; in allen früheren Auflagen heißt es: vor ungefähr zwölf Jahren [Anm. der Hrsg. der deutschen Übersetzung Oswald/Schulz-Benesch].

[b] Séguin = Édouard Séguin (1812–1880), Taubstummenlehrer und Arzt (siehe zu Séguin und dem von Montessori zitierten Buch Band 1, S. 60).

[c] Bacelli = Guido Bacelli (1830–1916), Professor der Medizin, ein berühmter Chirurg, Unterrichtsminister in Italien.

[d] Heilpädagogisches Institut [Anm. der Hrsg. Oswald/Schulz-Benesch].

[e] Itard = Jean Marc Gaspard Itard (1774–1838) Arzt und Wissenschaftler (siehe dazu Band 1, S. 38).

Abänderung und Vervollständigung der Methode in zehnjähriger Erfahrung bei Kindern anwandte, die vom Irrenhaus in eine kleine Schule der Rue Pigalle in Paris verlegt worden waren. Diese Methode wurde zum erstenmal in einem 1846 in Paris veröffentlichten über 600 Seiten starken Buch unter dem Titel: *„Traitement moral, hygiéne et éducation des idiots"* dargelegt.

...

Während meiner Assistentenzeit in der psychiatrischen Klinik hatte ich mit großem Interesse das Werk Édouard Séguins in französischer Sprache gelesen.

...

Danach setzte ich meine Versuche an geistig zurückgebliebenen Kindern in Rom fort und erzog sie zwei Jahre lang. Ich orientierte mich an Séguins Buch und beherzigte Itards großartige Erfahrungen. Außerdem ließ ich ein besonders reichhaltiges Lehrmaterial erstellen, wobei ich mich auf diese Texte stützte.

Dieses Material, das ich in keinem Institut vollständig vorfand, war ein hervorragendes Instrument in den Händen derer, die es zu benutzen verstanden, doch für sich allein blieb es bei den geistig Zurückgebliebenen unbeachtet. Ich verstand, aus welchen Gründen die Erzieher entmutigt waren und weshalb sie die Methode aufgegeben hatten. Durch das Vorurteil, daß der Erzieher sich auf das Niveau des zu Erziehenden stellen soll, gerät der Lehrer schwachsinniger Kinder in eine Art Apathie: er weiß, daß er minderwertige Menschen erzieht und deshalb gelingt ihm ihre Erziehung nicht; so glauben die Lehrer kleiner Kinder, diese zu erziehen, wenn sie sich bemühen, sich mit Spielen und häufig auch mit drolligen Reden auf ihre Ebene zu stellen.

Man muß vielmehr verstehen, in der Seele des Kindes den darin schlummernden Menschen anzusprechen.

Ich hatte diese Intuition: und ich glaube, daß nicht das didaktische Material, sondern diese meine Stimme, die sie anrief, die Kinder *weckte* und dazu antrieb, das didaktische Material zu benutzen und sich selbst zu erziehen. Der große Respekt, den ich ihrem harten Schicksal entgegenbrachte, und die Liebe, die diese unglücklichen Kinder in jedem wecken, der ihnen nahekommt, wiesen mir den Weg. Aber auch Séguin äußerte sich ähnlich darüber: Als ich von seinen geduldigen Versuchen las, da verstand ich gut, daß das erste von ihm benutzte didaktische Material geistiger Natur war. Deshalb kommt der Autor, als er am Ende seines französischen Buches einen Blick auf sein Werk wirft, zu dem betrüblichen Schluß, daß es in Vergessenheit geraten wird, wenn keine *Lehrer* ausgebildet werden. Er macht sich einen wirklich originellen Begriff von der Ausbildung der Lehrkräfte für geistig Zurückgebliebene. Seine Ratschläge scheinen für angehende Verführer bestimmt. Er möchte, daß sie selbst und ihre Stimme einen Zauber ausstrahlen und daß sie größte Sorgfalt auf ihr Äußeres legen, um so attraktiv wie möglich zu sein. Sie sollen ihre Gesten und die Modulation ihrer Stimme mit der gleichen Sorgfalt verfeinern wie große Schauspieler, die sich für ihren Auftritt vorbereiten, weil sie müde und zerbrechliche Seelen für die großen Gefühle des Lebens erobern müssen.

Diese Einwirkung auf den Geist, eine Art von *Geheimschlüssel*, eröffnete dann eine lange Reihe von didaktischen Experimenten, die Édouard Séguin großartig analysierte und die sich tatsächlich bei der Erziehung von Idioten als äußerst wirksam erwiesen. Ich erzielte damit erstaunliche

Erfolge, muß jedoch bekennen, daß ich unter einer gewissen Erschöpfung litt, während ich meine Kräfte auf Fortschritte des Geistes konzentrierte.

...

So konnte ich meinerseits neue Versuche machen, deren Aufzeichnung hier nicht hingehört; erwähnen möchte ich nur, daß ich in jener Zeit eine wirklich originale Methode zum Lesen und Schreiben erprobte, da dieses Detail in der Erziehung sowohl in Itards wie auch in Séguins Werken ganz unzulänglich und unvollständig behandelt worden war.

Es gelang mir, einigen geistig Zurückgebliebenen aus dem Irrenhaus Lesen und korrektes Schreiben in Schönschrift beizubringen. Diese Kinder konnten danach in einer öffentlichen Schule zusammen mit normalen Kindern eine Prüfung ablegen, die sie auch bestanden.

Dieses großartige Ergebnis erschien den Beobachtern fast wie ein Wunder. Doch für mich holten die Kinder des Irrenhauses die normalen bei öffentlichen Prüfungen nur deshalb ein, weil ihnen ein anderer Weg gewiesen worden war. Bei ihrer psychischen Entwicklung war ihnen Hilfe zuteil geworden, während die normalen Kinder stattdessen unterdrückt und erniedrigt worden waren. Mir war klar, daß, ließe sich die Sondererziehung, die Idioten auf so erstaunliche Weise vorangebracht hatte, eines Tages auf normale Kinder anwenden, dann wäre es vorbei mit dem Wunder, weil die Kluft zwischen den niedrigeren geistigen Fähigkeiten der Idioten und denen normaler Kinder nie wieder überbrückt werden könnte. Während alle die Fortschritte meiner Idioten bewunderten, machte ich mir Gedanken über die Gründe, aus denen glückliche und gesunde Kinder in den gewöhnlichen Schule auf so niedrigem Niveau gehalten wurden, daß sie bei Prüfungen der Intelligenz von meinen unglücklichen Schülern eingeholt wurden.

Rudolf Steiner

Aus der Selbstbiographie (1923-1925)

Mein Lebensgang, hrsg. von Marie Steiner. Stuttgart 1948, S. 90–93.

Steiner (1861–1925), der Begründer der Anthroposophie, berichtet in der nachgelassenen Autobiographie über eine für seine Psychologie zentrale Erfahrung als Privatlehrer eines in seiner Entwicklung verzögerten Kindes. Einiges im Lebenswerk Steiners spricht dafür, daß er die Wiener Heilpädagogen Georgens und Deinhardt kannte. Im September 1919 gründete Steiner in Stuttgart die erste Waldorfschule. Mit ihr im Zusammenhang stehen auch die Anfänge der Erziehung seelenpflegebedürftiger Kinder. Auf der Sophienhöhe bei Jena, in dem von Johannes Trüper (vgl. Nr. 1) gegründeten Heim, arbeiteten drei junge Lehrer mit, die beschlossen, sich selbständig zu machen und 1924 auf dem „Lauenstein", ebenfalls bei Jena, ein eigenes Heim zu eröffnen. Sie wandten sich an Steiner um Hilfe. Er richtete daraufhin einen „Heilpädagogischen Kurs" ein.

Auf pädagogischem Gebiete brachte mir das Schicksal eine besondere Aufgabe. Ich wurde als Erzieher in eine Familie empfohlen, in der vier Knaben waren. Dreien hatte ich nur erst den vorbereitenden Volksschul- und dann den Nachhilfeunterricht für die Mittelschule zu geben. Der vierte, der ungefähr zehn Jahre alt war, wurde mir zunächst zur vollständigen Erziehung übergeben. Er war das Sorgenkind der Eltern, besonders der Mutter. Er hatte, als ich ins Haus kam, sich kaum die allerersten Elemente des Lesens, Schreibens und Rechnens erworben. Er galt als anormal in seiner körperlichen und seelischen Entwicklung in einem so hohen Grade, daß man in der Familie an seiner Bildungsfähigkeit zweifelte. Sein Denken war langsam und träge. Selbst geringe geistige Anstrengung bewirkte Kopfschmerz, Herabstimmung der Lebenstätigkeit, Blaßwerden, besorgniserregendes seelisches Verhalten.

Ich bildete mir, nachdem ich das Kind kennengelernt hatte, das Urteil, daß eine diesem körperlichen und seelischen Organismus entsprechende Erziehung die schlummernden Fähigkeiten zum Erwachen bringen müsse; und ich machte den Eltern den Vorschlag, mir die Erziehung zu überlassen. Die Mutter des Knaben brachte diesem Vorschlag Vertrauen entgegen, und dadurch konnte ich mir diese besondere pädagogische Aufgabe stellen.

Ich mußte den Zugang zu einer Seele finden, die sich zunächst wie in einem schlafähnlichen Zustande befand und die allmählich dazu zu bringen war, die Herrschaft über die Körperäußerungen zu gewinnen. Man hatte gewissermaßen die Seele erst in den Körper einzuschalten. Ich war von dem Glauben durchdrungen, daß der Knabe zwar verborgene, aber sogar große geistige Fähigkeiten habe. Das gestaltete mir meine Aufgabe zu einer tief befriedigenden. Ich konnte das Kind bald zu einer liebevollen Anhänglichkeit an mich bringen. Das bewirkte, daß der bloße Verkehr mit demselben die schlummernden Seelenfähigkeiten zum Erwachen brachte. Für das Unterrichten mußte ich besondere Methoden ersinnen. Jede Viertelstunde, die über ein gewisses, dem Unterricht zugeteiltes Zeitmaß hinausging, bewirkte eine Beeinträchtigung des Gesundheitszustandes. Zu manchen Unterrichtsfächern konnte der Knabe nur sehr schwer ein Verhältnis finden.

Diese Erziehungsaufgabe wurde für mich eine reiche Quelle des Lernens. Es eröffnete sich mir durch die Lehrpraxis, die ich anzuwenden hatte, ein Einblick in den Zusammenhang zwischen Geistig-Seelischem und Körperlichem im Menschen. Da machte ich mein eigentliches Studium in Physiologie und Psychologie durch. Ich wurde gewahr, wie Erziehung und Unterricht zu einer Kunst werden muß, die in wirklicher Menschenerkenntnis ihre Grundlage hat. Ein ökonomisches Prinzip hatte ich sorgfältig durchzuführen. Ich mußte mich oft für eine halbe Unterrichtsstunde zwei Stunden lang vorbereiten, um den Unterrichtsstoff so zu gestalten, daß ich dann in der geringsten Zeit und mit möglichst wenig Anspannung der geistigen und körperlichen Kräfte ein Höchstmaß der Leistungsfähigkeit des Knaben erreichen konnte. Die Reihenfolge der Unterrichtsfächer mußte sorgfältig erwogen, die ganze Tageseinteilung sachgemäß bestimmt werden. Ich hatte die Befriedigung, daß der Knabe im Verlaufe von zwei Jahren den Volksschulunterricht nachgeholt hatte und die Reifeprüfung in das Gymnasium bestehen konnte. Auch seine Gesundheitsverhältnisse hatten sich wesentlich gebessert. Die vorhandene Hydrocephalie war in starker Rückbildung begriffen. Ich konnte den Eltern den Vorschlag machen, den Knaben in die öffentliche Schule zu schicken. Es erschien mir nötig, daß er seine Lebensentwicklung im Verein mit andern Knaben finde. Ich blieb als Erzieher in der Familie für mehrere Jahre und widmete mich besonders diesem Knaben, der ganz darauf angewiesen war, seinen Weg durch die Schule so zu nehmen, daß seine häusliche Betätigung in dem Geiste fortgeführt wurde, in dem sie begonnen war. Ich hatte da Veranlassung, in der schon früher erwähnten Art meine griechischen und lateinischen Kenntnisse fortzubilden, denn ich hatte für den Gymnasialunterricht dieses und noch eines andern Knaben in der Familie die Nachhilfestunden zu besorgen.

Ich muß dem Schicksal dafür dankbar sein, daß es mich in ein solches Lebensverhältnis gebracht hat. Denn ich erwarb mir dadurch auf lebendige Art eine Erkenntnis der Menschenwesenheit, von der ich glaube, daß sie so lebendig auf einem andern Wege von mir nicht hätte erworben werden können. Auch war ich in die Familie in einer ungewöhnlich liebevollen Art aufgenommen; es bildete sich eine schöne Lebensgemeinschaft mit derselben aus. Der Vater des Knaben war als Agent für indische und amerikanische Baumwolle tätig. Ich konnte einen Einblick gewinnen in den Gang des Geschäftes und in vieles, das damit zusammenhängt. Auch dadurch lernte ich vieles. Ich sah in die Führung eines außerordentlich interessanten Importgeschäftszweiges hinein, konnte den Verkehr unter Geschäftsfreunden, die Verkettung verschiedener kommerzieller und industrieller Betätigungen beobachten.

Mein Pflegling konnte durch das Gymnasium durchgeführt werden; ich blieb an seiner Seite bis zur Unterprima. Da war er so weit, daß er meiner nicht mehr bedurfte. Er ging nach absolviertem Gymnasium an die medizinische Fakultät, wurde Arzt und ist als solcher ein Opfer des Weltkrieges geworden. Die Mutter, die mir durch meine Tätigkeit für den Sohn zur treuen Freundin geworden war und die mit innigster Liebe an diesem Sorgenkinde hing, ist ihm bald nachgestorben. Der Vater hat schon früher die Erde verlassen.

„EOS" – Zur Einführung der Zeitschrift (1905)

Vierteljahresschrift für die Erkenntnis und Behandlung jugendlicher Abnormer. Wien und Leipzig, hrsg. von M. Brunner, S. Krenberger, A. Mell, H. Schlöss, 1 (1905), S. 1–3.

Am Anfang des neuen Jahrhunderts erschien eine neue Zeitschrift für Behindertenarbeit. Ihr Titel lautete „EOS. Vierteljahresschrift für die Erkenntnis und Behandlung jugendlicher Abnormer", Wien und Leipzig, Verlag von A. Pichlers Witwe & Sohn. Die vier Herausgeber waren:
Dr. phil. Moritz Brunner (1846–1908), Direktor des allgemeinen österreichischen israelitischen Taubstummeninstituts;
Dr. phil. Salomon Krenberger (1861–1931), Direktor der Privat-Erziehungsanstalt für schwach befähigte Kinder;
Alexander Mell (1850–1931), k.k. Regierungsrat, Direktor des k.k. Blinden-Erziehungsinstituts;
Dr. med. Heinrich Schlöss (1860–1930), Direktor der Landes-Irrenanstalt und Landespflege- und Beschäftigungsanstalt für schwachsinnige Kinder, Kierling-Gugging.

Ziel der Zeitschrift war die Zusammenarbeit von Pädagogen und Ärzten. Man wollte die Ärzte zur Mitarbeit heranziehen. Sie sollten durch ihre Kenntnis den Pädagogen helfen und die fortschreitenden naturwissenschaftlichen Erkenntnisse für die Arbeit mit behinderten Menschen fruchtbar machen. Im folgenden wird der programmatische Einführungsartikel aus der ersten Nummer der neuen Zeitschrift wiedergegeben. Der Elan, der hinter der Zeitschrift steht, wird durch die Schlußpassage erkennbar. Die Zeitschrift soll ein wissenschaftliches Organ sein, das von der experimentierenden Praxis ohne wissenschaftliche Grundlage weggeht, „und zu einer begründeten, auf Erkenntnis und wahre Erfahrung aufgebauten Kunst" hinführt.
Das vierköpfige Herausgebergremium belegt die Breite. Es wurden alle Behinderungsarten ins Auge gefaßt. Vorbildlich war der Mitarbeiterstab der Zeitschrift zusammengesetzt. Namhafte Vertreter aus den wichtigsten europäischen Ländern und aus den verschiedenen Sprachgebieten und Staaten berichteten, was an Erkenntnissen, Veranstaltungen und Forschungen auf dem abnormen Gebiete vor sich ging. Hinzu kam ein Ring von insgesamt 80 weiteren Mitarbeitern aus dem pädagogischen und medizinischen Bereich aus allen europäischen Ländern sowie den USA. Es ist in hohem Maße erstaunlich, in welcher Weise in dieser Zeitschrift die internationale Diskussion gepflegt wurde. Die Bände hielten, was sie hinsichtlich der Internationalität versprachen. Insofern war die Zeitschrift programmatisch und verwies mit ihrem Titel symbolisch auf die Morgenröte neuer Erkenntnis und eines neuen Geisteslebens.

Zur Einführung

Die Herausgabe einer neuen periodischen Druckschrift auf pädagogischem Gebiete erfordert sehr triftige Begründung, da die Literatur dieses Wissensgebietes eine sehr große ist. Selbst der spezielle Teil, dem sich unsere Zeitschrift widmen soll, hat viele und umfangreiche Druckwerke zu verzeichnen. Im Inhalte muß also die Besonderheit liegen, durch welche die Herausgabe veranlaßt ist. Er wird auch die Leser heranziehen und fesseln. Durch das Gebotene soll die Literatur nicht vermehrt und vergrößert, sondern bereichert und vertieft werden.

Deshalb soll die neue, vierteljährig in fünf Druckbogen Stärke erscheinende *„Vierteljahresschrift für die Erkenntnis und Behandlung jugendlicher Abnormer"* ein Zentrum für die Forscher und Arbeiter auf pädagogischem und medizinischem Gebiete sein und die jugendlichen *Blinden, Taubstummen, Schwachsinnigen, Neurotischen* und *Psychotischen* berücksichtigen.

Was der „Hermes" für die klassische, der „Euphorion" für die germanistische Philologie, das soll unsere „Eos" für die Spezialpädagogik sein, ein Arbeitsfeld der wissenschaftlichen Erkenntnis.

Da Wissenschaftlichkeit Streben nach logisch notwendigem Zusammenhange bedeutet, so wird von uns nichts veröffentlicht werden, was zwar gut geschrieben und leicht zu lesen ist, aber mehr von der Phantasie und momentanen Stimmung als von konsequenter Denkarbeit beeinflußt ist. Selbst die zu pflegende *Kasuistik* wird den Beweis der Wahrheit und kritischen Treue geben müssen, ehe wir die Veröffentlichung gestatten.

Wir wissen es wohl und werden es laut verkündigen, daß wir mit den jugendlichen Abnormen *keine Heilerfolge* erzielen, daß unser ganzes Streben dahin gehen muß, ihre geminderten Kräfte für die Ziele der Veredlung des Charakters und der Brauchbarkeit im Menschenleben zu verwenden, also mit allem unserem Können zu heben. Daher bringen wir keinem der unglücklichen Menschen, die das Objekt unserer Fürsorge bilden, die Sonne der Befreiung, den Strahl der vollen Gesundung, aber wir bemühen uns, unseren Zöglingen eine Morgenröte neuer Erkenntnis und eines neuen Geisteslebens zu geben. Daher sei der Name unserer Vierteljahresschrift „Eos" schon das Symbol für unser Wollen.

Zur möglichsten Ausgestaltung unseres pädagogischen Könnens soll aber die „Eos" beitragen.

Das wird geschehen, wenn wir wissenschaftlich genau die physischen und psychischen Tatsachen der Abnormität kennen und der wissenschaftliche Arzt im Vereine mit dem wissenschaftlichen Pädagogen arbeitet.

Eine Hauptabsicht der „Eos" ist es daher, Ärzte zur Mitarbeit heranzuziehen. Sie sollen durch ihre Kenntnis der natürlichen oder physischen Gründe für die Abnormität den Pädagogen aufklären, Vorschriften für die physische Hebung geben und zur Verhütung der Abnormität Maßregeln aufstellen. Die fortschreitende Ausbreitung naturwissenschaftlicher Erkenntnis und die Begründung neuer Methoden müßten doch auch für das Abnormenwesen fruchtbar gemacht werden.

Bei uns sollen die allgemeine Pädagogik neben der speziellen, die allgemein gültigen pädagogischen Grundansichten in Beziehung zu den Spezialgebieten erörtert werden. Wegen der Mitarbeit der Spezialpädagogen für Blinde, Taubstumme und Schwachsinnige wird jedes einzelne Gebiet neue Anregung und Befruchtung empfangen. Gegenüber der bisherigen großen

Trennung wollen wir aber zusammenfassen. Die wirtschaftlich richtige Arbeitsteilung bildet wohl gute Praktiker, aber schädigt die die Beurteilung beeinflußende Theorie. Schon durch Analogien sind Weiterbildung und Entwicklung möglich. Wer mehrere Gebiete betrachten und umschauen kann, wird leicht zu neuen und weiteren Anschauungen kommen.

Wir werden auch der Geschichte als unserer Lehrerin folgen. Durch Akten belegte historische Darstellungen unserer Anstalten und Schulen, unserer Lehrpläne, Lehrmethoden, Lehrmittel und Arbeitsstoffe sollen so gepflegt werden, daß unsere „Eos" gleichsam ein *Archiv* für die Geschichte des Abnormenwesens sein wird.

In Monographien, abgeschlossenen Aufsätzen, sollen diese Arbeiten erscheinen. Alles Journalistische, wie Berichte über Anstalten, Vorträge, Versammlungen, gehört nicht in die „Eos". Nur die Resultate wissenschaftlicher Forschung und praktischer Gediegenheit in oder bei diesen wollen wir veröffentlichen. Bücheranzeigen sollen zwar erfolgen, sie werden aber mit einer wissenschaftlichen Kritik des Buches verbunden sein.

Somit sind der Rahmen und der Inhalt der neuen Vierteljahresschrift gegeben. Sie soll wissenschaftliche Arbeiten von Ärzten und Pädagogen bringen, die sich mit der Erkenntnis und Behandlung jugendlicher Abnormer beschäftigt und deren Zweck es ist, die Fürsorge und Hebungsarbeit an diesen Unglücklichen immer wirkungsvoller für sie selbst und die Menschheit zu gestalten.

Die „Eos" soll ein Zentrum sein für alle, die im Abnormenwesen nach Aufklärung, Bereicherung und Vertiefung streben. Darum sollen in unserer „Eos" alle versammelt werden, die der gleichen Kulturaufgabe der Erziehung und Veredlung der Abnormen obliegen. Männer und Frauen aller Länder und aller Sprachen wollen wir heranziehen. Die „Eos" soll die Verkörperung aller wissenschaftlichen Arbeit im Abnormenwesen sein.

Was wir also mit der neuen Vierteljahresschrift bezwecken, ist dem Inhalt und Umgange nach neu. In den Jahren 1871 und 1872 erschien im gleichen Verlag wie unsere „Eos" eine Zeitschrift mit der gleichen, konzentrierenden Tendenz: *„Der Heilpädagoge. Zeitschrift für Erziehung taubstummer, blinder, schwachsinniger und besserungsbedürftiger Kinder."* Der Herausgeber war *Paul Hübner* [a]. Sie ist unsere Vorgängerin, wir sind aber auf dem Wege der Erkenntnis weitergeschritten. Im 6. Jahrgang erscheint die *„Nyt Tidsskrift for Abnormvacscnet omfattende Aandssvage-, Blinde- og Vantre- Sagen i Norden*, mit der wir durch die Person ihres Herausgebers, des Professors *Christian Keller* [b], aliiert sind. Unter der Direktion unseres Mitarbeiters *Auguste Mailloux* [c] in Nantes und unter dem Präsidium des *Dr. Bourneville* [d] erscheint die *„Revue internationale de pédagogie comparative."* Beide genannten Zeitschriften sollen uns zur Lehre und zum Muster für unser eigenes Tun dienen; sie sind uns verbündete Schwesterorgane.

---

[a] Hübner = Paul Hübner (gest. 1899), erster österreichischer Hilfsschullehrer
[b] Keller = Christian Keller (1858 – 1934), Arzt, Organisator der Schwachsinnigenfürsorge in Jütland.
[c] Mailloux = Auguste Mailloux, Lebensdaten nicht zu ermitteln
[d] Bourneville = Désiré Magloire Bournéville (1840 – 1906), Dr. med., war Direktor dreier Anstalten für geistig Behinderte.

Es ist nämlich der beste Wille der Herausgeber, ein streng wissenschaftliches Organ für unsere Gebiete zu schaffen. Es soll aus den Händen *experimentierender Praxis, die keine wissenschaftliche Grundlage hat, genommen und zu einer begründeten, auf Erkenntnis und wahrer Erfahrung aufgebauten Kunst gemacht werden.* Die Folgen solchen Betriebes dürften sich sowohl in der erhöhten Zufriedenheit des wirkenden Pädagogen als auch in größeren Fortschritten der Zöglinge und zuletzt in einer mustergültigen Gestaltung der ganzen Behandlung zeigen. Lehrprinzipien, Lehrmethoden, Lehrkräfte und Lehrorte sollen den Gewinn haben, den wir durch die begonnene Arbeit bezwecken. Das wird diese krönen.

Wien, im Oktober 1904.
Die Herausgeber.

Theodor Heller

Zur Geschichte der Heilpädagogik (1904)

In: Grundriss der Heilpädagogik. Leipzig 1904, S. 9–11.

Heller (1869–1938), Dr. phil., gründete im Jahre 1895 zusammen mit seinem Vater Simon Heller (1843–1922) die Heilpädagogische Anstalt Wien-Grinzing. Er hatte in Leipzig beim Philosophen und Psychologen Wilhelm Wundt (1832–1920) mit einer Arbeit über die Psychologie blinder Kinder promoviert. Die Dissertation erschien unter dem Titel „Studien zur Blindenpsychologie" in Leipzig im Jahre 1904. Sie wurde 1989 in der edition bentheim als Faksimile-Nachdruck neu aufgelegt. In seinem Werk „Grundriss der Heilpädagogik" bezog er sich auf geistig behinderte Kinder und Jugendliche. Es trug ungewollt dazu bei, daß der Name Heilpädagogik sich immer mehr auf die Erziehung und den Unterricht schwachsinniger Kinder verengte. Der hier abgedruckte Auszug ist dem ersten Kapitel „Begriffsbestimmung – Zur Geschichte der Heilpädagogik" entnommen. Er zeigt, bei welchen Autoren aus dem 19. Jahrhundert einer der bedeutendsten Heipädagogen und Erzieher von geistig behinderten Kindern zu Beginn des zwanzigsten Jahrhunderts anknüpfte und von welchen er sich distanzierte (siehe auch Nr. 13).

Von *Guggenbühl*[a] und *Séguin*[b] gingen die hauptsächlichsten Anregungen zur Begründung heilpädagogischer Anstalten in Deutschland und England aus. Eine mächtige Bewegung zugunsten der Heilpädagogik machte sich damals in allen zivilisierten Ländern bemerkbar. Leider erfolgte ein starker Rückschlag, als *Guggenbühls* Mißerfolge bekannt wurden, und in manchen Staaten (z.B. in Österreich) kamen die Bestrebungen zur Besserung des Loses der Schwachsinnigen zu vollkommenem Stillstand. Nachdem man erkannt hatte, daß weder *Guggenbühl* noch *Séguin* eine Universalmethode zur Heilung Schwachsinniger geschaffen hatten, begann für die Heilpädagogik eine Zeit ruhiger, gleichmäßiger Entwicklung. Von nun an tritt keine Persönlichkeit auffallend in den Vordergrund. Man vermied es, mit Resultaten vor die Öffentlichkeit zu treten, die sich im Laufe der Zeit nicht als dauernde bewährt hatten; das Bestreben der Heilpädagogen war vielmehr unablässig darauf gerichtet, auf dem Wege der Erfahrung zu richtigen Anschauungen über die Behandlung geistig abnormer Kinder vorzudringen, um deren krankhafte Eigentümlichkeiten soweit als möglich zu beheben und sie für das praktische Leben brauchbar zu machen. Damit die Arbeit des einzelnen diesem gemeinsamen Streben nutzbringend werde, rief der Begründer der Alsterdorfer Anstalten, Pastor *H. Sengelmann*[c], heilpädagogische Beratungen ins Leben, deren erste im Jahre 1874 unter dem Namen „Konferenz für Idiotenheilpflege" stattfand. Diese Konferenzen werden seither alle drei Jahre unter stetig zunehmender Beteiligung abgehalten und haben wesentlich zur Verständigung über die wichtigsten Fragen der Heilpädagogik beigetragen.

Die heilpädagogischen Systeme, die *Guggenbühl* und *Séguin* entworfen hatten, sind durchaus künstliche Gebilde, weil sie sich nicht hinlänglich auf Tatsachen der Erfahrung stützen, ja mit den letzteren häufig in unlösbarem Widerspruch stehen. Die Heilpädagogik als Erfahrungswissenschaft darf nicht von spekulativen Voraussetzungen ausgehen. Die Darstellung der für die Heilpädagogik wichtigen Tatsachen weist manche Lücken auf. Diese zu verhüllen wäre ein um so größerer Fehler, als gerade der Nachweis solcher Rückstände der pädagogischen und vielleicht auch der medizinischen Forschung zeigen kann, wo Probleme zu lösen sind und Klarheit geschaffen werden soll. Für eine systematische Darstellung eignet sich die Heilpädagogik nicht, weil sie eine viel zu junge Wissenschaft ist und noch manche Anleihe bei ihren Nachbargebieten machen muß. Die praktische Tendenz der Heilpädagogik hat auch die Anlage des vorliegenden Werkes bestimmt, das nicht aus der Theorie die Praxis, sondern umgekehrt aus der Praxis die Theorie zu entwickeln bestrebt ist. In diesem Sinne steht es in geradem Gegensatz zu den älteren Werken der Heilpädagogik[1], die heute nur mehr historisches Interesse in Anspruch nehmen können.

Die Heilpädagogik stellt ein Grenzgebiet zwischen Pädagogik und Psychiatrie dar. Untersuchungen nach den Methoden der experimentellen Psychologie haben der modernen Pädagogik und teilweise auch der Psychiatrie neue Bahnen gewiesen. Auch für die Heilpädagogik könnte das experimentelle Verfahren eine Fundgrube neuer Erkenntnisse werden und in manchen Fragen, welche auf dem Wege der pädagogischen Erfahrung bisher keine Lösung finden konnten, die Bedeutung einer entscheidenden Instanz erlangen.

---

[1] Auch das in der vorliegenden Arbeit öfter zitierte Werk von *Georgens* und *Deinhardt* (Die Heilpädagogik, Leipzig, *Friedrich Fleischer*. 1861. 2 Bände[d]) beruht auf Voraussetzungen spekulativer Psychologie, enthält aber dessenungeachtet eine Fülle von feinen Beobachtungen und anregenden praktischen Ideen. Der Versuch *Kölles*[e], der Heilpädagogik *Kants* Psychologie zugrunde zu legen, ist möglicherweise darauf zurückzuführen, daß der Verfasser die Notwendigkeit einer psychologischen Grundlegung für die Heilpädagogik überhaupt andeuten wollte. (Das Erwachen der Psyche. Vortrag, gehalten in der Konferenz über Idiotenpflege 1898 zu Breslau. Bericht S. 71 ff). Im Prinzip muß jedoch jeder Versuch als verfehlt bezeichnet werden, heilpädagogische Leitsätze aus Prämissen einer exoterischen Psychologie abzuleiten.

---

[a] Guggenbühl = Johann Jakob Guggenbühl (1816–1863); siehe Band 1, Nr. 10.
[b] Séguin = Édouard Séguin (1812–1880); siehe Band 1, Nr. 8 und 9.
[c] Sengelmann = Heinrich Matthias Sengelmann (1821–1899); siehe Band 1, Nr. 29.
[d] Georgens und Deinhardt = Jan Daniel Georgens (1823–1886) und Heinrich Marianus Deinhardt (1821–1880); siehe Band 1, Nr. 25.
[e] Kölle = Christoph Friedrich Kölle (1842–1905), Lehrer in der Anstalt Winterbach (später Stetten im Remstal), 1880 Direktor der neugegründeten Anstalt für epileptische Kinder in Zürich. Der von Heller erwähnte Vortrag auf der „IX. Konferenz für Idiotenpflege und für schwachbefähigte Kinder" in Breslau in: Zeitschrift für die Behandlung Schwachsinniger und Epileptischer 1899, S. 49–61, nicht wie von Heller angegeben S. 71 ff.

Arno Fuchs

Schwachsinnige Kinder (1921)

Schwachsinnige Kinder – ihre sittlich-religiöse, intellektuelle und wirtschaftliche Rettung. Versuch einer Hilfsschulpädagogik. Halle-Saale 3. Aufl. o. J. (1921), S. 309 und S. 433–436.

Fuchs (1869–1945), war Lehrer, später Rektor und Schulrat in Berlin. Er vertrat zunächst das sogenannte „Berliner Nebenklassensystem", das im Unterschied zu den Hilfsschulen schwächere Schüler der Volksschule nur vorübergehend aufnehmen und möglichst bald in die Volksschule zurückführen sollte. Als das seit 1898 eingeführte Nebenklassensystem nach einigen Jahren scheiterte, zog er die Konsequenz und baute die Nebenklassen noch vor dem Ersten Weltkrieg zu Hilfsschulen mit Jahrgangsstufen aus. Sein Buch war in den zwanziger Jahren ein Standardwerk. Es ist aus der berufsbegleitenden Zusatzausbildung für angehende Hilfsschullehrer erwachsen. Die sogenannten Sammelklassen sind Vorläufer der Schule für geistig behinderte Kinder. Eine Sammelklasse war eine besondere Klasse für sehr schwache Kinder aller Altersstufen innerhalb einer ausgebauten Hilfsschule. Aus dem 516 Seiten umfassenden Werk von Fuchs ist der Übersichtsplan (S. 309) und der von Fuchs vorgeschlagene Lehrplan abgedruckt (S. 433–436). – Die Sammelklassen wurden 1938 verboten (siehe Nr. 14).

Lehrplan der Sammelklasse

Religiöse Erzählung

Durch kleine, in leicht verständlicher Form gebotene Besprechungen und Erzählungen aus dem Leben und der Bibel ist die Weckung des religiösen und sittlichen Gefühls zu versuchen. Kleine Gebete werden eingeprägt.

Geeignete Erzählungen aus dem Leben sind: Große Not. Der langsame Paul. Der Ehrliche Fritz. Große Wäsche. Das kranke Kind. Der unvorsichtige Knabe. Der Knabe vor dem Apfelkorbe. Necke die Hunde nicht! Die Streichhölzer. Ich mag nicht lügen. Die Suppe. Die kranke Nachbarin. Der Störenfried. Gott überall.

Geeignete biblische Erzählungen sind: Josephsgeschichten. Jesu Geburt und erste Kindheit. Der 12jährige Jesus im Tempel. Jesus, der Kinderfreund. Der Jüngling zu Nain. Jesu Tod.

Gebete: Ich bin klein. Mein Gott, vorüber ist die Nacht. Komm, Herr Jesu, sei unser Gast! Danket dem Herrn! Müde bin ich, geh' zur Ruh! Die Schule ist aus. Lieber Gott, mach' mich fromm.

Anschauung

Die Dinge und Vorgänge der unmittelbaren Umgebung des Kindes sind durch Beobachtungsgänge, anschauliche Besprechung und Erzählungen, durch Spiel und Betätigung zum Verständnis zu bringen. Durch die „allgemeinen Übungen" ist die richtige Benutzung der Dinge und Einrichtungen, mit denen das Kind umgehen kann, zu lehren.

1. Allgemeine Übungen ...
2. Kleine, einfache Erzählungen sittlichen

und belehrenden Inhalts (s. „Religiöse Erzählung"). – Märchen: Rotkäppchen. Die Sterntaler. Hänsel und Gretel. Der Wolf und die sieben Geißlein. Frau Holle. – Heysche Fabeln in erzählender Form.

3. Das belehrende Spiel und das Spielenlernen mit dem bekanntesten und gebräuchlichsten Kinderspielzeug. (...) Wiedererkennungsübungen.
4. Die Person des Schülers: Name, Alter, Eltern, Beschäftigung derselben, Geschwister, Wohnung. Der Körper und seine Pflege (Reinlichkeit). Kleidung, Nahrung. Benehmen bei Tisch.
5. Personen und Dinge des Schulzimmers. Verhaltungsmaßregeln. Schulstube. Schulhaus. Schulhof. Schulgarten.
6. Das Wohnhaus. Vorderhaus, Hof, Quergebäude, Seitenflügel, Einrichtung des Wohnhauses. Die Wohnung und ihre Einrichtung. Haustiere und Zimmerpflanzen. Das Leben in der Familie und in der Verwandtschaft.
7. Die Straße.
... In der Laubenkolonie. Tier- und Pflanzenpflege.
8. Die weitere Umgebung des Schul- und Wohnhauses.

Lesen und Schreiben

Der Deutschunterricht verfolgt den Zweck, durch gutes Vorerzählen und einen heiteren, anregenden Unterrichtston die Kinder zum Sprechen (Nachsprechen, Benennen, Aussprechen, Erzählen) zu führen. Bei allen Kindern ist der Versuch zu machen, die Anfänge des Lesens und Schreibens zu erarbeiten. Bereits erworbene Kenntnisse und Fertigkeiten im Lesen, Schreiben und Auswendiglernen werden, wenn überhaupt möglich, langsam fortschreitend entwickelt. Die Sprachmängel sind durch geordnete Übungen zu bekämpfen. Die Kinder sind möglichst dahin zu bringen, daß sie ihren Namen schreiben lernen.

Rechnen

Durch Anschauung und Bestätigung wird die bisher erlangte Rechenerkenntnis zu erweitern gesucht, so daß sich die Kinder im Zahlenraum bis 10, und abzählend, ungefähr richtig betätigen können. Das schriftliche Rechnen (Ziffernschreiben) ist auf ein Mindestmaß zu beschränken.

Handarbeit

Die Hand- und Körpergeschicklichkeit ist zu entwickeln und zu fördern, damit die Kinder befähigt und gewöhnt werden, sich selbst und andere zu bedienen und einfache Hilfsleistungen im Haushalt auszuführen. Die werkunterrichtlichen Arbeiten des Anschauungsunterrichts werden in den Handarbeitsstunden ausgeführt.

1. *Leichte Handarbeit*. Übungen mit Farbentafeln und am Formenbrett. Ferner eine Auswahl der im Lehrplan der Hilfsschulunterstufe, zum Teil auch der Mittelstufe angegebenen Übungen im Bauen, Täfelchen- und Stäbchenlegen, der Übungen mit Perlen, im Falten, Bastwickeln, Formen, im Flechten am Flechtblatt bei leichten Durchzieharbeiten und im Freihandflechten, im Rohrflechten, Zopfflechten und Knüpfen; im Ausschneiden und Kleben, Nähen, Häkeln, Stricken und Stopfen.

2. *Hauswirtschaftliche Arbeiten*. Pflege des Körpers und der Kleidung. Ordnung, Säuberung usw. im Schulzimmer. Aufräumen des Schrankes. Tischdecken und -abräumen. Abwaschen und Abtrocknen; das Selbst- und Anderebedienen.

3. *Gartenarbeit und Blumenpflege*. Wo sich Gelegenheit bietet, soll die Sammel-

klasse nicht versäumen, Blumenzucht, Gartenarbeit und Tierpflege zu üben.

Turnen

Es pflegt die Haltung, den Gang, das Benehmen, die Beweglichkeit und Körpergeschicklichkeit durch bestimmt gerichtete Übungen und Spiele, z.B. durch

Aufmerksamkeitsübungen. Ordnungsübungen: Öffnen und Schließen des Stirnkreises, der Stirnreihe, der Flankenreihe.

Freiübungen. Nachahmungsübungen: Gesten: Winken, Drohen, Locken.

Singspiele: Ringel, Ringel, Reihe. Hänschen klein. Kommt ein Vogel. Wollt ihr wissen, wie's die kleinen Mädchen (Knaben) machen? Zeigt her eure Füße! Häschen in der Grube.

Genauigkeitsübungen. Hilfsübungen: Grundstellung. Anlegen der Hände an die Hüften. Handklappen. Füße schließen. Vierteldrehung nach angedeuteter Richtung. Armverschränkung vor-, rücklings. Anlegen der Hände an den Hinterkopf.

Stabübungen: Stabvornehmen, -heben, -schwingen, -strecken, -überheben.

Gewandtheitsübungen. Freiübungen: Kopf- und Gliederübungen, besonders Kopfdrehen, Armschwingen, Armstoßen, Unterarmkreisen als Spielform (Leiermann, Aufwickeln, Welle). Fersenheben, Fußwippen, Kniewippen, Beinspreizen, Rumpfbeugen und -drehen, Bücken. Gang- und Laufübungen: Hüpfen, durch die Brücke gehen, Tretübungen, gehen mit Knieheben u.a.

Volkstümliche Übungen: Abmessen einer Entfernung durch Schritte. Wettlaufen auf kurze Entfernung ohne Umkehr. Wetthüpfen (2–3 m).

Spiele: Ballschule. Wurf- und Fangübungen, Hochwerfen und Weitwerfen mit kleinem Ball. Zielwerfen.

Schnelligkeitsübungen: Springreifen, Haschen, Verstecken (Anschlag), Katze und Maus, Komm mit! Plumpsack, Verwechselt das Bäumlein.

Am Springkasten: *Entschlußübungen.* Auf- und Abspringen am kleinen Springkasten. Absprung vorwärts. Sprung über den Kasten mit Aussetzen eines Fußes. Überschreiten der Lücke zwischen zwei Kästen. Die Lücke wird erweitert. Sprung über die Lücke mit und ohne Unterstützung des Lehrers. Sprung über einen Kasten ohne Anlauf.

Beim Freispringen: Kleine Sprünge aus Stand und mit Anlauf. Schaukelringe, Leitern, Barren und Reck: Nur Hangstände und Liegehangübungen mit Beintätigkeiten.

An den Schwebestangen: Übersteigen der Schwebestangen. Auf- und Absteigen mit Unterstützung. Reitsitz und Reiten auf einer Schwebestange. Laufen auf zwei dicht nebeneinander stehenden Schwebestangen. Laufen auf zwei Schwebestangen mit erweitertem Abstand und Unterstützung. Nachstellgang, gewöhnlicher Gang auf einer Schwebestange mit Unterstützung von zwei Seiten.

An den Leitern (Steigen, Griff an den Holmen, bis zu fünf Stufen) und an der Schaukel.

Gleichzeitigkeitsübungen. Marschübungen mit Gesang. Singspiele, Uhrenspiel (Pendelbewegungen mit dem Kopf, den Armen und dem Rumpfe). Tretübungen mit Gesang. Steinsetzerspiel (Fußstampfen abwechselnd).

Gesang

Die bekanntesten und leichtesten Lieder sind mit den Kindern zu singen, z.B. Winter ade! Kuckuck ruft aus dem Wald.

Gestern abend ging ich aus. Fuchs, du hast die Gans gestohlen. Müde bin ich, geh' zur Ruh! Der Winter ist kommen. O, wie ist es kalt geworden. Alle Jahre wieder. Vom Himmel hoch.[1]

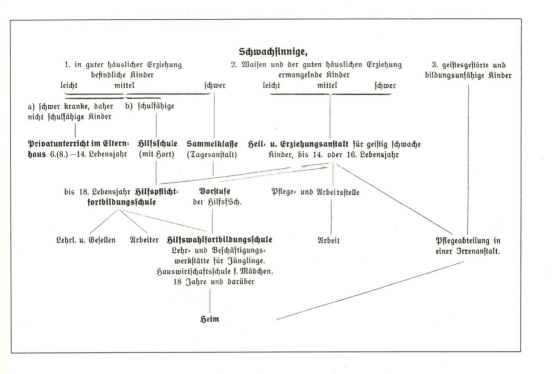

---

[1] Vgl. den von *Dannenberg* aufgestellten Plan im Lehrplan für die Hilfsschulen Groß-Berlins. 1920. Oehmigkes Verlag.

II. Die Verfolgung geistig behinderter Kinder

Marco Tollkühn
Ohne Titel
1993, Aquarell, Rohrfeder, 100x70 cm

Henry Herbert Goddard

Die Familie Kallikak (1912)

Eine Studie über die Vererbung des Schwachsinns. Deutsche Übersetzung von Karl Wilker, Fr. Manns Pädagogisches Magazin, H. 1393. Langensalza (1914), 2. Aufl. 1934, S. 13, 15, 16–21, 62–73 (in Auswahl).

Goddard (1866–1957) war ein amerikanischer Psychologe, der sich intensiv mit der geistigen Behinderung beschäftigt hat. 1906 gründete er die erste Schule für Kinder mit geistiger Behinderung in den Vereinigten Staaten. Er war ab 1918 Direktor eines Forschungsinstitutes (Ohio State Bureau of Juvenile Research) und von 1922 bis 1938 Professor für Psychologie. Goddard hatte den Binet-Intelligenztest ins Englische übersetzt, um seine Untersuchungen empirisch absichern zu können. Wichtigstes Forschungsergebnis ist der Nachweis, daß Menschen mit geistiger Behinderung lernen können, sich weitgehend selbst zu versorgen und produktive Arbeit zu leisten.
Goddards Hauptwerke sind: The Kallikak Family (1912), Feeble-mindedness (1914), The Criminal Imbecille (1915), Human Efficiency and Levels of Intelligence (1920) und Two souls in one Body? (1927).
In der Untersuchung zur Familie Kallikak argumentiert der Autor in zwei Richtungen.
1. Das Mädchen Deborah ist geistig behindert und kann von einer guten Ausbildung so sehr profitieren, daß ihre Behinderung kaum noch auffällt.
2. Die Behinderung des Mädchens ist erblich. Deshalb bedarf sie ständiger Aufsicht, und es soll verhindert werden, daß sie eine Familie gründet.

Das Buch wurde von Dr. phil. Karl Wilker ins Deutsche übersetzt und 1914 gedruckt. 1934 erschien eine zweite deutsche Auflage. Zwischen dem Original und der Übersetzung fallen Unterschiede auf. Goddard unterstreicht den Erfolg, den er bei der Erziehung Deborahs erzielt hat, durch eine Reihe von Fotos. Man sieht ein hübsches, adrettes junges Mädchen beim Nähen, mit einem Hund und mit einem Buch in der Hand. Auch Werkstücke sind abgebildet. Diese Fotos, die positive Assoziationen hervorrufen, fehlen in der deutschen Ausgabe.
Noch gravierender als das Weglassen der Fotos wiegt eine weitere Veränderung, die in der zweiten deutschen Auflage vorgenommen wurde. Der Text wird jetzt durch wertende Zwischenüberschriften gegliedert und die eugenische Botschaft dadurch ganz erheblich verstärkt. Hier einige Beispiele: Deborah als Typus, Der schlechte Zweig, Der edle Zweig, Kriminalität und Schwachsinn, Der Alkoholismus in der Familie Kallikak, Gutes und schlechtes Blut und Sterilisierung.
Ebenfalls neu in der zweiten Auflage ist die Kopie eines Gemäldes von 1925[a]. In der Mitte steht Martin Kallikak und reicht der „gesunden" Ehefrau die Hand. Auf der rechten Seite des Bildes sind 496 gesunde und ehrenwerte Nachkommen zu sehen. Links steht das namenlose schwachsinnige Mädchen und es sind 480 direkte Nachkommen abgebildet, von denen nur 46 als sicher normal eingestuft werden. Als unnormal gelten Schwachsinn, Prostitution, Alkoholiker, Epileptiker, Verbrecher, Bordellwirt und die Tatsache, unehelich geboren zu sein.

Im Vorwort zur zweiten Auflage wird der eugenische Aspekt deutlich hervorgehoben. Karl Wilker: „Inzwischen hat die Vererbungsforschung einen ganz ungeahnten Aufschwung erfahren, und Fragen, die von Henry Herbert Goddard – und damals auch von mir – nur vorsichtig angetastet wurden, sind durch das Gesetz zur Verhütung erkrankten Nachwuchses vom 14. Juli 1933 plötzlich zu allgemein interessierenden und bedeutungsvollen Fragen geworden".

Durch die Eingriffe in das Original verändert sich die Botschaft nicht unwesentlich. Die einseitige Rezeption Goddards als Befürworter der Sterilisation von Menschen mit geistiger Behinderung wird dadurch erklärlich. Das Gesamtwerk weist aber in eine andere Richtung: Menschen mit geistiger Behinderung sollten sorgfältig erzogen und gut untergebracht werden. Eine schützende Umgebung sollte es ihnen ermöglichen, so unabhängig wie möglich zu leben.

Erstes Kapitel

Die Lebens- und Krankheitsgeschichte Deborahs

„Sie ist heiter, leicht zänkisch, sehr tätig und unruhig, willig und unternehmungslustig. Sie ist lebhaft und reizbar, dabei aber gutmütig. Sie lernt eine neue Arbeit gern, aber sie bedarf einer halben Stunde oder 24 Wiederholungen, um vier Reihen auswendig zu lernen. Sie behält gut, was sie einmal gelernt hat. Sie bedarf strenger Beaufsichtigung. Sie ist keck gegenüber Fremden, freundlich zu Tieren. Sie kann eine elektrische Nähmaschine handhaben, kochen und allerhand praktische Hausarbeit verrichten. Sie zeigt keinen ohne weiteres wahrnehmbaren Defekt. Sie ist lebhaft und beobachtet, hat ein gutes Gedächtnis, schreibt nett, arbeitet in der Holzschnitzerei und im Kindergarten ausgezeichnet, ahmt vortrefflich nach. Sie liest und rechnet dürftig. In der Korbflechterei und in der Gärtnerei leistet sie gutes. Ihr Buchstabieren taugt nicht viel. Ihre musikalischen Fähigkeiten sind ausgezeichnet, ihr Nähen und ihre Unterhaltungsgabe gleichfalls. Zu Kindern ist sie sehr zärtlich, zum Helfen bei ihrer Pflege sehr brauchbar. Sie hat einen guten Ordnungssinn und ist sauber. Sie ist bisweilen sehr halsstarrig und widerspenstig. Sie ist nicht immer wahrheitsliebend. Auch ist bekannt, daß sie stiehlt, wenn sie auch deswegen nicht in schlechtem Rufe steht. Sie ist stolz auf ihre Kleider. Sie liebt hübsche Kleider. Sie hilft gern in anderen Heimen, wobei sie sogar zeitweise die Pflege einer Gruppe übernimmt."

Nach den *Binet-Tests* [b] zeigte das Mädchen im April 1910 die geistige Beschaffenheit eines neunjährigen Kindes.

...

Deborah als Typus

Das ist eine typische Illustration für den Geisteszustand einer hochstehenden schwach-

---

[a] K.W. weist im Vorwort zur zweiten Auflage darauf hin, daß dieses Bild aus Originalen, die sich in seinem Besitz befinden, zusammengestellt wurde.
[b] Nach Binet, Alfred (1857 – 1911), einem französischen Psychologen benannter Intelligenztest für Kinder.

sinnigen Person, der Moronin[1], der Delinquentin, *der* Art von Mädchen oder Frau, die unsere Besserungsanstalten füllen. Solche Personen sind launisch, sie geraten in allerlei Wirrnisse und Schwierigkeiten sexueller und anderer Art - und doch sind wir gewohnt, ihre Fehler auf Grund von Fehlerhaftigkeit, Umgebung und Unwissenheit zu beurteilen.

Demselben Mädchentypus begegnen wir auch in den öffentlichen Schulen: ziemlich gutes Aussehen, vielfach glänzende Erscheinung, mit vielen anziehenden Zügen; der Lehrer klammert sich an die Hoffnung und besteht sogar darauf, daß solch ein Mädchen gut vorwärts kommen müsse. Unsere Arbeit an Deborah überzeugt uns davon, daß derartige Hoffnungen Täuschungen nach sich ziehen.

Hier ist ein Kind, das höchst sorgfältig überwacht ist. Es ist seit seinem achten Lebensjahr beständig unterrichtet, und doch gelang es nicht, es auf eine höhere intellektuelle Stufe zu heben. Wenn dieses junge Mädchen heute die Anstalt verlassen würde, würde es sofort eine Beute schlechter Männer oder Weiber werden und ein lasterhaftes, unsittliches und verbrecherisches Leben beginnen, für das es wegen seines Geisteszustandes nicht verantwortlich gemacht werden könnte. Es gibt nichts, wozu es nicht verführt werden könnte, weil es keinerlei Selbstbestimmung besitzt. Alle seine Instinkte und Gelüste liegen in einer Richtung, die zum Laster führen würde.

Ein schlechter Stamm
Wir können jetzt die immer wieder auftauchende Frage stellen – und dürfen hoffen, eine Antwort darauf zu finden – : Wie erklären wir eine derartige Individualität? Und die Antwort lautet mit einem Worte:

Vererbung – ein schlechter Stamm. Wir müssen zugeben, daß die menschliche Familie variierende Stämme oder Arten zeigt, die gekennzeichnet sind und entstehen wie Stämme und Arten im Pflanzen- und Tierreich.

Früher wäre eine derartige Behauptung eine bloße Vermutung, eine Hypothese gewesen. Wir unterbreiten auf den folgenden Seiten, was uns ein klarer Beweis für die Berechtigung dieser Behauptung zu sein scheint.

Zweites Kapitel

Die Daten
Unsere Hilfsarbeiterinnen
Die Training School in Vineland[c] hat im Jahre 1910 Hilfsarbeiterinnen (Rechercheure, „field workers") angestellt. Es sind das sorgfältig ausgebildete Frauen mit großer Menschenkenntnis und warmem Interesse an den sozialen Problemen. Mehrere Wochen hindurch werden sie in der Training School mit den Problemen der Schwachsinnigen bekannt gemacht. Sie studieren alle Stufen, lernen ihre Besonderheiten erkennen und machen sich mit den verschiedenen Prüfungs- und Erkennungsmethoden bekannt. Dann begeben sie sich mit einem Begleitschreiben des Direktors in die Heimat der Kinder und bitten da, daß ihnen alle irgend zugänglichen Tatsachen zugänglich gemacht werden, damit wir das betreffende Kind noch mehr kennen lernen und noch besser imstande sind, für es zu sorgen und es sorgfältig zu erziehen.

Bisweilen konnten alle erforderlichen Informationen aus einer zentralen Quelle erlangt werden. Häufiger mußten aber, besonders wo die Eltern selbst defekt waren, viele Besuche in anderen Familien gemacht werden. Die Eltern veranlaßten unsere Hilfsarbeiterinnen oft, nahe und ferne Verwandte zu besuchen, oder auch Dienstherren, Nachbarn, Lehrer, Ärzte, Geistliche, Armenaufseher, Armenhausdirektoren usw. Sie mußten ausgefragt werden, und alle so erlangten Nachrichten mußten bewertet und viele von ihnen durch wiederholte Besuche an derselben Stelle bekräftigt werden, ehe eine besondere Übersicht über die hereditären Verhältnisse eines einzigen Kindes angefertigt werden konnte.

Zur Feststellung des geistigen Zustandes von Personen früherer Generationen, das heißt alle, ob sie schwachsinnig waren oder nicht, verfährt man in derselben Weise, wie man den Charakter eines Washington[d] oder eines Lincoln[e] oder sonst irgendeines Mannes aus der Geschichte bestimmt. Wenn irgend möglich, nimmt man seine Zuflucht zu Originaldokumenten. Wenn es sich um defekte Personen handelt, liegen natürlich nicht viele derartige Dokumente vor. Oftmals ist ihr Fehlen da, wo sie erwartet werden könnten, an sich bezeichnend. Z.B. ist das Fehlen einer Heiratsurkunde oft ebenso typisch wie ihr Vorhandensein. Im allgemeinen wohl zu erlangen ist eine Urkunde oder eine Erinnerung, ein Andenken daran, wie die Person gelebt hat, wie sie sich führte, ob sie imstande war, ihren Lebensunterhalt selbst zu verdienen, ob sie ihre Kinder aufzog, wie ihr Ansehn in der Gemeinde war. Die so zusammengebrachten Tatsachen reichen oft schon aus, mit einem hohen Grade von Genauigkeit zu bestimmen, ob das betreffende Individuum normal war oder nicht. Bisweilen ist der Zustand mitbestimmt durch das Vorhandensein anderer Faktoren. Wenn ein Mann ein starker Alkoholiker war, ist es z.B. fast unmöglich, zu bestimmen, ob er auch schwachsinnig war. Denn gewöhnlich erklären die Berichte, daß sein einziger Fehler der war, daß er immer betrunken war. Und dann heißt es weiter: er wäre ein ganz tüchtiger Kerl gewesen, wenn er nur nüchtern gewesen wäre. Das mag wahr sein! Aber andrerseits ist es ganz gut möglich, daß er schwachsinnig war.

Nach einiger Erfahrung bekommen die Hilfsarbeiterinnen Geschick, über die Konstitution von Personen, die sie nicht sehen, Schlüsse zu ziehen aus dem Vergleich der zu ihrer Beschreibung benutzten Ausdrücke mit den Ausdrücken, die zur Beschreibung von Personen, die sie sahen, verwandt wurden.

Eine Entdeckung
In Deborahs Fall war die zuerst besuchte Frau die einzige, die sich für das Kind und

---

[1] Goddard klassifiziert in: Normale, Moronen, Imbezille, Idioten und total Defektive. Die Bezeichnung „Morone" ist bei uns nicht üblich. Goddard definiert sie in seinem Aufsatz „Höhe und Gewicht schwachsinniger Kinder in amerikanischen Instituten" (Eos, Jahrg. 8, Heft 4, Oktober 1911, S. 241 - 260) als „jene Gruppe von Kindern, welche früher in den meisten Instituten als ‚Schwachsinnige' im spezifischen Sinne betrachtet wurden". Es sind vor allem die Kinder, die eine einem acht- bis zwölfjährigen Kinde gleichwertige Mentalität haben, während der Imbezille die Mentalität eines normalen Kindes von ungefähr drei bis sieben Jahren zeigt und der Idiot um weitere zwei Jahre oder mehr dahinter zurückbleibt.

---

[c] Ausbildungsschule in Vineland, New Jersey.
[d] Washington, George (1732 – 1799), erster amerikanischer Präsident.
[e] Lincoln, Abraham (1809 –1865), 16. amerikanischer Präsident.

seine Mutter interessiert hatte, als letztere ihr Kindchen gerade geboren hatte. Von dieser Frau erfuhren wir die im ersten Teile dieser Beschreibung wiedergegebene Geschichte von Deborahs Mutter. Beziehungen, die uns vor ihr verschafft wurden, führten bald zu weiteren Entdeckungen.

...

Es wurde beschlossen, einen Überblick über die ganze Familie anzufertigen und soweit möglich die Konstitution jeder Person in jeder Generation aufzudecken.

...

Im Verlaufe der Recherchen über verschiedene Mitglieder der Familie fand sich unsere Hilfsarbeiterin gelegentlich mitten in einer guten Familie gleichen Namens, die anscheinend in keinerlei Weise mit dem Mädchen, dessen Ahnen wir nachspürten, verwandt war. In solchen Fällen blieb nichts anderes übrig, als den Rückzug anzutreten und in einer anderen Richtung wieder loszugehen. Diese Fälle wurden jedoch so häufig, daß wir allmählich zu der Überzeugung gelangten, daß *unsere Familie ein degenerierter Ausläufer einer älteren Familie besseren Stammes* sein müsse. Wir gingen schließlich daran, den Punkt festzustellen, an dem die Trennung erfolgt sein mußte.

...

Als Martin Kallikak senior aus der guten Familie ein Bursche von 15 Jahren war, starb sein Vater und hinterließ ihn ohne elterliche Pflege und Aufsicht. Eben bevor er großjährig wurde, gesellte sich der junge Mann zu einer der zahlreichen Militärabteilungen, die zum Schutze des Landes zu Beginn der Revolution gebildet wurden. In einem der Wirtshäuser, die durch die Miliz zahlreich besucht wurden, traf er ein schwachsinniges Mädchen, durch das er der Vater eines schwachsinnigen Sohnes wurde. Das Kind erhielt von seiner Mutter des Vaters vollen Namen, und so wurde der Nachwelt des Vaters Namen und der Mutter geistiges Vermögen überliefert. Dieser uneheliche Knabe war Martin Kallikak junior, der Ururgroßvater unserer Deborah. Von ihm stammen 480 Abkömmlinge. 143 von ihnen = 29,8% waren oder sind – dafür haben wir entscheidende Beweise – schwachsinnig, während nur 46 = 9,6% normal befunden wurden. Der Rest ist in dieser Hinsicht unbekannt oder zweifelhaft.

Unter diesen 480 Deszendenten[f] waren
unehelich 36 = 7,5 %
unsittlich, zumeist Prostituierte 33 = 6,9 %
nachweislich Alkoholiker 24 = 5,0 %
Epileptiker 3 = 0,6 %
kriminell 3 = 0,6 %

82 von ihnen = 16,7% starben in früher Kindheit. 8 = 1,7% besaßen Häuser von schlechtem Ruf.

Diese Leute haben in andere Familien von im allgemeinen gleichen Typus hineingeheiratet, so daß wir jetzt Protokolle und Aufzeichnungen über 1146 Individuen haben.

...

Fünftes Kapitel

Was muß geschehen?

Niemand, der an der Entwicklung der Zivilisation Interesse hat, kann die in den bisherigen Kapiteln gebotenen Tatsachen betrachten, ohne daß sich in ihm die Frage regt: *„Warum ist hier noch nichts geschehen?"* Für unsere Erwägungen wird es besser sein, diese Frage so zu formulieren: „Warum *tun* wir nichts bei alledem?" So stehen wir dem Problem in praktischer Weise gegenüber und stellen gleich die nächste Frage: „Was *können wir* tun?" Für

AGE 15.   DEBORAH.   AGE 17.

die tiefstehenden Idioten, diese verhaßten unglücklichen Wesen, die wir in unseren Anstalten sehen können, haben einige die Totenkammer vorgeschlagen. Aber die Humanität wendet sich bei uns standhaft von der Möglichkeit dieser Methode ab, und es besteht keine Wahrscheinlichkeit, daß sie je praktisch wird ausgeübt werden.

Aber im Hinblick auf solche Verhältnisse, wie sie auf der defekten Seite der Familie Kallikak zutage traten, müssen wir uns allmählich vergegenwärtigen, daß der Idiot nicht unser größtes Problem ist. Er ist allerdings verhaßt: Es ist schwierig, für ihn zu sorgen. Trotzdem lebt und existiert er. Er setzt die Rasse nicht in einer Linie ihm gleicher Kinder fort. Wegen seines sehr tiefstehenden Zustandes wird er nie zum wirklichen Elter.

Das Problem
Der Typus des Moronen stellt uns vor das größte Problem. Und wenn wir uns die Frage stellen: „Was soll man mit denen machen? mit solchen Leuten, die einen großen Prozentsatz auf der schlechten Seite der Familie Kallikak ausmachen?", dann wird uns klar, daß wir da vor einem ungeheuren Problem stehen.

Der Lebenslauf Martin Kallikaks seniors ist eine gewaltige Anklage gegen derartige Jugendstreiche, wie er sie begangen.

...

Jetzt, wo die Tatsachen bekannt sind, muß sich ihre Lehre uns einprägen, muß uns die Anklage entgegengeschleudert werden, muß sie wirken auf unsere jungen Männer aus guten Familien, damit sie nicht für einen einzigen Augenblick auf Abwegen zu gehen wagen!

Wir müssen und wollen von den hier gebotenen Tatsachen jeden nur möglichen Gebrauch machen. Einige Erwartungen werden sich sicher erfüllen! Das eigentliche Problem wird so allerdings nicht gelöst werden. Wäre Martin Kallikak auch auf

---
f Nachfahren, Abkömmlinge.

den Pfaden der Tugend geblieben, so blieb doch noch das namenlose schwachsinnige Mädchen.

...

Wo liegen die Schwierigkeiten?
Andere werden den Stammbaum ansehen und sagen: „Die Schwierigkeit beginnt mit dem namenlosen schwachsinnigen Mädchen. Wäre für dieses gesorgt gewesen, so wäre das ganze Unheil vermieden." Das ist sehr wahr. Wenn der Schwachsinn auch in wenigstens zwei Generationen aus anderen Quellen in diese Familie hineingetragen wurde, so waren diese Quellen doch wieder andere schwachsinnige Personen. Wenn wir schließen: wäre das namenlose Mädchen in einer Anstalt abgesondert gewesen, dann würde diese defekte Familie nicht existiert haben, so meinen wir damit natürlich nicht, daß eine einzige Vorsichtsmaßregel in diesem Falle das Problem gelöst haben würde. Aber *der* Ansicht sind wir doch, daß alle solche Fälle, männlichen wie weiblichen Geschlechts, in Fürsorge genommen werden müßten, um ihre Fortpflanzung zu verhindern. Im selben Augenblick, wo wir diesen Gedanken in seiner ganzen Tragweite erfassen, erkennen wir, daß wir einem Problem gegenüberstehen, das zwei große Schwierigkeiten bietet. *An erster Stelle steht die Schwierigkeit, festzustellen, welche Menschen denn eigentlich schwachsinnig sind.* Und an zweiter Stelle steht die Schwierigkeit, für sie, wenn sie erkannt sind, zu sorgen.

...

Absonderung
Vor der Erörterung einer anderen Methode möchte ich noch besonders betonen, daß Absonderung und Koloniebildung keineswegs ein so aussichtsloser Plan ist, wie es denen scheint, die nur auf das dadurch bedingte unmittelbare Anwachsen der Steuern sehen. Wenn derartige Kolonien in hinreichender Anzahl zur Aufnahme aller ausgesprochen Schwachsinnigen in der Gemeinde geschaffen würden, würden sie bald in großem Umfange die Stelle der jetzt bestehenden Armenhäuser und Gefängnisse einnehmen und die Zahl der Insassen unserer Irrenanstalten bedeutend vermindern. Derartige Kolonien würden vor einem nicht geringen jährlichen Verlust an Besitz und Menschenleben, der auf das Konto dieser nicht verantwortlich zu machenden Menschen geschrieben werden muß, schützen. Das würde allein schon nahezu oder ganz die Kosten für die neue Anlage aufwiegen. Außerdem würden sich diese Schwachsinnigen, wenn sie bereits als Kinder früh genug ausgewählt und sorgfältig erzogen würden, in ihren Anstalten mehr oder weniger selbst erhalten, so daß die Unterhaltskosten für sie ganz bedeutend zurückgehen würden.

Weiter würde bereits in einer einzigen Generation die Zahl von 300 000 (der für die Vereinigten Staaten schätzungsweise angenommenen Zahl) auf mindestens 100 000 und wahrscheinlich noch weiter zurückgehen. (Wir fanden erbliche Belastung in 65% unserer Fälle, während andere Autoren sie mit 80% angeben.)

Es ist hier nicht der Ort, diese Frage näher zu erörtern, oder Statistiken zum Beweise dieser Behauptungen aufzustellen. Es mag der Hinweis genügen, daß jede Anstalt im Lande einen bestimmten Prozentsatz von Insassen hat, die nicht nur ihren eigenen Lebensunterhalt verdienen können, sondern auch einige, die ruhig entlassen werden und sich vollständig selbst unterhalten könnten, bestände nicht die schreckliche Gefahr, daß sie sich fortpflanzten. Wir haben in unserer Anstalt nicht nur *ein* derartiges Individuum, sondern mehrere, die auf Staatskosten versorgt werden. Diese Gedanken sollten sorgfältig überlegt und nachgeprüft werden, ehe man sich auf den Standpunkt stellt, daß Absonderung in besonderen Kolonien und Anstalten unmöglich und für den Staat unklug sei.

Sterilisierung
Die andere Methode, die zur Lösung des Problems vorgeschlagen wurde, ist die, diesen Individuen die Fortpflanzungskraft zu nehmen. Die früher vorgeschlagene Methode war die „Geschlechtlosmachung", wie man sich bisweilen ausdrückte, oder die Entfernung der zur Fortpflanzung bei Mann und Weib notwendigen Organe. Beim Weibe war diese Operation die Ovariektomie [g], beim Manne die Kastration [h].

Für die Ausführung dieser Methode in großem Maßstabe ergeben sich zwei Schwierigkeiten von großer praktischer Bedeutung. Die erste ist der heftige Widerstand gegenüber dieser Praxis auf seiten der öffentlichen Meinung. Man betrachtet die Operation als eine Verstümmelung des menschlichen Körpers, und deshalb sind viele Leute aufs heftigste dagegen. Wenn das auch in der ganzen Frage kein vernünftiger Standpunkt ist, so haben wir praktischen Reformer doch der Tatsache Rechnung zu tragen, daß die Durchschnittsmenschen nicht nach Vernunftgründen, sondern nach Empfindungen und Gefühl handeln. Und solange sich menschliche Empfindungen und menschliches Gefühl dieser Praxis gegenüber ablehnend verhalten, werden die allerschönsten Vernunftgründe gar nichts helfen ...

In den letzten Jahren haben die Ärzte nun eine andere Methode entdeckt, die viele Vorteile hat. Sie ist bisweilen auch ungenau als „Geschlechtlosmachung" bezeichnet. Genauer genommen handelt es sich um eine Sterilisation, deren wesentliche Eigentümlichkeit darin besteht, daß sie auf die Geschlechtseigenschaften von Mann oder Weib keinerlei Wirkung ausübt, sondern nur künstlich die Fortpflanzungsfähigkeit nimmt, indem man die betreffende Person unfruchtbar macht. Die Operation selbst ist beim Manne fast ebenso einfach wie das Zahnziehen. Bei der Frau ist sie nicht viel schwieriger. Die Erfolge sind im allgemeinen dauernd und sicher ...

Über schlechte Resultate wurde nie berichtet, während viele gute Resultate zu verzeichnen waren.[2]

Ein ernsthafterer Einwand gegen diese Methode leitet sich aus der Betrachtung der sozialen Konsequenzen ab. Wie wird die Wirkung auf das Gemeinwesen in bezug auf Ausbreitung von Ausschweifung und

---

[g] Operative Entfernung der Eierstöcke.
[h] Operative Entfernung der Hoden.

---

[2] Auch in der Schweiz wurde die Operation ausgeführt. Vgl. *Emil Oberholzer*, Kastration und Sterilisation von Geisteskranken in der Schweiz, Juristisch-psychiatrische Grenzfragen, Bd. VIII, Heft 1 – 3, S. 25 – 144; Halle a. S., Carl Marhold, 1911. Danach hat sich nichts ergeben, was die Sterilisation von gewissen geisteskranken Menschen die Mehrzahl der Fälle betraf „intellektuell oder moralisch Defekte und Psychopathen, bei denen sich die Wirkung der erblichen Veranlagung verhältnismäßig sehr stark geltend macht", S. 135 diskreditieren könnte. Die Erfahrung haben vielmehr gezeigt, „daß das Verfahren nicht nur für Staat und Gesellschaft Bedeutendes leistet, indem u.a. mit der Möglichkeit, den Kranken nach der Sterilisierung zu entlassen, die hohe Kosten erfordernde Internierung vermieden werden konnte und – was unvergleichlich höher in Anschlag zu bringen ist – eine sehr wahrscheinlich gleichfalls minderwertige Nachkommenschaft mit Sicherheit verhütet wurde, sondern daß die Sterilisierung gleichzeitig meist im eigensten Interesse des Individuums selber liegt" (S. 135). K. W.

Krankheit sein, wenn man eine Gruppe von Leuten in ihm hat, die ihren Instinkten nachgeben können, ohne Konsequenzen in Form von Kindern fürchten zu müssen? Alle Anzeichen deuten darauf hin, daß die schlimmen Folgen auch hier mehr in der Einbildung als in der Wirklichkeit bestehen.

Die wahrscheinlich weitaus größere Schwierigkeit, die zu überwinden wäre, ehe die Praxis die Sterilisation in irgendeiner Form zu allgemeiner Anwendung würde kommen können, wäre die Feststellung der für diese Operation in Betracht kommenden Individuen. Gegenwärtig haben acht Staaten bei uns Gesetze, die die Geschlechtlosmachung oder Sterilisation in irgendeiner Form gestatten. Aber in allen diesen Fällen ist die Praxis sorgfältig auf wenige Insassen verschiedener näher angegebener Institute beschränkt.[3]

Diese Notwendigkeit ergibt sich aus der Tatsache, daß wir die genauen Vererbungsgesetze noch nicht kennen. Gerade wie geistige Eigenschaften von den Eltern auf das Kind übertragen werden, ist noch nicht sicher bekannt. Es ist deshalb eine schwierige Aufgabe, vorher zu entscheiden, daß die und die Person mit einem geistigen Defekt eben diesen Defekt bestimmt auf ihre Nachkommenschaft übertragen werde und folgerichtig von der Fortpflanzung ausgeschlossen sein solle.

Sechstes Kapitel

Die Mendelsche Regel

Im Jahre 1866 entdeckte und veröffentlichte ein Österreichischer Mönch namens Gregor Mendel[h] ein Gesetz der Vererbung bei gewissen Pflanzen, das, nachdem es nahezu 40 Jahre lang so gut wie unbekannt geblieben war, 1900 wieder entdeckt und seitdem im Hinblick auf eine große Zahl von Pflanzen und Tieren geprüft wurde.

Mendel fand, daß bei den Pflanzen gewisse Eigentümlichkeiten bestanden, die er als „gemeinsame Merkmale" bezeichnete, und die vom Elter auf die Nachkommen in bestimmter Weise übertragen wurden. Bei seiner klassischen Untersuchung über die Vermehrung der gewöhnlichen Gartenerbse fand er, daß eine Eigenschaft wie etwa die Größe gegenüber der Zwerghaftigkeit ... übertragen wurde.

...

Unsere eigenen Studien führten uns zu der Überzeugung, daß es auch für den Schwachsinn Gültigkeit hat. Wir wissen nicht, daß Schwachsinn ein „gemeinsames Merkmal" ist. Viele Gründe können zu der Ansicht führen, daß er es nicht sein kann. Wenn wir aber der Einfachheit halber an dieser Annahme festhalten, ergeben sich für uns folgende Möglichkeiten:

Wenn zwei schwachsinnige Menschen heiraten, haben wir bei beiden dasselbe gemeinsame Merkmal, und die ganze Nachkommenschaft wird schwachsinnig sein. Wenn diese Nachkommen sich schwachsinnige Gatten wählen, wird sich dieselbe Erscheinung fortsetzen. Was wird aber eintreffen, wenn ein schwachsinniges Individuum einen normalen Gatten wählt? Wenn der Schwachsinn rezessiv ist, das heißt durch das dominante Merkmal verdeckt wird, dürfen wir in der ersten Generation aus einer solchen Vereinigung lauter normale Kinder erwarten. Wenn diese Kinder gleichgeartete, das heißt von einem normalen und einem defekten Elter stammende, Individuen heiraten, dann würden die Nachkommen aus dieser Verbindung normal und defekt sein im Verhältnis 3 : 1. Von den normalen Kindern würde ein Drittel rein zeugen, und wir würden so eine normale Deszendenzlinie erhalten.

...

Anwendung auf die Familie Kallikak

Wenden wir uns nun den Tatsachen zu, wie wir sie bei der Familie Kallikak haben. Der einzige Nachkomme Martin Kallikaks seniors und des namenlosen schwachsinnigen Mädchens war ein schwachsinniger Sohn. Er heiratete eine normale Frau und hatte fünf schwachsinnige und zwei normale Kinder. Das steht mit der Mendelschen Regel im Einklang. Es sollten eigentlich teils normale, teils defekte Kinder – halb und halb – vorhanden gewesen sein, wenn Kinder genug dagewesen wären, um der Durchschnittsregel die Möglichkeit zu gewähren, sich geltend zu machen. Nun erhebt sich hier mit Recht die Frage: hätte Martin junior sterilisiert werden sollen? Wir würden uns dann vor fünf schwachsinnigen Individuen und ihrer schrecklichen Nachkommenschaft geschützt haben. Wir würden aber auch die Gesellschaft zweier normaler Individuen beraubt haben, die wie unsere Untersuchungen weiter zeigen, zwei normale Menschen heirateten und die ersten Glieder von Reihen normaler Generationen darstellen.

...

Wir wollen in dieser Arbeit nicht weiter in diese Materie eindringen. Es genüge hier, die Möglichkeit der Anwendung der Mendelschen Regel auf die Erblichkeit beim Menschen gezeigt zu haben. Daraus folgt die Notwendigkeit, daß wir genau den geistigen Zustand der Vorfahren jeder Person, für die wir die Durchführung der Sterilisation vorschlagen wollen, kennen müssen.

Aus alledem ergibt sich eine Warnung: man betrachte die Sterilisation nicht gleich als eine endgültige Lösung dieses Problems. Wir können und – wie ich allerdings glaube – müssen sie als Hilfsmittel gebrauchen, als etwas, was zur Lösung des Problems beitragen wird, bis wir die vollständig durchgeführte Absonderung durchsetzen können. Bei ihrer Anwendung müssen wir uns jedoch vergegenwärtigen, daß die erste Notwendigkeit das sorgfältige Studium des ganzen Subjekts ist, damit wir sowohl über die Vererbungsgesetze mehr erfahren als auch über die letzte Wirkung der Operation.

SCHLUSS UND ZUSAMMENFASSUNG

Die Familie Kallikak bietet ein natürliches Erblichkeits-Experiment. Ein junger Mann aus guter Familie wird durch zwei verschiedene Frauen der Ahnherr zweier Linien von Abkömmlingen. Die eine ist durch durchweg gute, angesehene, normale Bürger mit fast keiner Ausnahme charakterisiert. Die andere ist charakterisiert durch geistige Defektheit in allen Generationen. Der Defekt wurde durch den Vater in der ersten Generation übertragen. In späteren Generationen wurde durch Heirat aus anderen Familien weitere Defektivität eingetragen. In der letzten Generation war sie durch die Mutter übertragen, so daß wir hier alle Übertragungsmöglichkeiten vor uns sehen, die wieder den völlig erblichen Charakter des Defekts beweisen.

Wir finden auf der guten Seite der Familie hervorragende Leute in allen Lebensstellun-

---

[3] Das erste Sterilisationsgesetz wurde 1907 im Staate Indiana angenommen. Connecticut nahm 1909 ein gleiches Gesetz an. Vgl. *Hans W. Maier*, Die Nordamerikanischen Gesetze gegen die Vererbung von Verbrechen und Geistesstörung und deren Anwendung. (Juristisch-psychiatrische Grenzfragen, Bd. VIII, Heft 1 – 3, S. 3 – 24, Halle a. S., Carl Marhold, 1911.) K. W.

[h] Mendel, Gregor (1822–1884), österr. Vererbungsforscher, Entdecker von Vererbungsregeln, den sog. Mendelschen Gesetzen.

gen. Nahezu alle 496 Deszendenten sind Land- oder Hausbesitzer. Auf der schlechten Seite finden wir Arme, Verbrecher, Prostituierte, Trinker, Beispiele aller Formen sozialen Elends, mit denen die moderne Gesellschaft belastet ist.

Daraus schließen wir, daß der Schwachsinn in weitem Umfange für die sozialen Schäden verantwortlich zu machen ist.

Schwachsinn ist vererblich und wird ebenso sicher wie irgendeine andere Eigenschaft übertragen. Wir können uns mit diesen Zuständen nicht eher erfolgreich abfinden, als bis wir den Schwachsinnigen und seine erbliche Natur erkennen, möglichst frühzeitig erkennen, und für ihn sorgen.

Bei Betrachtung der Frage nach den Fürsorgemaßnahmen scheint die Absonderung durch Koloniebildung im gegenwärtigen Amerika unseres Erachtens das ideale und vollständig ausreichende Verfahren zu sein. Die Sterilisation kann als Notbehelf gelten, als ein Hilfsmittel, dieses Problem zu lösen, weil die Zustände so unerträglich geworden sind. Aber sie darf gegenwärtig nur als ein Notbehelf betrachtet werden und als etwas Vorläufiges, denn ehe sie in ausgedehnterem Maße angewandt werden kann, haben wir noch viel über die Wirkungen dieser Operation und über die Anwendbarkeit der Vererbungsgesetze auf den Menschen zu lernen.

Karl Binding und Alfred Hoche

Die Freigabe der Vernichtung lebensunwerten Lebens (1920)

Ihr Maß und ihre Form. Leipzig 2. Aufl. 1922, Auszug, S. 5–6, 26–29 und 51–53.

Binding (1841–1920), Dr. jur., Dr. phil., war Strafrechtler und Professor in Basel, Freiburg i. Br., Straßburg und Leipzig. Hoche (1865–1943), Dr. med., war Psychiater in Freiburg i. Br. Mit dieser kleinen Schrift lösten die beiden Autoren eine verhängnisvolle Diskussion aus, in der besonders der demagogische Begriff eines „lebensunwerten Lebens" wild und unkontrolliert wucherte. Binding und Hoche befürworteten in ihrer Schrift keine geheimen Massenmorde, wie sie später verübt wurden. Aber sie schufen mit der pseudowissenschaftlichen Argumentation ein gefährliches geistiges Klima, in dem sie den mit der Heilerziehung verbundenen Dienst als sinnlose Verschwendung erscheinen ließen, demgegenüber Tötungen von Menschen berechtigt zu sein schienen. Der erste Teil von Binding (S. 3–41) trägt die Überschrift „Rechtliche Ausführung", der zweite Teil von Hoche (S. 42–62) „Ärztliche Bemerkungen".

Ich wage am Ende meines Lebens mich noch zu einer Frage zu äußern, die lange Jahre mein Denken beschäftigt hat, an der aber die meisten scheu vorübergehen, weil sie als heikel und ihre Lösung als schwierig empfunden wird, so daß nicht mit Unrecht gesagt werden konnte, es handle sich hier „um einen starren Punkt in unseren moralischen und sozialen Anschauungen".[1]

Sie geht dahin: *soll die unverbotene Lebensvernichtung, wie nach heutigem Rechte – vom Notstand abgesehen –, auf die Selbsttötung des Menschen beschränkt bleiben, oder soll sie eine gesetzliche Erweiterung auf Tötungen von Nebenmenschen erfahren und in welchem Umfange?*

Ihre Behandlung führt uns von Fallgruppe zu Fallgruppe, deren Lage jeden von uns aufs tiefste erschüttert. Um so notwendiger ist es, nicht dem Affekt, andererseits nicht der übertriebenen Bedenklichkeit das entscheidende Wort zu überlassen, sondern es auf Grund bedächtiger rechtlicher Erwägung der Gründe für und der Bedenken gegen die Bejahung der Frage zu finden. Nur auf solch fester Grundlage kann weiter gebaut werden.

Ich lege demnach auf strenge juristische Behandlung das größte Gewicht. Gerade deshalb kann den festen Ausgangspunkt für uns nur das geltende Recht bilden: wieweit ist denn heute – wieder vom Notstande abgesehen – die Tötung der Menschen *freigegeben*, und was muß denn darunter verstanden werden? Den Gegensatz der „Freigabe" bildet die Anerkennung von Tötungsrechten.

Diese bleiben hier vollständig außer Betracht.

Die wissenschaftliche Klarstellung des positivrechtlichen Ausgangspunktes aber ist um so unumgänglicher, als er sehr häufig ganz falsch oder doch sehr ungenau gefaßt wird.

...

I. Ich will nun für den Augenblick einmal beide Fäden abreißen, um sie später wieder anzuknüpfen, vor allem Weiteren aber die Vorfrage stellen, die gegenwärtig m.E. unbedingt gestellt werden muß. Die juristische, scheinbar so geschäftsmäßige Formulierung scheint auf große Herzlosigkeit zu deuten: in Wahrheit entspringt sie nur dem tiefsten Mitleiden.

Gibt es Menschenleben, die so stark die Eigenschaft des Rechtsgutes eingebüßt haben, daß ihre Fortdauer für die Lebensträger wie für die Gesellschaft dauernd allen Wert verloren hat? [2]

Man braucht sie nur zu stellen und ein beklommenes Gefühl regt sich in Jedem, der sich gewöhnt hat, den Wert des einzelnen Lebens für den Lebensträger und für die Gesamtheit auszuschätzen. Er nimmt mit Schmerzen wahr, wie verschwenderisch wir mit dem wertvollsten, vom stärksten Lebenswillen und der größten Lebenskraft erfüllten und von ihm getragenen Leben umgehen, und welch Maß von oft ganz nutzlos vergeudeter Arbeitskraft, Geduld, Vermögensaufwendung wir nur darauf verwenden, um lebensunwerte Leben so lange zu erhalten, bis die Natur – oft so mitleidlos spät – sie der letzten Möglichkeit der Fortdauer beraubt.

Denkt man sich gleichzeitig ein Schlachtfeld, bedeckt mit Tausenden toter Jugend, oder ein Bergwerk, worin schlagende Wetter Hunderte fleißiger Arbeiter verschüttet haben, und stellt man in Gedanken unsere Idioteninstitute mit ihrer Sorgfalt für ihre lebenden Insassen daneben – und man ist auf das tiefste erschüttert von diesem grellen Mißklang zwischen der Opferung des teuersten Gutes der Menschheit im größten Maßstabe auf der einen und der größten Pflege nicht nur absolut wertloser, sondern negativ zu wertender Existenzen auf der anderen Seite.[3]

Daß es lebende Menschen gibt, deren Tod für sie eine Erlösung und zugleich für die Gesellschaft und den Staat insbesondere eine Befreiung von einer Last ist, deren Tragung außer dem einen, ein Vorbild größter Selbstlosigkeit zu sein, nicht den kleinsten Nutzen stiftet, läßt sich in keiner Weise bezweifeln.

Ist dem aber so – gibt es in der Tat menschliche Leben, an deren weiterer Erhaltung jedes vernünftige Interesse dauernd geschwunden ist, – dann steht die Rechtsordnung vor der verhängnisvollen Frage, ob sie den Beruf hat, für deren unsoziale Fortdauer tätig einzutreten – insbesondere auch durch vollste Verwendung des Strafschutzes – oder unter bestimmten Voraussetzungen ihre Vernichtung freizugeben? Man kann die Frage legislatorisch auch dahin stellen: ob die energische Forterhaltung solcher Leben als Beleg für die Unangreifbarkeit des Lebens überhaupt

---

[1] *[Adolf] Jost*, Das Recht auf den Tod. Göttingen 1895, S. 1.

[2] *Jost* hat ganz richtig erkannt, daß die Frage so zu stellen ist, und bemerkt richtig S. 6: Jemand könne in die Lage kommen, „in welcher das, worin er seinen Mitmenschen noch nützen kann, ein *Minimum*, das aber, was er unter seinem Leben noch zu leiden hat, ein *Maximum* ist. S. 26: „Der Wert des menschlichen Lebens kann aber nicht bloß Null, sondern auch negativ werden."

[3] „Der Gesamtverlust aller kriegführenden Mächte in diesem Weltkriege wird auf etwa 12–13 Millionen Tote zu berechnen sein." *Hoche*, Vom Sterben, Jena 1919, S. 10. Nach einer neuerlichen Mitteilung des „Vorwärts" hat in diesem Kriege verloren an Toten das *deutsche Heer* 1 728 246, die *Flotte* 24 112 – Verluste von einem Wert, der alle Berechnung übersteigt.

den Vorzug verdiene, oder die Zulassung seiner alle Beteiligten erlösenden Beendigung als das kleinere Übel erscheine?

II. Über die notwendig zu gebende Antwort kann nach kühl rechnender Logik kaum ein Zweifel obwalten. Ich bin aber der festen Überzeugung, daß die Antwort durch rechnende Vernunft allein nicht definitiv gegeben werden darf: ihr Inhalt muß durch das tiefe Gefühl für ihre Richtigkeit die Billigung erhalten. Jede unverbotene Tötung eines Dritten muß als Erlösung mindestens für ihn empfunden werden: sonst verbietet sich ihre Freigabe von selbst.

Daraus ergibt sich aber eine Folgerung als unbedingt notwendig: *die volle Achtung des Lebenswillens aller, auch der kränksten und gequältesten und nutzlosesten Menschen.*

Nach Art des den Lebenswillen seines Opfers gewaltsam brechenden Mörders und Totschlägers kann die Rechtsordnung nie vorzugehen gestatten. [4]

...

Den Hauptgegenstand meiner ärztlichen Stellungnahme zu den rechtlichen Ausführungen soll die Beantwortung der oben Seite 28 formulierten Frage bilden: „*Gibt es Menschenleben, die so stark die Eigenschaft des Rechtsguts eingebüßt haben, daß ihre Fortdauer für die Lebensträger wie für die Gesellschaft dauernd allen Wert verloren hat?*"

Diese Frage ist im *allgemeinen* zunächst mit Bestimmtheit zu bejahen; im einzelnen ist dazu folgendes zu sagen. Die im juristischen Teile vollzogene Aufstellung der *zwei Gruppen* von hierhergehörigen Fällen entspricht den tatsächlichen Verhältnissen; der gemeinsame Gesichtspunkt des nicht mehr vorhandenen Lebenswertes faßt aber sehr Verschiedenartiges zusammen; bei der ersten Gruppe der durch Krankheit oder Verwundung unrettbar Verlorenen wird nicht immer der subjektive und der objektive Lebenswert gleichmäßig aufgehoben sein, während bei der zweiten, auch zahlenmäßig größeren Gruppe der *unheilbar Blödsinnigen*, die Fortdauer des Lebens weder für die Gesellschaft noch für die Lebensträger selbst irgendwelchen Wert besitzt.

Zustände endgültigen unheilbaren Blödsinns oder wie wir in freundlicherer Formulierung sagen wollen: *Zustände geistigen* Todes sind für den Arzt, insbesondere für den Irrenarzt und Nervenarzt etwas recht Häufiges.

Man trennt sie zweckmäßigerweise in zwei große Gruppen:

1. in diejenigen Fälle, bei denen der *geistige Tod im späteren Verlaufe des Lebens nach vorausgehenden Zeiten geistiger Vollwertigkeit, oder wenigstens Durchschnittlichkeit erworben* wird;

2. in diejenigen, die auf Grund *angeborener* oder in *frühester Kindheit* einsetzender Gehirnveränderungen entstehen.

Für die nicht ärztlichen Leser sei erwähnt, daß in der ersten Gruppe Zustände geistigen Todes erreicht werden: bei den *Greisenveränderungen* des Gehirns, dann bei der sogenannten *Hirnerweichung* der Laien, der Dementia paralytica, weiter auf Grund *arteriosklerotischer Veränderungen* im Gehirn und endlich bei der großen Gruppe der *jugendlichen Verblödungsprozesse* (Dementia praecox), von denen aber nur ein gewisser Prozentsatz die höchsten Grade geistiger Verödung erreicht.

Bei der zweiten Gruppe handelt es sich entweder um grobe *Mißbildungen* des Gehirns, Fehlen einzelner Teile (in größerem oder geringerem Umfange), um *Hemmungen* der Entwicklung während der Existenz im Mutterleib, die auch in die ersten Lebensjahre hinein weiter wirken können, oder um *Krankheitsvorgänge* der ersten Lebenszeit, die bei einem an sich normal angelegten Hirnorgan die Entwicklung sistieren; (häufig sind damit epileptische Anfälle oder andere motorische Reizerscheinungen verbunden).

Bei beiden Gruppen *können* gleichhohe Grade der geistigen Öde vorhanden sein. Für unsere Zwecke aber ist doch ein Unterschied zu beachten, ein Unterschied in dem Zustande des geistigen Inventars, der vergleichsweise derselbe ist, wie zwischen einem regellos herumliegenden Haufen von Steinen, an die noch keine bildende Hand gerührt hat, und den Steintrümmern eines zusammengestürzten Gebäudes. Der Sachverständige vermag in der Regel, auch ohne Kenntnis der Vorgeschichte eines geistig toten Menschen und ohne körperliche Untersuchung, aus der Art des geistigen Defektbildes die Unterscheidung der früh und der spät erworbenen Zustände zu machen.

Auch in den Beziehungen der zwei verschiedenen Arten geistig Toter zur Umwelt ist ein wesentlicher Unterschied für unsere Betrachtung vorhanden. Bei den ganz früh erworbenen hat *niemals* ein geistiger Rapport mit der Umgebung bestanden; bei den spät erworbenen ist dies vielleicht im reichsten Maße der Fall gewesen. Die Umgebung, die Angehörigen und Freunde haben deswegen zu diesen letzteren subjektiv ein ganz anderes Verhältnis; geistig Tote dieser Art können einen ganz anderen *„Affektionswert"* erworben haben; ihnen gegenüber bestehen Gefühle der Pietät, der Dankbarkeit; zahlreiche, vielleicht stark gefühlsbetonte Erinnerungen verknüpfen sich mit ihrem Bilde, und alles dieses geschieht auch dann noch, wenn die Empfindungen der gesunden Umgebung bei dem Kranken keinerlei Widerhall mehr finden.

Aus diesem Grunde wird für die Frage der etwaigen Vernichtung nicht lebenwerter Leben aus der Reihe der geistig Toten, je nachdem sie der einen oder anderen Kategorie angehören, ein verschiedener Maßstab anzuwenden sein.

---

[4] Natürlich bleiben alle Fälle der Tötungsrechte u[nd] Pflichten wie auch die Fälle der Tötung im Notstand hier wieder beiseite!

August Henze

Grundlagen der Geistesschwachenfürsorge (1930)

In: Zeitschrift für Kinderforschung 36 (1930), S. 446 – 576. Auszug: S. 449 – 452.

Henze (1867–1944), Hilfsschullehrer, Leiter der Wiesenhütten-Hilfsschule in Frankfurt a. M., seit 1929 Oberschulrat, gehörte seit der Gründung des Verbandes der Hilfsschulen Deutschlands (1898) dem Vorstand an. Er war Schriftleiter der 1908 gegründeten Zeitschrift „Die Hilfsschule", Organ des Verbandes, bis zur sogenannten „Gleichschaltung" im Jahre 1933. „Die Hilfsschule" behandelte eugenische Maßnahmen zum ersten Mal während des Krieges. Henze veröffentlichte 1915 einem Vortrag von Martin Breitbarth, Hilfsschulrektor in Halle a. S., der im „Bund zur Erhaltung und Mehrung der deutschen Volkskraft" über die „Wechselbeziehung zwischen geistiger Minderwertigkeit und sozialem Elend" einen Vortrag gehalten hatte. Breitbarth liquidierte achtzehn Jahre später im Auftrag der NSDAP den Verband der Hilfsschulen Deutschlands. In seinem Aufsatz schrieb Breitbarth von der „drohenden Vergewaltigung durch die geistige Minderwertigkeit" und forderte ihre „Unschädlichmachung". Wie Binding begründete er diese Forderung mit den Kriegsverlusten. Henze ließ 1915 dem Artikel Breitbarths zwar einen Artikel über die Bewährung der schulentlassenen Hilfsschüler folgen; denn er sah deren Bewährung in einem erheblich günstigeren Licht. Wie weit jedoch solche Gedankengänge in der Hilfsschullehrerschaft auch ihn überzeugten und wie weit sie in der Hilfsschullehrerschaft schon verbreitet waren, zeigt der hier abgedruckte Artikel aus dem Jahre 1930. Im Herbst 1933, nach dem Erlaß des Gesetzes zur Verhütung erbkranken Nachwuchses am 14. Juli 1933, verstieg sich Henze in einem Kommentar zu der Behauptung: „Man darf das Gesetz vielleicht als das bedeutsamste Gesetz bezeichnen, das jemals geschaffen worden ist, es birgt in sich eine Riesenaufgabe. Bei seiner Durchführung wird man es mit Millionen von Menschen zu tun bekommen; allein die Zahl derjenigen, die man vom schulischen Standpunkt als Hilfsschulmaterial bezeichnen würde, beläuft sich bei unserer Gesamtbevölkerung auf über 1 Million" (Henze 1933, S. 537).

Zu den prohibitiven Maßnahmen gehören vor allem aber zwei, die in den letzten Jahren in recht weiten Kreisen viel und eifrig erörtert worden sind. Es handelt sich um die beiden schärfsten Formen, die auf diesem Gebiete überhaupt möglich sind: die Vernichtung lebensunwerten Lebens und die Unfruchtbarmachung derer, bei denen die Zeugung minderwertigen Lebens zu befürchten ist.

Wie stellen wir uns zu den beiden Problemen? Zunächst zu dem der Vernichtung lebensunwerten Lebens? Auch dort, wo die Gesetzgebung diese Maßnahme zulässig gemacht hat, werden immer nur die allerschwersten Fälle von Geistesschwäche und Geisteskrankheit in Betracht kommen, Fälle, die durch ihre Verpflegung und Überwachung einzig und allein eine Belastung der Gesellschaft darstellen, ohne auf irgendeine Weise zu irgendwie nutzbringender Verwertung gebracht werden zu können, Fälle, die unter Umständen geradezu eine Gefahr für die menschliche Gesellschaft bedeuten. Die Maßnahme würde stets aber auch die Zustimmung der Beteiligten, wenigstens der gesetzlichen Vertreter erfordern. Es erhebt sich die ungeheuer schwierige Frage: Wo ist da eine Grenze zu ziehen? Ganz abgesehen davon, daß mit der gesetzlichen Zulässigkeit derartiger Maßnahmen der Gedanke der Unantastbarkeit des Menschenlebens ins Schwinden kommt und sich nicht übersehen läßt, wohin man unter Umständen auf der Bahn, wenn sie einmal beschritten ist, gelangen würde. Auf jeden Fall würden derartige Möglichkeiten zu einer starken Gefühlsverflachung der Menschheit führen. In einem gewissen Abstande von den Tatsachen findet man sich vielleicht unschwer mit der Beseitigung der Schwächsten des Menschengeschlechtes ab. Wer aber dem einzelnen Fall ins Auge schaut, wird sich sofort der großen, hier vorliegenden Schwierigkeit bewußt werden. Neben mehreren andern Fällen ähnlicher Art sah ich vor kurzem ein sechsjähriges Kind, völlig blind und so schwer idiotisch, daß von den allerersten Anfängen einer Sprachentwicklung noch keine Rede sein konnte. Dazu waren beide Beine gelähmt, in ziemlich erheblichem Maße auch beide Arme, und auch der übrige Körper war so schwach, daß das Kind noch nicht sitzen konnte. Die Eltern sind gesunde und intelligente Leute; beide hängen mit unsagbarer Liebe an dem Kinde, obwohl es ihr ganzes Dasein in Anspruch nimmt und obgleich stetig einer von beiden durch die Beaufsichtigung und Versorgung des Kindes in Anspruch genommen wird. Ich habe mich lange Zeit mit ihnen unterhalten und muß auf Grund der Eindrücke, die ich empfing, sagen, daß ich um alles der Welt nicht derjenige sein möchte, der von Amts wegen diesen Eltern das Kind gewaltsam behufs schmerzloser Tötung fortzunehmen hätte. – Mit der Unfruchtbarmachung sind in verschiedenen Ländern, neuerdings auch in Europa (in Dänemark und in der Schweiz) Anfänge gemacht. Auch hier bereitet wieder die Entscheidung darüber, bis zu welcher Grenze man gehen soll und darf, die größten Schwierigkeiten. Die auf den ersten Blick erkennbaren und relativ leicht unterscheidbaren völlig Blöden kann man ruhig ausscheiden, weil bei ihnen an eine Fortpflanzung nicht zu denken ist. Für die Sterilisation kommen vielmehr in Betracht vor allem die leichteren und etwa noch ein Teil der mittleren Grade geistiger Schwäche, die nach beendeter Anstalts- oder Hilfsschulzeit ins öffentliche Leben treten sollen. Bei ihnen ist der Geschlechtstrieb nicht selten noch weit stärker entwickelt und es fehlen ihm gegenüber die inneren Hemmungen weit mehr als bei den Normalen. Man könnte zunächst an eine Asylierung denken, an eine lebenslängliche Unterbringung in Arbeitsheimen, die auch aus mancherlei anderen Gründen für viele Schwachsinnige erstrebenswert erscheinen. Obwohl in solchen Heimen zugleich auch die Arbeitskraft solcher Schwachen durch Verwendung in einfachsten Arbeitsformen am ausgiebigsten verwandt werden könnte und auf diesem Wege zweifellos der Volksgemeinschaft schon für eine ziemlich nahe Zukunft große materielle Opfer erspart werden würden, ist auf eine sofortige allgemeine Durchführung der Asylierung aller derer, die vom Standpunkt der Verhütung der Fortpflanzung deren bedürften, der

Kosten wegen gegenwärtig nicht zu rechnen. Man wird sich aber in vielleicht gar nicht ferner Zeit für diesen Gedanken erwärmen, wenn man erst allgemein von der unbedingten Notwendigkeit rassenhygienischer und eugenischer Maßnahmen durchdrungen sein wird. Die Kosten würden sich bei zweckdienlicher Einrichtung der betreffenden Anstalten und bei geeigneter und möglichst ausgiebiger Ausnutzung der Arbeitskraft der Insassen vielleicht gar nicht so übermäßig hoch stellen. Es bleibt jedoch vorläufig als Aushilfsmittel nur die Sterilisierung. Sie ist aber gesetzlich bei uns noch nicht erlaubt, auch im neuen Reichsstrafgesetzentwurf ist sie noch nicht vorgesehen. Sicherlich handelt es sich allerdings auch bei ihr um eine sehr heikle Sache, weil keine scharfe Grenze zwischen Normalen und Anomalen besteht, sondern zwischen beiden eine Übergangszone von nicht unerheblicher Breite sich befindet. Es besteht auch das Bedenken, daß selbst bei einem erblich nicht unerheblich belasteten Ehepartner durch Mischung mit gutem Erbgut ein Regenerationsprozeß sich vollziehen kann, der zu einer normalen Nachkommenschaft führt. Wäre das nicht möglich, so würde die Menschheit ja schon weit mehr herunter gesunken sein. Auch die Untersuchungen über die Familien Zero, Juke, Kallikak usw. haben das gezeigt. Andererseits muß aber betont werden, daß angesichts der vorliegenden Notlage unseres Volkes selbst bei der Möglichkeit vereinzelter Mißgriffe man den Gedanken der Sterilisation nicht einfach abweisen darf. Der moderne Heilpädagoge muß sich heute auf den Standpunkt stellen, daß er an seinem Teile nach Kräften dabei mitzuwirken hat, daß sein Wirken in Zukunft möglichst überflüssig werde, und er hat sich deshalb dafür einzusetzen und dazu beizutragen, daß weiteste Kreise sich an den Gedanken der Sterilisation gewöhnen und daß so die Zeit reif wird für Berücksichtigung des Gedankens im Strafrecht aller Völker.

Heinrich Hanselmann
Was ist Heilpädagogik? (1932)

Aus: Was ist Heilpädagogik? Antrittsvorlesung von Prof. Dr. H. Hanselmann. Universität Zürich. 30. I. 1932. Arbeiten aus dem heilpädagogischen Seminar Zürich, Heft 1. Affoltern am Albis 1932, S. 3–6. Der zweite Teil des Textes ist der „Einführung in die Heilpädagogik". Erlenbach-Zürich 1930, 3. Aufl. 1946, S. 175–176, entnommen.

Hanselmann (1885–1960) war Professor auf dem neu geschaffenen Lehrstuhl für Heilpädagogik der Universität Zürich. Er und sein Nachfolger Paul Moor begründeten die später so genannte Schweizer heilpädagogische Schule, die nach dem Zweiten Weltkrieg besonders im deutschsprachigen Raum stark beachtet wurde. In der Antrittsvorlesung stellte Hanselmann sein Programm vor. Er scheint damals Georgens und Deinhardt noch nicht gekannt zu haben. „Das Wort Heilpädagogik, das in seiner Entstehung nicht einmal sicher bekannt ist, ist unglücklich gewählt" (S. 17). Er vertrat später den Namen Sondererziehung (1941), behielt jedoch in Veröffentlichungen auch den Namen Heilerziehung bei. Der Auszug enthält Hanselmanns Stellung zu der in den zwanziger Jahren erörterten Frage der Sterilisation, die er ablehnte. Die Vorlesung ist in fünf Teile untergliedert.
Der abgedruckte Abschnitt ist dem zweiten Teil entnommen (siehe auch Nr. 37).

Was ist Heilpädagogik?

Auf dem Gebiete der Mindersinnigkeit und der Sinnesschwäche hat man die pädagogische Arbeit bisher fast ausschließlich auf eine Psychologie gegründet, die den gänzlichen oder teilweisen Dauerausfall an bestimmten Sinnesqualitäten als ein rein quantitatives Minus zu erklären versucht. Blinde und Taube, Sehschwache und Schwerhörige seien sog. normal, minus Gesichts- und Gehörsempfindungen und -vorstellungen. Darum richtete sich auch der Unterricht ganz vorwiegend darauf ein, jenes Minus bestmöglich zu kompensieren durch ein Plus auf der Seite der verbliebenen Sinnesgebiete. Einer vergleichenden Psychologie, die auf weiten Strecken experimentell wird arbeiten können, bleibt der Nachweis noch vorbehalten, daß Viersinnigkeit und auch bloße Sinnesschwäche eine Entwicklungshemmung für die Gesamtseele und darum auch Ursache für eine spezifische Abwegigkeit im Gefühls- und Willensleben ebenso wie im Denken darstellt. Aus solcher Erkenntnis leitet sich ein in vielen Hinsichten neuartiger Erziehungs- und Bildungsanspruch des Kindes her. Er wird unter anderem dazu führen, auch den Über- und Unterwertungs-tendenzen durch falsche Selbststellungnahme des Defekten zum Defekt planmäßig zu begegnen. –

Eine ähnlich atomistisch-mechanistische Auffassung von den Grundtatsachen des kindlichen Seelenlebens und seiner Entwicklung hat nun weiterhin auch einen Hilfsschulunterricht für geistesschwache Kinder begründet, der viel zu einseitig darauf aus war und vielerorts noch ist, das vermeintlich bloß zu wenig gefüllte Gefäß der Intelligenz bestmöglich nachzufüllen durch besonderes Lerntraining. Ich hoffe, mit ausgiebigen Untersuchungen, welche seit Jahren über das kindliche geistesschwache Denken im Gange sind, dartun zu können, daß dieses Denken, vom Vorstellen über die Begriffsbildung bis zu den hochinteressanten Urteils- und Schlußformen, nicht nur quantitativ geringer, sondern formal und qualitativ anders ist, als das Denken des vollentwicklungsfähigen Kindes. Solche Untersuchungen versprechen ferner, auch der Aufhellung mancher strittiger Probleme der sog. Normalpsychologie, z.B. gestaltstheoretischer Art, zu dienen. Sodann werden sie die bessere Differenzierung von primitivem und geistesschwachem Denken wesentlich fördern. Man wird endlich den so gern gemachten Vergleich aufgeben müssen, daß z.B. ein 12jähriges geistesschwaches Kind auf der Stufe eines 5jährigen normalen stehe. Ich will im übrigen der verlockenden Gelegenheit widerstehen, Sie zu erheitern mit dem tatsächlich möglichen Nachweis, daß umgekehrt gewisse Denkformen im Alltagsleben und in wissenschaftlicher Aufmachung, gedruckt und ungedruckt, oft schwer zu unterscheiden sind von denen der Geistesschwachheit.

Geistesschwäche ist aber nun vor allem nicht nur Intelligenzschwäche. Auch das Gefühls- und das Trieb-Willensleben befinden sich in einer Art unheilbarem Rohbau im Vergleich zur seelischen Struktur des vollentwicklungsfähigen Kindes. Geistesschwache Kinder sind darum nicht nur schulfächerdumm, sondern auch lebensdumm, wenn ich das nicht unmißverständliche Wort dumm einmal brauchen darf. Jene anlagemäßig bedingte Undifferenziertheit im Gefühls- und Willensleben fordert darum auch mehr als einen Sonderunterricht, eben eine planmäßige Erziehung der Gefühle und ihrer Ausdruckserscheinungen. Wir sehen eine Zeit kommen, wo in dieser Richtung die Normalpädagogik von der Heilpädagogik Anregungen höchst bedeutsamer Art empfangen muß und dankbar werden wird für die methodisch-didaktische Vorarbeit, die die letztere hier heute schon leistet.

Freilich darf sich die Heilpädagogik auch bei der Erziehung der Gefühle ja nicht maximal einstellen. Sie muß sich vielmehr in einer opfervollen Beschränkung des Erzieherwillens richten nach dem Diktat der heute geltenden Minimalanforderungen im Erwerbs- und Gemeinschaftsleben. Dabei kommt zwar gerade das Rationalisierungsstreben in aller Arbeit, unter der der vollentwicklungsfähige Mensch ohne bewußte anderweitige Kompensation leidet und seelisch deformiert wird, dem Geistesschwachen sehr stark entgegen. Aber wie teuer ist solches erkauft! Denn bloße Angepaßtheit bedeutet ja immer auch individuell und sozial Sterilität des Geistes. –

Echte Geistesschwachheit beruht auf einer verschiedenartig verursachten, heute medizinisch nicht heilbaren Hirnentwicklungshemmung. Darum muß in der Heilpädagogik immer darauf Bedacht genommen werden, daß bei fast allen Debilen und bei allen Imbezillen die kindes- und jugendzeitliche Bildungs- und Erziehungsfürsorge sich zur lebenslänglichen Beistands- und Vormundschaft ausgestaltet. Wir versprechen uns von einer konsequenten Durchführung dieses Grundsatzes übrigens mehr und rascheren volkshygienischen Nutzen, als von praktisch ja doch kaum ausführbaren Gesetzen über Sterilisation und Kastration Minderwertiger.

Auf dem dritten Felde des Gesamtarbeitsgebietes der Heilpädagogik, in der Sonderbildung und Sondererziehung der von uns vorläufig nur mit dem Sammelnamen „schwererziehbar" zu bezeichnenden Neuropathen, Psychopathen, Epileptischen, Hysterischen, Neurotischen und Umweltsgeschädigten sind die ungelösten Aufgaben hinsichtlich der Erfassung und der Behandlung der abwegigen Persönlichkeit zahlreicher, dringlicher und schwieriger. – Mit sehr grellen Schlaglichtern haben die namentlich im Ausland vorgekommenen Revolutionen in Erziehungsanstalten und Jugendgefängnissen, mehr wohl noch die sensationell aufgemachte Literatur darüber, die Nöte der anstaltsuntergebrachten Jugend auch für den Fernerstehenden beleuchtet.

Alle gutgesinnten Leute vom Fach sind zwar seit etwa drei Jahrzehnten schon aufs tiefste beunruhigt. Sie haben an machen unlösbar scheinenden Anstalts- und Zöglingsproblemen wohl weit mehr gelitten als die Zöglinge selbst. Diese Beunruhigung und gleichzeitige Neubelebung kam vor allem durch die zunehmende Mitwirkung der Psychiatrie bei der Fürsorgeerziehung. Sie verdient dafür – diese meine immer bekundete persönliche Überzeugung sei auch hier ausdrücklich vorangestellt – den nachhaltigen Dank aller Heilpädagogen.

Durch die von J. L. A. Koch[a] 1893 aufgestellte Lehre von den „Psychopathischen Minderwertigkeiten" und durch den von Th. Ziehen[b] 1904 eingeführten Begriff der „Psychopathischen Konstitution" wurde zunächst eine moralisch wertfreie Betrachtung abwegiger seelischer Verhaltungsweisen auch den Pädagogen nahegelegt und bald immer dringlicher gefordert. Lügen, Stehlen, Fortlaufen, Faulheit, Frechheit, Bettnässen, Tierquälerei, Brandstiften, Trotz, Ungehorsam, Auflehnung, Abwendung, Verstimmungen, Stimmungsschwankungen usf. beruhen nicht auf absichtlicher Boshaftigkeit des Kindes. Alle vermeintlich schlechten Eigenschaften des Kindes sind Entwicklungsprodukte der Faktorengruppen der Anlage und des Milieus.

....

Einführung in die Heilpädagogik

Bevor wir nun dazu übergehen, die gemachten Ausführungen an einigen aus einer größeren Zahl beliebig herausgegriffenen Lebensschicksalen erwachsener Geistesschwacher darzustellen, fasse ich wie folgt zusammen: die gemachten Ausführungen haben gezeigt, daß für das schulpflichtige geistesschwache Kind schon heute meistens in den größeren Schulgemeinden sehr viel getan wird und daß für die Weiterentwicklung der unterrichtlichen Versorgung desselben auf dem Lande geradlinige und aussichtsreiche Bahnen vorgezeichnet sind.

Mit um so größerem Nachdruck werden wir uns in der Geistesschwachenfürsorge darum nunmehr zuwenden müssen allen

---

[a] Koch = Julius August Ludwig Koch (1841–1908), Dr. med., Leiter der württembergischen Irrenanstalt Zwiefalten, schuf die Lehre von den „psychopathischen Minderwertigkeiten" und erkannte die Aufgabe einer pädagogischen Pathologie. Koch gründete 1896 zusammen mit Johannes Trüper und Christian Ufer die Zeitschrift „Die Kinderfehler". Der Begriff der psychopathischen Minderwertigkeit war beschreibend, nicht moralisch wertend gemeint.
[b] Ziehen = Theodor Ziehen (1862–1950), Dr. med., war Psychiater und Philosoph, Professor in Jena, Utrecht, Halle und Berlin.

jenen Aufgaben, die am vorschulpflichtigen geistesschwachen Kleinkinde bereits erkannt sind. Hier ist viel wichtige Vorarbeit dringlich, vor allem die Erkundung der geeigneten Wege zur frühzeitigen Erfassung des geistesschwachen Kleinkindes. Die andere große Aufgabe liegt beim schulentlassenen Geistesschwachen. Die Erkenntnis, daß Geistesschwachheit nicht heilbar ist, verbunden mit der Einsicht in die Vererbungstatsachen, in die Beschränkung der sozialen Brauchbarkeit, in die Gefährdung der Gesellschaft und in die Hintanhaltung ihrer Fortentwicklung durch die Geistesschwachen, alles dies muß uns dazu bringen, nichts unversucht zu lassen, was zur Schaffung geeigneter und durchführbarer Fürsorgemaßnahmen führen kann. Die folgenden Beispiele möchten diesem Zwecke dienen.

....

Karl G., 35jährig, Hausierer, wurde wegen einer Notzuchtaffäre verhaftet; die Beschuldigung erwies sich aber bald als falsch und böswillig. Da er aber schwersten tätlichen Widerstand seiner Verhaftung entgegengesetzt hatte, wurde er dann wegen dieses Deliktes mit Polizeibuße bestraft, in der Hauptangelegenheit aber freigesprochen. Dennoch weinte er noch wochenlang nachher auf seinen Hausiergängen und klagte über das ihm angetane Unrecht. Karl war in der ganzen Gegend wohl gelitten wegen seinen lustigen „Spässen", wie die Leute sagten, wegen „Narrensprüchen", die man sich gerne weiter erzählte.

Für uns sind folgende Züge hier von Interesse: Er wußte genau die Preise seiner Waren, Kleinkram und einfachste Haushaltungsgegenstände. Bis zum Betrag von zwanzig Rappen nahm er, ungern genug zwar, auch kleinere Münzen im gleichen Betrage von zwanzig Rappen entgegen, aber viel lieber war ihm, wie er sie bezeichnete, die „schönen Zwanziger". Dagegen war er auf keine Weise zu bewegen, etwa statt des Fünfzigers für einen Artikel zwei Zwanziger und einen Zehner, oder fünf Zehner, noch sonstwie zusammengestelltes Wechselgeld im gleichen Betrage anzunehmen. Wer also bei ihm etwas zu fünfzig Rappen kaufte, der mußte noch etwas zu zehn Rappen mitkaufen und ihm dann drei Zwanzigrappenstücke geben; konnte der Handel nicht auf diese Weise abgeschlossen werden, das heißt, bot ihm jemand ein Fünfzigrappenstück und einen Zehner, dann verzichtete er. Nur was mit Zwanzigrappenstücken bezahlt wurde, nannte er „Barzahlung". So war es auch mit den Franken und den Zweifränklern. Konnten die Leute nicht, wie er meinte, „bar zahlen", so packte er seine Sachen ohne die geringsten Skrupeln und ohne jeden Unmut wieder zusammen und versprach, ein andermal zu kommen, wenn das „rechte" Geld vorhanden sei.

Er ließ sich deswegen in größter Ruhe auslachen, schimpfen und schelten. „Der Karli verkauft nur gegen Barzahlung," war seine feierliche Antwort.

Ebenso war er nicht zu bewegen, außer den fünf Dörfern, die er seit Jahren Haus für Haus bereiste, neue Kunden in andern Gegenden zu werben.

Karl war stets hilfsbereit, wenn er irgendwo Hand anlegen konnte; er schlichtete mit großem Eifer den von den Dorfkindern absichtlich bei seinem Nahen inszenierten Streit. Zuletzt erteilte er ihnen mit erhobenen Händen den Segen und blieb trotz des hellen Gespötts immer ruhig und feierlich ernst.

Die Leute erzählten, daß sie nie gesehen hätten, daß er die Reihenfolge seiner Hausiergänge nur im geringsten wechselte. Neu errichtete Häuser, auch wenn sie an seinem Wege lagen, ließ er so lange aus, bis er die alte Kundschaft besucht hatte, und wenn er deshalb auch den Weg zwei-, dreimal, ja sogar noch öfters machen mußte. „Eines nach dem andern wie zu Paris," entgegnete er, wollte man ihn belehren. „Wer zuletzt einzieht, kommt zuletzt dran und damit ‚bastum'!" Er hielt sich genau an die Niederlassungsdaten der Dorfbewohner, soweit er sie erlebte, und bewies ein sehr gutes Gedächtnis.

Er wohnte in bestem Einvernehmen mit seiner kränklichen Schwester zusammen, welche die Großeinkäufe der Waren für ihn besorgte. Karl hatte fünf Jahre eine Dorfschule besucht und war dann entlassen worden, „weil zu wenig Platz war", behauptete er allen Ernstes.

…

Das Gesetz zur Verhütung erbkranken Nachwuchses (1933)

In: Reichsgesetzblatt Teil I, Nr. 86. Berlin 1933, S. 529 – 531.

Die Erbgesundheitspolitik des 3. Reiches konkretisierte sich in Gesetzen, die die rechtliche Handhabe boten, um gegen Menschen vorgehen zu können. Es sind vor allem drei Gesetze einschlägig: „Das Gesetz zur Verhütung erbkranken Nachwuchses" vom 14. Juli 1933, das „Gesetz zur Änderung des Gesetzes zur Verhütung erbkranken Nachwuchses" vom 26. Juni 1935 sowie das „Gesetz zum Schutze der Erbgesundheit des deutschen Volkes" vom 18. Oktober 1935 (Ehegesundheitsgesetz). Grundlegend war das Gesetz vom 14. Juli 1933.

Reichsminister Frick hielt am 28. Juni 1933 vor dem Sachverständigenbeirat für Bevölkerungs- und Rassenpolitik ein programmatisches Referat, in dem er die erbpflegerisch angezeigte Unfruchtbarmachung von Menschen mit Hilfe von rassenhygienischen Argumentationsfiguren rechtfertigt. Er berief sich einerseits auf den vermeintlich bedrohlichen Geburtenrückgang, und andererseits warnte er davor, daß bereits bis zu 20% der Bevölkerung so „erbgeschädigt" seien, daß ihre Fortpflanzung unerwünscht sei. Anfang Juli 1933 wurde dem Beirat der Entwurf des Gesetzes zur Verhütung erbkranken Nachwuchses mit dem Auftrag vorgelegt, das gesamte Gesetzeswerk an einem Tag zu beraten. Hitler setzte die Verabschiedung des Gesetzes in der Kabinettssitzung vom 14. Juli 1933 gegen den Widerspruch des Vizekanzlers Franz von Papen durch.

Fast alle unter dem nationalsozialistischen Regime sterilisierten Personen wurden aufgrund der Diagnosen Schwachsinn, Schizophrenie, Epilepsie und manisch-depressives Irresein unfruchtbar gemacht. Zwar waren bei der Sterilisierung die Verwaltungs- und Gerichtsinstanzen mit einem vorgeschriebenen Antrags- und Entscheidungsverfahren beauftragt worden, aber das Gesetz ließ den Erbgesundheitsgerichten einen weiten Ermessensspielraum.

Die Reichsregierung hat das folgende Gesetz beschlossen, das hiermit verkündet wird:

§ 1

(1) Wer erbkrank ist, kann durch chirurgischen Eingriff unfruchtbar gemacht (sterilisiert) werden, wenn nach den Erfahrungen der ärztlichen Wissenschaft mit großer Wahrscheinlichkeit zu erwarten ist, daß seine Nachkommen an schweren körperlichen oder geistigen Erbschäden leiden werden.

(2) Erbkrank im Sinne dieses Gesetzes ist, wer an einer der folgenden Krankheiten leidet:

1. angeborenem Schwachsinn,
2. Schizophrenie,
3. zirkulärem (manisch-depressivem) Irresein,
4. erblicher Fallsucht,

5. erblichem Veitstanz (huntingtonsche Chorea),
6. erblicher Blindheit,
7. erblicher Taubheit,
8. schwerer erblicher körperlicher Mißbildung.

(3) Ferner kann unfruchtbar gemacht werden, wer an schwerem Alkoholismus leidet.

§ 2

(1) Antragsberechtigt ist derjenige, der unfruchtbar gemacht werden soll. Ist dieser geschäftsunfähig oder wegen Geistesschwäche entmündigt oder hat er das achtzehnte Lebensjahr noch nicht vollendet, so ist der gesetzliche Vertreter antragsberechtigt; er bedarf dazu der Genehmigung des Vormundschaftsgerichts. In den übrigen Fällen beschränkter Geschäftsfähigkeit bedarf der Antrag der Zustimmung des gesetzlichen Vertreters. Hat ein Volljähriger einen Pfleger für seine Person erhalten, so ist dessen Zustimmung erforderlich.

(2) Dem Antrag ist eine Bescheinigung eines für das Deutsche Reich approbierten Arztes beizufügen, daß der Unfruchtbarzumachende über das Wesen und die Folgen der Unfruchtbarmachung aufgeklärt worden ist.

(3) Der Antrag kann zurückgenommen werden.

§ 3

Die Unfruchtbarmachung können auch beantragen
1. der beamtete Arzt,
2. für die Insassen einer Kranken-, Heil- oder Pflegeanstalt oder einer Strafanstalt der Anstaltsleiter.

§ 4

Der Antrag ist schriftlich oder zur Niederschrift der Geschäftsstelle des Erbgesundheitsgerichts zu stellen. Die dem Antrag zu Grunde liegenden Tatsachen sind durch ein ärztliches Gutachten oder auf andere Weise glaubhaft zu machen. Die Geschäftsstelle hat dem beamteten Arzt von dem Antrag Kenntnis zu geben.

§ 5

Zuständig für die Entscheidung ist das Erbgesundheitsgericht, in dessen Bezirk der Unfruchtbarzumachende seinen allgemeinen Gerichtsstand hat.

§ 6

(1) Das Erbgesundheitsgericht ist einem Amtsgericht anzugliedern. Es besteht aus einem Amtsrichter als Vorsitzenden, einem beamteten Arzt und einem weiteren für das Deutsche Reich approbierten Arzt, der mit der Erbgesundheitslehre besonders vertraut ist. Für jedes Mitglied ist ein Vertreter zu bestellen.

(2) Als Vorsitzender ist ausgeschlossen, wer über einen Antrag auf vormundschaftsgerichtliche Genehmigung nach § 2 Abs. 1 entschieden hat. Hat ein beamteter Arzt den Antrag gestellt, so kann er bei der Entscheidung nicht mitwirken.

§ 7

(1) Das Verfahren vor dem Erbgesundheitsgericht ist nicht öffentlich.

(2) Das Erbgesundheitsgericht hat die notwendigen Ermittelungen anzustellen; es kann Zeugen und Sachverständige vernehmen sowie das persönliche Erscheinen und die ärztliche Untersuchung des Unfruchtbarzumachenden anordnen und ihn bei unentschuldigtem Ausbleiben vorführen lassen. Auf die Vernehmung und Beeidi-

gung der Zeugen und Sachverständigen sowie auf die Ausschließung und Ablehnung der Gerichtspersonen finden die Vorschriften der Zivilprozeßordnung sinngemäße Anwendung. Ärzte, die als Zeugen oder Sachverständige vernommen werden, sind ohne Rücksicht auf das Berufsgeheimnis zur Aussage verpflichtet. Gerichts- und Verwaltungsbehörden sowie Krankenanstalten haben dem Erbgesundheitsgericht auf Ersuchen Auskunft zu erteilen.

§ 8

Das Gericht hat unter Berücksichtigung des gesamten Ergebnisses der Verhandlung und Beweisaufnahme nach freier Überzeugung zu entscheiden. Die Beschlußfassung erfolgt auf Grund mündlicher Beratung mit Stimmenmehrheit. Der Beschluß ist schriftlich abzufassen und von den an der Beschlußfassung beteiligten Mitgliedern zu unterschreiben. Er muß die Gründe angeben, aus denen die Unfruchtbarmachung beschlossen oder abgelehnt worden ist. Der Beschluß ist dem Antragsteller, dem beamteten Arzt sowie demjenigen zuzustellen, dessen Unfruchtbarmachung beantragt worden ist, oder, falls dieser nicht antragsberechtigt ist, seinem gesetzlichen Vertreter.

§ 9

Gegen den Beschluß können die im § 8 Satz 5 bezeichneten Personen binnen einer Notfrist von einem Monat nach der Zustellung schriftlich oder zur Niederschrift der Geschäftsstelle des Erbgesundheitsgerichts Beschwerde einlegen. Die Beschwerde hat aufschiebende Wirkung. Über die Beschwerde entscheidet das Erbgesundheitsobergericht. Gegen die Versäumung der Beschwerdefrist ist Wiedereinsetzung in den vorigen Stand in entsprechender Anwendung der Vorschriften der Zivilprozeßordnung zulässig.

§ 10

(1) Das Erbgesundheitsobergericht wird einem Oberlandesgericht angegliedert und umfaßt dessen Bezirk. Es besteht aus einem Mitglied des Oberlandesgerichts, einem beamteten Arzt und einem weiteren für das Deutsche Reich approbierten Arzt, der mit der Erbgesundheitslehre besonders vertraut ist. Für jedes Mitglied ist ein Vertreter zu bestellen. § 6 Abs. 2 gilt entsprechend.

(2) Auf das Verfahren vor dem Erbgesundheitsobergericht finden §§ 7, 8 entsprechende Anwendung.

(3) Das Erbgesundheitsobergericht entscheidet endgültig.

§ 11

(1) Der zur Unfruchtbarmachung notwendige chirurgische Eingriff darf nur in einer Krankenanstalt von einem für das Deutsche Reich approbierten Arzt ausgeführt werden. Dieser darf den Eingriff erst vornehmen, wenn der die Unfruchtbarmachung anordnende Beschluß endgültig geworden ist. Die oberste Landesbehörde bestimmt die Krankenanstalten und Ärzte, denen die Ausführung der Unfruchtbarmachung überlassen werden darf. Der Eingriff darf nicht durch einen Arzt vorgenommen werden, der den Antrag gestellt oder in dem Verfahren als Beisitzer mitgewirkt hat.

(2) Der ausführende Arzt hat dem beamteten Arzt einen schriftlichen Bericht über die Ausführung der Unfruchtbarmachung unter Angabe des angewendeten Verfahrens einzureichen.

§ 12

(1) Hat das Gericht die Unfruchtbarmachung endgültig beschlossen, so ist sie auch gegen den Willen des Unfruchtbarzumachenden auszuführen, sofern nicht dieser allein den Antrag gestellt hat. Der

beamtete Arzt hat bei der Polizeibehörde die erforderlichen Maßnahmen zu beantragen. Soweit andere Maßnahmen nicht ausreichen, ist die Anwendung unmittelbaren Zwanges zulässig.

(2) Ergeben sich Umstände, die eine nochmalig Prüfung des Sachverhalts erfordern, so hat das Erbgesundheitsgericht das Verfahren wieder aufzunehmen und die Ausführung der Unfruchtbarmachung vorläufig zu untersagen. War der Antrag abgelehnt worden, so ist die Wiederaufnahme nur zulässig, wenn neue Tatsachen eingetreten sind, welche die Unfruchtbarmachung rechtfertigen.

§ 13

(1) Die Kosten des gerichtlichen Verfahrens trägt die Staatskasse.

(2) Die Kosten des ärztlichen Eingriffs trägt bei den der Krankenversicherung angehörenden Personen die Krankenkasse, bei anderen Personen im Falle von Hilfsbedürftigkeit der Fürsorgeverband. In allen anderen Fällen trägt die Kosten bis zur Höhe der Mindestbeträge der ärztlichen Gebührenordnung und der durchschnittlichen Pflegesätze in den öffentlichen Krankenanstalten die Staatskasse, darüber hinaus der Unfruchtbarzumachende.

§ 14

Eine Unfruchtbarmachung, die nicht nach den Vorschriften dieses Gesetzes erfolgt, sowie eine Entfernung der Keimdrüsen sind nur dann zulässig, wenn ein Arzt sie nach den Regeln der ärztlichen Kunst zur Abwendung einer ernsten Gefahr für das Leben oder die Gesundheit desjenigen, an dem er sie vornimmt, und mit dessen Einwilligung vollzieht.

§ 15

(1) Die an dem Verfahren oder an der Ausführung des chirurgischen Eingriffs beteiligten Personen sind zur Verschwiegenheit verpflichtet.

(2) Wer der Schweigepflicht unbefugt zuwiderhandelt, wird mit Gefängnis bis zu einem Jahre oder mit Geldstrafe bestraft. Die Verfolgung tritt nur auf Antrag ein. Den Antrag kann auch der Vorsitzende stellen.

§ 16

(1) Der Vollzug dieses Gesetzes liegt den Landesregierungen ob.

(2) Die obersten Landesbehörden bestimmen, vorbehaltlich den Vorschriften des § 6 Abs. 1 Satz 1 und des § 10 Abs. 1 Satz 1, Sitz und Bezirk der entscheidenden Gerichte. Sie ernennen die Mitglieder und deren Vertreter.

§ 17

Der Reichsminister des Innern erläßt im Einvernehmen mit dem Reichsminister der Justiz die zur Durchführung dieses Gesetzes erforderlichen Rechts- und Verwaltungsvorschriften.

§ 18

Dieses Gesetz tritt am 1. Januar 1934 in Kraft.
Berlin, den 14. Juli 1933

Der Reichskanzler
Adolf Hitler

Der Reichsminister des Innern
Frick

Der Reichsminister der Justiz
Dr. Gürtner

Theodor Heller

Heilpädagogik in Österreich (1935)

Aus: Heilpädagogik. Beiblatt der Zeitschrift „Erziehung und Unterricht", Jg. 1959, S. 7–11.

Heller (1869 –1938), „der Nestor der deutschsprachigen Heilpädagogik und Ehrenvorsitzender der Deutschen Gesellschaft für Heilpädagogik" (Ellger-Rüttgardt) war sich nach den Ereignissen im Deutschen Reich im Jahre 1939 der Gefahren, die vom Nationalsozialismus drohten, bewußt. Anläßlich der Gründung der Österreichischen Gesellschaft für Heilpädagogik in Wien am 3. Juli 1935 hielt er eine Ansprache, in der er mutig die Unhaltbarkeit der eugenischen Argumente anprangerte, wie sie von einigen Medizinern und Erbbiologen, von den Nationalsozialisten und von Teilen der Hilfsschullehrerschaft vertreten wurden. Heller war Jude und nahm sich im Jahre 1938 nach dem Einmarsch des deutschen Heeres in Österreich das Leben.

Die Stunde, die uns hier vereint, ist für die Heilpädagogik von großer Bedeutung, ja, wir könnten sogar von einer Schicksalsstunde der Heilpädagogik sprechen. Mit tiefer Erschütterung haben wir erfahren, daß die Gesellschaft für Heilpädagogik in München, deren Wirksamkeit sich vielfach auch auf Österreich erstreckt hat, genötigt war, ihre Arbeit einzustellen. Dies ist keinesfalls aus inneren, sachlichen Gründen erfolgt, und es erhöht wesentlich die Tragik dieses Zusammenbruches, daß in den letzten Jahren dank den Bemühungen der Gesellschaft geradezu Höhepunkte heilpädagogischer Arbeit zu verzeichnen waren und die praktische Heilpädagogik von Erfolg zu Erfolg schritt. Wer die letzten Veröffentlichungen der Gesellschaft für Heilpädagogik zur Hand nimmt, findet hier ein Kompendium heilpädagogischen Wissens und heilpädagogischer Erkenntnisse, die viele Probleme der Behandlung geistig abnormer, sinnesdefekter und körperlich behinderter Kinder einer Lösung nahe bringen. Der Zusammenbruch der Heilpädagogik in Deutschland ist vielmehr auf andere Ursachen zurückzuführen, die zutiefst begründet sind in Anschauungen eugenischer und biologischer Art und schließlich die Ausmerzung alles Minderwertigen zum Ziele haben. Immer wieder, in verschiedenen Formen und Aufmachungen unter Zugrundelegung einer Statistik, die ernster Kritik kaum standhalten kann, wird auseinandergesetzt, daß der größte Teil der Arbeit an den Schwachen und die hierfür aufgebrachten Mittel eine Vergeudung des Volksvermögens bedeuten.

Diese Auffassung wird von ernsten Fachleuten und Sachverständigen nicht geteilt. Aber auch in breiten Schichten der Bevölkerung vermögen die Maßnahmen, die gesetzlich festgelegt wurden, keineswegs Zustimmung auszulösen. Man kommt darüber nicht hinweg, daß die Sterilisierung auch von den Familienmitgliedern vielfach als entehrend, als gewaltsamer Eingriff in die Familienrechte betrachtet wird. Mag sie auch in körperlicher Hinsicht geringfügig sein, was ja keineswegs in allen Fällen zutrifft, seelisch bedeutet sie oft genug die Zufügung eines Übels, das die Familie bloßstellt und mit bitterem Leid erfüllt. Die Angst vor der Sterilisierung entvölkert die Sonderschulen. So werden viele bedürftige Kinder der erforderlichen Sonderbehandlung entzogen, sie verfallen dann der Asozialität und Antisozialität, schädigen das Volksganze.

In einer Gesellschaft, die zum großen Teil aus erlesenen Fachleuten besteht, habe ich es nicht nötig, alle Einwürfe gegen die Heilpädagogik, die von verschiedenen Seiten oft schlagwortartig erhoben werden, zu entkräften. Die alten Vorurteile leben wieder auf, die wir längst überwunden glaubten, und sie haben nichts an Stichhaltigkeit gewonnen, wenn sie gegenwärtig auch vielfach unter einem wissenschaftlichen Mäntelchen dargeboten werden. Wir Heilpädagogen fühlen uns viel zusehr einig mit dem Volksganzen, als daß wir es nicht als höchst wünschenswertes, ideales Ziel betrachteten, wenn unsere Arbeit einmal entbehrlich würde und die Menschheit nur aus gesunden, vollwertigen, biologisch einwandfreien Personen bestünde. Aber davon sind wir noch weit entfernt, ja, es ist mehr als fraglich, ob dieses Ziel jemals wird erreicht werden können. Schmerz und Leid, Unvollkommenheit und Krankheit sind dem Menschen von höheren Gewalten auferlegt, und solange Menschen auf Erden wandeln, werden sie auch die Kümmernisse des Lebens auf sich nehmen müssen.

Es ist errechnet worden, daß sich die Sterilisierung bei verschiedenen Erbkrankheiten erst in 13, ja unter Umständen erst in 26 Generationen auswirken kann und daß hunderte Jahre vergehen würden, bevor tatsächlich die letzten Anzeichen krankhafter Veranlagung endgültig geschwunden wären. Aus biologischen Erkenntnissen, die noch keineswegs zu apodiktischer Sicherheit gediehen sind, hat man vorschnell praktische Konsequenzen schwerwiegender Art abgeleitet. Feststehend und über jeden Zweifel erhaben sind die Erbgänge erst bei fünf bis sechs Krankheiten. Darüber hinaus sind die Verhältnisse der Erblichkeit jedoch so außerordentlich kompliziert, daß Jahrzehnte ernster Forschung notwendig sein werden, um in diese äußerst verwickelten Verhältnisse klare Einblicke zu gewinnen. Wovor wir uns aber im Interesse von Wahrheit und Wissenschaftlichkeit unbedingt hüten müssen, das ist die Deklarierung von Symptomengruppen als Krankheiten, denen dann erblicher Charakter zugesprochen wird, und die in weiterer Folge als Erbkrankheiten erklärt werden. Und da kommt für den Heilpädagogen vor allem die Beurteilung des infantilen Schwachsinnes in Betracht.

Schon vor fünfzig Jahren hat der Psychiater *Wildermuth*[a] die Lehre vom Schwachsinn das unbefriedigendste Kapitel der gesamten Psychiatrie genannt und namentlich darauf hingewiesen, daß Schwachsinn eigentlich nichts anderes bedeuten könne als die Konstatierung eines aus den verschiedensten Ursachen hervorgegangenen geistigen Schwächezustandes. Auch heute ist die Lehre vom Schwachsinn noch immer nicht hinlänglich ausgebaut. Wir wissen vielfach nicht, was hinter Begriffen wie Schwachsinn, Oligophrenie, Idiotie, Imbezillität, Debilität eigentlich steckt. Von Erbgängen, die sich gesetzmäßig nachwei-

---

[a] Wildermuth = Hermann Wildermuth (1852–1907), Dr. med., war leitender Arzt in Stetten i. R., Mitherausgeber der „Zeitschrift für die Behandlung Schwachsinniger und Epileptiker".

sen lassen, kann hier nicht die Rede sein. Schematische Aufstellungen, wie die so oft zitierten Stammbäume von Verbrecherfamilien, halten einer strengeren Kritik nicht stand. Professor Kaup[b] von der Universität München, ein Österreicher, der sich Weltruf erworben hat, spricht sich über das Problem, das uns hier besonders interessiert, folgendermaßen aus: „Die Frage, ob die heutige Zahl der Minderwertigen vorwiegend auf Vererbung, auf Fortpflanzung minderwertiger Familienstämme zurückzuführen ist oder auf die fortwährende reichliche Neubildung von minderwertigen Varianten aus gesunden und tüchtigen Stämmen unter dem Einfluß äußerer Schädlichkeiten ist im letzteren Sinne zu beantworten."

Zieht man noch die Bedeutung des Geburtstraumas in Betracht und die Einwirkung von Schädlichkeiten, die während der Schwangerschaft die Frucht betreffen – auch die zahllosen Abtreibungsversuche dürften hier eine Rolle spielen –, so muß die Auffassung, daß Schwachsinn als Erbkrankheit zu betrachten sei, doch in sehr zweifelhaftem Lichte erscheinen, und es bedarf keiner weiteren Ausführungen, um den Ruf: „Sterilisierung statt Heilpädagogik" seinem wahren Inhalt und Wert nach zu beurteilen.

Allerdings wird sich die Heilpädagogik nur der bildungsfähigen Elemente annehmen und sich mit der Idiotenfürsorge kaum belasten dürfen. Ist es doch gerade der Hinweis auf die bildungsunfähigen Idioten, den die Gegner der Heilpädagogik benützen, um diese zu Fall zu bringen. Überlegungen rein rechnerischer oder volkswirtschaftlicher Natur erscheinen da kaum am Platz. Rationale Methoden lassen uns im Stiche; hier haben wir ein Problem vor uns, das nur aus den edelsten Gesinnungen des Menschen, aus dem Gefühl des Mitleids, der Nächstenliebe, aus dem Helferwillen heraus gelöst werden kann. Die Idiotenfürsorge scheidet aus der Heilpädagogik aus, sie ist eine Aufgabe der Caritas, die das Gute nur um seiner selbst willen tut, ohne Ansehung eines Zweckes, eines Zieles oder irdischer Anerkennung.

Auf einem heilpädagogischen Kongreß ist einmal das Wort gesprochen worden: „Ein Kulturland ohne Heilpädagogik ist nicht zu denken." Nicht bloß darum, weil heilpädagogische Arbeit Kulturarbeit im wahrsten Sinne bedeutet, vergleichbar der Arbeit eines Landmannes, der ödes, steiniges Gebiet umgräbt und pflügt, damit es dereinst Frucht trage. Niemals sollte man vergessen, daß Jugendkriminalität und Verwahrlosung wesentlich gesunken sind, seitdem Heilpädagogik in umfassender Weise geübt wird und alle Institutionen, die der Jugendfürsorge dienen, von heilpädagogischem Geiste erfüllt sind.

Man kann die betreffenden Daten nicht deutlich genug ins Gedächtnis zurückrufen und in der Erinnerung festhalten.

Fassen wir die Jugendkriminalität ins Auge. Das Jahr, in dem sich in Deutschland die Wirkung heilpädagogischer Fürsorge geltend macht, ist etwa 1924. Bis dahin stieg die Zahl der jugendlichen Kriminellen unaufhaltsam und hatte schließlich 86 000 erreicht. 1924 fällt diese Zahl auf 43 300, 1925 sind nur 24 800, 1926 24 000 Jugendliche schuldig gesprochen worden. In Österreich ist das Jahr 1928 insofern von ausschlaggebender Bedeutung, als in diesem das neue Jugendgerichtsgesetz beschlossen wurde, das am 1. Jänner 1929 in Kraft trat. Dieses Gesetz, vom Geist der Heilpädagogik erfüllt, mit modernen, dem Stand der heilpädagogischen Wissenschaft entsprechenden Auffassungen von Schuld und Strafe, wirkt sich sofort in vorteilhaftester Weise aus, sodaß auch in Österreich ein Absinken der Jugendkriminalität zu verzeichnen ist. Ganz besonders kommt aber in Betracht, daß trotz der Verelendung weitester Schichten der Bevölkerung, trotz der verheerenden Wirkungen der Arbeitslosigkeit, trotz einer Unzahl schlechtester Einflüsse, denen die Jugendlichen ausgesetzt sind, ein Ansteigen der Kriminalität nicht erfolgte.

Und nun zur Verwahrlosung. Erinnern wir uns, welche Gefahr die Verwahrlosung der Jugendlichen ehedem bedeutete und in welchem Maße sie sich in einer Zeit ausbreitete, in der Österreichs Wirtschaft blühte. Im Jahre 1907 tagte in Wien der Kinderschutzkongreß und gipfelte in einer gewaltigen Klage über die unaufhaltsam fortschreitende Verwahrlosung von Kindern und Jugendlichen. Ein Hauptkontingent zu den Verwahrlosten stellten die Schwachsinnigen und die Psychopathen, für die es damals noch an entsprechenden, pädagogisch indizierten Fürsorgemaßnahmen gebrach. Und wie hat sich dieser Übelstand seit dem Inkrafttreten heilpädagogischer Fürsorge geändert! Auch der Weltkrieg 1914 bis 1918 hatte keine Massenverwahrlosung zur Folge gehabt, weil heilpädagogisches Denken und heilpädagogische Fürsorge den Ursachen der Verwahrlosung nachgingen und diese, so weit dies überhaupt möglich war, zu beseitigen suchten.

Daß die Verwahrlosung der Jugendlichen in den Kulturländern der Hauptsache nach geschwunden ist, das verdanken wir nicht zum mindesten Teil der Heilpädagogik, und schon um dieses Zusammenhanges willen verdiente diese jede nur mögliche Förderung durch den Staat und die Behörden. Heilpädagogik ist nicht etwa – ich zitiere – „eine sentimentale Angelegenheit", sondern eine Notwendigkeit, eine Schutzligatur ernstester Art, um Verwahrlosung und Jugendkriminalität zu unterbinden und den Staat vor schweren Gefahren zu bewahren.

Die Heilpädagogik umfaßt aber nicht bloß die geistig abnormen Kinder und Jugendlichen, die bildungsfähigen Schwachsinnigen, die Psychopathen, die sittlich Bedrohten, sondern in weiterem Sinne auch die Viersinnigen, die Sprachgestörten, die körperlich Behinderten. Auch die bezüglichen heilpädagogischen Sonderbestrebungen sind in Deutschland in ernster Weise gefährdet, wenn sie auch nicht in dem Maße zu leiden haben wie die Bestrebungen zugunsten geistig Abnormer. Hier sind die Gefahren mehr pädagogischer Natur, da das Totalitätsprinzip, die Zusammenfassung in Massen, dem Individualitätsprinzip, das bisher alle pädagogische Arbeit beherrschte, in jedem Sinne zuwiderläuft. – Die heilpädagogische Arbeit, die bisher Selbstzweck war, ist in schlimmster Weise gefährdet durch Einflüsse politischer und weltanschaulicher Art, die vielfach mit dem Fühlen und Denken geschädigter Menschen nicht in Einklang zu bringen sind und diese in unerwünschte Richtung ablenken. Ein schwerer Druck lastet auch auf diesen heilpädagogischen Sonderbestrebungen und macht den engen Zusammenschluß ihrer Vertreter notwendig.

Österreich ist berufen, hier einzutreten, die deutsche Heilpädagogik zu bewahren, ihre weitere Entwicklung zu fördern und die Heilpädagogen der verschiedenen Sondergebiete zu gemeinsamer Arbeit zu vereinigen. Dies allerdings nicht etwa im Sinne

---

[b] Kaup = Ignaz Kaup (1870–1944), Dr. med., erster Professor auf dem 1912 errichteten Lehrstuhl für soziale Hygiene und soziale Medizin an der Universität München.

des Totalitätsprinzips, das alle Sonderbestrebungen erstickt und illusorisch macht. Was uns zusammenführen und zusammenhalten soll, ist der gemeinsame heilpädagogische Gedanke, das Bedürfnis, zu helfen, aus der Erfahrung und Beobachtung zu lernen und das solchergestalt erzielte Wissensgut zum Besten unserer Schutzbefohlenen anzuwenden. Wir betonen bewußt den empirischen, induktiven Charakter unserer Arbeit, dies umsomehr, als die Richtungen, die aus einigen Voraussetzungen pädagogische Methoden ableiten wollen, die an die Stelle von Erfahrung und Beobachtung einen unserer pädagogischen Eigenart fremden Syllogismus setzen, die Heilpädagogik keineswegs zu fördern in der Lage waren und viel dazu beigetragen haben, unseren Gegnern Argumente in die Hand zu spielen. Das Recht aber, die Führung in heilpädagogischen Dingen zu übernehmen, gibt uns zunächst das historisch Gewordene. Wir können mit Stolz darauf hinweisen, daß die ältesten heilpädagogischen Bestrebungen in Österreich ihren Ausgang genommen haben, daß hier die eigentliche Arbeit an den Schwachsinnigen begann, daß hier auch der Gedanke der Psychopathenerziehung zum erstenmal feste Gestalt annahm. Wir können darauf hinweisen, daß die erste Blindenanstalt auf deutschem Sprachgebiet hier in Wien ins Leben gerufen wurde, daß die Wiener Taubstummenbildung Weltruf erlangte und alle anderen Disziplinen der Heilpädagogik in Österreich zur höchsten Blüte gediehen sind. Das ist vom Auslande in besonderem Maße anerkannt worden, und lange Jahre ist Wien das Mekka aller derjenigen gewesen, die Heilpädagogik studieren wollten.

Wenn man alle Heilpädagogen namhaft machen wollte, die auf ihren Spezialgebieten führend geworden sind, dann müßte man die Namen jener Herren nennen, die hier an der Spitze der Sonderschulen und Anstalten stehen. Alle diese Bestrebungen sind von ärztlicher Seite gefördert worden; von ärztlicher Seite sind auch der Heilpädagogik zahlreiche wichtige Anregungen zuteil geworden, und ich möchte in diesem Zusammenhang pietätvoll des frühverblichenen Erwin Lazar[c] gedenken. Auch die Gesellschaft für Heilpädagogik in München hat ja ihre Arbeitsquellen nicht zum geringsten Teil in Österreich gefunden. Die Gründung einer Österreichischen Gesellschaft für Heilpädagogik erfolgt somit unter den günstigsten Auspizien.

Wir sind überzeugt, daß diese Gründung auch die Zustimmung aller Organisationen finden wird, die im Ausland im gleichen Sinne tätig sind und mit denen wir beruflich im nahen Zusammenhang und im regen Gedankenaustausch stehen. Die Wertschätzung, die im Ausland der Heilpädagogik zuteil wird, zeigt sich darin, daß die betreffenden Institute zumeist Staatsinstitute sind und der Mehrheit nach Zuschüsse aus öffentlichen Mitteln erhalten. Wenn wir auch materielle Förderung nicht erwarten können, so mag die Bitte zu dieser Stunde und an dieser Stelle nicht unbescheiden erscheinen, daß die Behörden unserer Arbeit Wohlwollen und Förderung entgegenbringen mögen.

Wir können nicht nachdrücklich genug darauf hinweisen, daß die Bestrebungen der Heilpädagogik im eminenten Interesse der Öffentlichkeit gelegen und geeignet sind, schwere Gefahren von dieser abzuwenden. In diesem Sinne möge das bekannte Wort Victor Hugos[d] verstanden werden: „Öffnet eine Schule und ihr könnt ein Gefängnis schließen!"

Wir Österreicher wollen aber in der Gesellschaft für Heilpädagogik alle unsere

Kräfte zusammenfassen, um ein Kulturgut, das schon bisher zu den Aktivposten Österreichs gehört hat, nicht bloß zu bewahren, sondern auch auszubauen.

---

[c] Lazar = Erwin Lazar (1877–1932), Dr. med., Professor für Kinderheilkunde an der Universität Wien, ein bedeutender Heilpädagoge. Wie später Hans Asperger (1906-1980) verband Lazar Medizin und Pädagogik.

[d] Hugo = Victor Hugo (1802–1885), französischer Dichter der Romantik, Deputierter der Pariser Kammer, politisch engagierter Sozialkritiker.

14 Allgemeine Anordnung für die Hilfsschulen in Preußen (1938)

In: Deutsche Wissenschaft, Erziehung und Volksbildung. Amtsblatt des Reichsministeriums für Wissenschaft, Erziehung und Volksbildung 4 (1938), S. 232–243.

In den zwanziger Jahren scheiterte der Versuch, ein Reichsschulgesetz zu verabschieden mehrfach. Die politischen Parteien konnten die Gegensätze im Weltanschauungsstreit nicht überbrücken. Auch in der Zeit des Nationalsozialismus kam es zwar zu einer reichsgesetzlichen Regelung der Schulpflicht, nicht jedoch zu einem Reichsschulgesetz. Die Allgemeine Anordnung ist ein Ersatz für ein Reichshilfsschulgesetz oder für entsprechende Bestimmungen in einem Reichsschulgesetz für den Bereich der Hilfsschulen. Sämtliche deutschen Länder übernahmen die Anordnung des preußischen Kultusministers, der zugleich Reichsminister war. In der Anordnung steht der bedenkliche Begriff „bildungsunfähige Kinder". Bildungsunfähig waren die Kinder lediglich im Blick auf die damaligen Volks- und Hilfsschulen, insofern als sie dort nur wenig lernen konnten. Diese Klassifizierung bedeutete in der Zeit des NS-Staates jedoch zugleich eine Preisgabe. Die Allgemeine Anordnung und die Ausführungsbestimmungen ordneten ohne Not die Auflösung bestehender Sammelklassen an und verboten die Errichtung neuer ausdrücklich. Die geistig behinderten Kinder hatten in diesen Klassen nachweislich Fortschritte gemacht, – bescheidene zwar, aber gut dokumentierte (siehe den Lehrplan von Arno Fuchs in Nr. 7).

A. Begriff und Aufgaben der Hilfsschule

1. Begriff der Hilfsschule
Die Hilfsschulen sind Volksschulen besonderer Art. In ihnen genügen Kinder ihrer Volksschulpflicht, die bildungsfähig sind, dem allgemeinen Bildungsgang der Volksschule aber wegen ihrer Hemmungen in der körperlich-seelischen Gesamtentwicklung und ihrer Störungen im Erkenntnis-, Gefühls- und Willensleben unterrichtlich und erziehlich nicht zu folgen vermögen.

2. Aufgaben der Hilfsschule
Die Hilfsschule entlastet die Volksschule, damit ihre Kräfte ungehemmt der Erziehung der gesunden deutschen Jugend dienen können; sie bietet die Möglichkeit zu langjähriger, planmäßiger Beobachtung der ihr anvertrauten Kinder und damit zu wirksamer Unterstützung der erb- und rassenpflegerischen Maßnahmen des Staates; sie erzieht die ihr überwiesenen Kinder in besonderen, den Kräften und Anlagen der Kinder angepaßten Verfahren, damit sie sich später als brauchbare Glieder der Volksgemeinschaft selbständig oder unter leichter Führung betätigen können.

B. Errichtung und Aufbau der Hilfsschulen

1. Allgemeines
Über die Errichtung von Hilfsschulen, ihren Aufbau und über die Abgrenzung der Hilfsschulbezirke innerhalb der Gemeinden bestimmen die Schulaufsichtsbehörden

im Einvernehmen mit den Kommunalaufsichtsbehörden nach Anhörung der Leiter der Gemeinden. Dabei sind die Grundsätze der Ziffern 2 bis 4 zu beachten.

2. Errichtung der Hilfsschulen

(1) In jeder Gemeinde, die im Durchschnitt der letzten fünf Jahre nach den Feststellungen der Schulaufsichtsbehörde mindestens 25 für die Hilfsschule in Betracht kommende Kinder gehabt hat, ist in der Regel eine Hilfsschule zu errichten.

(2) In den Gemeinden, in denen die vorbezeichneten Voraussetzungen für die Errichtung einer Hilfsschule nicht gegeben sind, ist nach Möglichkeit für die Unterbringung der hilfsschulbedürftigen Kinder in einer Hilfsschule mit den durch das Gesetz gegebenen Mitteln, z.B. durch gastweise Zuweisung in die Hilfsschulen benachbarter Gemeinden gemäß § 7 des Volksschulfinanzgesetzes, gegebenenfalls auch durch Zusammenschluß benachbarter Gemeinden zu Gesamtschulverbänden für Hilfsschulen gemäß § 2 des Volksschulfinanzgesetzes, Sorge zu tragen.

(3) Hat die Zahl der die Hilfsschule einer Gemeinde besuchenden Kinder in den letzten fünf Jahren dauernd weniger als 20 betragen, ist wegen der Aufhebung der Schule gemäß § 65 des Volksschulunterhaltungsgesetzes das Erforderliche zu veranlassen.

3. Abgrenzung der Hilfsschulbezirke

(1) Die Hilfsschulbezirke sind in größeren Gemeinden so abzugrenzen, daß weite Schulwege vermieden werden. Hilfsschulen mit mehreren Klassenzügen sind daher in der Regel nicht zu errichten. Parallelklassen sind nur dann zugelassen, wenn dies zur Trennung von Jungen und Mädchen in der Oberstufe der Hilfsschule erforderlich ist.

(2) Mehrere einklassige Hilfsschulen dürfen in einer Gemeinde nur in besonders begründeten Ausnahmefällen bestehen.

4. Aufbau der Hilfsschule

(1) Die Hilfsschule ist grundsätzlich als selbständige Schule einzurichten.

(2) Bestehen für die einzelnen Stufen der Hilfsschule gesonderte Klassen, soll nach Möglichkeit die Zahl der Kinder in den Klassen der Unterstufe nicht mehr als 20, in den Klassen der Mittel- und Oberstufe nicht mehr als 25 betragen.

(3) Sogenannte Sammelklassen für bildungsunfähige Kinder sind unzulässig.[a]

C. Auswahl der hilfsschulbedürftigen Kinder

1. Allgemeines

Die Auswahl der Kinder für die Hilfsschule hat mit der durch ihre Aufgaben gebotenen Sorgfalt zu erfolgen. Es ist besonders darauf zu achten, daß die Kinder, die wegen der in A 1. bezeichneten Veranlagung für die Volksschule ungeeignet erscheinen, möglichst frühzeitig der Hilfsschule oder, wenn ihre Bildungsunfähigkeit feststeht, der öffentlichen Fürsorge oder privater Betreuung überwiesen werden.

2. Regelung des Auswahlverfahrens

Das bei der Auswahl zu beachtende Verfah-

---

[a] In den Ausführungsbestimmungen vom 27. April 1938 heißt es: „Sammelklassen für bildungsunfähige Kinder dürfen an Hilfsschulen nicht mehr eingerichtet werden. Bestehende Sammelklassen sind aufzuheben" (S. 234).

ren regeln die Regierungspräsidenten unter Berücksichtigung der besonderen Verhältnisse ihrer Bezirke nach den Grundsätzen der Ziffern 3 bis 6.

3. Beschulung hilfsschulbedürftiger Schulanfänger

(1) Kinder, die beim Eintritt in das schulpflichtige Alter oder während des ersten Halbjahres ihres Schulbesuchs deutlich erkennen lassen, daß sie wegen der in A1. bezeichneten Veranlagung dem Unterricht der Volksschule nicht folgen können, sind nicht sogleich einer Hilfsschule zu überweisen, sondern zunächst für ein Jahr vom Schulbesuch zurückzustellen. Diese Zeit kann um ein weiteres Jahr verlängert werden.

(2) Nach Ablauf der Zurückstellungsfrist entscheidet der Kreisschulrat, ob die zurückgestellten Kinder der Volksschule oder der Hilfsschule zugeführt oder als bildungsunfähig der Fürsorge oder privater Betreuung überlassen werden.

(3) Die Zurückstellung setzt ein amts- oder schulärztliches Gutachten voraus; für die endgültige Überweisung bedarf es außerdem eines von der Hilfsschule auszustellenden heilpädagogischen oder eines psychiatrischen Gutachtens.

4. Umschulung hilfsschulbedürftiger Volksschüler

(1) Die Umschulung hilfsschulbedürftiger Kinder aus der Volksschule in die Hilfsschule erfolgt auf einen eingehend begründeten Antrag des Schulleiters. Der Antrag ist in der Regel zu stellen für Kinder, die wegen der in A 1. bezeichneten Veranlagung

a) bei Anlegung eines strengen Maßstabes nach zweijährigem Schulbesuch das Ziel des ersten Schuljahres nicht erreicht haben,

b) nach dreijährigem Schulbesuch nicht das Ziel des zweiten oder nach vierjährigem Schulbesuch nicht das Ziel des dritten Schuljahres erreicht haben. In diesen Fällen ist von den Antragstellern eingehend zu begründen, warum die Umschulung nicht schon nach Ablauf des zweiten Schulbesuchsjahres beantragt ist.

(2) Über den Antrag entscheidet der Kreisschulrat auf Grund der Feststellungen der Volksschule und ausführlicher von der Hilfsschule auszustellender heilpädagogischer und amts- oder schulärztlicher Gutachten. Über etwaige Einsprüche der Erziehungsberechtigten entscheidet der Regierungspräsident nach Anhörung der Beteiligten endgültig.

5. Ausschulung bildungsunfähiger Hilfsschüler

Kinder, die in zweijährigem Besuch der Hilfsschule auf keinem der für ihre Beurteilung besonders in Betracht kommenden Gebiete, zu denen auch der Unterricht in Handfertigkeit (Werken) gehört, wesentlich fortgeschritten sind, sollen als bildungsunfähig aus der Hilfsschule entfernt und der öffentlichen Fürsorge oder privater Betreuung überlassen werden.

6. Rücküberweisung von Hilfsschülern in die Volksschule

Über die Rücküberweisung von Hilfsschülern in die Volksschule entscheidet der Kreisschulrat auf Grund eingehender heilpädagogischer und amts- oder schulärztlicher Gutachten.

15 Familien erfahren von der Ermordung Angehöriger (1940/1941)

Vier Briefe aus dem Landeskirchlichen Archiv Stuttgart, Nachlaß von Bischof Theophil Wurm, D 1/113, Brief vom 19. November 1940; Altregister Generalia 148 aa Euthanasie, 24d, 24e, 24l, Briefe vom 30. Juli 1940, 5. August 1940 und 13. Mai 1941. Die Briefe sind zum Teil in Abschrift deponiert. Die Personen- und Ortsnamen wurden abgekürzt.

Der Brief vom 19. November 1940 ist an Bischof Wurm gerichtet. Die im Brief erwähnte Beilage ist nicht mit abgedruckt. Die anderen Briefe gehören zu den Zuschriften, die den Evangelischen Oberkirchenrat erreichten, nachdem die evangelischen Kirchengemeinden in Württemberg in einem Runderlaß vom 27. Juli 1940 aufgefordert worden waren, bekanntgewordene, heimliche Ermordungen zu berichten. Der Runderlaß erging, nachdem Bischof Wurm am 19. Juli 1940 an Reichsinnenminister Frick geschrieben hatte (siehe Nr. 18).

Markgröningen, 13. Mai 1941

Verehrter Herr Oberkirchenrat!

Ich habe erfahren, daß Sie sich für die Fälle interessieren, die mit Grafeneck zusammenhängen. Da möchte ich Ihnen mitteilen, daß mein Bruder G., geb. 23. Dezember 1876 am 19. Juni 1940 „unerwartet an einem Herzschlag" dort verstorben ist. Er war am 11. Juni von Winnenden nach Grafeneck gebracht worden. Infolge einer zunehmenden Arterienverkalkung im Gehirn mußte er etwa 7 Jahre vor seinem Tod nach W[innenden] gebracht werden. Dazwischenhinein war er vorübergehend wieder daheim. Er hat den ganzen Weltkrieg mitgemacht u[nd] stand in schweren Kämpfen an der Somme. Seine Frau starb ein Jahr vor ihm. Das war in G[rafeneck] offenbar nicht bekannt, denn sie schickten die Mitteilung vom Tode m[eines] Bruders an die alte Adresse seiner Frau. Sie kam natürlich als unbestellbar zurück. Mein Sohn erhielt von W[innenden] die Nachricht, daß sein Vater habe verlegt werden müssen, das Wohin werde ihm noch mitgeteilt. Wir warteten u[nd] warteten. Schließlich faßte ich mir ein Herz u[nd] fragte in W[innenden] an. Einige Tage darauf – am 4. Okt[ober]! – kam von Grafeneck die Todesnachricht. Mit welchen Gefühlen wir die entgegennahmen, will ich nicht beschreiben. Nach mancherlei Bemühungen vonseiten des Sohnes konnte die Urne am 14. Dez[ember] [19]40 auf dem Pragfriedhof beigesetzt werden. Ich schrieb nach G[rafeneck] einen Brief, in dem ich meiner großen Verwunderung u[nd] meinem Entsetzen Ausdruck gab.

Und nun blühen Frühlingsblumen auf seinem Grab u[nd] wir trösten uns mit Matth. K[apitel] 10 V[ers] 28.

Heil Hitler!
A. B., Kirchpl[atz] 2

N.N., den 30. Juli 1940.

Sehr geehrter Herr Pfarrer!

Verzeihen Sie bitte gütigst, wenn ich als Fremde an Ihre Türe klopfe. Allerdings sollen sich ja Christenmenschen nicht fremd sein; denn es verbindet sie ein Band, Christus. Durch meine liebe Freundin N.N. – Schwester von N.N. – im Besitz Ihrer werten Adresse, komme ich mit einer großen Bitte zu Ihnen. So viel ich von N.N. gestern hörte ist die Heil- und Pflegeanstalt Grafeneck in Ihrer unmittelbaren Nähe, ja gehört zu Ihrem Kirchenkreis. Und nun komme ich zu Ihnen, Sie zu fragen, was dies eigentlich für eine „Seuchengefahr" ist, die die Angehörigen der dortigen Kranken fernhält.

Mein armer Sohn (ein einstiger Tübinger Stiftler) der schon mehrere Jahre in der Heilanstalt Weinsberg zubringen mußte, wurde nämlich – so viel man mir vor 8 Tagen von dort mitteilte, dorthin überführt, und zwar ohne mir auch nur vorher ein Wort zu sagen. Nun da ich sofort sehr „deutsch"! nach Weinsberg schrieb, bekam ich die kurze Mitteilung, daß dies von oben bestimmt und ich soll auch kein Päckchen hinschicken, ehe ich von dorten Nachricht hätte. Leider aber bekam ich bis zu dieser Stunde noch keine Antwort auf meinen Brief. Nun aber hörte ich inzwischen von einigen Bekannten, daß deren Angehörigen dorthin überwiesen worden seien und sie einfach die Mitteilung bekamen, daß sie gestorben und schon verbrannt seien und hinkommen können sie wegen Seuchengefahr nicht.

Jedenfalls können Sie sich, lieber Bruder in Christo, meine seelische Verfassung denken. Ich werde aber sobald Sie mir einige Worte geschrieben trotzdem nach Dorten fahren. Vielleicht ist aber der Herzensgute inzwischen auch schon gestorben und ich bekomme einfach auch einmal die Todesnachricht. Schwer – außergewöhnlich schwer war mein Lebensweg und ich verlor nie den Glauben an die Liebe und Barmherzigkeit Gottes; wenn aber der Herr dem Teufel auch hierin seine Gewalt läßt, dann ist es um mich geschehen. Reich hat mir der Herr von seiner Liebe gegeben und überreich vermocht ich bisher auszuteilen. Und jetzt ein solches Weh!

Im voraus herzlichen Dank für Ihr Bemühen grüßt Sie freundlich Ihre ergebene

(gez.) Unterschrift.

*

Ev. Dekanatamt Schorndorf
Schorndorf, den 5. August 1940.

An den
Ev. Oberkirchenrat
Stuttgart

mit der Bitte um Vorlage beim Reichsinnenministerium
auf den Erlaß vom 27.7.1940 Nr. A. 7371.
Betr.: Vorkommnisse in einer Anstalt.
Beil.: 1.

Ev. Oberkirchenrat Stuttgart wird ein Bericht eines Pfarramts, das nicht genannt sein will, vorgelegt.

Aus meinem Seelsorgebezirk ist mir von meinem unter mehreren Fällen folgendes bekannt geworden:

Die von einem mysteriösen Todesfall in der bekannten Anstalt betroffenen Eltern waren aufs schwerste mitgenommen. Es handelte sich um die letzte von 3 Töchtern, die ihnen durch einen frühen Tod entrissen wurden. Es war eine Tochter, für deren Unterbringungskosten in Weinsberg die Familie mit aufkam. Sie belastete ihr Haus, so viel ich weiß, hypothekarisch, um dieses eine Kind noch behalten zu dürfen. Das ist eine Bestätigung der vielfach gemachten Beobachtung, daß Sorgenkinder mehr mit den Eltern verwachsen als gesunde, eben ihrer Hilfsbedürftigkeit wegen. Von dem oft empfundenen geheimen Segen eines solchen Familienkreuzes gar nicht zu reden. Erschütternd wirkte auf die alten Eltern die Art der Mitteilung. Zuerst war ihnen die Verbringung von Weinsberg an einen anderen Ort auf Grund einer Verfügung des Reichsverteidigungskommissars durch ministeriellen Erlaß mitgeteilt worden. Bald darauf kam die Todesmitteilung unter den dem OKR [Oberkirchenrat] bekannten Umständen.

Zuerst meinte die Mutter: „Sie werden doch nichts mit ihr gemacht haben." Hernach mußte ich sie darüber beschwichtigen, sie werde doch nicht lebendig eingeäschert worden sein.

Vor ihrem Sohn wagten die Eltern bezüglich ihrer Vermutungen über die Todesursache kein Wort zu sagen, da dieser bei der SS ist.

In anderen Fällen wurden über die Wirkung der Todesnachricht ähnliche Wahrnehmungen gemacht. Der Eindruck ist der: Wenn es sich um eine vom menschlichen und christlichen Standpunkt aus einwandfreie Maßnahme handelt, wozu bedarf es dann der anwidernden Mystifikation? Ist es dagegen keine einwandfreie, sondern verwerfliche Handlung, dann ist der Gedanke, es sei dem armen Menschenkind gut gegangen, keine Entschuldigung. Vielmehr laden sowohl die, die sie veranlassen wie die ausführenden Organe eine schwere Schuld auf sich, die unter den rächenden Arm Gottes fällt. Ich habe die Äußerung aus dem Volksmund gehört: „Die, die das tun, sind auch noch nicht gestorben."

Daß es sich um kasernierte und staatlich konzessionierte Tötung handelt, nimmt der Maßnahme die Widerrechtlichkeit nicht – von der Widergöttlichkeit ganz zu schweigen. Es kommt dazu, daß die bedauerlichsten Fehlgriffe bei so summarischen Verfahren mitunterlaufen müssen und daß schwachnervige Menschen, die gerade noch an der Heil- und Pflegeanstalt vorübergeführt werden konnten, vom lähmenden Schrecken gepeinigt, nun vielleicht vollends ganz „hinüberschnappen".

Aufs Ganze gesehen wird diese Ausmerzungsmaßnahme von unserem Volk angesehen als sichtbare Folge der Abkehr vom Christentum. Und es ist die Überzeugung vieler, daß Gott die Antwort darauf nicht schuldig bleiben wird. Wenn also der Herr Landesbischof ein mannhaftes Wort eingelegt hat für die Stummen, so ist das weiten Kreisen aus der Seele gesprochen und wird gewürdigt als das aufrichtige Bemühen, die maßgebenden Stellen von einer Fehlmaßnahme zurückzuhalten, die sich erschreckend rächen wird.

gez. Josenhans.

*

Pf. F. O.
H./Sa.
Pfarrhaus

H., den 19.11.

Herrn
Landesbischof Wurm
Stuttgart

Ew. Magnifizenz
Hochverehrter Herr Landesbischof!

Die Tragik, die über den Ereignissen des letzten Sommers liegt und die sich besonders ausgewirkt hat in dem Lande, welches, sehr verehrter Herr Landesbischof, zu dem Bezirke Ihrer Seelsorge gehört, veranlaßt mich, da auch meine Familie dadurch auf das tiefste betroffen worden ist, diese Zeilen heute an Sie zu richten mit ergebensten amtsbrüderlichen Bitte, mir gegebenenfalls noch Material zugehen lassen zu wollen, das in gleicher Richtung liegt. Der Tatbestand ist folgender:

Mein seit vielen Jahren in der Landesanstalt Hochweitzschen/Sa. untergebrachter Bruder (Epileptiker) ist im Juli ds. Jahres plötzlich ohne unsere Einwilligung und ohne uns davon zu verständigen nach Münsingen (Grafeneck) verlegt worden. Unter der ganzen Zeit dieses Transportes schwebt völliges Dunkel. Die erste und leider zugleich auch die letzte Nachricht über meinen Bruder erhielten wir am 9. Aug[ust] des Inhaltes, daß der am 23. Juli nach Grafeneck verlegte E. O. am 4. Aug[ust] im Verlaufe eines epileptischen Anfalls verschieden sei. Die Einäscherung hätte aus seuchenpolizeilichen Erwägungen heraus sofort erfolgen müssen. Die Eigentumssachen des Verstorbenen seien einer Desinfektion unterworfen worden und – und das wieder ohne unsere Genehmigung – der NSV übergeben worden. Hat meine Familie an sich schon durch den Kranken viel Kummer und Sorge gehabt, so ist durch das, was uns jetzt betroffen hat, unser Leid auf das höchste gestiegen. Und das furchtbarste daran ist, daß dieser Todesfall ein rätselhafter bleibt, und daß die Häufung dieser Sterbefälle ein solches Ausmaß erreicht hat, daß es einem schwer wird, daran zu glauben, daß alles auf natürliche Weise zugegangen ist.

Ich habe deshalb für meine betagten Eltern zunächst einmal ein Schreiben in Form von Fragen formuliert, das nach Berlin gehen soll, um Klärung zu bringen. Ich erlaube mir, es diesen Zeilen beizufügen mit der herzlichen Bitte um Kenntnisnahme und Rückäußerung und mit der weiteren Bitte, mir eventuell noch Fingerzeige geben zu wollen, was sonst noch in dieser Angelegenheit geschehen kann.

Der Schmerz meiner lieben Mutter, den sie leider mit hunderten deutscher Mütter teilt, legt mir die Verpflichtung auf, der Sache auf den Grund zu gehen, damit gegebenenfalls Weiterungen verhütet werden, und als Geistlicher und Diener der Kirche gerade zu stehen und einzutreten für die Wahrheit, die wir zu verkündigen und zu vertreten haben.

Darf ich Sie deshalb, hochverehrter Herr Landesbischof, ergebenst und aufrichtig bitten, wenn es irgend in Ihrer Macht steht und in Ihrem Willen, mir Ihre Hilfe angedeihen zu lassen, um das Dunkel zu lüften und der Wahrheit zum Siege zu verhelfen?

Ich bitte diese Zeilen und die ganze Angelegenheit als vertraulich ansehen zu wollen.

Mit deutschem Gruß
Ihr ganz ergebener
F. O.

Lothar Kreyssig

Brief an den Reichsminister der Justiz (1940)

In: Die Innere Mission 37 (1947), S. 40–43.

Kreyssig (1898–1986), Jurist und evangelischer Geistlicher, Präses der Synode der Kirchenprovinz Sachsen und der Evangelischen Kirche in Deutschland (EKD), seit 1949 Mitglied des Rates der EKD. Er gründete nach dem Krieg die „Aktion Sühnezeichen", einen Friedensdienst für junge Frauen und Männer, die in vielen Ländern Europas durch freiwillige Aufbauleistungen zur Versöhnung beitrugen.
Im Oktober 1939, nach dem Überfall über Polen ermächtigte Hitler zwei Vertraute in einem geheimen Schreiben, die Ermordung der in Heimen und psychiatrischen Anstalten lebenden behinderten und psychisch kranken Kinder und Erwachsenen zu organisieren. Das Schreiben ist auf den 1. September 1939, den Tag des Kriegsbeginns, datiert.

Adolf Hitler
Berlin, 1. September 1939

Reichsleiter Bouhler und Dr. med. Brandt sind unter Verantwortung beauftragt, die Befugnisse namentlich zu bestimmender Ärzte so zu erweitern, daß nach menschlichem Ermessen unheilbar Kranken bei kritischer Beurteilung ihres Krankheitszustandes der Gnadentod gewährt werden kann.

gez. Adolf Hitler

Dieses außergesetzliche Schreiben, halb Ermächtigung, halb Befehl, blieb zunächst geheim. Dem Reichsminister der Justiz, Dr. Gürtner, wurde dieser Brief erst am 27. August 1940 – wohl auf Grund des Protestes des Vizpräsidenten des Centralausschusses für die Innere Mission, Pastor Paul Gerhard Braune, – zur Kenntnis gegeben (von Hase 1964, S. 8). Kreyssig war Amtsgerichtsrat in Brandenburg/Havel. Im ehemaligen Zuchthaus in Brandenburg a. d. Havel fanden Anfang 1940 die ersten staatlichen Euthanasie-Morde im Rahmen der „Aktion" statt. Die Hauptverantwortlichen übten sie geheim, aber eigenhändig an den Kranken aus. „Es wurde uns damals ausdrücklich gesagt, daß Dr. Brandt und Conti selbst die Injektionen vornahmen, sei der symbolische Ausdruck dafür, daß diese als die höchstverantwortlichen Ärzte im Reich sich selbst auch der praktischen Durchführung der Führeraufgabe unterzogen. Dabei ist ergänzend zu bemerken, daß Dr. Conti zwar nicht im Führererlaß genannt war, aber der höchste Arzt im staatlichen Bereich war" (Heyde zit. nach Klee 1983, S. 110). Dr. med. Werner Heyde (1902–1961), der diese Aussage machte, war Privatdozent für Psychiatrie und Mitglied der NSDAP seit 1933. Er leitete die medizinische Abteilung der Zentraldienststelle in Berlin, Tiergartenstraße 4 („T 4") und gehörte zu den Hauptverantwortlichen für die Ermordung der Kranken und Behinderten. Nachdem er nach dem Krieg mehrere Jahre unter falscher Identität in Schleswig-Holstein als Arzt praktiziert hatte, mußte er sich vor Gericht verantworten und nahm sich in der Haft das Leben. Philipp Bouhler (1899 – 1945) war 1933 Reichsleiter, 1934 Chef der „Kanzelei des Führers", – ein zentrales Parteibüro der NSDAP, nicht mit der Reichskanzlei zu verwechseln. Bouhler war einer der mächtigsten Männer in der Partei. Alle Eingaben und Beschwerden zu den Euthanasie-Morden sollten der „Kanzlei des Führers" zugeleitet werden, die jedoch nach außen nicht als verantwortliche Stelle in Erscheinung treten durfte. Bouhler beging 1945 Selbstmord. Karl Brandt war Hitlers Begleitarzt. Kreyssig führte Binding gegen die Nationalsozialisten ins Feld, obgleich dessen Begriff „lebensunwert" den Verbrechen den Weg ebnete, da Binding wenigstens einen Rechtsschutz vorgesehen hatte, während die „Kanzlei des Führers" sich wie eine kriminelle Vereinigung außerhalb jedes Gesetzes stellte (siehe Nr. 9).

An den Herrn Minister der Justiz Berlin-Brandenburg/Havel, 8. Juli 1941

Als Vormundschaftsrichter in Brandenburg/Havel berichte ich folgendes:

Vor etwa zwei Wochen wurde mir von einem Bekannten berichtet, es werde erzählt, daß neuerdings zahlreiche geisteskranke Insassen von Heil- und Pflegeanstalten durch die SS nach Süddeutschland gebracht und dort in einer Anstalt vom Leben zum Tode gebracht würden. Im Ablauf von etwa zwei Monaten bis heute habe ich mehrere Aktenstücke vorgelegt bekommen, in welchen Vormünder und Pfleger von Geisteskranken berichten, daß sie von einer Anstalt in Hartheim/Oberdonau die Nachricht erhalten hätten, ihr Pflegling sei dort verstorben. Die verwahrende Anstalt habe von „einem Kriegskommissar" oder vom „Kriegsminister" die Anweisung erhalten, den Kranken zur Verlegung in eine andere Anstalt herauszugeben, den Angehörigen aber nichts mitzuteilen. Diese würden von der aufnehmenden Anstalt benachrichtigt werden. Hierin stimmen fast alle Berichte überein. In der Angabe des Leidens, dem der Kranke in Hartheim erlegen sei, weichen sie voneinander durchaus ab. Auch ist der Inhalt der an die Angehörigen oder gesetzlichen Vertreter gegebenen Nachrichten verschieden ausführlich. Alle stimmen dagegen wieder in der Bemerkung überein, daß wegen der im Kriege herrschenden Seuchengefahr der Verstorbene sofort habe eingeäschert werden müssen. In einem Falle handelt es sich um einen wegen Geistesschwäche entmündigten Querulanten, der mehrfach bestraft war. In einem andern Falle war der Kranke auf Kosten von Verwandten untergebracht. Hier hat der Bruder des Verstorbenen das ihm gesandte Schreiben beigefügt. Es enthält den Satz, daß es aller ärztlichen Kunst nicht gelungen sei, den Kranken am Leben zu halten.

Nach anderen Akten sind Anzeichen vorhanden, daß auf ähnliche Weise Kranke auch in sonstige Anstalten verbracht und dort gestorben sind.

Es ist mir kaum mehr zweifelhaft, daß die schubweise aus den Unterbringungsorten abtransportierten Kranken in der genannten Anstalt getötet worden sind. Trifft es zu, so ist zu vermuten, daß es weiterhin geschieht. Ich möchte auch nicht durch eigene Erörterungen vorgreifen. Ich berichte daher, obwohl ich bisher nur Beweisanzeichen habe.

Ich setze im folgenden voraus, daß meine Vermutung zutrifft, d.h., daß man gewisse in Anstaltspflege befindliche Geisteskranke ohne Wissen der Angehörigen, der gesetzlichen Vertreter und der Vormundschaftsgerichte, ohne die Gewähr eines geordneten Rechtsganges und ohne gesetzliche Grundlage zu Tode bringt.

Ich weiß, daß es eine große Anzahl Wesen gibt, die nur noch der äußeren Erscheinlichkeit nach etwas Menschliches haben, im übrigen aber von Geburt an oder durch spätere Zerstörung ihrer geistigen Fähigkeiten ein fast tierhaftes Dasein führen, nach aller menschlichen und ärztlichen Erfahrung nie geheilt werden, in Anstalten versorgt werden müssen, wertvolle Menschenkräfte in großer Zahl nutzlos beanspruchen und dem Volk ungeheure Summen kosten. Die Frage nach dem Sinn solchen Lebens rührt an die tiefsten Daseinsfragen überhaupt. Sie führt unmittelbar auf die Frage nach Gott. So ist auch meine Stellung zu ihr und – denke ich – vieler anderer Deutscher und deutscher Richter durch meinen christlichen Glauben bestimmt. Von dort her ist die „Vernichtung lebensunwerten Lebens" überhaupt ein schwerer Gewissensanstoß. Leben ist ein Geheimnis Gottes. Sein Sinn ist weder im Blick auf das Einzelwesen noch in dessen Bezogenheit auf die völkische Gemeinschaft zu begreifen. Wahr und weiterhelfend ist nur, was Gott uns darüber sagt. Es ist darum eine ungeheuerliche Empörung und Anmaßung des Menschen, Leben beenden zu dürfen, weil er mit seiner beschränkten Vernunft es nicht oder nicht mehr als sinnvoll begreift. Ebenso wie das Vorhandensein solchen hinfälligen Lebens ist es eine von Gott gegebene Tatsache, daß es allewege genug Menschen gegeben hat, die fähig waren, solches Leben zu lieben und zu betreuen, wie denn rechte Liebe ihre Größe und den Abglanz ihrer göttlichen Herkunft gerade dort hat, wo sie nicht nach Sinn und Wert fragt. Es ist vermessen, zu beurteilen oder sich darüber hinwegzusetzen, was wohl „lebensunwertes Leben" für die ewige Bestimmung der Menschen bedeutet, die damit nach den Ordnungen Gottes als Eltern oder Angehörige oder Ärzte oder Berufspfleger verbunden sind.

Ich weiß ferner, daß trotzdem mit einer Denkweise gerechnet werden muß, welche das Problem als sittliches oder rechtliches ohne Rücksicht auf die Glaubensfrage beurteilen will. Auch sie muß den Maßnahmen aus Gewissensgründen widersprechen, weil die Rechtsgewähr fehlt. Man lese nach, was etwa Binding[a] zusammen mit Hoche[b] in der Schrift „Die Vernichtung des lebensunwerten Lebens" über die Notwendigkeit verfahrensmäßiger Rechtsgarantien meint. Zur Zeit ist nicht bekannt, welches die Voraussetzungen für den Todesentscheid sind. Sicher ist nur, daß hier bei grundsätzlicher Bejahung der rechtlichen und sittlichen Möglichkeit die Hauptschwierigkeit liegt. Was ist normal? Was ist heilbar? Was ist diagnostisch mit Sicherheit feststellbar? Was ist im Blick auf den unnützen Aufwand für die Gemeinschaft noch tragbar? Wer es zu wissen glaubt, der wüßte noch nicht, was der andere darüber meint. Im rechtsgeordneten Verfahren würde dabei helfen, daß der betroffene Angehörige einen begründeten Antrag zugestellt bekäme. Er würde weiter dazu gehört werden. Es müßte ein Gutachten vorliegen, zu dem er Stellung nehmen könnte. Er würde einen Spruch bekommen, aus dessen Gründen ihn das Verantwortungsbewußtsein der Entscheidenden anspräche. Er würde ein Rechtsmittel dagegen haben, um alles vorbringen und durch ein neues Gutachten unterstreichen zu können, was etwa jetzt noch verkannt sein könnte. Und möchte die letzte Entscheidung für ihn nicht minder schwer zu tragen und sogar gewissensanstößlich sein, so würde sich doch alles damit verbinden, was am Rechtsfrieden versöhnlich ist.

Alles das fehlt jetzt. Wer jetzt das Unglück hat, einen nahen Angehörigen in eine Anstalt für Geisteskranke einliefern zu müssen, wird in eine kaum begreifliche Herzensnot gebracht. Er, der von Rechtskunde und Psychiatrie unberührte, einfache Volksgenosse, weiß gar nichts von den Gesichtspunkten, nach welchen sein Angehöriger für die Beseitigung u.U. gar nicht in Betracht kommt. Er weiß nur, daß man damit rechnen muß, eines Tages aus Hartheim die Nachricht vom unerwarteten Ableben des Angehörigen und die Aufforderung zu bekommen, daß man über die Urne verfüge. Noch schlimmer muß der Seelenzustand unter den Anstaltsinsassen sich gestalten. Insbesondere ist m.E. gar nicht abzusehen, welche ungeheuerliche Folgen der dadurch geschaffene seelische Druck für die Kranken haben muß, die nur wenig gestört, aber natürlich psychisch oder nervös oder geistig besonders anfällig sind. Russische Emigranten berichten ergreifend über die Seelenlage von Gefangenen in Kerkern, wo täglich um dieselbe Stunde der Henker eine Anzahl Gefangene aufruft, die ihm folgen müssen, um erschossen zu werden. Nicht ob es geschieht, ist entscheidend und macht den unbeschreiblichen seelischen Druck aus – die Entscheidung zum Tode kann im Gegenteil fast befreiend empfunden werden, weil es wenigstens Entscheidung ist –, sondern daß es möglich und unberechenbar, weil in einem Zustand von Rechtslosigkeit dem Gutdünken und der Willkür anheimgegeben ist. Das darf man bedenken, wenn man sich die Lage von Anstaltsinsassen – aber auch ihrer Angehörigen – vorstellen will.

Die Anstalt Hartheim nennt in jedem Bericht eine natürliche Todesursache, in dem einen Fall mit dem Zusatz, daß alle ärztliche Kunst nicht vermocht habe, den Kranken am Leben zu erhalten. Jeder aber weiß wie ich, daß die Tötung Geisteskranker demnächst als eine alltägliche Wirklichkeit ebenso bekannt sein wird, wie etwa die Existenz der Konzentrationslager. Das kann gar nicht anders sein.

Recht ist, was dem Volke nützt. Im Namen dieser furchtbaren, von allen Hütern des Rechtes in Deutschland noch immer unwidersprochenen Lehre sind ganze Gebiete des Gemeinschaftslebens vom Rechte ausgenommen, z.B. die Konzentrationslager, vollkommen nun auch die Heil- und Pflegeanstalten. Was beides in der Wirkung aufeinander bedeutet, wird man abwarten müssen. Denn der Gedanke drängt sich auf, ob es denn gerecht sei, die in ihrem Irrsinn unschuldigen Volksschädlinge zu Tode zu bringen, die hartnäckig-boshaften aber mit großen Kosten zu verwahren und zu füttern.

---

[a] Binding (1841–1920), Dr. jur., Dr. phil., war Strafrechtler und Professor in Basel, Freiburg i. Br., Straßburg und Leipzig (siehe Nr. 9).
[b] Hoche (1865–1943), Dr. med., war Psychiater in Freiburg i. Br.

Das bürgerliche Recht besagt nichts darüber, daß es der Genehmigung des Vormundschaftsrichters bedürfe, wenn ein unter Vormundschaft oder Pflegschaft und damit unter seiner richterlichen Obhut stehender Geisteskranker ohne Gesetz und Rechtsspruch vom Leben zum Tode gebracht werden solle. Trotzdem glaube ich, daß „der Obervormund", wie die volksverbundene Sprechweise den Vormundschaftsrichter nennt, unzweifelhaft die richterliche Pflicht hat, für das Recht einzutreten. Das will ich tun. Mir scheint auch, daß mir das niemand abnehmen kann. Zuvor ist es aber meine Pflicht, mir Aufklärung und Rat bei meiner vorgesetzten Dienstbehörde zu holen. Darum bitte ich.

gez. Kreyssig, Amtsgerichtsrat

Paul Gerhard Braune

Denkschrift (1940)

In: Die Innere Mission 37 (1947), S. 16–39.

Braune (1887–1954) war Pastor und leitete seit 1922 die von Bodelschwinghschen Anstalten in Lobetal. Seit 1932 war er Vizepräsident des Central-Ausschusses für die Innere Mission der Deutschen Evangelischen Kirche. Braune wußte, daß er sich mit einer Denkschrift zur Ermordung geistig behinderter und psychisch kranker Menschen in Anstalten in große Gefahr begab und führte daher zunächst Gespräche mit den zuständigen Behörden. Von Justizminister Franz Gürtner berichtete er den Satz: „Es ist für einen Reichsjustizminister eine fatale Angelegenheit, wenn ihm von glaubwürdigster Seite gesagt wird: In Deinem Reich wird am laufenden Band gemordet, und Du weißt nichts davon!" (Braune 1947, S. 111). Braune erhielt zwar Unterstützung von Friedrich von Bodelschwingh, dem Leiter der Anstalten in Bethel bei Bielefeld, und vom Geistlichen Vertrauensrat der Deutschen Evangelischen Kirche, aber die Bischöfe der evangelischen Landeskirchen in Deutschland wagten keinen gemeinsamen und öffentlichen Protest. Bischof Graf von Galen, der ein Jahr später in Münster i. W. drei berühmt gewordene Predigten hielt, war seit August 1940 informiert. Braune, nach einer anderen Version, Oberkonsistorialrat Dr. Brunotte, übergab die Denkschrift einem Ministerialbeamten in der Reichskanzlei zur Weiterleitung an Minister Hans Heinrich Lammers (1879–1962). Das Reichssicherheitshauptamt ließ bei Braune eine Hausuntersuchung vornehmen und verhaftete ihn am 12. August 1940. Er blieb bis zum 31. Oktober 1940 in dem berüchtigten Gefängnis im Keller der Prinz-Albrecht-Straße in Berlin. Die Behörden konnten ihm keine Verfehlung nachweisen, die eine Verhaftung gerechtfertigt hätte und bestritten jeglichen Zusammenhang zwischen der Denkschrift und der Verhaftung.

Betrifft: Planmäßige Verlegung der Insassen von Heil- und Pflegeanstalten

Im Laufe der letzten Monate ist in verschiedenen Gebieten des Reiches beobachtet worden, daß fortlaufend eine Fülle von Insassen der Heil- und Pflegeanstalten aus „planwirtschaftlichen Gründen" verlegt werden, zum Teil *mehrfach* verlegt werden, bis nach einigen Wochen die Todesnachricht bei den Angehörigen eintrifft. Die Gleichartigkeit der Maßnahmen und ebenso die Gleichartigkeit der Begleitumstände schaltet jeden Zweifel darüber aus, daß es sich hierbei um eine großzügig angelegte Maßnahme handelt, die Tausende von „lebensunwerten" Menschen aus der Welt schafft. Man ist der Ansicht, daß es um der Reichsverteidigung willen notwendig sei, diese unnützen Esser zu beseitigen. Ebenso wird die Ansicht vertreten, daß es für den Aufartungsprozeß des deutschen Volkes notwendig sei, die geistesschwachen und sonst hoffnungslosen Fälle, ebenso die anomalen, asozialen und gemeinschaftsunfähigen Menschen so schnell wie möglich auszumerzen. Es wird dabei geschätzt, daß es sich um hunderttausend und mehr Menschen handeln kann. In einem Artikel von Professor Kranz in der Aprilnummer des NS-Volksdienstes ist die Zahl derer, deren Ausmerzung wahrscheinlich wünschenswert sei, sogar mit 1 Million angegeben. So handelt es sich wahrscheinlich zur Zeit schon um Tausende von deutschen Volksgenossen, die ohne jede Rechtsgrundlage beseitigt sind, oder deren Sterben unmittelbar bevorsteht. Es ist dringend notwendig, diese Maßnahmen so schnell wie möglich aufzuhalten, da die sittlichen Grundlagen des Volksganzen dadurch aufs Schwerste erschüttert werden. Die Unverletzlichkeit des Menschenlebens ist einer der Grundpfeiler jeder staatlichen Ordnung. Wenn Tötung angeordnet werden soll, dann müssen geltende Gesetze die Grundlage solcher Maßnahmen sein. Es ist untragbar, daß kranke Menschen fortlaufend ohne sorgfältige ärztliche Prüfung und ohne jeden rechtlichen Schutz, auch ohne den Willen der Angehörigen und gesetzlichen Vertreter zu hören, aus reiner Zweckmäßigkeit beseitigt werden.

Folgende Tatsachen sind laufend beobachtet worden:

Zuerst erschien im Oktober 1939 bei vielen Heil- und Pflegeanstalten, ebenso bei einer Reihe von Privatheimen, die Schwachsinnige, Epileptiker u.a. aufnehmen, das Rundschreiben des Herrn Reichsministers des Innern, das ich in Anlage 1 in Abschrift beifüge[a]. Es hieß darin, daß im Hinblick auf die Notwendigkeit planwirtschaftlicher Erfassung der Heil- und Pflegeanstalten anliegende Meldebogen auszufüllen sind. Bis spätestens zum 1. Dezember 1939 sollten sie direkt beim Herrn Innenminister[b] eingehen. Unterschrift: Dr. Conti[c].

Es fiel bei der Art dieser Erhebung schon gleich auf, daß sie direkt vom Herrn Reichsminister ausging, ohne daß die zuständigen Stellen der Regierungspräsidenten und Gesundheitsämter damit betraut wurden. Schon diese Tatsache erregte Verwunderung. Auf eine direkte Anfrage beim Herrn Sachbearbeiter im Reichsministerium des Innern wurde die Auskunft gegeben, daß es sich um eine rein statistische Erhebung handle. Daraufhin haben sämtliche mir bekannten und aufgeforderten Heime ohne Bedenken eine Fülle von Insassen genannt, die anscheinend unter die Bestimmungen des beigefügten Merkblattes fielen. In dem Merkblatt ist aufgeführt, daß zu melden sind sämtliche Patienten, die

1. an nachstehenden Krankheiten leiden und in den Anstaltsbetrieben nicht oder nur mit mechanischen Arbeiten (Zupfen usw.) zu beschäftigen sind:

Schizophrenie,
Epilepsie (wenn exogen, Kriegsdienstbeschädigung oder andere Ursachen angeben),
senile Erkrankungen,
Therapie-refraktäre Paralyse und andere Lues-Erkrankungen,
Schwachsinn jeder Ursache,
Enzephalitis,
Huntington oder andere neurologische Endzustände;
oder

---

[a] Die in der Denkschrift erwähnten Anlagen sind nicht abgedruckt.
[b] Wilhelm Frick (1877–1946), Reichsminister des Inneren (1933-1943), dann Reichsprotektor in Böhmen und Mähren (1943–1945), 1946 vom internationalen Militärtribunal in Nürnberg zum Tode verurteilt und hingerichtet.
[c] Dr. Leonardo Conti (1900–1945) war Staatssekretär für das Gesundheitswesen im Ministerium des Inneren und Reichsärzteführer.

2. sich seit mindestens 5 Jahren dauernd in Anstalten befinden;
oder
3. als kriminelle Geisteskranke verwahrt sind,
oder
4. nicht die deutsche Staatsangehörigkeit besitzen oder nicht deutschen oder artverwandten Blutes sind unter Angaben der Rasse und Staatsangehörigkeit.

Vielfach glaubten die Anstalten, daß es sich um vorbereitende Maßnahmen für ein Bewahrungsgesetz handle.

Unter dem 20. Januar 1940 erschien dann vom Reichsverteidigungskommissar[d] an die gleichen Heime plötzlich das Schreiben, das ich Anlage 2 abschriftlich beifüge. Danach wurde die Verlegung der Insassen der Heil- und Pflegeanstalten in greifbare Nähe gerückt. Es war damit festgelegt, daß die Kranken in großen Sammeltransporten verlegt werden sollten. Die Benachrichtigung der Angehörigen war nicht erwünscht. Die ganze Art der Mitteilung erregte erneut Bedenken, da es keinen faßbaren Grund gab, warum die Kranken verlegt werden sollten.

Diese Maßnahmen sind, soweit bekannt, zunächst umfassend durchgeführt in den Gauen Pommern – Brandenburg-Berlin – Sachsen – Württemberg – Hamburg und sind seit Juni weiter in den meisten Reichsgebieten eingeleitet.

In der zweiten Aprilhälfte bekamen dann die Anstalten etwa gleichlautende Schreiben, von denen ich eins in Anlage 3 beilege. Darin wurden für die Verlegungen der Insassen feste Termine bestimmt. Eine beigelegte Transportliste mit namentlichen Angaben bestimmte, wer von den Pfleglingen verlegt werden sollte. Diese Angaben waren aber, wie sich nun herausstellte, aus den Listen, die im Oktober und November 1939 angeblich nur zu statistischen Zwecken eingefordert waren, genommen.

Es tauchten dann zunächst im März 1940 aus Württemberg die Nachrichten auf, daß von einem Transport von 13 Epileptikern, die aus der Anstalt Pfingstweide in die Anstalt Grafeneck verlegt wurden, schon nach rund 3 Wochen 4 Patienten gestorben waren. Die Todesfälle wurden zumeist 8 bis 14 Tage nach eingetretenem Sterbefall in einem immer ähnlich lautenden Wortlaut den Angehörigen mitgeteilt. Die Patienten seien plötzlich an Grippe, Lungenentzündung, Gehirnschlag u.a. gestorben. Auf Grund seuchenpolizeilicher Anordnungen seien die Leichen sofort verbrannt worden und die Kleider ebenfalls eingeäschert. Die Urnen stünden zur Verfügung. Aus dieser Anstalt Grafeneck, die jetzt benannt ist „Landespflegeanstalt Grafeneck", erschienen in verschiedenen Gegenden Deutschlands die gleichen Nachrichten. Patienten, die an sich gesund waren und nur an geistigen Störungen litten, sterben dort in kurzer Frist. Daß es sich dabei auch um Personen handelt, die früher im Leben erfolgreiche Arbeit geleistet haben, mag folgender Fall zeigen: Herr H., der früher Leiter eines Kraftwerkes in den Kreuznacher Anstalten war, erkrankte vor wenigen Jahren an Typhus und blieb Bazillenträger. Im Zusammenhang mit der körperlichen Erkrankung zeigten sich seelische Depressionen. Daraufhin wurde er in der Heil- und Pflegeanstalt Bedburg-Hau im Rheinland untergebracht. Noch vor Weihnachten 1939 besuchte ihn sein Sohn. Der Vater war geistig völlig klar, litt nur unter Depressionen. Am 7. März 1940 erfolgte die Verlegung im Sammeltransport nach Grafeneck, ohne daß die Familie benachrichtigt wurde, die die Kosten trug.

Erst auf die Anfrage nach seinem Befinden wurde über die Verlegung von Bedburg-Hau nach Grafeneck Nachricht gegeben. Eine Anfrage in Grafeneck blieb unbeantwortet. Nach etwa 4 Wochen erfolgte der Bescheid, daß der Kranke infolge von Kreislaufschwäche verstorben sei und daß die Leiche sofort eingeäschert werden mußte. Die Urne ständedie zur Verfügung. Die Urne und der Schriftverkehr trugen bereits die Nummer 498. Herr H. ist am 10. April 1940 in Grafeneck verstorben.

Auch aus Berlin-Buch sind viele Patienten nach Grafeneck gebracht worden, nachdem sie vorher zum Teil kurzfristig nach dem ehemaligen Zuchthaus Waldheim in Sachsen gebracht wurden. Dazu gehört u.a. die Opernsängerin Charlotte Bobbe, deren Urne am 16. 5. 1940 zur Verfügung stand, ferner Frl. Burgwitz aus Berlin-Pankow, deren Urne Ende Juni 1940 gemeldet wurde, weiter Frl. Helene Müller, deren Urne am 28. Juni 1940 in Berlin beigesetzt wurde, und einige andere Personen aus Berlin-Hermsdorf und Köpenick.

Um die etwaige Zahl der in Grafeneck verstorbenen Personen ergründen zu können, mache ich darauf aufmerksam, daß die Urne des am 10. April 1940 verstorbenen Herrn Heiner die Nummer A 498 trägt, während die Urne eines am 12. Mai 1940 in Grafeneck verstorbenen Max Dreisow die Nummer A 1092 und die Urne der am 28. Juni 1940 ebenfalls in Grafeneck verstorbenen Else Lenne aus Berlin-Steglitz, Sachsenwaldstraße 16, bereits die Nummer A 3111 trägt. Da die ganze Anstalt normalerweise nur 100 Betten hat, so kann es sich hierbei nur um die fortlaufende Zahl der Sterbefälle handeln. Es wären demnach in den 33 Tagen vom 10. April 1940 bis 12. Mai 1940 594 Leute verstorben. Das ergäbe pro Tag 18 Todesfälle in einer Anstalt mit rund 100 Betten. In der Zeit vom 12. Mai bis 28. Juni 1940 – das sind 47 Tage – wären dann insgesamt 2019 Personen gestorben, das ergäbe pro Tag 43 Sterbefälle im Durchschnitt in einer Anstalt mit rund 100 Betten. Diese Schlußfolgerung scheint nicht ausgeschlossen zu sein, wenn berichtet wird, daß in 1 bis 2 Monaten von Bedburg-Hau 300 Patienten nach Grafeneck verlegt wurden, von Buch ebenfalls mehrere Hundert, von Kückenmühle etwa 150 und aus württembergischen Anstalten ebenfalls eine große, mir nicht bekannte Zahl.

Ein zweites Gebiet, in dem diese Beobachtungen in stärkerem Maße gemacht wurden, ist das Land Sachsen. Dort wurden zunächst die staatlichen Heil- und Pflegeanstalten durch diese Maßnahmen betroffen. Es handelt sich dabei um die Anstalten Hohenweitzschen bei Westerwitz, Großschweidnitz bei Löbau, Arnsdorf und Hubertusburg. In der ersten Anstalt betrug z.B. die Zahl der Sterbefälle:

im Jahre 1938	rd. 80
1939	102
bis 15. Mai 1940	124.

In der Anstalt Großschweidnitz betrug die Zahl der Sterbefälle:

1938	50
1939	141
bis 25. Mai 1940	228.

Während also normalerweise vierteljährlich etwa 12 Patienten starben, so sind im Jahre 1940 im Vierteljahr bereits 125 gestorben. Die erhöhte Sterbeziffer des Jahres 1939 stammt ausschließlich aus dem

---

[d] Reichsverteidigungskommissar war der Reichsminister des Innern Wilhelm Frick.

letzten Vierteljahr. Als Todesursache wurde überwiegend angegeben: allgemeine Entkräftung. Ähnlich liegt es in der Anstalt Arnsdorf, wo die Zahl der Sterbefälle

1938	101
1939	200
bis 25. Mai 1940	391

betrug.

Das bedeutet eine Verdreifachung der Todesfälle.

Aus den sächsischen Anstalten ist eindeutig durch Besuche festgestellt, daß die Sterblichkeit durch Entziehung der Nahrungsmittel erhöht wird. Die Ernährung wird, wie durch eine vertrauenswürdige Person berichtet wird, auf einen täglichen Wert von 22 bis 24 Rpf. herabgesetzt. Da die Kranken damit unmöglich auskommen können, wird ihnen Medizin (Paraldelyth) zwangsweise gegeben, wodurch sie in einen apathischen Zustand geraten. Durch mündlichen oder schriftlichen Bericht wird in erschütternder Weise deutlich, wie die Kranken immer wieder ihr „Hunger, Hunger!" rufen. Angestellte und Pfleger, die das nicht mehr ertragen können, haben hier und da von ihren Privatmitteln etwas Hunger gestillt, aber das Ergebnis steht eindeutig fest. Hunderte sind durch diese Maßnahmen in den letzten Monaten eines schnellen Todes gestorben. Es handelt sich dabei aber nicht nur um Kranke, die absolut geistig stumpf sind, sondern im Gegenteil um Kranke, die ziemlich genau die Vorgänge erkennen und beobachten, wie oft am Tag Beerdigungen stattfinden. Ein Bericht schildert die Todesangst eines Patienten, der genau ahnte, welches Schicksal ihm und seinen Leidensgenossen bereitet werden soll.

In Sachsen ist das ehemalige Zuchthaus Waldheim infolge der Maßnahmen als Landes-Heil- und Pflegeanstalt umbenannt. Auch aus dieser sogenannten Heil- und Pflegeanstalt erscheinen dann plötzlich bei den Angehörigen, die von dieser Verlegung nichts wissen, in immer ähnlicher Form die Todesnachrichten, daß der Patient an Grippe, Herzschwäche oder einer anderen Krankheit gestorben sei. Die Leiche wäre wegen Seuchengefahr sofort eingeäschert, die Kleider ebenfalls verbrannt oder der NSV überwiesen.

Eine Besucherin berichtet, daß die Patienten in Waldheim morgens nur eine Schnitte Brot bekämen, mittags einen Teller Essen und abends einen Teller Suppe. Aus Zschadraß wird ähnliches berichtet. Diese Versorgung gäbe es aber nur für arbeitende Kranke. Diejenigen, die nicht arbeiten können, bekämen nur eine halbe Schnitte Brot, einen viertel Teller Essen und einen halben Becher Suppe. Wird jemand bettlägerig, so gibt es noch weniger, in der Zelle gar nichts. Wenn dabei die arbeitenden Patienten ihren hungernden Gefährten von ihrem Wenigen etwas abgeben, so wird ihnen zur Strafe die nächste Mahlzeit gekürzt, weil sie offenbar noch zuviel bekämen. Sämtliche Patienten sehen erschreckend blaß, abgezehrt und elend aus. Die Unterbringung der Patienten sei katastrophal. Sie liegen auf dünnen Matratzen auf dem Fußboden, 51 in einem Saal. Sie bekommen auch keine Anstaltskleidung mehr, sondern müssen ihre eigenen Kleider tragen. Dabei müssen die kostenpflichtigen Stellen noch 3,50 RM für die Kranken zahlen.

Die geschilderten Eindrücke sind erschütternd und einer „Heil- und Pflegeanstalt" einfach nicht würdig. Weil infolge des vielen Verlegens der Kranken kein Pfleger und Arzt mehr die Kranken kennt, so wird erzählt, daß die Kranken ihren Namen auf einem aufgeklebten Leukoplaststreifen

plaststreifen auf der Schulter tragen, damit im Falle des Todes wenigstens die Leiche identifiziert werden kann.

Die gleichen Beobachtungen werden auch in der Provinz Brandenburg und Berlin gemacht. Hier scheint im besonderen die Stadt Brandenburg der Ort zu sein, in dem diese sogenannte Sterbehilfe durchgeführt wird. Das ehemalige Zuchthaus in Brandenburg heißt jetzt „Landespflegeanstalt Brandenburg", Neuendorfer Straße 90 c. Das Zuchthaus untersteht nicht mehr der Justizbehörde, sondern ist an die Stadt Brandenburg verkauft. Aus dieser Anstalt sind verschiedene Briefe bei den Angehörigen eingegangen, von denen ich drei in Abschrift beilege. Die Vorgänge in der sogenannten Pflegeanstalt Brandenburg werden völlig geheim gehalten. Von einem Angehörigen wurde berichtet, daß der Versuch, einen Patienten zu besuchen, brüsk abgelehnt wurde. Es handelte sich dabei um eine Braut, die ihren Bräutigam, einen Dentisten, besuchen wollte. Sehr bald danach traf die Todesmeldung von ihm ein. Das Gebäude des ehemaligen Zuchthauses, in dem sich diese geheimnisvolle Landespflegeanstalt befindet, hat etwa 120 Einzelzellen und mehrere Schlafsäle. Es ist erzählt worden, daß nachts öfter Schreie aus diesem Hause gehört werden. Jedenfalls ist nicht ersichtlich, warum diese Pflegeanstalt so völlig von der Außenwelt abgeschlossen ist, wenn sich dort nicht Vorgänge abspielten, die nicht ans Licht der Öffentlichkeit kommen sollen.

Die laut beigefügtem Schreiben verstorbenen Patienten waren nicht einmal geisteskrank, sondern Insassen des schon oben erwähnten Zuchthauses Waldheim in Sachsen, bei denen in einem Falle angeblich schon Schritte wegen Entlassung aus der Anstalt eingeleitet sein sollten. Jedenfalls wissen die Angehörigen nicht, daß ihr verstorbenes Familienglied an einem unheilbaren Leiden erkrankt war. Die „Kondolenzbriefe" scheinen also nach einem allgemeinen Schema angefertigt zu werden, das für Schwachsinnige und Epileptiker vielleicht zutrifft. Es wirkt aber verletzend, wenn in den Briefen immer wieder vorkommt: „trotz aller ärztlichen Bemühungen ist es nicht gelungen, Ihren Mann ... am Leben zu erhalten." Da die Stadt Brandenburg ein eigenes Krematorium hat, ist ein Verbrennen der Toten ohne weiteres möglich, zumal die Neuendorfer Straße einen besonderen Ausgang hat.

Sämtliche Patienten, die aus Brandenburgischen Heimen der freien Wohlfahrtspflege verlegt wurden, z.B. aus den Samariteranstalten in Ketschendorf bei Fürstenwalde (Spree), aus dem Naemi-Wilcke-Stift in Guben, sind anscheinend zunächst in die Landes-Heil- und Pflegeanstalt Brandenburg-Görden gebracht worden. Die Angehörigen, Vormünder und dergleichen sind in keinem Falle um ihre vorherige Genehmigung gebeten worden. Sie erfahren nur eines Tages, daß ihre Kinder, Geschwister, Mündel usw. verlegt wurden. Beim Transport aus den Samariteranstalten traf schon nach 5 Wochen die erste Todesmeldung ein (Emmi Heberlein). In einem anderen Falle haben die Eltern alles darangesetzt, den Aufenthalt ihres Kindes ausfindig zu machen und haben es dann in Brandenburg-Görden entdeckt. Sie fanden das Kind bereits bei ihrem zweiten Besuch völlig verdreckt und elend vor. Auf die Bitte, das Kind wieder in die Samariteranstalten zurückzuverlegen, wurde ihnen gesagt, daß das gar nicht in Frage käme. Auch weitere Erleichterungen und Gegenstände zur Freude durften dem Kinde nicht mehr gebracht werden, das sei zur Zeit alles völlig unmöglich. Es scheint, als ob aus Brandenburg-Görden vielfach die sterbereifen Patienten langsam in das ehemalige Zuchthaus nach Brandenburg verlegt werden, wo sich dann in der sogenannten „Pflegeanstalt" ihr Schicksal vollendet.

Jedenfalls ergeben sich die immer wiederkehrenden Beobachtungen, daß Patienten, die in Sammeltransporten gemeinsam aus Anstalten verlegt werden, in den großen Heil- und Pflegeanstalten schon nach wenigen Tagen so durcheinandergewürfelt werden, daß keiner mehr vom andern weiß. So erfährt niemand etwas vom Schicksal des andern. Die übrige Masse bleibt ihnen unbekannt. Sie siechen einsam dahin und sterben in völliger Trostlosigkeit.

Aus der Anstalt Buch wird berichtet, daß der Jurist Günther Rottmann, geboren am 12. Juni 1906, Sohn des Oberregierungsrats Rottmann, Pg. seit 1927, in Buch seit 1939 wegen Überarbeitung und Nervenzusammenbruchs, am 10. Juni dieses Jahres von Buch ohne Wissen der Eltern, die ihn regelmäßig besuchten, nach der Landesanstalt Hartheim bei Linz verlegt wurde. Nach vielen Bemühungen erfuhren die Eltern durch Bekannte, deren Angehöriger ebenfalls verlegt war, daß auch ihr Sohn nach der Landesanstalt Hartheim bei Linz verlegt sei. Auf ihre telefonische Anfrage vom 27. Juni 1940 erhielten sie die Nachricht, daß ihr Sohn am 23. Juni 1940 dort an Mittelohrvereiterung verstorben sei. Der Brief, in dem ihnen die Todesnachricht mitgeteilt wurde, enthält die gleichen Ausführungen wie alle ähnlichen Briefe, Verbrennung der Leiche wegen Seuchengefahr usw. Verschiedene andere Berliner Familien haben von ihren Angehörigen ebenfalls Todesnachrichten aus Hartheim bekommen.

Ferner wird aus Buch berichtet, daß außer den oben genannten Verlegungen auch die Sterbeziffern im eigenen Hause erheblich gestiegen seien. Es sind mindestens 600 Patienten in Sammeltransporten verlegt worden. Auffällig ist aber, daß der Besuch von Berlin-Buch am 12. April 1940 gesperrt wurde, indem man an der Anstalt ein Schild anbrachte, „Wegen Ruhr gesperrt". Am 14. April aber fand ein großer Transport statt, wahrscheinlich der erste, obwohl es sonst üblich ist, daß bei ansteckenden Krankheiten wie Ruhr jede Verlegung von Patienten verboten ist. Am 14. April wurde u.a. der schon oben erwähnt Max Dreisow aus Buch nach Grafeneck verlegt, am 12. Mai ist er dort unerwartet gestorben, auch er an Gehirnschlag. Schon oben wurde erwähnt, daß Bucher Patienten nach Waldheim, Grafeneck und Hartheim bei Linz verlegt wurden. Die Todesnachrichten treffen prompt bei den Angehörigen ein.

Wenn mir durch Zufall in so kurzer Zeit schon mehr als zehn Todesnachrichten bekanntgeworden sind, wieviel werden in Wirklichkeit verstorben sein, da ich keine Möglichkeit habe, durch eine amtliche Prüfung die wirkliche Zahl der Todesfälle festzustellen.

Aus Pommern sind die gleichen erschütternden Todesfälle bekanntgeworden. Die Provinzial-Heil- und Pflegeanstalten Lauenburg und Stralsund mit je etwa 1000 Betten wurden zuerst entleert, angeblich nach Obrawalde bei Meseritz, einer Heil- und Pflegeanstalt, die etwa 1000 Plätze hat. Ende Mai dieses Jahres wurden die bekannten Kückenmühler Anstalten bei Stettin mit insgesamt 1500 Geisteskranken, Epileptikern, Psychopathen und Schwachsinnigen vom Gauleiter der Provinz Pommern beschlagnahmt. Der Vorstand wurde aufgelöst, und unmittelbar darauf setzte die gewaltsame Verlegung der Patienten ein. In

14 Tagen wurden rd. 750 Patienten in großen Omnibussen abtransportiert, heute sind schon rund 1300 verlegt. Zum Teil mußten sie nachts zwischen 3 und 4 Uhr auf einem entlegenen Bahnhof bei Stettin bereitgehalten werden. Sie wurden angeblich nach dem Osten transportiert, nach dem Warthegau, nach Meseritz, aber auch nach Grafeneck. Angehörige wurden überhaupt nicht gefragt. Die zuständigen Fürsorgeverbände wurden überhaupt nicht gehört. Es ist bisher in keiner Weise zu übersehen, wieviele Patienten von Kückenmühle inzwischen verstorben sind. Es hieß sehr bald, daß schon 42 Todesfälle bekannt seien. Die Anzahl der Todesfälle wird aber hier wie überall nur schwer zu ermitteln sein, da viele Insassen ohne Angehörige sind oder nur wenig von Angehörigen besucht wurden. Nach Wochen und Monaten wird häufig erst durch Zufall bekannt, daß dieser oder jener irgendwo verstorben ist. Hier kann allein eine amtliche Untersuchung die wirkliche Zahl der Sterbefälle ermitteln. Angeblich werden die Patienten aus Obrawalde bereits wieder in eine andere Anstalt bei Posen, wahrscheinlich nach Kosten, verlegt.

Wie durch einzelne beigefügte Briefe bestätigt wird, ergibt sich, daß in den oben genannten Reichsgebieten die Vorgänge sich mit Gleichartigkeit dauernd wiederholen: zwangsweise Verlegung in Massentransporten, Durcheinanderlegen der Patienten, damit niemand den andern kennt, Entziehung des Essens, Eintreten von Schwächezuständen, gewaltsame Eingabe von Medizin – der Volksmund redet auch von Spritzen und meint tödliche Spritzen –, dann fast in allen Fällen Verbrennung der Leichen und Verbrennung der Kleider, so daß jede Untersuchungsmöglichkeit verhindert wird, verspätete Benachrichtigung der Angehörigen durch Briefe, die fast immer in gleichlautender Form abgefaßt sind.

Es handelt sich also hier um ein bewußtes planmäßiges Vorgehen zur Ausmerzung aller derer, die geisteskrank oder sonst gemeinschaftsunfähig sind. Es sind dabei aber keineswegs völlig verblödete Menschen, die nichts mehr von ihrer Umgebung kennen und verstehen, die auch zu keiner Beschäftigung mehr fähig sind, sondern, wie gerade aus vielen kleinen Einzelbeobachtungen hervorgeht, sind es oft Menschen, die in ihrem Leben oft jahrelang feste Berufe ausgeübt haben, bei denen erst späterhin geistige Störungen aufgetreten sind.

Wenn man bedenkt, daß in dem offiziellen Merkblatt zur Ausfüllung der Meldebogen auch die senilen Erkrankungen einbezogen sind, so ergibt sich unzweideutig, daß auch jeder altgewordene Mensch, der im Alter an irgendwelchen geistigen, vielleicht auch nur körperlichen Leiden hoffnungslos erkrankt, dem gleichen Schicksal verfallen kann. Selbstverständlich sprechen sich im Volk diese Tatsachen langsam herum, da die Angehörigen der Patienten in Heil- und Pflegeanstalten sich auf Besuchsfahrten kennen lernen und ihre Beobachtungen austauschen. Damit wird das Vertrauen zu solchen Anstalten auf das schwerste erschüttert, besonders auch das Vertrauen zu Ärzten und Behörden. Geht aber das Vertrauen zum Arzt verloren, so entsteht die große Gefahr, daß alle Maßnahmen der Gesundheitsfürsorge restlosem Mißtrauen beggnen, und daß damit der große Segensdienst der gesamten Anstalten und vieler wertvoller ärztlicher Maßnahmen illusorisch gemacht wird. Gerade die Sammlung in den Anstalten hat dazu geführt, daß die kranken Glieder des Volkes von den gesunden getrennt wurden und

und dadurch den Familien und dem öffentlichen Leben ungeheure Belastungen abgenommen wurden. Die Vermehrung und Fortpflanzung wurde ebenso durch die Bewahrung in den Anstalten verhindert. Andererseits war es den gesunden Gliedern der Familie stets eine große Beruhigung, wenn das kranke Glied, die Mutter, der Bruder oder das Kind in einer guten Anstalt freundlich versorgt war. Wie vorteilhaft unterschied sich gerade darin Deutschland von anderen Ländern, in denen das Elend auf der Straße lebte.

Außerdem hat aber in den Anstalten die ärztliche Kunst ungeheuer gelernt zum Segen für die Gesunden. Fast jeder Arzt ist durch solche Schule gegangen. Wieviel selbsloseste Dienstbereitschaft ist gerade in solchen Häusern beim Pflegepersonal ausgebildet und zur Selbstverständlichkeit geworden. Wieviel fröhlicher hingebender Dienst ist auch da geübt worden, wo menschlich gesprochen keine Hoffnung mehr war. Sollen diese überaus aufbauenden Kräfte im Volksleben langsam absterben? Soll die höchste Schule des selbstlosen Dienstes nicht mehr fortbestehen? Wieviel tausend oder Millionen erkrankter Menschen sind durch solchen treuen sachkundigen Dienst wieder gesund geworden. Wird aber im Volk erst das Mißtrauen zu solchen Anstalten allgemein üblich, dann bedeutet das gerade für die Gesundheitsfürsorge den schwersten Rückschlag. Nur durch Vertrauen kann der Arzt heilen, und nur durch Vertrauen können die Behörden helfen.

Auch eine andere ernste Frage taucht auf. Wie weit will man mit der Vernichtung des sogenannten lebensunwerten Lebens gehen? Das bisherige Massenverfahren hat bewiesen, daß man viele Leute erfaßt hat, die weithin klar und zurechnungsfähig sind. In einem mir besonders gut bekannten Fall sollten sechs Mädchen mitverlegt werden, die dicht vor ihrer Entlassung aus der Anstalt standen, um in Arbeitsstellen als Hausgehilfinnen vermittelt zu werden. Will man nur die völlig Hoffnungslosen, etwa die Idioten und Blöden treffen? Das Merkblatt führt, wie schon oben gesagt, auch die Alterserkrankungen auf.

Die neueste Verordnung der gleichen Behörde fordert die Erfassung der Kinder mit schweren angeborenen Leiden und Mißbildungen jeder Art, ihre Sammlung und Erfassung in besonderen Anstalten. Welche ernste Befürchtungen müssen da aufsteigen. Wird man vor den Tuberkulosen haltmachen? Bei den Sicherungsverwahrten sind scheinbar die Maßnahmen der Euthanasie schon begonnen. Werden auch andere Anomale und Asoziale erfaßt? Wo liegt die Grenze? Wer ist anomal, asozial, wer ist hoffnungslos krank? Wer ist gemeinschaftsunfähig? Wie wird es den Soldaten gehen, die sich im Kampf für das Vaterland unheilbare Leiden zuziehen? Solche Fragen sind schon in ihrem Kreise aufgetaucht.

Hier steigen ernsteste Fragen und Sorgen auf. Es ist ein gefährliches Unterfangen, die Unverletzlichkeit der Person ohne jeden Rechtsgrundsatz preiszugeben. Jedem Rechtsbrecher wird der gesetzliche Schutz gewährt, soll man gerade die Hilflosen ohne Schutz lassen? Wird es nicht die Ethik des ganzen Volkes gefährden, wenn das Menschenleben so wenig gilt?

Wie wird es die Kraft lähmen, Schweres zu tragen, wenn man nicht einmal mehr seine Kranken tragen kann? Das gehört zur echten Volksgemeinschaft und zur Verbundenheit im besten Sinn, wenn sich die Gesunden der Kranken und Schwachen annehmen, wenn auch die Familien die ihnen auferlegte Last gern und freudig tragen. Ja, wieviel Freude bedeutet für viele der Dienst am „unwerten" Leben! Gerade nahm in diesen Tagen ein prominentes Ehepaar ihren hoffnungslos kranken Sohn aus unserer Anstalt in die Familie zurück, damit er Ersatz für einen als Offizier gefallenen Sohn sein sollte.

Wenn zur Begründung der Maßnahme ausgeführt wird, daß die Ernährungslage unseres Volkes es erforderlich macht, diese unnützen Esser zu beseitigen, so muß ich darauf erwidern, daß selbst wenn hunderttausend Menschen umgebracht würden, dann nur auf 1000 Gesunde ein Kranker beseitigt ist, und das bedeutet für die Ernährungslage gar nichts. Auch kann es kein Grund sein, daß man die Benutzung der vorhandenen Einrichtungen und Gebäude als volkswirtschaftliche Verschwendung ansieht. Schließlich sind diese Häuser in erster Linie für die Kranken gebaut, und als der Krieg anfing, haben gerade die Anstalten Zehntausende von Lazarettbetten zur Verfügung gestellt, ohne daß der Dienst an den Kranken über das erträgliche Maß eingeschränkt wurde. Wohl sollen auch die Kranken an den Lasten des Krieges teilnehmen, aber das ist noch weit entfernt von einer planmäßigen Vernichtung.

So handelt es sich hier um einen Notstand, der alle Kundigen bis aufs tiefste erschüttert, der die innere Ruhe vieler Familien zerstört und der sich vor allem auch zu einer Gefahr auszuwachsen droht, deren Folgen noch gar nicht abzusehen sind.

Mögen die verantwortlichen Stellen dafür sorgen, daß diese unheilvollen Maßnahmen aufgehoben werden, und daß die ganze Frage erst sorgfältig nach der rechtlichen und medizinischen, nach der sittlichen und staatspolitischen Seite geprüft wird, ehe das Schicksal von Tausenden und Zehntausenden entschieden wird. Videant consules, ne quid detrimenti res publica capiat!

Lobetal, den 9. Juli 1940

gez. Braune, Pastor,

Leiter der Hoffnungstaler Anstalten, Vizepräsident des Central-Ausschusses für die Innere Mission der Deutschen Evangelischen Kirche.

Theophil Wurm

Brief an den Reichsminister des Innern (1940)

In: Hans Christoph von Hase (Hrsg.): Evangelische Dokumente zur Ermordung der „unheilbar Kranken" unter der nationalsozialistischen Herrschaft in den Jahren 1940–1945. Stuttgart o. J. (1964), S. 9–13.

Wurm (1868–1953), Bischof der Evangelischen Landeskirche in Württemberg von 1932–1949, war schon bald nach 1933 Angriffen der Nationalsozialisten ausgesetzt. Die Massenmorde begannen im Frühjahr 1940 in Grafeneck auf der Schwäbischen Alb in der Nähe von Urach. Im Krieg hatte Wurm über Konsistorialrat Dr. Eugen Gerstenmaier Verbindung zur Widerstandsgruppe um Helmuth James Graf von Moltke (Kreisauer Kreis). Wurm wußte genau wie Kreyssig und Braune, daß er mit seinem Brief, der aus heutiger Sicht maßvoll klingt, eine Verhaftung, wenn nicht noch härtere Sanktionen riskierte. Martin Niemöller, der Gründer des evangelischen Pfarrer-Notbundes, war 1937 nach einem gegen ihn angestrengten Prozeß vom Gericht zwar freigesprochen, aber sogleich wieder verhaftet und ohne Gerichtsurteil in ein Konzentrationslager gebracht worden, wo er bis 1945 ohne Rechtsgrundlage festgehalten wurde.

Landesbischof Wurm an
Reichsminister Frick

Brief vom 19. Juli 1940

Der Landesbischof
Evangelische Landeskirche
in Württemberg

An den Herrn
Reichsminister des Innern Dr. Frick
Berlin NW
Königsplatz 6

Stuttgart, 19. Juli 1940

Sehr geehrter Herr Reichsminister!

Seit einigen Monaten werden auf Anordnung des Reichsverteidigungsrats geisteskranke, schwachsinnige oder epileptische Pfleglinge staatlicher und privater Heilanstalten in eine andere Anstalt verbracht. Die Angehörigen werden, auch wenn die Unterbringung des Pfleglings auf ihre Kosten erfolgt war, erst nachträglich von der Überführung benachrichtigt. Meist erhalten sie wenige Wochen später die Mitteilung, daß der betreffende Pflegling einer Krankheit erlegen sei und daß aus seuchenpolizeilichen Gründen die Einäscherung hätte stattfinden müssen. Nach oberflächlichen Schätzungen dürften es schon mehrere hundert Anstaltspfleglinge allein aus Württemberg sein, die auf diese Weise den Tod gefunden haben, darunter auch Kriegsverletzte des Weltkriegs.

Durch zahlreiche Anfragen aus Stadt und Land und aus den verschiedensten Kreisen veranlaßt, halte ich es für meine Pflicht, die Reichsregierung darauf aufmerksam zu machen, daß in unserm kleinen Lande diese Sache ganz großes Aufsehen erregt. Zunächst einmal deshalb, weil sich eine der in Betracht kommenden

Anstalten, das Schloß Grafeneck, in welches die Pfleglinge eingeliefert werden und wo ein Krematorium und ein Standesamt errichtet worden ist, in Württemberg befindet. Grafeneck ist Eigentum einer Anstalt der Inneren Mission, der Samariterstiftung, die an verschiedenen Orten körperlich und geistig Behinderte seit vielen Jahren aufnimmt und verpflegt. Sie wurde bei Kriegsausbruch auf Weisung des württ[embergischen] Innenministeriums in das Kloster Reutte in Oberschwaben verlegt; Grafeneck wurde für die Aufnahme der aus anderen Anstalten herbeigeschafften Pfleglinge bestimmt. Das Schloß liegt auf einer Anhöhe der Schwäbischen Alb inmitten eines spärlich bewohnten Waldgebiets. Um so aufmerksamer verfolgt die Bevölkerung der Umgebung die Vorgänge, die sich dort abspielen. Die Krankentransporte, die auf dem kleinen Bahnhof Marbach ü[ber] Müns[ingen] ausgeladen wurden, die Autobusse mit undurchsichtigen Fenstern, die die Kranken von entfernteren Bahnhöfen oder unmittelbar von den Anstalten bringen, der aus dem Krematorium aufsteigende Rauch, der auch auf größere Entfernungen wahrgenommen werden kann – dies alles erregt die Gemüter um so mehr, als niemand Zutritt zu dem Schloß bekommt.

Der zweite Grund, warum gerade in Württemberg diese Dinge so schwer genommen werden, ist die Tatsache, daß Degenerationserscheinungen auch in geistig und sittlich hochstehenden Familien in unserem kleinen Lande nichts Seltenes sind. Darin machen sich teilweise die Folgen der mit der langen Abgeschlossenheit des Landes zusammenhängenden Verwandtenheiraten bemerkbar. Es ist deshalb eine verhältnismäßig große Zahl auch von Familien aus der Bildungsschicht durch die Maßnahme zur Lebensvernichtung, die gegen Anstaltspfleglinge ergriffen werden, berührt. In diesen Kreisen wird schon die *Art* des Vorgehens scharf kritisiert, insbesondere wird auch von dabei vorkommenden Unwahrhaftigkeiten gesprochen. Jedermann ist überzeugt, daß die amtlich angegebenen Todesursachen willkürlich gewählt sind. Wenn vollends in der Todesanzeige bedauert wird, daß alle Bemühungen, das Leben des Patienten zu erhalten, vergeblich gewesen seien, so wird dies als Hohn empfunden. Vor allem aber ist es die Geheimnistuerei, die den Gedanken nahelegt, daß etwas vor sich geht, was mit Recht und Moral in Widerspruch steht und deshalb nicht wie andere notwendigen und scharfen Kriegsmaßnahmen von der Staatsführung in voller Öffentlichkeit gedeckt und vertreten werden kann. In den zahlreichen uns zugehenden schriftlichen und mündlichen Äußerungen wird – auch von einfachen Leuten – immer wieder auf diesen Punkt hingewiesen. Es scheint auch bei der Auswahl der für die Lebensvernichtung bestimmten Pfleglinge jedenfalls im Anfang sehr wenig sorgfältig verfahren worden zu sein. Man hat sich nicht auf Verblödete beschränkt, sondern – insbesondere bei Epileptischen – auch arbeitsfähige Personen herausgeholt.

Das Wichtigste scheint mir aber, daß die Reichsregierung die grundsätzlichen Einwendungen, die in unserem Volk vom menschlichen und religiösen Standpunkt aus gegen dieses Vorgehen erhoben werden, würdigt und die vorhandene Mißstimmung nicht als eine Mißachtung nationaler und politischer Notwendigkeiten ansieht. Ich bitte mir deshalb zu gestatten, etwas eingehender das Problem der Lebensvernichtung zu behandeln. Ich war selbst früher im Nebenamt Seelsorger an einer staatlichen Heil- und Pflegeanstalt und bin deshalb nicht unbekannt mit den Verhältnissen und Problemen, um die es sich in diesem Zusammenhang handelt.

Selbstverständlich tritt jedem, der solche bedauernswerten Menschen vor sich hat, immer wieder der Gedanke nahe: Wäre es nicht besser, einem solchen Dasein ein Ende zu machen? Es hat für sich selbst keinen Wert mehr und bedeutet eine schwere Belastung für die Angehörigen. Als im Weltkrieg die Folgen der Blockade sich geltend machten und viele Pfleglinge an Tuberkulose oder anderen durch die mangelhafte Ernährung begünstigten Krankheiten starben – die Zahl der von mir zu haltenden Beerdigungen betrug normal etwa 20, stieg aber 1917 auf 50 –, da hat dies jedermann als eine natürliche Folge des Krieges und als eine Schickung Gottes hingenommen, und in vielen Fällen konnte man dankbar dafür sein, daß das Ende gekommen war. Etwas ganz anderes aber ist es, Maßnahmen zu ergreifen, die dieses Ende durch menschliche Einwirkung herbeiführen. In viel höherem Maße, als der Gesunde annimmt, sind sich viele Kranke ihres Daseins und ihrer Lage bewußt; oft, wenn man glaubt, sie hätten Worte, die zu ihnen gesprochen wurden, nicht gehört oder nicht verstanden, stellt es sich nachträglich heraus, daß dies doch der Fall war und daß sie nur nicht in der Lage waren, so zu reagieren, wie der Gesunde reagiert hätte. Dafür, ob sie liebevoll oder rauh vom Arzt und vom Pfleger angefaßt werden, haben viele ein deutliches Gefühl. Man denke sich nun hinein in die Seelenverfassung eines Kranken, der aus allerlei Anzeichen den Schluß zieht, daß etwas mit ihm geschehen soll, gegen den sogar Gewalt angewendet wird, damit er bei dem Transport mitkommt – und man wird zu der Überzeugung kommen, daß dies nicht

angeht, weil damit in Gottes Willen eingegriffen und die Menschenwürde verletzt wird. Die Entscheidung darüber, wann dem Leben eines leidenden Menschen ein Ende gesetzt wird, steht dem allmächtigen Gott zu, nach dessen unerforschlichem Ratschluß das eine Mal ein völlig gesunder und wertvoller Mensch vor der Zeit hinweggerafft wird und das andere Mal ein lebensuntüchtiger jahrzehntelang dahinsiecht. Ich kann gut verstehen, daß viele Menschen angesichts dieser und vieler anderer nicht mit der Vernunft zu erklärenden Tatsachen den Glauben an Gott verwerfen und statt seiner ein blindes Schicksal annehmen; aber das kann ich nicht verstehen, daß von einer Seite, die ausdrücklich den Atheismus verwirft und für die außerhalb des Christentums Stehenden die Bezeichnung „gottgläubig" gewählt und eingeführt hat, eine Mißachtung des göttlichen Majestätsrechts gebilligt und durchgeführt wird, wie sie in dem Vorgehen gegen die Pfleglinge der Anstalt vorliegt. Soeben erst hat der Führer zum Gebet für die kämpfenden Truppen und zum demütigen Dank für den herrlichen Sieg über Frankreich aufgefordert; dürfen wir diesem Gott nicht auch das Leben unserer leidenden Volksgenossen anempfehlen, und ist es nicht sein Wille, daß wir, solange er sie am Leben läßt, uns ihrer annehmen?

Damit komme ich zu dem zweiten Anstoß, den das Empfinden unseres Volkes an den besprochenen Maßnahmen nimmt. Schon die vorchristliche Antike stellte den Grundsatz auf: res sacra miser, eine heilige Sache ist der Unglückliche. Das Christentum hat es sich von jeher zur Aufgabe gemacht, im Blick auf den, von dem es heißt: „Er trug unsere Krankheit und lud auf sich unsere Schmerzen", der Kranken und Elenden sich anzunehmen. Gegenüber der Roheit eines primitiven Heidentums wurde der Mensch als Mensch und nicht als Tier behandelt. Die Fortschritte der Heilkunde wurden in den Anstalten der christlichen Liebestätigkeit auch für die geistig Erkrankten nutzbar gemacht. Wesentliche Fortschritte sind gerade auch von Spezialärzten in Anstalten der Inneren Mission wie in staatlichen Anstalten ausgegangen. Ich habe oft die Gewissenhaftigkeit und Geduld der Anstaltspsychiater bewundert, die ja gegenüber anderen Ärzten einen viel geringeren Prozentsatz an Heilerfolgen aufzuweisen haben und doch jeden Pflegling als ein ihnen anvertrautes Gut behandeln. Wie schwer muß es diesen Männern werden, entgegen der ganzen Tradition ihres Standes, Maßnahmen geschehen zu lassen und zu vertreten, die auf das Gegenteil der menschenfreundlichen Einstellung hinauslaufen, die neben der wissenschaftlichen Akribie die Ehre und Würde des Ärztestandes bildet!

Aber vielleicht erwidert man mir: Die Hunderttausende körperlich und geistig Behinderter sind in volkswirtschaftlicher und finanzieller Hinsicht für das deutsche Volk, das jetzt so große Aufgaben übernommen hat, eine zu große Belastung; die Angehörigen müssen dieses Opfer bringen, so gut wie die Familien der Gefallenen noch viel schwerere Opfer gebracht haben! Darauf ist zu entgegnen: Daß ein Volk für seine Existenz kämpft und daß keiner zu gut ist, um in diesem Existenzkampf sein Leben einzusetzen, das dürfen wir als Gottes Willen und Gebot ansehen; daß aber das Leben Schwacher und Wehrloser vernichtet wird, nicht weil sie eine Gefahr für uns sind, sondern weil wir dessen überdrüssig sind, sie zu ernähren und zu pflegen – das ist gegen Gottes Gebot. Wir loben doch auch unsere Soldaten, daß sie sich, wenn sie ihre Pflicht gegenüber dem bewaffneten Feind getan haben, der Unbewaffneten, vor allem der Frauen, Kinder, Verwundeten, Kranken barmherzig annehmen und nicht an die Last denken, die sie damit sich und dem Volk auferlegen. Es könnte sich ja auch der Gedankengang geltend machen: Wir haben keinen Grund, ein feindliches Volk, das uns so viel Böses angetan hat, wie die Franzosen, zu schonen. Aber dieser Gedankengang wäre eines Unmenschen würdig, nicht eines Deutschen.

Es ist gewiß ein großer Schmerz für Eltern, wenn unter ihren Kindern ein nicht vollsinniges ist: aber sie werden, solange Gott dieses Kind am Leben läßt, es ihre ganz Liebe spüren lassen; eine gegenteilige Handlungsweise, die natürlich auch vorkommt, wird durch das Volksempfinden verurteilt. Warum? Weil unser Volk in allen diesen Fragen durch die christliche Denkweise bestimmt wird. Und da die Partei ausdrücklich auf dem Boden eines „positiven Christentums" steht und unter diesem „positiven Christentum" wiederum ausdrücklich und vor allem die ethische Haltung des Christen, besonders auch die Nächstenliebe verstanden wissen will, so könnte sie eigentlich die Maßnahmen zur Lebensvernichtung nicht billigen. Wir verstehen deshalb gut, daß die Kreise der Partei, deren Stimme hauptsächlich im „Schwarzen Korps"[a] zu hören ist, nicht bloß mit dem kirchlichen Christentum, sondern mit jedem Christentum aufräumen wollen, weil es eine Hemmung gegenüber solchen Maßnahmen bedeutet. Sie bestäti-

---

[a] Das Schwarze Korps = Die Zeitung der SS.

gen damit die alte, oft gemachte Erfahrung, daß der Bruch mit dem christlichen Glaubensinhalt auch den Bruch mit der christlichen Ethik nach sich zieht. Aber immerhin – bis heute steht der Führer und die Partei auf dem Boden des positiven Christentums, das die Barmherzigkeit gegen leidende Volksgenossen und ihre menschenwürdige Behandlung als eine Selbstverständlichkeit betrachtet. Wird nun aber eine so ernste Sache wie die Fürsorge für hunderttausende leidende und pflegebedürftige Volksgenossen lediglich vom Gesichtspunkt des augenblicklichen Nutzens aus behandelt und im Sinne einer brutalen Ausrottung dieser Volksgenossen entschieden, dann ist damit der Schlußstrich unter eine verhängnisvolle Entwicklung gezogen und dem Christentum als einer das individuelle und das Gemeinschaftsleben des deutschen Volkes bestimmenden Lebensmacht endgültig der Abschied gegeben. Damit ist aber auch § 24 des Parteiprogrammes hinfällig geworden. Die Berufung darauf, daß nur das konfessionelle Christentum, nicht aber das Christentum als solches bekämpft werde, verfängt hier nicht; denn alle Konfessionen sind darin einig, daß der Mensch oder das Volk die ihm durch das Vorhandensein pflegebedürftiger Menschen auferlegte Last als von Gott auferlegt zu tragen hat und nicht durch Tötung dieser Menschen beseitigen darf.

Ich kann nur mit Grausen daran denken, daß so, wie begonnen wurde, fortgefahren wird. Der etwaige Nutzen dieser Maßregel wird je länger je mehr aufgewogen werden durch den Schaden, den sie stiften werden. Wenn die Jugend sieht, daß dem Staat das Leben nicht mehr heilig ist, welche Folgerungen wird sie daraus für das Privatleben ziehen? Kann nicht jedes Roheitsverbrechen damit begründet werden, daß für den Betreffenden die Beseitigung eines anderen von Nutzen war? Auf dieser schiefen Ebene gibt es kein Halten mehr. Gott läßt sich nicht spotten, er kann das, was wir auf der einen Seite als Vorteil gewonnen zu haben glauben, auf anderen Seiten zum Schaden und Fluch werden lassen. Entweder erkennt auch der nationalsozialistische Staat die Grenzen an, die ihm von Gott gesetzt sind, oder er begünstigt einen Sittenverfall, der auch den Verfall des Staates nach sich ziehen würde.

Ich kann mir denken, Herr Minister, daß dieser Einspruch als unbequem empfunden wird. Ich wage auch kaum die Hoffnung auszusprechen, daß meine Stimme gehört werden wird. Wenn ich trotzdem diese Darlegungen gemacht habe, so tat ich es in erster Linie deshalb, weil die Angehörigen der betroffenen Volksgenossen von der Leitung einer Kirche einen solchen Schritt erwarten. Sodann bewegt mich allerdings auch der Gedanke, daß dieser Schritt vielleicht doch zu einer ernsten Nachprüfung und zum Verlassen dieses Weges Anlaß geben könnte.

Dixi et salvavi animam meam! [b]

Heil Hitler
Ihr ergebener
gez. Wurm

---

[b] Dixi et salvavi ... = Ich habe es gesagt und meine Seele gerettet!

Clemens August Graf von Galen

Predigt (1941)

19

Aus: Bischof Clemens August Graf von Galen, Akten, Briefe und Predigten, Band II. 1939 – 1946, bearbeitet von Peter Löffler (Veröffentlichungen der Kommission für Zeitgeschichte, Reihe A: Quellen, Band 42). Mainz 1988, S. 874 – 883.

von Galen (1878 – 1946), Bischof von Münster, 1946 Kardinal, prangerte mit großem Mut, unter Lebensgefahr die Ermordung geistig behinderter und psychisch kranker Menschen an und erstattete Strafanzeige wegen Mordes gegen unbekannt. Die Morde waren in Grafeneck wohl auch auf Grund des Protestes von Braune, Wurm und Kreyssig zwar eingestellt, aber dafür in Hadamer neu aufgenommen, an anderen Orten fortgesetzt worden. Bischof Graf von Galen hielt im Sommer 1941 drei Predigten mit hochpolitischem Inhalt. Sie verbreiteten sich hektographiert rasch in ganz Deutschland und gelangten in kurzer Zeit auch ins Ausland. Öffentlichen Protest hatte während des Krieges bis dahin in Deutschland noch niemand gewagt. Hitler verschob seine Rache aus taktischen Gründen für die Zeit nach dem Krieg. Die Predigt wird ungekürzt abgedruckt. Die Anmerkungen des Herausgebers sind weggelassen. Im Gestapobericht sind empörte Zurufe aus der Gemeinde, wie „richtig!" oder „gewaltige Pfuirufe" der Zuhörer vermerkt. Der Gottesdienst war eine Demonstration für den Bischof und die katholische Kirche, gegen die Staats- und Parteiwillkür, mit der Klöster aufgelöst, Priester verhaftet und unschuldige Kranke hinterrücks ermordet wurden. Die hier abgedruckte Predigt hielt Graf von Galen am 3. August 1941.

Münster, 3. August 1941

Ich muß leider mitteilen, daß die Geheime Staatspolizei auch in dieser Woche ihren Vernichtungskampf gegen die katholischen Orden fortgesetzt hat. Am Mittwoch, dem 30.7., hat die Geheime Staatspolizei das Provinzialhaus der Schwestern Unserer Lieben Frau in Mülhausen, Kreis Kempen, das früher zum Bistum Münster gehörte, besetzt und für aufgehoben erklärt. Die Schwestern, von denen viele aus unserem Bistum stammen, wurden zum größten Teil ausgewiesen und mußten noch am gleichen Tage den Kreis verlassen. Nach glaubwürdigen Nachrichten ist am Donnerstag, dem 31.7., das Kloster der Missionare von Hiltrup in Hamm ebenfalls von der Geheimen Staatspolizei besetzt und beschlagnahmt worden. Die dort weilenden Patres sind ausgewiesen.

Ich habe bereits am 13.7. hier in der Lambertikirche nach der Vertreibung der Jesuiten und Missionsklarissen aus Münster öffentlich festgestellt: Keiner der Bewohner der Klöster ist eines Vergehens oder Verbrechens beschuldigt, vor Gericht angeklagt oder gar verurteilt. Wie ich höre, werden jetzt in Münster Gerüchte verbreitet, daß diese Ordensleute, insbesondere die Jesuiten, doch wegen gesetzwidriger Verfehlungen, ja sogar wegen Landesverrat angeklagt oder sogar überführt seien. Ich erkläre: Das ist eine gemeine Verleumdung deutscher Volksgenossen, unserer Brüder und Schwestern, die wir uns nicht gefallen lassen. Gegen einen Burschen, der vor Zeugen es wagte, derartiges zu behaupten, habe ich bereits Strafanzeige bei dem Herrn Oberstaatsanwalt erstattet. Ich spreche die Erwartung aus, daß der Mann schleunigst zur Verantwortung gezogen wird, und daß unsere Gerichte noch den Mut haben, Verleumder, die es wagen, unbescholtenen deutschen Volksgenossen, nachdem ihnen schon ihr Eigentum genommen wurde, auch noch die Ehre zu rauben, zur Verantwortung zu ziehen und zu bestrafen. Ich fordere alle meine Zuhörer, ja alle anständigen Mitbürger auf, von heute ab, falls in ihrer Gegenwart solche Anschuldigungen gegen die aus Münster ausgewiesenen Ordensleute ausgesprochen werden, sofort den Namen und die Wohnung des Anklägers und der etwa anwesenden Zeugen festzustellen. Ich hoffe, es gibt hier in Münster noch Männer, die den Mut haben, zur gerichtlichen Klarstellung solcher die Volksgemeinschaft vergiftender Beschuldigungen durch offenes Eintreten mit ihrer Person, ihrem Namen, nötigenfalls mit ihrem Eide mitzuwirken. Diese bitte ich, falls vor ihnen solche Beschuldigungen gegen unsere Ordensleute ausgesprochen werden, alsbald bei ihrem Pfarrer oder auch beim Bischöflichen Generalvikariat das zu melden und zu Protokoll zu geben. Ich bin es der Ehre unserer Ordensleute, der Ehre unserer katholischen Kirche und auch der Ehre unseres deutschen Volkes und unserer Stadt Münster schuldig, daß ich durch Strafanzeige bei der Staatsanwaltschaft für die gerichtliche Klarstellung des Tatbestandes und für die Bestrafung gemeiner Verleumder unserer Ordensleute Sorge trage.

[Das Tagesevangelium des 9. Sonntages nach Pfingsten war Luk. 19,41 – 47.]

Meine lieben Diözesanen! Eine erschütternde Begebenheit ist es, die das heutige Sonntagsevangelium berichtet. Jesus weint! Der Sohn Gottes weint! Wer weint, der leidet Schmerzen, Schmerzen am Leib oder am Herzen. Jesus litt damals noch nicht dem Leibe nach, und doch weint er. Wie groß muß der Seelenschmerz, das Herzensweh dieses tapfersten der Männer gewesen sein, daß er weinte! Warum weinte er? Er weinte über Jerusalem, über die heilige, ihm so teure Gottesstadt, die Hauptstadt seines Volkes. Er weinte über ihre Bewohner, seine Volksgenossen, weil sie nicht erkennen wollten, was allein die von seiner Allwissenheit vorausgesehenen, von seiner göttlichen Gerechtigkeit vorausbestimmten Strafgerichte abwenden könnte: „Wenn du es doch erkenntest, was dir zum Frieden dient!" Warum erkennen es die Bewohner Jerusalems nicht? Nicht lange vorher hat Jesus es ausgesprochen: „Jerusalem, Jerusalem, wie oft wollte ich deine Kinder versammeln, wie eine Henne ihre Küchlein unter ihre Flügel sammelt, aber du hast nicht gewollt!" (Luk. 13,34). Du hast nicht gewollt! Ich, dein König, dein Gott, ich wollte. Aber du hast nicht gewollt. Wie geborgen, wie behütet, wie beschützt ist das Küchlein unter den Flügeln der Henne! Sie wärmt, sie nährt, sie verteidigt es. So wollte ich dich beschützen, behüten, gegen jedes Ungemach verteidigen. Ich wollte! Du hast nicht gewollt. Darum weint Jesus, darum weint dieser starke Mann, darum weint Gott. Über die Torheit, über das Unrecht, über das Verbrechen des Nichtwollens. Und über das daraus entstehende Unheil, das seine Allwissenheit kommen sieht, das seine Gerechtigkeit verhängen muß, wenn der Mensch den Geboten Gottes, allen Mahnungen seines Gewissens, allen liebevollen Einladungen des göttlichen Freundes, des besten Vaters, sein Nichtwollen entgegensetzt: „Wenn du es doch erkenntest, noch heute, an diesem Tage, was dir zum Frieden dient! Aber du hast nicht gewollt." Es ist etwas Furchtbares, etwas unerhört Ungerechtes und Verderbenbringendes, wenn der Mensch seinen Willen gegen Gottes Willen stellt! Ich wollte, du hast nicht gewollt. Darum weint Jesus über Jerusalem.

Andächtige Christen! In dem am 6. Juli d. J. in allen katholischen Kirchen Deutschlands verlesenen gemeinsamen Hirtenbrief der deutschen Bischöfe vom 26. Juni 1941 heißt es u.a.: „Gewiß gibt es nach der katholischen Sittenlehre positive Gebote, die nicht mehr verpflichten, wenn ihre Erfüllung mit allzu großen Schwierigkeiten verbunden wäre. Es gibt aber auch heilige Gewissensverpflichtungen, von denen uns niemand befreien kann, die wir erfüllen müssen, koste es, was es wolle, koste es uns selbst das Leben: Nie, unter keinen Umständen darf der Mensch, außerhalb des Krieges und der gerechten Notwehr, einen Unschuldigen töten". Ich hatte schon am 6. Juli Veranlassung, diesen Worten des gemeinsamen Hirtenbriefes folgende Erläuterung hinzuzufügen:

Seit einigen Monaten hören wir Berichte, daß aus Heil- und Pflegeanstalten für Geisteskranke auf Anordnung von Berlin Pfleglinge, die schon länger krank sind und vielleicht unheilbar erscheinen, zwangsweise abgeführt werden. Regelmäßig erhalten dann die Angehörigen nach kurzer Zeit die Mitteilung, der Kranke sei verstorben, die Leiche sei verbrannt, die Asche könne abgeliefert werden. Allgemein herrscht der an Sicherheit grenzende Verdacht, daß diese zahlreichen unerwarteten Todesfälle von Geisteskranken nicht von selbst eintreten, sondern absichtlich herbeigeführt werden, daß man dabei jener Lehre folgt, die behauptet, man dürfe sog. „lebensunwertes Leben" vernichten, also unschuldige Menschen töten, wenn man meint, ihr Leben sei für Volk und Staat nichts mehr wert, eine furchtbare Lehre, die die Ermordung Unschuldiger rechtfertigen will, die die gewaltsame Tötung der nicht mehr arbeitsfähigen Invaliden, Krüppel, unheilbar Kranken, Altersschwachen grundsätzlich freigibt!

Wie ich zuverlässig erfahren habe, werden jetzt auch in den Heil- und Pflegeanstalten der Provinz Westfalen Listen aufgestellt von solchen Pfleglingen, die als sog. „unproduktive Volksgenossen" abtransportiert und in kurzer Zeit ums Leben gebracht werden sollen. Aus der Anstalt Marienthal bei Münster ist im Laufe dieser Woche der erste Transport abgegangen!

Deutsche Männer und Frauen! Noch hat Gesetzeskraft der § 211 Reichsstrafgesetzbuches, der bestimmt: „Wer vorsätzlich einen Menschen tötet, wird, wenn er die Tötung mit Überlegung ausgeführt hat, wegen Mordes mit dem Tode bestraft." Wohl um diejenigen, die jene armen Menschen, Angehörige unserer Familien, vorsätzlich töten, vor dieser gesetzlichen Bestrafung zu bewahren, werden die zur Tötung bestimmten Kranken aus der Heimat abtransportiert in eine entfernte Anstalt. Als Todesursache wird dann irgendeine Krankheit angegeben. Da die Leiche sofort verbrannt wird, können die Angehörigen und auch die Kriminalpolizei es hinterher nicht mehr feststellen, ob die Krankheit wirklich vorgelegen hat und welche Todesursache vorlag.

Es ist mir aber versichert worden, daß man im Reichsministerium des Innern und auf der Dienststelle des Reichsärzteführer-

Dr. Conti[a] gar kein Hehl daraus mache, daß tatsächlich schon eine große Zahl von Geisteskranken in Deutschland vorsätzlich getötet worden ist und in Zukunft getötet werden soll.

Das RStGB bestimmt in § 139: „Wer von dem Vorhaben ... eines Verbrechens wider das Leben ... glaubhafte Kenntnis erhält und es unterläßt, der Behörde oder dem Bedrohten hiervon zur rechten Zeit Anzeige zu machen, wird ... bestraft."

Als ich von dem Vorhaben erfuhr, Kranke aus Marienthal abzutransportieren, um sie zu töten, habe ich am 28. Juli bei der Staatsanwaltschaft beim Landgericht Münster und bei dem Herrn Polizeipräsidenten in Münster Anzeige erstattet durch eingeschriebenen Brief mit folgendem Wortlaut:

Nachricht über ein Einschreiten der Staatsanwaltschaft oder der Polizei ist mir nicht ergangen.

Ich hatte bereits am 26. Juli bei der Provinzialverwaltung der Provinz Westfalen, der die Anstalten unterstehen, der die Kranken zur Pflege und Heilung anvertraut sind, schriftlich ernstesten Einspruch erhoben. Es hat nichts genützt! Der erste Transport der schuldlos zum Tode Verurteilten ist von Marienthal abgegangen! Und aus der Heil- und Pflegeanstalt Warstein sind, wie ich höre, bereits 800 Kranke abtransportiert worden.

So müssen wir damit rechnen, daß die armen, wehrlosen Kranken über kurz oder lang umgebracht werden. Warum? Nicht weil sie ein todeswürdiges Verbrechen begangen haben, nicht etwa, weil sie ihren Wärter oder Pfleger angegriffen haben, so daß diesem nichts anderes übrig blieb, daß er zur Erhaltung des eigenen Lebens in gerechter Notwehr dem Angreifer mit Gewalt entgegentrat. Das sind Fälle, in denen neben der Tötung des bewaffneten Landesfeindes im gerechten Krieg Gewaltanwendung bis zur Tötung erlaubt und nicht selten geboten ist. Nein, nicht aus solchen Gründen müssen jene unglücklichen Kranken sterben, sondern darum, weil sie nach dem Urteil irgendeines Amtes, nach dem Gutachten irgendeiner Kommission, „lebensunwert" geworden sind, weil sie nach diesem Gutachten zu den „unproduktiven" Volksgenossen gehören. Man urteilt: Sie können nicht mehr Güter produzieren, sie sind wie eine alte Maschine, die nicht mehr läuft, sie sind wie ein altes Pferd, das unheilbar lahm geworden ist, sie sind wie eine Kuh, die nicht mehr Milch gibt. Was tat man mit solch alter Maschine? Sie wird verschrottet. Was tat man mit einem lahmen Pferd, mit solch einem unproduktiven Stück Vieh?

Nein, ich will den Vergleich nicht bis zu Ende führen –, so furchtbar seine Berechtigung ist und seine Leuchtkraft!

Es handelt sich hier ja nicht um Maschinen, es handelt sich nicht um Pferd oder Kuh, deren einzige Bestimmung ist, dem Menschen zu dienen, für den Menschen Güter zu produzieren! Man mag sie zerschlagen, man mag sie schlachten, sobald sie diese Bestimmung nicht mehr erfüllen. Nein, hier handelt es sich um Menschen, unsere Mitmenschen, unsere Brüder und Schwestern! Arme Menschen, kranke Menschen, unproduktive Menschen meinetwegen! Aber haben sie damit das Recht auf das Leben verwirkt? Hast du, habe ich nur so lange das Recht zu leben, solange wir produktiv sind, solange wir von anderen als produktiv anerkannt werden?

Wenn man den Grundsatz aufstellt und anwendet, daß man den „unproduktiven" Mitmenschen töten darf, dann wehe uns allen, wenn wir alt und altersschwach werden! Wenn man die unproduktiven Mitmenschen töten darf, dann wehe den Invaliden, die im Produktionsprozeß ihre Kraft, ihre gesunden Knochen eingesetzt, geopfert und eingebüßt haben! Wenn man die unproduktiven Mitmenschen gewaltsam beseitigen darf, dann wehe unseren braven Soldaten, die als Schwerkriegsverletzte, als Krüppel, als Invaliden in die Heimat zurückkehren! Wenn einmal zugegeben wird, daß Menschen das Recht haben, „unproduktive" Mitmenschen zu töten – und wenn es jetzt zunächst auch nur arme wehrlose Geisteskranke trifft –, dann ist grundsätzlich der Mord an allen unproduktiven Menschen, also an den unheilbar Kranken, den arbeitsunfähigen Krüppeln, den Invaliden der Arbeit und des Krieges, dann ist der Mord an uns allen, wenn wir alt und altersschwach sind und damit unproduktiv werden, freigegeben. Dann braucht nur irgendein Geheimerlaß anzuordnen, daß das bei Geisteskranken erprobte Verfahren auch auf andere „Unproduktive" auszudehnen ist, daß es auch bei den unheilbar Lungenkranken, bei den Altersschwachen, bei den Altersinvaliden, bei den schwerkriegsverletzten Soldaten anzuwenden sei. Dann ist keiner von uns seines Lebens mehr sicher. Irgendeine Kommission kann ihn auf die Liste der „Unproduktiven" setzen, die nach ihrem Urteil „lebensunwert" geworden sind. Und keine Polizei wird ihn schützen, und kein Gericht wird seine Ermordung ahnden und den Mörder der verdienten Strafe übergeben! Wer kann dann noch Vertrauen haben zu einem Arzt? Vielleicht meldet er den Kranken als „unproduktiv" und erhält die Anweisung, ihn zu töten. Es ist nicht auszudenken, welche Verwilderung der Sitten, welch allgemeines gegenseitiges Mißtrauen bis in die Familien hineingetragen wird, wenn diese furchtbare Lehre geduldet, angenommen und befolgt wird. Wehe den Menschen, wehe unserem deutschen Volke, wenn das heilige Gottesgebot: „Du sollst nicht töten", das der Herr unter Donner und Blitz auf Sinai verkündet hat, das Gott, als Schöpfer, von Anfang an in das Gewissen der Menschen geschrieben hat, nicht nur übertreten wird, sondern wenn diese Übertretung sogar geduldet und unbestraft ausgeübt wird!

Ich will euch ein Beispiel sagen von dem, was jetzt geschieht. In Marienthal war ein Mann von etwa 55 Jahren, ein Bauer aus einer Landgemeinde des Münsterlandes – ich könnte euch den Namen nennen –, der seit einigen Jahren unter Geistesstörungen leidet und den man daher der Provinzial-Heil- und Pflegeanstalt Marienthal zur Pflege anvertraut hat. Er war nicht ganz verrückt, er konnte Besuche empfangen und freute sich immer, so oft seine Angehörigen kamen. Noch vor 14 Tagen hatte er Besuch von seiner Frau und von einem seiner Söhne, der als Soldat an der Front steht und Heimaturlaub hatte. Der Sohn hängt sehr an seinem kranken Vater. So war der Abschied schwer. Wer weiß, ob der Soldat wiederkommt, den Vater wiedersieht, denn er kann ja im Kampf für die Volksgenossen fallen. Der Sohn, der Soldat, wird den Vater wohl sicher auf Erden nicht wiedersehen, denn er ist seitdem auf die Liste der Unproduktiven gesetzt. Ein Verwandter, der den Vater in dieser Woche in Marienthal besuchen wollte, wurde abgewiesen mit der Auskunft, der Kranke sei auf Anordnung des Ministerrats für Landesverteidigung von hier abtransportiert. Wohin, könne nicht gesagt werden.

---

[a] Dr. med. Leonardo Conti (1900–1945) war Staatssekretär für das Gesundheitswesen im Reichsinnenministerium.

Den Angehörigen werde in einigen Tagen Nachricht gegeben werden.

Wie wird diese Nachricht lauten? Wieder so, wie in anderen Fällen? Daß der Mann gestorben sei, daß die Leiche verbrannt sei, daß die Asche gegen Entrichtung einer Gebühr abgeliefert werden könne? Dann wird der Soldat, der im Felde steht und sein Leben für die deutschen Volksgenossen einsetzt, den Vater hier auf Erden nicht wiedersehen, weil deutsche Volksgenossen in der Heimat ihn ums Leben gebracht haben!

Die von mir ausgesprochenen Tatsachen stehen fest. Ich kann die Namen des kranken Mannes, seiner Frau, seines Sohnes, der Soldat ist, nennen und den Ort, wo sie wohnen.

„Du sollst nicht töten!" Gott hat dieses Gebot in das Gewissen der Menschen geschrieben, längst ehe ein Strafgesetzbuch den Mord mit Strafe bedrohte, längst ehe Staatsanwaltschaft und Gericht den Mord verfolgten und ahndeten. Kain, der seinen Bruder Abel erschlug, war ein Mörder, lange bevor es Staaten und Gerichte gab. Und er bekannte, gedrängt von der Anklage seines Gewissens: „Größer ist meine Missetat, als daß ich Verzeihung finden könnte! ... Jeder, der mich findet, wird mich, den Mörder, töten" (Genesis 4,13).

„Du sollst nicht töten!" Dieses Gebot Gottes, des einzigen Herrn, der das Recht hat, über Leben und Tod zu bestimmen, war von Anfang an in die Herzen der Menschen geschrieben, längst bevor Gott den Kindern Israels am Berge Sinai sein Sittengesetz mit jenen lapidaren, in Stein gehauenen kurzen Sätzen verkündet hat, die uns in der Heiligen Schrift aufgezeichnet sind, die wir als Kinder aus dem Katechismus auswendig gelernt haben.

„Ich bin der Herr, dein Gott!" So hebt dieses unabänderliche Gesetz an. „Du sollst keine fremden Götter neben mir haben." Der einzige, überweltliche, allmächtige, allwissende, unendlich heilige und gerechte Gott hat diese Gebote gegeben. Unser Schöpfer und einstiger Richter. Aus Liebe zu uns hat er diese Gebote unserem Herzen eingeschrieben und sie uns verkündet: denn sie entsprechen dem Bedürfnis unserer von Gott geschaffenen Natur; sie sind die unabdingbaren Normen eines vernunftmäßigen und eines gottgefälligen, eines heilbringenden und heiligen Menschenlebens und Gemeinschaftslebens.

Gott, unser Vater, will mit diesen Geboten uns, seine Kinder, sammeln, wie die Henne ihre Küchlein unter ihre Flügel sammelt. Wenn wir Menschen diesen Befehlen, diesen Einladungen, diesem Rufe Gottes folgen, dann sind wir behütet, beschützt, vor Unheil bewahrt, gegen das drohende Verderben verteidigt, wie die Küchlein unter den Flügeln der Henne.

„Jerusalem, Jerusalem, wie oft wollte ich deine Kinder sammeln, wie die Henne ihre Küchlein unter ihre Flügel sammelt. Aber du hast nicht gewollt!" Soll das aufs neue wahr werden in unserem deutschen Vaterlande, in unserer westfälischen Heimat, in unserer Stadt Münster? Wie steht es in Deutschland, wie steht es hier bei uns mit dem Gehorsam gegen die göttlichen Gebote? Das achte Gebot: „Du sollst kein falsches Zeugnis geben, du sollst nicht lügen!" Wie oft wird es frech, auch öffentlich verletzt!

Das siebte Gebot: „Du sollst nicht fremdes Gut dir aneignen!" Wessen Eigentum ist noch sicher nach der willkürlichen und rücksichtslosen Enteignung des Eigentums unserer Brüder und Schwestern, die katholischen Orden angehören. Wessen Eigentum ist geschützt, wenn dieses widerrechtlich beschlagnahmte Eigentum nicht zurückerstattet wird?

Das sechste Gebot: „Du sollst nicht ehebrechen!" Denkt an die Anweisungen und Zusicherungen, die der berüchtigte Offene Brief des inzwischen verschwundenen Rudolf Heß[b], der in allen Zeitungen veröffentlicht wurde, über den freien Geschlechtsverkehr und die uneheliche Mutterschaft gegeben hat. Und was kann man sonst noch über diesen Punkt auch hier in Münster an Schamlosigkeit und Gemeinheit lesen und beobachten und erfahren! An welche Schamlosigkeit in der Kleidung hat die Jugend sich gewöhnen müssen. Vorbereitung späteren Ehebruchs! Denn es wird die Schamhaftigkeit zerstört, die Schutzmauer der Keuschheit.

Jetzt wird auch das 5. Gebot: „Du sollst nicht töten" beiseite gesetzt und unter den Augen der zum Schutz der Rechtsordnung und des Lebens verpflichteten Stellen übertreten, da man es sich herausnimmt, unschuldige, wenn auch kranke Mitmenschen, vorsätzlich zu töten, nur weil sie „unproduktiv" sind, keine Güter mehr produzieren können.

Wie steht es mit der Befolgung des 4. Gebotes, das Ehrfurcht und Gehorsam gegen die Eltern und Vorgesetzten fordert? Die Stellung der Autorität der Eltern ist schon weithin untergraben und wird mit all den Anforderungen, die gegen den Willen der Eltern der Jugend auferlegt werden, immer mehr erschüttert. Glaubt man, daß aufrichtige Ehrfurcht und gewissenhafter Gehorsam gegen die staatliche Obrigkeit erhalten bleiben, wenn man fortfährt, die Gebote der höchsten Obrigkeit, die Gebote Gottes zu übertreten, wenn man sogar den Glauben an den einzig wahren, überweltlichen Gott, den Herrn des Himmels und der Erde bekämpft, ja auszurotten versucht?

Die Befolgung der drei ersten Gebote ist ja schon lange in der Öffentlichkeit in Deutschland und auch in Münster weithin eingestellt. Von wie vielen wird der Sonntag nebst den Feiertagen entweiht und dem Dienste Gottes entzogen! Wie wird der Name Gottes mißbraucht, verunehrt und gelästert! Und das 1. Gebot: „Du sollst keine fremden Götter neben mir haben!" Statt des einzig wahren ewigen Gottes macht man sich nach Gefallen eigene Götzen, um sie anzubeten: Die Natur oder den Staat oder das Volk oder die Rasse. Und wie viele gibt es, deren Gott in Wirklichkeit nach dem Wort des hl. Paulus „der Bauch" ist (Phil. 3,19), das eigene Wohlbefinden, dem sie alles, selbst Ehre und Gewissen opfern, der Sinnengenuß, der Geldrausch, der Machtrausch! Dann mag man es auch versuchen, sich selbst göttliche Befugnisse anzumaßen, sich zum Herrn zu machen über Leben und Tod der Mitmenschen.

„Als Jesus nach Jerusalem kam und die Stadt sah, weinte er über sie und sprach: Wenn du es doch erkenntest, noch heute, an diesem Tage, was dir zum Frieden dient! Nun aber ist es vor deinen Augen verborgen. Siehe, es werden Tage über dich kommen, wo deine Feinde dich zu Boden schmettern werden, dich und deine Kinder, und in dir keinen Stein auf dem anderen lassen werden, weil du die Tage deiner Heimsuchung nicht erkannt hast."

---

[b] Rudolf Heß (1894–1987), seit 1927 Privatsekretär Hitlers, ab 1933 Stellvertreter Hitlers als Parteiführer im Ministerrang. Er flog 1941 nach England und sprang mit einem Fallschirm über Schottland ab, um Friedensgespräche zu ermöglichen. Im Nürnberger Prozeß erhielt er eine lebenslängliche Haftstrafe.

Mit seinen leiblichen Augen schaute Jesus damals nur die Mauern und Türme der Stadt Jerusalem, aber göttliche Allwissenheit sah tiefer, erkannte, wie es innerlich mit der Stadt stand und mit ihren Bewohnern: „Jerusalem, wie oft wollte ich deine Kinder sammeln, wie die Henne ihre Küchlein unter ihre Flügel sammelt, aber du hast es nicht gewollt!" Das ist der große Schmerz, der Jesu Herz bedrückt, der seinen Augen Tränen entlockt. Ich wollte dein Bestes. Aber du willst nicht! Jesus sieht das Sündhafte, das Furchtbare, das Verbrecherische, das Verderbenbringende dieses Nichtwollens!" Der kleine Mensch, das hinfällige Geschöpf, stellt seinen geschaffenen Willen gegen Gottes Willen! Jerusalem und seine Bewohner, sein auserwähltes und bevorzugtes Volk, stellt seinen Willen gegen Gottes Willen! Trotzt töricht und verbrecherisch dem Willen Gottes! Warum weint Jesus über die abscheuliche Sünde und über die unausbleibliche Bestrafung. Gott läßt seiner nicht spotten!

Christen von Münster! Hat der Sohn Gottes in seiner Allwissenheit damals nur Jerusalem und sein Volk gesehen? Hat er nur über Jerusalem geweint? Ist das Volk Israel das einzige Volk, das Gott mit Vatersorge und Mutterliebe umgeben, beschützt, an sich gezogen hat? Und das nicht gewollt hat? Das Gottes Wahrheit abgelehnt, Gottes Gesetz von sich geworfen und so sich ins Verderben gestürzt hat?

Hat Jesus, der allwissende Gott, damals auch unser deutsches Volk geschaut? Auch unser Westfalenland, unser Münsterland, den Niederrhein? Und hat er auch über uns geweint? Über Münster geweint? Seit tausend Jahren hat er unsere Vorfahren und uns mit seiner Wahrheit belehrt, mit seinem Gesetz geleitet, mit seiner Gnade genährt, uns gesammelt, wie die Henne ihre Küchlein unter ihre Flügel sammelt. Hat der allwissende Sohn Gottes damals gesehen, daß er in unserer Zeit auch über uns das Urteil sprechen muß: „Du hast nicht gewollt. Seht, euer Haus wird euch verwüstet werden." Wie furchtbar wäre das!

Meine Christen! Ich hoffe, es ist noch Zeit. Aber es ist die höchste Zeit! Daß wir erkennen, noch heute, an diesem Tage, was uns zum Frieden dient, was allein uns retten, vor dem göttlichen Strafgericht bewahren kann:

Daß wir rückhaltlos und ohne Abstrich die von Gott geoffenbarte Wahrheit annehmen und durch unser Leben bekennen. Daß wir die göttlichen Gebote zur Richtschnur unseres Lebens machen und ernst machen mit dem Wort: lieber sterben als sündigen!

Daß wir in Gebet und aufrichtiger Buße Gottes Verzeihung und Erbarmen anflehen auf uns, auf unsere Stadt, auf unser Land, auf unser liebes deutsches Volk!

Wer aber fortfahren will, Gottes Strafgericht herauszufordern, wer unsern Glauben lästert, wer Gottes Gebote verachtet, wer gemeinsame Sache macht mit jenen, die unsere Jugend dem Christentum entfremden, die unsere Ordensleute berauben und vertreiben, mit jenen, die unschuldige Menschen, unsere Brüder und Schwestern, dem Tode überliefern, mit dem wollen wir jeden vertrauten Umgang meiden, dessen Einfluß wollen wir uns und die Unsrigen entziehen, damit wir nicht angesteckt werden von seinem gottwidrigen Denken und Handeln, damit wir nicht mitschuldig werden und somit anheimfallen dem Strafgericht, das der gerechte Gott verhängen muß und verhängen wird über alle, die gleich der undankbaren Stadt Jerusalem nicht wollen, was Gott will.

O Gott, laß uns doch alle heute, an diesem Tage, bevor es zu spät ist, erkennen, was uns zum Frieden dient!

O heiligstes Herz Jesu, bis zu Tränen betrübt über die Verblendung und über die Missetaten der Menschen, hilf uns mit deiner Gnade, daß wir stets das erstreben, was dir gefällt, und auf das verzichten, was dir mißfällt, damit wir in deiner Liebe bleiben und Ruhe finden für unsere Seelen. Amen.

Lasset uns beten für die armen, vom Tode bedrohten Kranken, für unsere verbannten Ordensleute, für alle Notleidenden, für unsere Soldaten, für unser Volk und Vaterland und seinen Führer.

Arthur Kuhn

Bericht (1945)

Aus: Die Ermordeten waren schuldig? Amtliche Dokumente der Direction de la Santé Publique der französischen Militärregierung. Dezember 1945. Untersuchungsergebnisse nach einem Bericht von Dr. Robert Poltrot. Baden-Baden 2. Aufl. 1945. („Rapport sur la destinée de l'Assistance Psychiatrique en Allemagne du Sud-Ouest pendant le Régime Nationalsocialiste", Übersetzerin: Victoria v. Bülow), S. 78 – 89.

Kuhn (1889 – 1953), Dr. med., Leiter der Anstalt in Emmendingen, schrieb den folgenden Bericht für eine amtliche Untersuchung der französischen Militärregierung kurz nach dem Kriege. Der vollständige Titel lautet: Bericht über meine anläßlich der Durchführung der sogenannten ‚planwirtschaftlichen Maßnahmen' in der Heil- und Pflegeanstalt bei Konstanz in den Jahren 1939 – 41 und in Emmendingen 1943 und 44 gemachten Erfahrungen. Der mit der Untersuchung betraute Chefarzt der neurologischen Kliniken der französischen besetzten Zone, Dr. Poltrot, stellte in der Einleitung der Dokumentation fest, in Süddeutschland habe die Ausrottung Geisteskranker, die „seit 1939 in Anwendung von Allgemeinen Verordnungen der Regierung" durchgeführt worden sei, besonders großes Aufsehen erregt. „Zu Beginn der Besetzung hatten sich die Gemüter über die Zustände noch nicht beruhigt, wodurch es ein Leichtes war, Beobachtungen vorzunehmen und Studien auszuführen. Die zeitlichen und örtlichen Verhältnisse waren während dieser Anfangsperiode der Besetzung besonders günstig gelagert" (S. 5). Kuhn nennt in seinem Bericht mehrere Ärzte. Dr. med. Ludwig Sprauer war der höchste Medizinalbeamte in Baden, Dr. med. Eugen Stähle der höchste Medizinalbeamte in Württemberg. Dr. med. E. Schneider war Referent im Innenministerium in Baden. Einige von ihm genannten Ärzte kamen nur während der Ardennenoffensive der Deutschen Wehrmacht im Kriegswinter 1944/45 mit der Anstalt in Emmendingen in Berührung. Nähere Daten haben die Herausgeber daher nicht ermittelt.

Dr. A. Kuhn, Anstaltsdirektor.
Emmendingen, den 23. Okt[ober] 1945

Bericht
über meine anläßlich der Durchführung der sogenannten „planwirtschaftlichen Maßnahmen" in der Heil- und Pflegeanstalt bei Konstanz in den Jahren 1939 – 41 und in Emmendingen 1943 und 44 gemachten Erfahrungen:
Wenn ich heute, 5 Jahre nach jenem fürchterlichen Geschehen, versuche, mir den Eindruck und die Auswirkung, welche die vom Reichsminister des Innern, oder wie es auch hieß, vom „Reichsverteidigungskommissar" angeordneten und durchgeführten „planwirtschaftlichen Maßnahmen" in der damals von mir geleiteten Anstalt Reichenau bei Konstanz auf uns und unsere nächste Umgebung hervorgerufen haben, nochmals zu vergegenwärtigen, so erfaßt mich heute noch Schaudern über jene brutale, gewissenlose, auch als Maßnahme eines „totalen Krieges" nicht zu rechtfertigende Massenvernichtung kranker Menschen. Und wenn maßgebliche Befür-

worter jenes schändlichen Vorgehens der Sache den Anschein eines „Wohltuns", einer „Euthanasie", zu geben sich unterfingen, so gaben sie sich damit entweder als Heuchler und Lügner zu erkennen, oder sie waren, falls es ihnen wirklich ernst damit war, trotz ihrer hohen medizinischen Würden ohne jede Fachkenntnis des Wesens und der Psyche unserer Geisteskranken. Sie hätten sonst gewußt, daß es sehr schwer sein dürfte, unter den kranken Insassen einer Anstalt auch nur einen einzigen nach der „Wohltat" einer solchen Maßnahme verlangenden Kranken herauszufinden.

Wie dankbar oft auch scheinbar stumpfe schizophrene Endzustände für die kleinen Freuden des Alltags sind, und wie sie sich etwa über die warmen Strahlen der Sonne noch freuen können, wissen die mit diesen Kranken zusammen in der Gemeinschaft einer Heil- und Pflegeanstalt lebenden gesunden Bewohner der Anstalt, vor allem die Ärzte und das Pflegepersonal, nur zu gut. Gerade sie können auch bezeugen, mit welcher Geduld, Anhänglichkeit und Liebe die Angehörigen eines solchen Kranken diesen oft umhegen und Anteil an seinem Ergehen nehmen, ohne das Verlangen nach seiner Vernichtung auch nur anzudeuten.

Ein etwa als Einwand gegebener Hinweis auf die oft schwer leidenden und manchmal hoffnungslos verzweifelnd den Tod erstrebenden Depressiven kann leicht damit entkräftet werden, daß diese ja nach dem durch sachgemäße Behandlung abgekürzten Ablauf ihres Leidens meist wieder genesen und lebensfroh werden können, daß gerade diese Kranken also vor dem Sterben geschützt werden müssen. Welcher verantwortungsbewußte Arzt wird es wagen, sich die Entscheidung darüber zuzutrauen, wann ein Menschenleben als verloren anzusehen ist, weil eine absolute Sicherheit in diesen Fragen eben nicht gegeben ist. Das Sinnlose und Abwegige des Verfahrens ist allein schon damit gekennzeichnet.

Eine andere Seite des Problems ist die, daß sehr viele unserer Geisteskranken gar nicht unter ihrer Krankheit „leiden", sich überhaupt nicht krank fühlen, so daß das Motiv einer Abkürzung von „Leiden", d. h. eines Gnadenaktes, einer „humanen" Handlung aus Mitleid, für die an unseren Geisteskranken damals vollzogene summarische Tötung nicht herangezogen werden kann. Die ganze Aktion kann aber damit nicht anders denn als Mord oder als Henkersarbeit bezeichnet werden. Man mußte sich in jenen Tagen und Wochen schämen, noch Arzt zu sein und zu einem Stande zu gehören, dessen damals maßgebende Vertreter zu so schändlichem Handeln fähig waren.

Der uns auf unsere entsetzten Fragen und Einwendungen in obigem Sinne immer wieder vom zuständigen Medizinalreferenten des Ministeriums des Innern, Regierungsdirektor Dr. Sprauer, gegebene Hinweis, daß die Räumung der Anstalten auf Anordnung des „Reichsverteidigungskommissars" erfolge, konnte den Gedanken nahelegen, daß vielleicht wirtschaftliche, mit der Kriegführung in Zusammenhang stehende Gründe den Anstoß zu der Aktion gegeben haben könnten. Aber abgesehen davon, daß die Entscheidung über Sein oder Nichtsein von Menschenleben auch in Kriegszeiten nicht in Abhängigkeit gebracht werden darf von wirtschaftlichen Erwägungen, sei darauf hingewiesen, daß die badischen Anstalten – mit Ausnahme vielleicht von der Anstalt Illenau –, solange sie noch ihrem eigentlichen Zwecke dienten und mit Geisteskranken belegt waren, in jedem Jahr sehr hohe finanzielle Überschüsse an die Staatskasse abführen konnten, im Gegensatz zu später, wo während ihrer Verwendung als nationalsozialistische Schulen dies alles in Wegfall kam und nebenbei noch die wertvollen und umfangreichen Gutswirtschaften der früheren Heil- und Pflegeanstalten zurückgingen. Mein einmal dem Ministerialvertreter gegenüber gemachter Einwand, die Aktionen doch zu unterlassen und den Anstalten dafür die Auflage zu machen, durch forcierten Anbau der Ernährung dienenden Produkte sich unabhängig vom allgemeinen Markt zu machen und sich ganz auf Selbstversorgung umzustellen, wurde mit Achselzucken und schließlich mit dem Hinweis auf eine strafbare Kritik an einer geheimen Maßnahme der Reichsverteidigung abgetan.

Aber wie haben nun die Machthaber des Hitlerreiches ihre Absicht, sich vieler Geisteskranker, die man als wertlosen und überflüssigen Ballast ansah, unter Ausnützung der Kriegsverhältnisse und entgegen der zu erwartenden Ablehnung der Anstaltsärzte zu entledigen, in die Tat umgesetzt, d.h. wie haben sich die in Frage kommenden Ereignisse damals *in der Anstalt Reichenau* bei Konstanz abgespielt?

Nach Kriegsbeginn im Herbst 1939 erhielten die Heil- und Pflegeanstalten vom Reichsministerium des Innern in Berlin Meldebogen zugeschickt, die genau auszufüllen waren und sodann bis 1.11.1939 an den Reichsminister des Innern zurückgeschickt werden mußten. In dem Begleitschreiben war darauf hingewiesen, daß
1. alle Kranken berücksichtigt werden sollten, die an folgenden Krankheiten litten: Schizophrenie, Epilepsie (falls exogen, waren die Ursachen anzugeben), senile Erkrankungen, therapierefraktäre Paralyse u.a. Lueserkrankungen, Enzephalitis, Huntington u.a. neurologischen Endzuständen,
2. die Kranken, die sich seit mindestens 5 Jahren dauernd in der Anstalt befanden,
3. die, welche als kriminelle Geisteskranke verwahrt waren,
4. die, welche nicht die deutsche Staatsangehörigkeit besaßen oder „nicht deutschen oder artverwandten Blutes" waren.

Ein großes Rätselraten hub bei uns Anstaltsärzten an über den Zweck dieser Statistik, der noch unklarer wurde, als die Fragebogen bald in etwas abgeänderter und erweiterter Form erschienen, wobei besonders die Rubrik über die anzugebende Art und den prozentualen Wert der von den einzelnen Patienten geleisteten Arbeit auffällig erschien. Die allgemeine Meinung ging schließlich dahin, daß es sich wohl um eine Statistik handelte über die evtl. arbeitsmäßige Einsatzfähigkeit der Geisteskranken. Daß die Fragebogen dem Reichsminister des Innern die Unterlagen lieferten für die von ihm im folgenden Jahr 1940 durchgeführte Aktion, wurde man erst viel später mit Schrecken gewahr, als das Unheil längst seinen Lauf genommen hatte.

Anfang Mai 1940 erschien nun in Reichenau eines Tages eine Autobuskolonne, begleitet von besonderem SS-Personal und geführt von einem Transportführer, der mit einem Ausweis des Reichsministers des Innern versehen, eine Liste von Kranken vorlegte, die er im Auftrag des Reichsverteidigungskommissars in eine andere Anstalt, nämlich Zwiefalten in Württemberg, überführen müsse. Der wortkarge Transportführer wich allen Fragen nach den Gründen der Verlegungen aus, wies darauf hin, daß es sich um eine geheime militärische Angelegenheit handle, und daß die Angehörigen der Kranken darauf hingewiesen werden sollten, daß sie von der neuen Anstalt bald Nachricht bekommen würden. Eine weitere Auskunft dürfe nicht gegeben werden, wie auch jede Benachrichtigung von Angehörigen über weitere bevorstehende Transporte zu unterbleiben habe. So kamen die Anstaltsärzte in die beschämende Lage, den Angehörigen ihrer Kranken, wenn sie ihnen nicht ganz zuverlässig und verschwiegen erschienen, nur in unbestimmten Andeutungen Auskunft geben zu können.

Obgleich der Zweck dieses ersten Transportes noch nicht völlig klar erschien, so wurden doch alle, Ärzte und Anstaltspersonal, von der unheimlichen Atmosphäre des Abtransports, von dem abstoßenden Eindruck des von niemand einer Anrede gewürdigten Begleitpersonals und seines jeder Auskunft ausweichenden Anführers abgestoßen und mit Schaudern erfüllt, zugleich aber auch mit tiefstem Mitleid mit unseren ahnungslos die Autobusse besteigenden Kranken. Eine unserer älteren, besonders ergriffenen Pflegerinnen suchte sich und mich unter Tränen damit zu trösten, daß der Herrgott dieses Unrecht einmal ahnden werde.

Bald nach diesem Transport – wann kann ich nicht mehr sagen – kam der Medizinalreferent des Ministeriums Dr. Sprauer in die Anstalt und machte mir auf meine Interpellation hin mit großer Zurückhaltung und wieder unter Androhung, daß seine Mitteilung als Staatsgeheimnis zu gelten habe, dessen Bruch ein Verfahren wegen Hochverrats nach sich ziehen werde, Andeutungen über das Schicksal, das für unsere Anstalten und ihre armen Insassen in Aussicht genommen war. Er ließ durchblicken, daß ein von Hitler bereits unterschriebenes Gesetz parat liege, daß nur der Zeitpunkt seiner Veröffentlichung noch nicht für geeignet gehalten werde, daß seine Durchführung, nämlich die „Euthanasie" der Geisteskranken, aber bereits im Gange sei. Als ich ihm entsetzt das Unmenschliche und Verabscheuungswürdige eines solchen Verfahrens entgegenhielt und erklärte, was ich ihm später für meine Person auch nochmals schriftlich klar zu verstehen gab, daß von uns Ärzten niemand sich an dieser Sache beteiligen könne, zumal sie, wie die Geheimniskrämerei dartue, offenbar das Licht zu scheuen habe, gab er die Erklärung, daß die Kranken nach einer von Berlin getroffenen Auswahl in andere bestimmte Anstalten verlegt und dort nochmals genau untersucht und ausgewählt würden. Weitere Einzelheiten waren nicht zu erfahren.

In tiefer Erschütterung orientierte ich, entgegen dem auferlegten Schweigeverbot, das Ärztekollegium, fuhr nach Konstanz, um den Landgerichtspräsidenten zu unterrichten, der aber selbst erschüttert, bereits im Bilde war und mitteilte, von seiner vorgesetzten Dienststelle bereits einen Wink bekommen zu haben, den von höchster Stelle angeordneten Maßnahmen ihren Lauf zu lassen, begab mich weiter zum Amtsarzt und zum Leiter der Ärzteorganisation, wo aber ebenfalls keine Hilfe zu erhalten war.

Zufällig besuchte in jener Zeit der juristische Referent der Medizinalabteilung des Ministeriums des Innern unsere Anstalt, ein sehr rechtlich und human denkender Mann vornehmster Gesinnung, der selbst von tiefem Abscheu erfüllt war, und mit dem ich mich hinter verschlossenen Türen rückhaltlos aussprechen konnte. Es ergab sich, daß von keiner Seite eine Hilfe zu erwarten und keine Möglichkeit gegeben war, das nicht nur mit staatlicher Billigung, sondern auf staatliche Anordnung an unseren Kranken verübte unerhörte Unrecht zu verhüten. Es gab nur eines, den gefährlichen Versuch zu machen, die Maßnahmen dadurch zu sabotieren, daß man Angehörigen unauffällig einen Wink gab, ihr krankes Angehöriges heimzuholen, oder indem man Diagnosen fälschte und vorgab, diese und jene Kranke seien als fleißige und wertvolle Arbeitskräfte unentbehrlich für die Aufrechterhaltung des Anstaltsbetriebs. Von diesen Möglichkeiten konnten wir bei den folgenden Transporten ausgiebig Gebrauch machen, weil die Listen mit den Namen der Abzuholenden uns nunmehr vom Ministerium des Innern vor dem Eintreffen der Autokolonne an die Anstalt geschickt wurden, oder weil der Transportleiter die Liste von Konstanz aus, wo die Kolonne sich sammelte und parkte, 1–2 Tage an die Anstalt vorausgeschickt hatte.

Wie ein Alp [!] lastete nun die Erwartung und Angst vor neuen Transporten auf Ärzten und Pflegepersonal, und die düstere Stimmung übertrug sich auch auf die Angehörigen der Anstaltsfamilien. Über unseren speziellen psychiatrischen Fachberuf schien das Todesurteil gesprochen zu sein, und der bisherige geachtete ärztliche Beruf war mit Schande befleckt.

Bald brachten uns einzelne Angehörige die Nachricht vom Ableben verlegter Kranker und wiesen eine von der „Landesanstalt Grafeneck" ausgestellte Sterbeurkunde nebst einem Begleitschreiben vor. Damit wurde uns zum ersten Male der unselige grauenvolle Name jener dann so berüchtigten sogenannten Anstalt bekannt, in der so viele unserer Kranken ihr Leben lassen mußten. Über die Methode der Tötung drang nie eine Nachricht an unsere Ohren, erst viel später sickerte durch, daß der Tod der Opfer durch ein Gas herbeigeführt wurde. Bemerkenswert war, daß die meisten der Angehörigen zwar voller Empörung und in tiefem Abscheu, in Trauer und Verbitterung das ihnen angetane Leid hinnahmen, dann aber doch merkwürdig resigniert sich in alles schickten, wohl nur deshalb, weil sie wußten, daß doch nirgends ein Richter und Helfer zu finden sei, und weil jede freie Meinungsäußerung ja damals von vornherein geknebelt war.

Ende 1940 und Anfang 1941 wurden die Transporte, die übrigens unter der getarnten Firma: „Gemeinnützige Krankentransportgesellschaft" sich abspielten und zunächst meist als Ziel die Anstalt Zwiefalten in Württemberg angaben – manchmal war das Ziel auch unbekannt –, nach Wiesloch und zuletzt mit etwa 200 Männern und 290 Frauen nach der Anstalt Emmendingen geleitet.

Die schöne Anstalt Reichenau, die so vielen Kranken Linderung und Heilung gebracht hatte und die alte, weltbekannte Illenau mit ihrer hohen wissenschaftlichen Tradition und Kultur, wie auch die erst einige Jahre alte Anstalt Rastatt waren als äußere Opfer der Aktion zerschlagen, so daß fortan dem Lande Baden nur noch die beiden Anstalten Emmendingen bei Freiburg und Wiesloch bei Heidelberg erhalten blieben. Das Ansehen und Zutrauen nicht nur zu den Anstalten war infolge der Geschehnisse dahingeschwunden, sondern das Ansehen des Ärztestandes überhaupt, und ich erinnere mich noch mit Erschütterung, wie in Reichenau eines Tages angstvoll die Frau eines in der Nähe der Anstalt wohnenden Kriegsblinden zu mir kam, um sich von mir beruhigen und versichern zu lassen, daß ihrem Mann, der in großer Angst lebte, nichts passieren werde. Und tieftraurig berührte es mich, als ich bei einem mir nächststehenden todkranken Menschen es nur mit der allergrößten Mühe erreichen konnte, ihm die Angst vor dem Abgeholtwerden zu nehmen. Die Geisteskranken aber schwebten in der Gefahr, von nun an als Freiwild betrachtet zu werden, und hier in Emmendingen trat tatsächlich eines Tages – ich glaube, es war anfangs 1944 – ein bekannter Kliniker mit dem Ansinnen an mich heran, ihm zu gestatten, daß er, der sich mit der Lösung des Problems der Lymphogranulomatose beschäftigte, an einigen Kranken der Anstalt experimentiere. Daß ich sein Ansinnen in aller Deutlichkeit und ohne jede Diskussion ablehnte, wurde nicht begriffen.

Emmendingen: Um die Mitte des Jahres 1944 erfaßte uns in Erinnerung an die Erlebnisse der vergangenen Jahre erneut große Aufregung, als Anfang Juni plötzlich wieder ein „Transportleiter" in der Anstalt Emmendingen, wo ich seit Mai 1943 Direktor war, erschien mit einem entsprechenden Ausweis und einer Liste von Kranken versehen, die im Auftrag des sog. „Reichsbeauftragten für die Heil- und Pflegeanstalten" in die Anstalt Eichberg im Taunus verlegt werden sollten.

Auf unsere mißtrauischen Fragen versicherte der Transportleiter – ein Verwaltungsbeamter –, daß es sich keineswegs um die früheren Aktionen handle, und daß wir unbesorgt sein könnten. Der von mir telephonisch befragte Regierungsdirektor im Innenministerium in Karlsruhe bestätigte diese Angaben. Gleichwohl blieb aber unser Argwohn und Mißtrauen bestehen, und ich gab deshalb unserer von mir zur Begleitung des mit der Bahn erfolgenden Transportes mitgeschickten Oberin und einigen zuverlässigen Pflegerinnen die Weisung, unter allen Umständen bei den Kranken zu bleiben, bis sie wieder in Betten untergebracht waren, und sich keinesfalls vorher abweisen zu lassen. Tatsächlich gelang es der Oberin Schönenberger und einigen Pflegerinnen nach dem Ausladen am Bestimmungsbahnhof mit den Kranken in die einige Kilometer abseits gelegene Anstalt hineinzugelangen, während das Gros unseres Begleitpersonals an der Bahnstation zurückgehalten wurde. Der Bericht unseres zurückkehrenden Personals lautete dann tatsächlich so niederschmetternd, daß wir überzeugt waren, daß Eichberg zu jenen berüchtigten Anstalten vom Stile der früheren Anstalt Grafeneck gehören müsse. Wohl schrieben uns noch längere Zeit einzelne unserer verlegten Kranken, doch hatte unser Personal merkwürdige Eindrücke in Eichberg erhalten, so z.B. daß der Ton des dortigen Personals robuster war als üblich, daß sehr großzügig Injektionen verabreicht wurden, daß viele weibliche Kranke kahlgeschoren waren und daß, den zahlreichen Gräbern auf dem auch sonst einen eigenartigen Anblick bietenden Friedhof nach zu schließen, die Zahl der Todesfälle in dieser Anstalt hoch sein mußte.

Kurze Zeit nach diesem Transport kam eine aus 2 jungen angeblichen Psychiatern bestehende Ärztekommission in die Anstalt Emmendingen, wieder mit einem Ausweis des Reichsministeriums des Innern, wonach sie beauftragt waren, die Sicherungsverwahrten, d.h. die durch ihre Kriminalität auffällig gewordenen und auf Grund des § 42 b des Strafgesetzbuches als psychisch abwegige zur Sicherung und Besserung in unserer Anstalt untergebrachten Insassen einer Nachuntersuchung zu unterziehen. Ich habe mir erlaubt, die Arbeit dieser Kommission, die sich in großer Eile abwickelte, zu kontrollieren und geriet alsbald in einen erregten Disput mit ihnen, über dessen Niederschlag ich mir s[einer] Z[eit] sofort Notizen gemacht habe, die ich heute noch besitze.

So gab der eine der beiden Herren in überheblicher Weise seinem Erstaunen darüber Ausdruck, „was da alles als Psychopathie gilt, dabei sieht man den Leuten nichts an", der Psychopath müsse doch „etwas Abnormes, z.B. Paranoisches", bieten. Er hob darauf ab, daß in der Anstalt hier Kriminelle untergebracht seien, die eigentlich in eine Strafanstalt gehörten, aber nicht in die Heil- und Pflegeanstalt. Ich gab ihm klar zu verstehen, daß es eben im Wesen dieser Kranken liege, daß sie bei einer kurzen Untersuchung meist nichts Besonderes darböten, daß aber bei einer intensiveren Beschäftigung mit ihnen, die vor allem auch eine längsschnittmäßige Betrachtung der Persönlichkeit in sich schließen müsse, es sehr wohl möglich sein würde, das Psychopathische aufzudecken. Nur so könne z.B. eine auf dem Gebiet des Willens sich auswirkende abnorme Haltlosigkeit, für die der Betreffende nichts könne, erkannt werden, oder Verstimmungen oder andere besondere Anlagen, die als Krankheit im Sinne des § 51 des RStrGB. angesehen werden müßten und den Beweis dafür lieferten, daß einem solchen Kranken die freie Willensbestimmung bei der Begehung seiner strafbaren Handlung gefehlt habe.

Man ließ meine Einwände nicht gelten, bestand vielmehr darauf, daß zum Begriff des Psychopathischen mehr gehöre, daß doch nicht jeder Schwerverbrecher oder Rückfällige ein Psychopath sei, daß man dann „keinem mehr den Kopf abhacken" könne, daß man schon über 5000 Krankengeschichten daraufhin durchgelesen habe, aber offenbar noch nicht lange genug Psychiater sei, etc. Ich habe daraufhin bestimmt erklärt, daß bei uns gewissenhaft gearbeitet werde, und daß man überzeugt sein dürfe, daß sich unter den hier untergebrachten Kriminellen niemand befände, dem nicht mit Fug und Recht wegen seiner psychopathischen Veranlagung die strafrechtliche Verantwortlichkeit abgesprochen worden sei. Die beiden Herrn, die offensichtlich Kontrollorgane gegenüber den wohl als nicht zuverlässig genug geltenden Anstaltsärzten darstellten, führten ihre Untersuchungen sehr rasch zu Ende und fuhren, nachdem sie noch ein dringendes Telephongespräch mit Kitzbühel in Tirol geführt hatten, mit ihrem Wagen dorthin ab zur Erholung. Sie waren im Auto von Berlin gekommen und hatten eine große Anzahl von Heil- und Pflegeanstalten besucht in einer Zeit, wo bereits große Benzinknappheit herrschte und gesunde und kräftige Männer dieses Schlages für den Einsatz an der Front gesucht waren.

Anfangs Dezember 1944 drohte neues Unheil, als ein Ärztekommando zweier deutscher, bisher in der Umgebung von Emmendingen in Ruhe gelegener Kriegslazarette unter der Führung eines sehr überheblichen und rücksichtslosen preußischen Oberstarztes zu mir kam und kurzerhand von mir die Räumung der Anstalt verlangte, wo sie befehlsgemäß ihre Lazarette einrichten müßten. Ich weigerte mich, auch nur einen Finger zu rühren und wies darauf hin, daß ich nur von seiten meiner vorgesetzten Behörde, des Badischen Innenministeriums, Befehle entgegennähme, und daß ich die Verantwortung für das Wohl und Wehe von 1100 Geisteskranken zu tragen hätte, die man nicht einfach auf die Straße stellen könne. Man lehnte es rundweg ab, mit den „viel zu langsam arbeitenden Behörden" zu verhandeln, stellte dafür aber das Eingreifen des Reichsführers der SS, Himmler, drohend in Aussicht.

Die nun in der Folge sich abspielenden Ereignisse stellten größte Anforderungen an unsere körperliche und seelische Leistungsfähigkeit, und es ist mir nicht möglich, in diesem Bericht all die großen

Schwierigkeiten, die zu überwinden waren, aufzuzählen, ich darf aber erwähnen, daß dank der aufopfernden Mithilfe der gleichgesinnten Ärzte und des Pflegepersonals alles gemeistert wurde. Eine Hilfe des Innenministeriums, die ich wiederholt dringend telephonisch, telegraphisch, durch Kurier und gewöhnliche Post anforderte, erhielt ich dabei nicht, ich war verlassen und niemand rührte sich. Während mich damals dieses Verlassensein mit Erbitterung und Zorn erfüllt hatte, muß ich heute rückschauend froh darüber sein, weil nur dadurch, daß wir auf eigene Füße gestellt waren und in eigener Verantwortung handeln konnten, unsere Anstrengungen von Erfolg gekrönt waren. Folgendes spielte sich ab:

Am 3.12.1944 hatte mich der Chefarzt des in den Räumen der Anstalt schon seit längerer Zeit eingerichteten Reservelazaretts telephonisch verständigt, daß der zuständige Armeearzt, SS-Gruppenführer Generalarzt Dr. Gebhardt, wegen der Räumung der hiesigen Heil- und Pflegeanstalt beim Gauleiter von Baden Vorsprache genommen habe, da hier in Emmendingen die einzige Möglichkeit im Bereich der XIX. Armee gegeben sei, um eine genügende Anzahl Betten zur Unterbringung der in unerwartet großer Zahl anfallenden Verwundeten bereit zu stellen. Es gelang mir, unter Hinweis, daß bei einer totalen Räumung der Anstalt die Koch- und Waschküche, das Maschinenhaus mit seinen der Heizung, der Warmwasserbereitung und Trinkwasserversorgung dienenden Anlagen, die Werkstätten, der Gutsbetrieb und die Gärtnerei, die alle nur mit der Hilfe unserer fleißig arbeitenden Kranken umzutreiben und aufrecht zu erhalten waren, still gelegt sein würden, zu erreichen, daß man zusagte, eine Anzahl unserer Kranken, zunächst 120, dann 200, hier zu behalten, und mit ihnen in der Folge dann den Betrieb der Anstalt zu retten und bis heute aufrecht zu erhalten, der sonst wohl auf längere Zeit hinaus, wenn nicht überhaupt für immer, zum Erliegen gekommen wäre.

Kurz nach diesem Telephongespräch kam im Laufe des Vormittags desselben Tages im Auftrag seines Chefarztes der Stabsintendant Hauer zu mir, um mir auftragsgemäß mitzuteilen, daß die Räumung der Anstalt so vor sich gehen werde, daß die Geisteskranken von der SS abgeholt würden, und daß der Gauleiter von Baden mich, den Leiter der Anstalt, zusammen mit einem Offizier des Reservelazaretts noch am gleichen Tage in seiner Befehlsstelle in Oberkirch erwarte, um wegen der Räumungsmaßnahmen Rücksprache zu halten. Diese Nachricht, die eine vielleicht noch brutalere Art der Vernichtung unserer Kranken als früher in Aussicht stellt, traf mich so niederschmetternd, daß ich zunächst außer Fassung war. Aber auch der Überbringer der Nachricht war zutiefst erschüttert. Beide gaben wir unserem tiefsten Abscheu über das Geplante Ausdruck und kamen überein, daß wir beide unter allen Umständen das Einschalten der SS verhindern, daß wir selbst handeln und der Gauleitung Sand in die Augen streuen müßten. Der Plan, den wir aushechten, war der, daß der Stabsintendant als Abgesandter des Reservelazaretts mich zur Gauleitung begleiten sollte, und daß er dort als Vertreter der Wehrmacht und Beauftragter des Armeearztes zunächst seine Forderung auf Freimachung der Anstalt geltend machen sollte. Dann hatte ich einzugreifen und zu lügen und klarzulegen, daß die anderweitige Unterbringung unserer Geisteskranken gar kein Problem darstelle, daß in den württembergischen Anstalten und in der

Kreispflegeanstalt Geisingen nach meiner Kenntnis genügend Platz zu ihrer Unterbringung vorhanden sei und daß der Transport, worauf wiederum der Stabsintendant abheben mußte, von der Wehrmacht mit den ihr zur Verfügung stehenden Transportmitteln leicht zu bewerkstelligen sei.

Am Nachmittag des gleichen Tages fuhren wir beide dann in einem von der Krankentransportabteilung erbetenen Personenkraftwagen nach Oberkirch und kamen dank dem forschen Auftreten des Stabsintendanten sofort durch die von der SA gestellten Wachposten hindurch in die Räume der Gauleitung, wo wir – der Gauleiter war glücklicherweise selbst nicht anwesend – vom stellvertretenden Gauleiter und dem Adjutanten des Gauleiters, einem Oberregierungsrat, empfangen wurden. Es ging, zumal die Herren nach ihrer Flucht aus Straßburg recht kleinlaut waren, alles so, wie wir es verabredet hatten, und ich erhielt auf meinen Wunsch vom Adjutanten des Gauleiters, der zwar zunächst Einwendungen machte gegen „das unnötige In-der-Welt-herumfahren der Geisteskranken", eine schriftliche Vollmacht, in Geisingen und den württembergischen Anstalten Zwiefalten und Schussenried für unsere dorthin zu verbringenden Kranken Quartier zu machen.

Auf der Heimfahrt besprachen wir den weiteren Plan und entschlossen uns, die Anstalt Geisingen und die württembergischen Anstalten kurzerhand zu überrumpeln und ihnen die Aufnahme unserer Kranken aufzuzwingen. Der Stabsintendant versprach, für einen Kraftwagen zu sorgen, mit dem wir möglichst bald die Anstalten Geisingen, Schussenried und Zwiefalten aufsuchen wollten, wo er dann wieder als Vertreter der Wehrmacht mit allem Nachdruck die Aufnahme unserer Kranken zu erreichen hatte. Am 5.12.44 fuhr dann der Stabsintendant und, da ich selbst nicht reisen konnte, mein mit ins Vertrauen gezogener Stellvertreter, Oberarzt Dr. Kühne, mit meinem von der Gauleitung Baden ausgestellten Ausweis versehen, zunächst nach Geisingen, wo trotz der bereits bestehenden Überfüllung die Unterbringung von 200 Kranken, wenn auch zunächst in primitiver Form, erreicht werden konnte, und dann nach Schussenried, wo die dortige Anstaltsdirektion sich zunächst hartnäckig weigerte und auf die erst noch einzuholende Zustimmung ihres Ministeriums abhob, dann aber schließlich doch die Aufnahme eines großen Teils unserer Kranken zusagte. Unser Projekt schien aber dann plötzlich durch die badische Gauleitung wieder durchkreuzt zu werden, denn am 10.12. teilt mir der Chefarzt des Reservelazaretts mit, daß der Adjutant des badischen Gauleiters bestimmt habe, daß 300 Kranke nach Illenau gebracht werden sollten, wo die Schule für Volksdeutsche im Räumen begriffen sei. Es gelang mir aber dann, den Armeearzt bzw. seinen Adjutanten telephonisch zu überzeugen, daß die ehemalige Anstalt Illenau, abgesehen davon, daß sie bald unter Artilleriefeuer liegen werde, durch die bisher dort untergebrachte Schule so umgebaut sei, daß sie für die Zwecke der Unterbringung Geisteskranker nicht mehr in Frage kommen könne. Unter fortwährendem Drängen bei der Krankentransportabteilung in Endingen und bei der Krankensammelstelle in Emmendingen, wo ich manchmal mehrmals am gleichen Tage vorsprach, und mit denen ich unzählige Telephongespräche zu jeder Tages- und Nachtzeit führte, gelang es schließlich, am 11.12.1944 einen Lazarettzug und am 13.12. einen aus Personen- und Güterwagen zusammengestellten Sonderzug zu erhalten und 200 Kranke mit einem Arzt, 13 Pflegerinnen und 7 Pflegern nach Geisingen und 410 Kranke mit 2 Ärzten, 41 Pflegerinnen und 5 Pflegern nach Schussenried zu verbringen, so daß 610 Kranke, samt ihrem Gepäck und dem des Personals, wie auch mit großen Magazinvorräten, wenn auch zunächst etwas primitiv, bereits in Sicherheit waren, als mich das Telegramm und ein Telephonanruf des württembergischen Medizinalreferenten, Ministerialrat Stähle, erreichten, in denen er die Aufnahme unserer Kranken in Schussenried kategorisch ablehnte und mir mitteilte, daß er gegen mein „eigenmächtiges Vorgehen" beim badischen Innenminister Verwahrung eingelegt habe.

Inzwischen schien der Reichsbeauftragte für die Heil- und Pflegeanstalten beim Reichsministerium Wind bekommen zu haben, denn am 5.1.1945 erreichte mich ein Telegramm des Inhalts, daß lt. Anordnung des Reichsministers des Innern „320 Kranke sofort nach Wiesengrund bei Pilsen" mit Matratzen, Wäsche und ärztlichem Material abtransportiert werden müßten. Dieser Befehl, der besagte, daß Geisteskranke aus dem südlichsten Baden nach der Tschechoslowakei verlegt werden sollten, erschien mir so unsinnig und gewissenlos, daß ich gar nicht daran dachte, ihn auszuführen. Zufällig erschien am gleichen Tag endlich einer der Medizinalreferenten des badischen Innenministeriums, Dr. Schneider, dem ich zunächst Vorwürfe machte, weil das Ministerium des Innern sich nie mehr um das Schicksal der Anstalt Emmendingen und ihrer Kranken gekümmert hatte, genau so wie man auch nichts unternommen hatte, um die Kranken der Anstalt für Epileptische in Kork bei Kehl, die schon seit längerer Zeit unter Artilleriefeuer lag, aus der Gefahrenzone herauszunehmen. Wegen des befohlenen Transportes nach Wiesengrund bei Pilsen wies ich auf das nicht nur unseren Kranken, sondern auch ihren Angehörigen gegenüber Unverantwortliche hin und erreichte, daß Dr. Schneider zustimmte, den Transport, der nur noch 285 Kranke umfassen sollte, nach einer bayerischen Anstalt, und zwar dem nächstgelegenen Kaufbeuren, zu leiten. Schon am übernächsten Tage, am 7.1.1945, stand der Lazarettzug bereit und brachte die Kranken mit einem Arzt, 14 Pflegerinnen und 4 Pflegern samt Gepäck an das von der Krankentransportabteilung genehmigte Fahrtziel Kaufbeuren. Mit dem Begleitarzt des Zuges war ausgemacht worden, daß in Kaufbeuren sofort nach dem Eintreffen ausgeladen werden sollte, bevor ein Gegenbefehl mit dem Fahrtziel Wiesengrund eintreffen könne. Es ging alles nach Wunsch, so daß nun alle Kranken, die aus Emmendingen verlegt werden mußten, versorgt waren, ohne daß die ursprünglich geplanten Maßnahmen zu ihrer Beseitigung zur Durchführung hatten kommen können. Daß dann auch Kaufbeuren zu den Anstalten gehörte, die sich mit der Beseitigung von Kranken abgaben, haben wir erst mit Entsetzen erfahren, als die dort herrschenden Zustände nach der Besetzung durch die Amerikaner enthüllt wurden.

Der Vollständigkeit halber sei noch erwähnt, daß, während alle anderen Anstaltsärzte die gegen das Leben unserer Kranken gerichteten Aktionen als Schimpf und Schande empfanden und eine Beteiligung daran aufs Schärfste ablehnten, sich leider in der Anstalt Emmendingen ein junger Arzt dazu hergegeben hatte, auf eigene Faust das Leben einiger Kranken durch Hyoscininjektionen zu vernichten. Trotz der sofortigen Gegenmaßnahmen der empörten Ärzte der Anstalt war das Leben dieser Kranken nicht mehr zu retten. Der damalige Direktor der Anstalt erstattete sofort Anzeige an das badische Ministerium des Innern, erzielte aber lediglich den Erfolg, daß seine Meldung zu den Akten genommen wurde, weil eben bei den damals herrschenden Anschauungen eine Ahndung des Verbrechens wohl nicht für wünschenswert oder nicht für erforderlich gehalten wurde. Es ist aber jetzt veranlaßt worden, daß der betr. Arzt, Dr. *Theato*, mit dem uns eine Zusammenarbeit künftighin nicht mehr erträglich erschien, gemäß den Bestimmungen der Militärregierung in Baden aus dem Dienste der hiesigen Anstalt entlassen worden ist. Ebenso ist entlassen worden der für die hiesige Anstalt zuständige frühere Medizinalreferent Dr. Schneider.

Wenn ich mich nun auch heute wieder, wie schon so oft, prüfe, ob ich damals meine Pflicht den mir anvertrauten Kranken gegenüber auch wirklich restlos erfüllt habe und nicht vielleicht doch in manchem hätte anders verfahren können, um die Kranken vor dem Zugriff der vom damaligen Staate angeordneten Maßnahmen zu bewahren, so muß ich auch heute wieder resigniert bekennen, daß eine Möglichkeit, das damalige brutale Geschehen zu verhindern, nicht gegeben war. Eine heldenhafte Selbstaufopferung der Anstaltsärzte oder eine Flucht aus dem Dienste eines solchen Staates hätte sicherlich die Sache nicht aufgehalten, mit Bestimmtheit aber die Kranken ihres letzten Schutzes beraubt und vollends vogelfrei dem Unheil preisgegeben.

(gez.) Dr. Kuhn.

Viktor von Weizsäcker

„Euthanasie" und Menschenversuche (1947)

In: Psyche 1. Folge 1947. Sonderdruck: Heidelberg: Verlag Lambert Schneider 1947, 39 S. Auszüge: S. 10–12, 20–22, 29–32, 35, 39.

Viktor (Freiherr) von Weizsäcker, Arzt, wurde am 21. April 1886 in Stuttgart geboren. 1922 Professor in Heidelberg, zunächst Internist, dann Neurologe. Seit 1941 in Breslau, 1946 wiederum in Heidelberg tätig. Er ist Vertreter einer ganzheitlichen, anthropologisch ausgerichteten Medizin. Zur Beschäftigung mit Tiefenpsychologie und Psychoanalyse wurde er angeregt durch eine Begegnung mit Sigmund Freud (1926), durch die soziale Problematik einiger Neurosen und die Notwendigkeit, den Menschen „als Subjekt" in die Pathologie einzuführen. Er verstand Krankheit als eine pathologische Form der Selbstverwirklichung und als Teil der individuellen Lebensgeschichte. Sein Name ist vor allem auch mit der Entwicklung der Psychosomatik verbunden. Wichtige Werke sind u.a.: Der Gestaltkreis (1940), Arzt und Kranker (1941), Natur und Geist (1954). Er starb am 9. Januar 1957 in Heidelberg.
Der ausgewählte Text stellt eine der beachtlichsten Äußerungen aus medizinischer Sicht zur Frage der „Euthanasie" dar. Bald nach Erscheinen kam der Beitrag im Juni 1947 auch als Sonderdruck in der für damalige Verhältnisse erstaunlich hohen Auflage von 5.000 Exemplaren heraus. V. v. Weizsäcker fragt nach dem Geist der Medizin. Er setzt sich mit der naturwissenschaftlich-biologischen Idee der Medizin auseinander und plädiert für einen anthropologischen Zugang. Er stellt heraus: „Die Gegenseitigkeit und die Solidarität sollen ärztliches Handeln leiten" (S. 32).

Ich weiß, daß die folgende Darlegung viele Fragen offen läßt oder nur neu anregt. Selbstverständlich war diese meine mehr verstandesmäßige Analyse angeregt auch durch den Nürnberger Ärzteprozeß ... Hier aber kam es mir darauf an, nicht zum Prozeß Stellung zu nehmen, sondern den Geist der Medizin zu prüfen. Es gibt nicht nur *einen* Geist der Medizin; aber es gibt *einen* Geist der Medizin, der auch beim Prozeß und vor allem beim Zustandekommen der von jedem braven Menschen verabscheuten Taten selbst sein *Alibi vergeblich zu beweisen suchen würde*. Dieser unsichtbar auf der Nürnberger Anklagebank sitzende Geist – der Geist, der den Menschen nur als Objekt nimmt – ist nicht nur in Nürnberg im Spiele, er durchsetzt die ganze Welt in fein verteilter Form...

Ich gestehe, erst im Verlauf meiner Untersuchung selbst die Klarheit gefunden zu haben, daß ein ganz bestimmtes Prinzip, nämlich das der Solidarität, mir brauchbar erscheint, um zu beweisen, daß es eine An-sich-Berechtigung jener Maßnahmen nicht gibt, und daß das Wesen vernichtender und experimentierender Maßnahmen aus dem Solidaritätsprinzip ableitbar ist. Wenn dies – und es handelt sich um einen Vorschlag – richtig ist, dann wäre der nächste Schritt der, daß man in sittlich strittigen Fällen untersucht, ob das Gebot der *Gegenseitigkeit* erfüllt ist. Dies aber in jedem Bereiche der Medizin, nicht nur wie hier an ihrem

Rande oder jenseits desselben. Das Weitere lag außerhalb der folgenden Darlegungen. Noch wichtiger aber ist dann das Problem: der Mensch in der Medizin als Objekt, als Subjekt, als Naturobjekt, als Wertsubjekt und so weiter.

1. Kann die künstliche Abkürzung des Lebens (sogenannte „Euthanasie") bei unheilbaren Geisteskrankheiten vom medizinischen Standpunkt aus vertreten werden?
...

d) Die Motive einer Lebensvernichtung („Euthanasie") vom ärztlichen Standpunkt aus

Es gibt drei Motive solcher Vernichtung: Unwert des Lebens, Mitleid und Opfer.
Die *Vernichtung unwerten Lebens* kann nur motiviert werden, wenn man den Wert eines bestimmten Lebens oder des Lebens allgemein positiv bestimmt hat. Gibt es eine medizinische oder ärztliche Bestimmung vom Wert und Unwert des Lebens? Selbstverständlich: das gesunde Leben ist wertvoller als das kranke für den Arzt. Es kann also keine ärztliche Anzeige zur Krankmachung geben als die scheinbare: daß eine kleine Art künstlicher Krankheit dem Zwecke dient, eine größere zu beseitigen oder zu verhindern. Beispiele sind die Malariatherapie der Paralyse, die Fieber- und Schocktherapien, die Verschlimmerung einer Neurose während einer Psychotherapie und so weiter.

Wie steht es mit der unheilbaren Krankheit? Die Tötung wegen Unwert ist *in keinem Falle* zu motivieren aus ärztlichen Gründen, weil es sich nicht um Beseitigung zwecks Heilung, sondern wegen Unwert handeln soll.
...

Wenn nun der Arzt einen *Wert* des diesseitigen, zeitlichen Lebens annimmt, ohne Rücksicht auf einen ewigen Wert, dann kann in der Tat dieses zeitliche Leben auch an sich so unwert sein, daß es Vernichtung verdient. Die Bewertung etwa des rein biologischen Lebens hat also zur unmittelbaren Folge die mögliche Entwertung im biologischen Sinne und wird so zur geistigen Voraussetzung der Vernichtung dieses biologischen Unwertes. Man erkennt jetzt, daß die nur biologische Auffassung des Lebenswertes die biologische Verurteilung (im Falle unheilbarer Krankheit) nach sich zieht. So schafft die nur biologische Auffassung der Medizin die geistige Voraussetzung der Krankentötung in bestimmten Fällen.

Man kann dies auch so ausdrücken, daß die Definition des Lebens, welche seinen Sinn, Zweck oder Wert nicht als transzendent versteht, keinen inneren Schutz gegen den Begriff eines unwerten Lebens im biologischen Sinne besitzt. Damit ist dann auch eine Brücke zu einer Vernichtungspolitik unwerten Lebens geschaffen. Wenn andererseits das Leben als wesentlich transzendent verstanden wird, dann müssen sich alle Bewertungen nur auf dieses Ziel, nämlich die Verwirklichung der Transzendenz beziehen, auch die Bewertungen der Medizin. Nur wo eine ärztliche Handlung also im Dienste einer Transzendenz des Biologischen erkennbar ist, ist sie als ärztlich ethisch qualifiziert ...

f) Die Unantastbarkeit des Lebens („Habeas-Corpus-Akte" der Medizin)

Es ist unmöglich, von einer ärztlichen Indikation zur Euthanasie zu sprechen, ohne zu sagen wer der Mensch ist. Deswegen ist es verwirrend, von einer Unantastbarkeit „des Lebens" zu sprechen, so zum Beispiel als sei das Gebot „du sollst nicht töten" für das Leben des Menschen und nicht für den Menschen selbst gemeint. Ebenso irreleitend ist es, die physische Vernichtung als unerlaubt, die psychische dagegen als freigestellt oder nicht feststellbar zu behandeln. Wenn man nun ganz richtig empfindet, daß gewisse Eingriffe unsittlich oder vom ärztlichen Standpunkt aus unsittlich sind, so liegt dem nicht ein Gesetz zugrunde, welches sich auf die physische Integrität bezöge, sondern das richtige Gefühl, daß der Mensch als Mensch eine Unantastbarkeit hat, die nicht verletzt werden darf. Nun kann dieser Mensch nur als Mensch unter Menschen konstituiert, also sozial, also in Gegenseitigkeit ermittelt werden. Es gibt also keine abstrakte Unantastbarkeit des Lebens, sondern wenn ein Risiko des Lebens übernommen wird oder ein Leben vernichtet wird, dann muß es aus Gegenseitigkeit geschehen. Nun wird behauptet, der Geisteskranke sei zu dieser Gegenseitigkeit unfähig und darum müsse der Arzt als eine Art Treuhänder über ihn verfügen. Angenommen dies wäre richtig, müßte der Treuhänder aus einer besten (nicht aus einer beliebigen) Solidarität heraus den Willen bilden. Daher kommt die Empörung der nächsten Angehörigen bei Ausführung der NS-Euthanasie. Sie wurden übergangen. Wenn nun ein Arzt in Hitler die höchste, also auch die beste Solidarität verkörpert glaubte, dann war er von seinem Standpunkt aus im Recht. Man kann ihm also nicht mehr ein Gesetz der Unantastbarkeit bzw. dessen Verletzung zum Vorwurf machen; denn es gibt nur eine Unantastbarkeit des Menschen und alle Argumente für eine individuelle oder familiäre oder demokratische Solidarität sind für ihn durch seinen Glauben an den Führer bereits außer Kraft gesetzt. ... In diesem Zustande befanden sich einige jener Ärzte oder sie vermeinten es zu sein.

Andererseits ist von einer ärztlichen Indikation nur zu reden, wenn der ärztliche Gedanke überhaupt existiert. Ich bin nun der Ansicht, daß dieser Gedanke klar ist, indem er fordert, den kranken Menschen zu helfen. Die Unantastbarkeit des Menschen muß also trotz der Antastung des Körpers oder der Seele gewahrt werden. Dies geschieht in der Regel durch die Freiwilligkeit der Arztwahl, das Vertrauen und so weiter. Wenn nun beim Geisteskranken diese Gegenseitigkeit nicht mehr möglich wäre, dann wäre die Treuhänderschaft nötig und die Antastung auch seines Lebens zulässig, weil er ja kein Mensch mehr ist.

Das Ergebnis ist: die Unantastbarkeit des Menschen muß vom Arzt unter allen Umständen erhalten werden, aber es bleibt die Frage, ob der unheilbar Geisteskranke kein Mensch ist und auch keiner mehr werden kann.

g) Ist der unheilbar Geisteskranke ein Mensch?

In dieser Frage kann man sich auf die irgendwo vorkommenden Urteile von Gesunden berufen und wird dann die entgegengesetzten Meinungen hören. Wie ist zu entscheiden? Ich bin der Ansicht, daß auch der Geisteskranke ... ein Mensch ist, beabsichtige aber nicht dieses Urteil als autoritäres zugrunde zu legen. Ich würde mich allerdings anheischig machen, die Motive eines jeden, der den Geisteskranken als Nicht-Menschen erklärt zu analysieren und darzutun, daß es nicht-ärztliche und unmenschliche Motive sind, welche ihn bestimmen. Der entscheidende Grund ist der, daß der, welcher den Geisteskranken das Menschsein abspricht, sich selbst damit als

Nicht-Mensch konstituiert. Damit ist auch gegeben, daß dies kein ärztliches Urteil mehr ist.

Ich setze dabei nicht voraus, daß jeder Arzt sich darüber von selbst im klaren ist. Wenn dann die Schuldfrage aufgeworfen wird und die Behandlung des Kranken als Objekt ohne Subjekt als schuldhaft verurteilt wird, dann wäre der Angeklagte in diesem Falle eine bestimmte Art von Medizin, nicht ein bestimmter Arzt. Und es würde der Grad und Umfang dieser Schuld von hier aus bestimmt werden müssen. Der Nachweis jedoch, daß der unheilbar Geisteskranke ein Mensch ist, kann im übrigen in Annäherung durch viele Einzelerfahrungen geführt werden, die dann wohl für die meisten Ärzte und Laien überzeugend genug sind. Dann bliebe nur noch eine Teilung in menschliche und unmenschliche Geisteskranke übrig. Wer aber sollte diese Einteilung richtig durchführen und würde die Wissenschaft dies leisten? Das ist unmöglich, aber auch unnötig.

Das Ergebnis ist: der Geisteskranke ist auch ein Mensch, und eine ärztliche Euthanasie mit der Begründung, er sei kein Mensch, kommt nicht in Frage.

*h) Zusammenfassung:
eine ärztliche Indikation der
sogenannten Euthanasie ist nicht möglich*

Es war nur ein einziger Fall zu finden, in welchem die Abkürzung des Lebens durch ärztliche Handlung oder deren Unterlassung als sittlich anzuerkennen war: der etwa an Carcinom unter Qualen Sterbende. Dieser Fall allein verdient den älteren Sprachgebrauch: Euthanasie. Es ist derselbe, den das Gesetz nicht zuläßt, aber ich könnte mich nicht für eine gesetzliche Legalisierung oder die Aufhebung von § 216 StGB. aussprechen. Indem der Arzt hier gesetzlich Verbotenes tut, also auch sich selbst in Gefahr begibt, bekundet er etwas von jener Gegenseitigkeit, die hier als Voraussetzung sittlicher Handlungsweise behauptet wurde. Es handelt sich hier um einen Bereich menschlichen Tuns, dessen Formulierung in Strafgesetzen bisher wenigstens nicht möglich war. Dem Gebot: liebe den Andern als dich selbst, käme einer solchen Handlung näher. – Was hier als „sogenannte Euthanasie" verhandelt wurde, verdient diesen Namen nicht und kann auch ärztlich nicht gerechtfertigt werden. Die Einschränkung auf unheilbar Geisteskranke ist sinnlos, da der Befund der Unheilbarkeit, das Motiv des Unwertes, des Mitleids und des Opfers bei vielen anderen Krankheiten ebenso oder noch deutlicher vorkommt. Ihrer aller Tötung wäre dann nur konsequent und sie geschah auch.

Die Gründe dieser Verwerfung der „sogenannten Euthanasie" waren von zweierlei Art. Einmal zeigen sich deren Motive: Unwert, Mitleid und Opfer, als unärztliche und nicht als sittliche. Zweitens ist die Form der Willensbildung, wie sie stattfand, als unsittlich und unärztlich bezeichnet worden. Beides ließ die Frage offen, ob bei anderer Motivierung und besserer Willensbildung eine Euthanasie doch zu rechtfertigen wäre. Aber auch diese Aussicht ist versperrt, da eine Medizin, welche das biologische Leben als solches und um seiner selbst willen als Wert setzt, abgelehnt wurde. Nur eine nicht die Lebenstatsache, sondern den Menschen bewertende Medizin ist ärztliche Medizin; sie muß also das biologische Faktum transzendieren. Nun ist der Tod eine solche Transzendenz. In diesem Sinne also soll die ganze Medizin und jede ärztliche Handlung das nur Biologische transzendieren. Sie sollen aber nicht auf den Tod, sondern auf dieses Transzendieren gerichtet sein. Sonst wäre das ärztliche Ziel in jedem Falle die Tötung; diese Absurdität hebt sich selbst auf.

Andererseits erwies die Idee des Opfers sich als eine, welche nicht außerhalb der Medizin liegt und bei der weiteren Entwicklung für sie konstitutiv bleibt. Es fragt sich dann, welche Konsequenz dies hat, wenn, nach Ablehnung der „sogenannten" Euthanasie, der ganze Bereich, der das biologische Leben erhaltenden, der therapeutischen Medizin also, in Frage kommt. Dies kommt im zweiten Abschnitt zur Sprache.

2. Ist die Vornahme von Menschenversuchen vom ärztlichen Standpunkt aus vertretbar, wenn von den Ergebnissen dieser Versuche eine günstige Rückwirkung auf die Behandlung von gefährdeten Soldaten zu erwarten ist?

...

d) Die erlaubte Gewaltanwendung in der Medizin

...

Es bleibt also dabei, daß Gewaltanwendung nicht sittlich zu rechtfertigen und nicht ärztlich zu erlauben ist, wenn das Heilziel kein sittliches, sondern ein rein natürlich-biologisches ist: nämlich zum Beispiel das Überleben „wertvollerer" Menschen. Denn weder daß sie überlebten, noch daß sie wertvoller waren, war in einem solidarischen sittlichen Bewußtsein anerkannt. Der Widerstand der Vergewaltigten war nicht freiwillig aufgegeben, sondern gebrochen worden, und das Urteil, dieser Widerstand stamme aus ungenügender Einsicht oder ungenügender Moral, ist ein angemaßtes, kein sittlich erworbenes.

Es kommt also nicht in Frage, diese Form der Gewaltübung aus dem medizinischen Standpunkte zu rechtfertigen.

e) Das Ziel der Medizin

...

Ich habe gesagt, daß eine Medizin, welche die Krankheit nur als ein naturwissenschaftlich-biologisches Faktum betrachtet, gezwungen ist, sich ihre sittliche Norm zum Beispiel bei Gewaltanwendung, außerhalb der Medizin suchen muß. Eine Medizin dagegen, für welche die Krankheit eine Weise des Menschseins ist, muß in sich selbst die Entscheidung über sittlich und unsittlich treffen. Im ersten Fall kann die Therapie nicht wissen, wofür sie gesunde Menschen bereitstellt, und sie erstrebt nur Menschen für beliebige Zwecke verfügbar zu machen. Im zweiten Falle übernimmt sie die Aufgabe, den Menschen zu einem richtigen Menschsein hinzuführen; hier ist Gesundheit nicht Verfügbarkeit für Beliebiges, sondern Gesundheit ist selbst eine Art der Menschlichkeit. Da ich mich für diese zweite Idee der Medizin entscheide, muß ich auch hier etwas darüber sagen, ob und in welchem Sinne es schuldhaft sein kann, der ersten oder der zweiten Idee zu folgen... Daß nun diese Idee der Medizin eine objektive Schule enthält, geht daraus hervor, daß es sich begibt, daß man nicht nur die Krankheit, sondern den Menschen selbst in der Medizin tatsächlich wie ein Objekt behandelt. Daß sich dies begibt, beweist umgekehrt, daß die Krankheit kein Objekt, sondern ein menschliches Verhalten, eine Weise des Menschseins ist. Denn wenn die Krankheit nur ein Objekt wäre, dann wäre dieses Übergleiten der medizinisch-naturwissenschaftlichen Objektivität auf die Behandlung des Menschen als Objekt (und damit auf eine Unmenschlichkeit) nicht zu verstehen. Darum wird hier diese Art von Medizin als schuldhaft bezeichnet. Wendet man sich nun zur möglichen Schuldhaftigkeit der zweiten Idee der Medizin, die man kurz als die anthropologische bezeichnen kann, dann zeigt sich hier keine Immunität gegen die Schuld. Aber sie ist von anderer Art. Wenn die Medizin es übernimmt, den Menschen zum Menschsein zu führen, so ist sie von einer permanenten Schuld begleitet, die darin besteht, daß sie sich etwas vornimmt, was sie nicht leisten kann. Im Bewußtsein äußert sich dies so, daß der Arzt fühlt und erkennt, daß er gar nicht klar und präzise weiß, was dieses Menschsein eigentlich ist... Die Bevorzugung der anthropologischen vor der naturwissenschaftlich-biologischen Idee der Medizin geschieht hier, nicht zum ersten Male, weil die Gegenseitigkeit und die Solidarität nur in der anthropologischen selbst liegen und nicht, wie in der anderen, von außen an das ärztliche Bewußtsein herangebracht werden müssen, also extraterritorial für den Mediziner bleiben. Wenn sich dann ergibt, daß eine Schuld auch der Realisierung der anthropologischen Idee notwendig einwohnt, so ist diese Schuld hier von anderer Art. Es ist diese Art von Schuld nicht die gemeine und meidbare, sondern etwa das, was in der Kirchensprache als felix culpa bezeichnet wird. Das heißt, es ist die Schuld, welche eine sühnende Befreiung aus sich selbst hervortreibt. Wenn das ärztliche Bemühen nämlich dem Menschen helfen will Mensch zu sein, Menschsein aber nicht nur Mensch, sondern anderes als nur Mensch sein heißt, dann ist dieser innere Widerspruch und diese ewige Schuld eine größere als die gemeine Schuld und daher eine bessere Warnung des Arztes vor seiner Überheblichkeit.

Die zweite Frage kommt im folgenden zur Besprechung.

3. DIE GEGENSEITIGKEIT UND DIE SOLIDARITÄT SOLLEN ÄRZTLICHES HANDELN LEITEN ...

b) Kriegsverhältnisse

Der positive Grundsatz, dem ich hier Gehör verschaffen will, ist der der Gegenseitigkeit und der Solidarität im Verhältnis von Ärzten und Kranken. Wie sich die Anwendung dieses Grundsatzes für die beiden Extremfälle, nach denen hier gefragt war, auswirkt – dies ist oben mehrfach skizziert worden, und es könnte jetzt nur wiederholt, oder aber in einer viel ausführlicheren Weise dargestellt werden.

Dagegen bleibt noch zu fragen, ob Gegenseitigkeit und Solidarität, die zusammen eine Einheit bilden, etwas spezifisch medizinisches überhaupt an sich haben. Die beiden Worte erinnern mehr an Sozialethik oder Politik im allgemeinen. Ich halte nun diese Alternative – spezifisch ärztlich oder generell sozialethisch – für ein Scheinproblem. Man kann nämlich keinen Menschen und auch den Arzt nicht spalten in eine etwa staatsbürgerliche und eine berufsständische, oder in eine autoritäre und eine dienstpflichtige Hälfte. Man kann auch eine Tat nur in der realen Situation annehmen, in der sie sich befanden, und nur von hier aus ist eine Wahrheitsfindung möglich.
...
Es ist also unausweichlich, daß in dem Prozeß ein Urteil über eine bestimmte Art von Medizin, nämlich die nur naturwissenschaftlich-biologische Pathologie mitgefällt wird: ein begünstigendes, ein verwerfendes oder ein die ganze Frage vertagendes also unproduktives.

Denn es kann wirklich kein Zweifel darüber bestehen, daß die moralische Anästhesie gegenüber den Leiden der zu Euthanasie und Experimenten Ausgewählten begünstigt war durch die Denkweise einer Medizin, welche den Menschen betrachtet wie ein chemisches Molekül oder einen Frosch oder ein Versuchskaninchen. Das weiß heute die ganze Welt, und man muß fürchten, daß es auch Mediziner und Pathologen sind, welche durch bestimmte Verhältnisse abgehalten sind, dies einzusehen.

III. Das Recht auf Leben und auf Erziehung und Unterricht

Manuela Lüttke
Ohne Titel
1993, Kohle auf Papier, 70x50 cm

Bundesvereinigung Lebenshilfe e.V.

Einladungsschreiben zur ersten Versammlung (1958), Gründungsprotokoll (1958), Vereinszweck nach den Satzungen (1959/1968)

Aus: Archiv der Bundesvereinigung Lebenshilfe e.V. in Marburg a.d. Lahn.

Die „Bundesvereinigung Lebenshilfe" gehört zu den erfolgreichsten Erziehungs- und Schulinitiativen in Deutschland. Nach dem Geschäftsbericht 1968–1969 betrug die Zahl der Orts- und Kreisvereine in den elf Ländern der Bundesrepublik drei Jahre nach der Gründung (1958) schon 50 (1961) und wuchs dann auf 165 (1964) und 290 (1967) an. Die Bundesvereinigung ist eine Reaktion auf die Verbrechen des Nationalsozialismus an Kranken und Behinderten. Die Bundesrepublik fand dank der Bundesvereinigung Lebenshilfe e.V. Anschluß an den Standard in der Erziehung geistig behinderter Kinder und Jugendlicher im westlichen Ausland und in den nordischen Ländern. Besondere Verdienste erwarb sich die Lebenshilfe um die Verbesserung der Einstellung zu geistig Behinderten in der Bevölkerung. Der Einstellungswandel ist zwar noch nicht befriedigend abgeschlossen (siehe Nr. 43–50), hat sich aber, gemessen an den Verheerungen des NS-Staates im Bewußtsein weiter Bevölkerungsteile, erheblich zum Besseren hin verändert.

Der erste Sekretär der Lebenshilfe, Tom Mutters (geb. 1917) stammt aus den Niederlanden und arbeitete kurz nach dem Kriege als junger Sozialhelfer in Lagern für „Displaced Persons" (D.P.). Die Bundesvereinigung Lebenshilfe e.V. ist von Tom Mutters stark geprägt worden. Heute gehört die Bundesvereinigung Lebenshilfe e.V. mit Tausenden von hauptamtlichen Mitarbeitern im Bund und in den Ländern der Bundesrepublik zu den großen Verbänden und ist fest in der Gesellschaft verankert.

Einladungsschreiben zur ersten Versammlung Marburg/Lahn, 13. 11. 1958

Betr.: Vorbereitende Besprechung zur Gründung einer deutschen Vereinigung von Eltern und Freunden geistig Behinderter.

Am 23. November, 13.30 Uhr, findet in der Erziehungsberatungsstelle in Marburg/Lahn eine Aussprache über die Möglichkeit der Gründung eines deutschen nationalen Vereins von Eltern und Freunden geistig Behinderter, sowie über Ziel und Zweck eines solchen Vereins statt.

Zu dieser Besprechung sind *Sie herzlichst eingeladen.*

Vereinigungen dieser Art bestehen bereits in vielen Ländern. Die größte und bis jetzt erfolgreichste unter ihnen ist die „National Association for Retarded Children" in den USA, deren Programm aus den folgenden Punkten besteht:

1. Förderung des allgemeinen Wohls geistig Behinderter aller Altersstufen: zu Hause, in der Gemeinschaft, in Anstalten, sowie in öffentlichen und privaten Schulen.
2. Stimulierung und Unterstützung von Studium, Forschung und therapeutischen Maßnahmen, die eine Besserung oder Vorbeugung der Geistesschwäche ins Auge fassen.
3. Verbreitung eines besseren Verständnisses für die Probleme der Geistesschwäche in der Gesellschaft und das Zusammenarbeiten mit allen öffentlichen, privaten und konfessionellen Organisationen, auf internationalem, Bundes-, Landes- und kommunalem Niveau, sowie mit den Gesundheits- und Erziehungsbehörden.
4. Förderung der Ausbildung von Personal, wirksam auf dem Gebiete der Geistesschwäche.
5. Stimulierung der Bildung von Eltern-Abteilungen, Beratung und Hilfe von Eltern bei der Lösung ihrer Probleme und die Koordinierung der Tätigkeit und Bemühungen dieser Abteilungen.
6. Förderung einer wirksameren Gesetzgebung zu Gunsten der geistig Behinderten.
7. Sammeln und Verbreiten jeglichen Informationsmaterials über geistig Behinderte und das Fördern aller Maßnahmen, die zu ihrer Rehabilitierung beitragen können.
8. Werben und Empfangen von Geldern für die Durchführung der oben erwähnten Ziele.

Die Tatsache, daß seitens der Öffentlichkeit noch so relativ wenig für das allgemeine Wohl der geistig Behinderten getan wird, hat für viele der betroffenen Familien die Problematik um ihre Sorgenkinder derart unnötig gesteigert, daß sie nicht selten zur kaum tragbaren Bürde geworden ist.

Einrichtungen wie heilpädagogische Kindergärten, Schulen für nur motorisch erziehbare (imbezille) Kinder, Schulen für mongoloide Kinder, Anlernwerkstätten, Beschützende Werkstätten, Ferienheime (short-stay homes), Sommerlager, Abendschulen und Abendklubs für geistig Behinderte, wie man diese in den USA, England, Holland und einigen anderen Ländern kennt, können sehr viel dazu beitragen, diese Problematik auf ihre engsten Grenzen einzuschränken.

Die Anregung, derartige Einrichtungen auch hier ins Leben zu rufen, wird von einer einflußreichen Elternorganisation ausgehen müssen, die nicht müde wird, sich immer wieder dort, wo dies notwendig ist, für das Wohl und Glück ihrer Schützlinge einzusetzen. Mit Hilfe der gesammelten Erfahrungen von Elternorganisationen in anderen Ländern müßte es möglich sein, auch hier in absehbarer Zeit eine wesentliche Ausdehnung der Fazilitäten für geistig Behinderte zu erreichen. Auch die derzeitige wirtschaftliche Blüte würde zweifelsohne das Gelingen derartiger Bemühungen begünstigen.

Bei der kommenden Besprechung am 23. Nov. werden u.a. nachfolgende Punkte zur Diskussion gestellt werden:

1. Die Notwendigkeit der Gründung einer nationalen deutschen Eltern-Organisation. (National = Auf Bundesebene)
2. Ihre Aufgaben und Zielsetzungen sowie Mittel und Wege zu deren Verwirklichung.
3. Name, Aufbau und Ausbau der Vereinigung. Organisatorische und juristische Fragen.

4. Zusammenarbeit mit beruflichen Verbänden, Behörden und allen anderen Organisationen und Institutionen, die in irgendeiner Weise für das Wohl der geistig Behinderten arbeiten.
5. Verbreitung der Ideen.
   a) Welche Kreise zuerst ansprechen?
   b) Geeignetste Mittel und Methoden hierzu?
   c) Wie sind diese zu verwirklichen?
6. Finanzielle Fragen.
   a) Bestreitung der Unkosten für Porti, Informationsmaterial, Vereinsorgan etc.
   b) Beschaffung von Geldern für besondere Projekte
   c) Mitgliederbeitrag.
7. Beschlüsse.

Damit die Diskussion einen fruchtbaren Verlauf haben wird, und bereits diese erste Zusammenkunft zu Ergebnissen führen sollte, wäre es erwünscht, daß die Teilnehmer sich nach Möglichkeit bereits im voraus mit den in diesen Punkten aufgeworfenen Fragen auseinandersetzen würden.

Inzwischen bin ich, mit einem herzlichen Gruß
Ihr (gez.) Tom Mutters

1958 – Protokoll der Gründungsversammlung vom 23. 11. 1958, Marburg

An der von 11.30 -14.00 Uhr dauernden Sitzung nahmen folgende Personen teil:
1. Amtsgerichtsrat Bert Heinen, Bonn/Rh., Drususstraße 20
2. und Frau,
3. Frau Emilie Neumann, Wetzlar, Stoppelbergerhohl 24
4. Prof. Dr. Werner Villinger, Marburg/L., Am Grassenberg,
5. Prof. Dr. Berendes, Marburg/L., Universitäts-Ohrenklinik
6. und Frau,
7. Prof. Dr. Richard Mittermaier, Bad Homburg v.d.H., Mainstraße 25
8. und Frau,
9. Gerda Mittermaier, stud., Bad Homburg v.d.H., Mainstraße 25,
10. Ella Gräfin Ignatiew, Bad Homburg v.d.H., Am Elisabethbrunnen 4,
11. Dr. rer. nat. Schütz, Chem., Rodenkirchen b./Köln
12. und Frau,
13. Dr. Halank, Min.-Direktor a.D., Bad Homburg v.d.H., Seedammweg 38,
14. Tom Mutters, Wehrshausen-Neuhöfe,
15. Prof. Dr. Hermann Stutte, Marburg/L., Abteilung f. Kinder- und Jugendpsychiatrie.

Nach Begrüßung der Anwesenden gab der Einberufer der Versammlung, Herr Tom Mutters, einen Überblick über Elternorganisationen für geistig behinderte Kinder in anderen Ländern und stellte – in Ergänzung zu dem allen Anwesenden vorher zugeleiteten Schreiben – die Ziele und Zwecke einer solchen Organisation in Deutschland heraus. Anschließend begrüßte Prof. Villinger die Anwesenden und dankte Herrn Mutters dafür, daß er die Initiative für diesen dringend notwendig erachteten Zusammenschluß ergriffen habe. Die anschließende Erörterung des Programms einer solchen Vereinigung zeigte weitgehende Übereinstimmung der Meinungen. Es bestand vor allem Einigkeit über folgende Einzelfragen:

Es soll Kontakt aufgenommen werden zu allen benachbarten Institutionen ähnlicher Zielsetzung.

Die neue Vereinigung sollte sich einsetzen vor allem für eine Reform der Heimpädagogik, insbesondere für die Pflege der

Kontakte von seiten der Heime mit dem Elternhaus. Vorläufige Schwerpunkte der Reformbestrebungen wurden gesehen in der Förderung von „Beschützenden Werkstätten und heilpädagogischen Kindergärten".

Anzustreben ist die Bewilligung auch von Bundesmitteln (Hinweis von Amtsgerichtsrat Heinen auf die finanzielle Unterstützung, z.B. auch des „Vereins für Bewährungshilfe" durch das Bundesjustizministerium). Durch nähere Fühlungnahme mit Bundesministerialstellen soll noch erkundet werden, von welchem Ministerium (Innen- oder Familienministerium) am ehesten Zuschüsse zu erwarten sind.

Es wurde auch gewarnt vor einer allzu strengen Anlehnung des Vereins an eine bestehende deutsche Dachorganisation konfessioneller oder fürsorgerischer Art und einmütig plädiert für die Schaffung einer selbständigen Vereinigung, die ganz wesentlich getragen werden soll von den Eltern behinderter Kinder selbst.

Als Aufgabe des Vereins wurde es angesehen, modellhaften Hilfseinrichtung zur Realisierung zu verhelfen, nicht jedoch, solche selbst zu errichten bzw. zu unterhalten. Die geplante Hilfeleistung soll allen geistig Behinderten (nicht nur mongoloiden und nicht nur Kindern) zugute kommen. Dabei erscheint es aus psychologischen Gründen aber opportun, den Ausdruck „Hilfe für Kinder" in der Vereinsbezeichnung zu verankern.

Nach eingehender Diskussion der verschiedenen Möglichkeiten einigte man sich auf die Vereinsbezeichnung

„Lebenshilfe für das geistig behinderte Kind e.V."

Sitz der Vereinigung sollte - zumindest in der Aufbauphase - tunlichst Bonn sein. Herr Amtsgerichtsrat Heinen wies auf die sachlichen Vorzüge der Wahl dieses Vereinssitzes hin.

Durch Akklamation erfolgte rasche Einigung auf die nachfolgende Besetzung des *vorläufigen Vorstandes*:
1. Vorsitzender: Prof. Dr. med. R. Mittermaier, Direktor der HNO-Klinik Frankfurt/M.
2. Vorsitzender: Amtsgerichtsrat B. Heinen, Bonn
1. Schriftführer: Tom Mutters, Wehrshausen-Neuhöfe
2. Schriftführer: soll vom derzeitig geschäftsführenden 2. Vorsitzenden (Amtsgerichtsrat Heinen) nominiert werden, weil eine enge räumliche Verbindung zwischen beiden bestehen muß. In Erwägung gezogen wird Bewährungshelfer Abel, Bonn, der auch Schriftführer des Vereins für Bewährungshilfe ist.
Kassenwart: entweder Dr. rer. nat. Schütz oder eine von ihm zu ernennende Persönlichkeit aus dem Raum um Köln.

Dem Vorstand soll ein Beirat zugeordnet werden zur fachlichen Beratung und zur Pflege des Kontaktes auch mit Nachbarorganisationen, insbesondere auch mit wissenschaftlichen Vereinigungen. Für den Beirat wurden nominiert:

Prof. Dr. med. W. Villinger, Marburg - Pfarrer Ignatiew, Frankfurt - Oberschulrat Dr. Schade, Leiter des Verbandes Deutscher Sonderschulen, Hannover - Prof. Dr. med. H. Stutte, Marburg.

Der *Mitgliederbeitrag* soll mindestens DM 3,-- pro Jahr betragen.

In der Zwischenzeit sollen Herr Tom Mutters und Prof. Stutte einen *Satzungsentwurf* vorlegen und den Mitgliedern der heutigen Versammlung vor der auf 17./18. 1. 1959 einzuberaumenden erneuten Zusammenkunft zur Stellungnahme zuleiten. Erst danach soll der Antrag auf Eintragung ins Vereinsregister erfolgen.

Die Mitgliederwerbung soll folgende Institutionen ansprechen bzw. mitbenutzen: Die Gesundheitsämter, die Erziehungsberatungsstellen, den Verband der Sonderschulpädagogen, die Landeselternbeiräte, die Dachorganisationen der Lehrerverbände, die Spitzenorganisationen der VHS, die Deutsche Vereinigung für Jugendpsychiatrie, die Deutsche Vereinigung für Sprachheilkunde, die Innere Mission, den Caritas-Verband, die Arbeiterwohlfahrt, die paritätischen Wohlfahrtsverbände, die Vereinigung der Heime für seelenpflegebedürftige Kinder, den Verband der Mütterschulen, die Deutsche Sektion der Internationalen Liga für Epilepsie.

Prof. Villinger will sich bei einer erneuten Beratung des Weltgesundheitstages 1959 im Bundesinnenministerium dafür einsetzen, daß die Bestrebungen der neugegründeten Vereinigung auch dort Berücksichtigung finden. Über die von Herrn Mutters herausgestellten konkreten Aufgaben der Vereinigung (vgl. Einladung) bestand volle Übereinstimmung.

Von der im Erscheinen befindlichen Arbeit in der Zeitschrift „Unsere Jugend" von Tom Mutters über „Beschützende Werkstätten" sollen 500 Sonderdrucke auf Kosten der Vereinigung bestellt und später zur Verteilung gebracht werden.

An der Diskussion beteiligten sich alle Mitglieder der Versammlung. Sie verlief im Geiste völliger Harmonie und Übereinstimmung der Meinung im Grundsätzlichen. Aus dem Teilnehmerkreis wurde Herrn Mutters am Schluß der Sitzung gedankt, daß er die Initiative ergriffen habe. Der Einberufer von sich aus dankte für das Echo, das seine Anregung gefunden habe. Die nächste Sitzung soll entweder am 17./18. 1. 1959 hier in Marburg oder in der Gegend von Bonn stattfinden.
Protokollant: H. Stutte
gez. *Stutte*

Auszug aus der Satzung des Vereins „Lebenshilfe für das geistig behinderte Kind e.V." vom 18. 1. 1959

§ 2 Zweck
1. Aufgabe und Zweck des Vereins ist die Förderung aller Maßnahmen und Einrichtungen, die eine wirksame Lebenshilfe für geistig Behinderte aller Altersstufen bedeuten. Dazu gehören z.B. Heilpädagogische Kindergärten, heilpäd. Sonderklassen der Hilfsschule, Anlernwerkstätten und „Beschützende Werkstätten".
2. Der Verein will mit allen geeigneten Mitteln für ein besseres Verständnis der Öffentlichkeit gegenüber den besonderen Problemen der geistig Behinderten werben. Er plant zu diesem Zweck u.a. die Herausgabe und Verbreitung von Informations- und Aufklärungsschriften.
3. Der Verein betrachtet es als seine Aufgabe, auf örtlicher bzw. regionaler Basis, den Zusammenschluß der Eltern und Freunde geistig Behinderter anzure-

gen, diese lokalen Vereinigungen zu unterstützen und sie zu Informations- und Aufklärungsstellen auszubauen.
4. Der Verein legt Wert auf enge Zusammenarbeit mit allen öffentlichen und privaten, konfessionellen und wissenschaftlichen Organisationen ähnlicher Zielsetzung.

Auszug aus der Satzung vom 17. 2. 1968

§ 2 Aufgabe und Zweck

Aufgabe und Zweck der Bundesvereinigung sind:
1. Die Förderung aller Maßnahmen und Einrichtungen, die eine wirksame Hilfe für geistig Behinderte aller Altersstufen bedeuten. Dazu gehört die Unterstützung der Landesverbände, Kreis- und Ortsvereinigungen als den Trägern der Arbeit auf der Landes-, Kreis- und Ortsebene bei der Schaffung und Unterhaltung von Einrichtungen, wie z.B. Sonderkindergärten, Bildungseinrichtungen für Kinder im Schul- und Berufsschulalter, Anlernwerkstätten und Beschützende Werkstätten, Wohn- und Erholungsheime. Gegebenenfalls kann die Bundesvereinigung mit Zustimmung der Mitgliederversammlung für jeden einzelnen Fall derartige Einrichtungen selbst schaffen.
2. Die mit allen geeigneten Mitteln durchgeführte Werbung für ein besseres Verständnis in der Öffentlichkeit für die besonderen Probleme der geistig Behinderten.
3. Die Anregung und die Förderung des Zusammenschlusses von Eltern und Freunden von geistig behinderten Kindern, Jugendlichen und Erwachsenen auf örtlicher bzw. regionaler Basis sowie die Unterstützung und den Ausbau dieser lokalen Vereinigungen, u.a. zu Informations- und Aufklärungszentren.
4. Die Zusammenarbeit mit allen öffentlichen und privaten, konfessionellen und wissenschaftlichen Organisationen verwandter Zielsetzung.

Nigel Hunt

Ich verlaufe mich in London und Innsbruck (1966)

Aus: Die Welt des Nigel Hunt. Tagebuch eines mongoloiden Jungen. München/Basel 1974, S. 13–16 und 32–36. Titel der Originalausgabe: The World of Nigel Hunt. Diary of a Mongoloid Youth. London 1966.

Das Tagebuch von Nigel Hunt erregte bei seinem Erscheinen erhebliches Aufsehen, da die meisten Experten Kindern mit einem Down Syndrom eine solche Leistung nicht zugetraut hatten. Der aus der Einleitung des Vaters Douglas Hunt zitierte Abschnitt ist ein Beispiel für einen oft und in unterschiedlichen Formen wiederkehrenden Konflikt zwischen Elternliebe und Expertenwissen.

Einführung des Vaters

Dieses Buch ist einzigartig, um das Wort in seinem buchstäblichen Sinn zu gebrauchen. Es wurde von einem Mongoloiden – meinem Sohn – geschrieben. Nie zuvor hat je ein Mongoloider ein Buch geschrieben.

Falls Sie den Fachausdruck nicht kennen – ein Mongoloider ist ein Individuum, das mit einer biologischen Bedingung geboren wurde, die ein bestimmtes Ausmaß an geistiger Retardierung zur Folge hat. Selbst die fachlich am besten Unterrichteten unter den Medizinern würden auflachen bei dem bloßen Gedanken, daß ein Mongoloider viel mehr als seinen Namen schreiben könnte, sogar nach jahrelanger Übung. Sie werden sagen, daß dieses Buch nur ein Haschen nach Sensation ist.

Dem ist nicht so.

Dieses Buch wurde wirklich von Nigel Hunt geschrieben, der, wie er im ersten Kapitel sagt, sich selbst beigebracht hat, auf der Schreibmaschine zu schreiben. Ich zeigte ihm, wie man die Verstell-Taste für die großen Buchstaben handhabt, und das war alles. Er macht immer noch Fehler, aber die Photo-Kopie einer Seite seiner Maschinenschrift – seine eigene spontane Leistung ohne Hilfe – dürfte Ihnen zeigen, daß er nicht sehr viele macht.

Wir – seine Mutter und ich – wissen aus Erfahrung, daß es äußerst schwierig sein dürfte, irgendjemanden zu überzeugen, daß dieses Buch genau das ist, was es vorgibt zu sein. Viele „Experten" haben vorgefaßte Meinungen darüber, was „diese Kinder" (wobei sie alle geistig retardierten Fälle in einen Topf werfen) leisten können. Sie geben nicht gerne zu, daß sie sie unterschätzt haben.

Nigel verbrachte seine ersten beiden Schuljahre in einer normalen Grundschule und wurde von den Lehrern wie ein völlig normales Kind behandelt. Mit sieben kam er in eine Schule für zurückgebliebene Kinder. Ich erzählte dem Rektor – einem der „Experten" –, daß Nigel lesen könne. Er lächelte mitleidig. Kaum zu glauben: Es verging beinahe ein Jahr, bis er sich gezwungen sah, zuzugeben, daß Nigel lesen *konnte*. „Aber er versteht natürlich nicht, was er liest", war sein Kommentar, um den

Schein zu wahren. „Wie erklären Sie sich dann die Tatsache, daß wir Nigel eine Notiz schreiben können mit dem Auftrag irgendetwas zu tun, und daß er es dann tut?" erwiderte meine Frau. Die Antwort war ein ärgerliches Achselzucken.

Zwei Jahre später kam Nigel in eine Privatschule für normale Kinder. Die Lehrer waren ausgezeichnet, aber auch sie glaubten nicht an Nigels Fähigkeiten, bis sie sich selbst überzeugt hatten.

Einer der größten Mongolismus-Experten der Welt – vielleicht der größte – ist Professor *Penrose*[a] von der London University, der gleichzeitig mit mir in Cambridge studiert hatte. Als wir ihm Nigel vorstellten, zeigte er viel mehr Verständnis und Bescheidenheit als viele Experten von geringerem Ruf; aber auch er war ein wenig skeptisch.

In seinem Labor gab es für Nigel nichts zu lesen außer einer medizinischen Zeitschrift. Er war völlig davon überzeugt, daß dies Nigel auf jeden Fall in Verlegenheit bringen würde.

Für einige Augenblicke starrte Nigel wortlos auf das Papier. Ich begann zu fühlen, daß er uns enttäuschen würde – aus purer Nervosität. Grace – meine Frau – wußte es besser. Sie wußte, daß Nigel keinesfalls weder sich selbst noch uns enttäuschen wollte und daß er dabei war, die Seite genau durchzusehen, um festzustellen, ob es Wörter gebe, die er nicht bewältigen konnte.

Es gab keine.

Plötzlich begann Nigel zu lesen, und er las etwa ein Dutzend Zeilen durch, klar und deutlich. Wenngleich Professor *Penrose* unser Wort nicht ernstlich angezweifelt hatte, war er doch über Nigels Sprachfertigkeit erstaunt.

Auch heute noch stoßen wir auf dieselbe Sperre.

Als Nigel in ein Trainingszentrum kam, erzählten wir dem Direktor, daß Nigel mit beachtlicher Geschwindigkeit und Sorgfalt Schreibmaschine schreiben könne. Tag für Tag nahm Nigel Seiten mit, die er getippt hatte, und zeigte sie einem der Erzieher. Der Erzieher war überzeugt, daß *wir* sie getippt hätten.

Schließlich konnte er Nigels Quengelei nicht länger aushalten.

„Also komm", sagte er und zerrte Nigel mit in sein Büro, setzte ihn vor eine Schreibmaschine und fing an zu diktieren.

Seine Augen glotzten, als er Nigels Finger über die Tasten fliegen sah; und als er seine eigenen Worte genau niedergeschrieben fand, machte er seinem Erstaunen Luft: Wahrhaftig! „Du *kannst* Schreibmaschine schreiben!" stieß er aus.

Auf den Rat von Professor *Penrose* und Dr. *Lawrence LeShan*[b], einem Psychologen im Union Theological Seminary in New York City, habe ich Nigels Manuskript genau so belassen, wie er es geschrieben hat – direkt in die Maschine – mit Ausnahme der Verbesserung einiger weniger Interpunktionsfehler und dem Auslassen von vier oder fünf Sätzen persönlicher Natur. Meine „Berichtigungen" sind in eckige Klammern gesetzt. Die ganze Struktur der

---

[a] Penrose = Lionel Sharples Penrose (1898 – 1972), war Professor am University College London seit 1945. Er schrieb u.a. „The Biology of Mental Defect" 1949.

[b] LeShan = Lawrence L. LeShan (geb. 1920), Psychologe, arbeitet auf verschiedenen Gebieten, u.a. auf dem der Parapsychologie.

Chapter 2 Royal Windsor

Not very far from where I live is Windsor Castle, where the Queen lives. Quite often we go there for a visit. One day it was fine and we had a visitor from Zurich we decided to go there.

Of course the sun was very hot. When we got there we saw a guard in his sentry-box guarding the Castle. Then we went past the Round Tower and through the gate, where we saw a gun that was to protect them; and we saw another sentry marching up and down dressed in his red tunic and black busby and afterwards went to the castle's garden, which was a very beautiful garden.

Every ~~year~~ month in June the massed bands formed in front of the balcony. They played three tunes, and the Queen was supposed to have come out and Mum said, "take your hat off when she comes out", but she didn't, so the band continued. One tune they played was "Scipio" and "Pomp and Circumstance" then the conductor turned round and saluted the audience and how they clapped. After the concert they all saluted and marched back to the guard room.

When we had finished we saw four soldiers arriving for "Changing the Guard". They did this in the parade ground, the band formed outside the guard room and played four tunes in time with the marching, then they were all dismissed to the guard room.

One day a sentry took me into the guard room and wanted me to try his bearskin on, but I was a bit scared. I think most of the people in Windsor Castle know me now.

Arbeit, besonders der farbige Stil und der Humor, sind Nigels eigene Leistung. „Elende Posaunen" z.B. ist rein Nigel.

Bevor er anfing, machte ich Nigel den Vorschlag, daß er ein Verzeichnis der Ereignisse, die er beschreiben wolle, machen solle, und er setzte sich auf der Stelle hin und machte eine Liste der Kapitel-Überschriften. Er hat sich großenteils an seinen Entwurf gehalten, obwohl ihm, wie jedem anderen Verfasser, neue Gedanken kamen – ich selbst nannte ihm nur ein oder zwei Punkte, die ich für schreibenswert hielt. Für ihn war es eine gute Hilfe, daß er sich zwingen mußte, seine Gedanken zu ordnen, bevor er sie niederschrieb, und das Verfassen dieses Buches war von großem erzieherischen Wert für ihn.

Ich verlaufe mich in London und in Innsbruck

Ich habe einmal mein Radio angedreht und ratet mal, was ich gehört habe! Ja! Der Ansager hat gesagt, es findet eine Probe der Fahnenparade statt.

Als ich das gehört habe, bin ich aufgestanden und habe mich angezogen, habe fünfzig Pfennig aus meiner Sparbüchse genommen und bin heimlich aus dem Zimmer gegangen. Ich bin die Straße entlang zur Rayners Lane Station gegangen.

Am Schalter habe ich eine Einzelfahrkarte zum St. James Park verlangt. Dann habe ich eine Schaffnerin auf dem Bahnsteig gebeten, meine Mama anzurufen und ihr zu sagen, daß sie sich keine Sorgen machen soll, weil ich zum St. James Park gefahren sei. Dann habe ich es mir überlegt und mir gesagt, ich steig besser schon an der Victoria-Station aus. [*Wie Nigel sich wahrscheinlich denken konnte, riefen wir bei der St. James Park Station an und wollten versuchen, ihn dort aufzuhalten.*]

Ich bin zu den Royal Mews geschlendert und habe gefragt, wo der Buckingham-Palast ist, und der Mann hat gesagt: „Halte dich links und du kommst direkt hin." Ich habe dann einen Mann gebeten, mich über die Straße zu bringen; dann die Mall hinunter zu den Horse Guards. Und ich habe mir von einem Coldstream Guards Men ein Programm ausgeliehen. Ich habe einen Polizisten gefragt, wann die Musikkapelle vorbeikommt, und er hat gesagt „in zehneinhalb Minuten". So bin ich stehengeblieben und habe mindestens eineinhalb Minuten gewartet. Da habe ich einen furchtbaren Schlag gehört und es hat mir die Ohren weggerissen, und mit einem Tamtam ist die Kapelle dahergekommen, und wie sie um die Ecke gebogen sind, hat man die Bässe gehört und die elenden Posaunen und sie blasen mich mitten ins Nirgendwo.

Ich habe nicht herangekonnt. Die ganze Menge ist um mich herumgestanden und ich habe gesagt „Menschenmenge"! Schau sie an, wie sie die Wachen anstarren; mindestens sechs Reiter sind auf ihren schönen Pferden gekommen. Dann haben sich die Kutschen eingefunden. Der Feldmarschall, der kommandierende Oberst, hinter dem Gebäude, dann hat die eigentliche Parade angefangen. Zuerst sind die Life Guards gekommen. Sie haben sich genau neben dem Standbild der alten Soldaten im Krieg aufgestellt.

Sie haben das Kommando gegeben die Parade anzufangen. Dann hat der Feldmarschall die Parade der Foot Guards abgenommen, dann haben sie zu „paradieren" angefangen. Zuerst sind sie beim Oberst vorbeimarschiert und er hat salutiert. Danach sind die Life Guards herangekommen und sind mit ihrem eigenen Kapellmeister nach der Musik geritten. Zuerst sind sie im scharfen Galopp geritten und dann im leichten Galopp, gefolgt von der Keel Row, die sie berühmt gemacht hat.

Ich habe nicht mehr richtig rankommen können, so bin ich losgeflitzt zurück durch die King Charles Street in die White Hall. Ich habe über das Gebäude geschaut und habe die Kutsche gesehen, dann bin ich unter dem Admiralty-Bogen durchgegangen, und als ich zurück war, bin ich nicht mehr rangekommen.

Etwas später bin ich zum St. James Park über die kleine Hängebrücke nach Westminster gelaufen, um meine Eltern anzurufen. Ich bin durch die Unterführung zur Station, wo ich meinen Vater angerufen habe, um ihm zu sagen, daß ich kein Geld mehr zum Heimfahren hatte. Mit diesem Satz hat mein Vater nicht klarkommen können, das Telefonfräulein hat aber zu meinem Vater gesagt, „Sie können das Gespräch bezahlen und Sie können mit ihm sprechen, solange Sie wollen". Etwas später hat mein Vater Scotland Yard angerufen, daß sie mich abholen, und ein Polizist ist gekommen. Ich war auf der Polizeistation und habe Orangensaft getrunken, als mein Vater mich gefunden hat. Er hat gesagt „Sieh mal an, Du fährst schon so früh in die Stadt", so hat er mich gefunden. Dann war Zeit zum Mittagessen. Ich habe damit warten müssen, bis ich daheim war. Als ich daheim war, habe ich Mittag gegessen und es hat mir sehr gut geschmeckt. Mein Vater war böse, weil er an diesem Tag nicht zum Einkaufen gekommen war.

Mein schönes Innsbruck am grünen Inn,
zu dir gehört mein Herz und mein Sinn.

Innsbruck ist die Stadt in Österreich, die ich am liebsten mag. Ich habe über sie ein Lied auf Deutsch gelernt. Einmal sind wir von Natters hingefahren und meine Eltern haben mich in der Maria-Theresia-Straße verloren.

Meine Eltern sind in der Hauptstraße einkaufen gegangen und Mama hat gerade in das Schaufenster geschaut. Da bin ich aus dem Gewühl von Innsbruck die Straße hinaufgeflitzt und ein bärtiger Mann hat mich dabei gesehen, wie ich gerade in ein Schallplattengeschäft hinein bin. Ich habe nach einer Langspielplatte von dem Tiroler Abend gefragt, aber wie sich herausgestellt hat, war es die falsche; dann habe ich eine Single gesehen, die ich wirklich gewollt habe. Ich habe zwei Schallplatten gekauft, ich werde sie „Elisabeth-Serenade" und „Mein schönes Innsbruck" nennen, das mein Vater kennt.

Meine Eltern haben nach mir suchen müssen. Und dann hat die Suchaktion begonnen, ich habe mir die Schallplatten ganz angehört und wie ich damit fertig war, hatte ich meine Eltern verloren. Sie haben mich gesucht. Ich habe einen Polizisten gefragt: „Haben Sie meine Eltern gesehen?" und dann, zehn Minuten später, habe ich sie gesehen. Zuerst hat Papa gesprochen, er hat gesagt: „Wo warst du?" und ich habe gesagt: „Im Schallplattengeschäft, um ein paar Schallplatten aufzustöbern", und dann hat Mama gesprochen. Sie hat gesagt: „Was hättest du getan, wenn wir dich nicht gefunden hätten?" Und ich habe gesagt: „Ich hätte schon den Weg nach Wilten gefunden und hätte den Hotelbus zum Gasthof Eichhof genommen".

Es war in dem Dorf gerade neben Mutters. Und dann ist meine Mutter plötzlich von einer wütenden Wespe gestochen worden, da hat sie ins Krankenhaus gehen müssen, um sich behandeln zu lassen. Sie hat eine Spritze bekommen müssen, die sie nicht spürte; dann nach ein paar Sekunden hat sie sich wieder wie zuvor gefühlt.

Ich habe einen recht netten Tag gehabt. Dann sind wir zum „Trinken" gegangen, ein Wort das ich gern benütze. Danach haben wir einen Zug zurück nach Natters genommen. Ich habe mir gesagt, das war so recht „A Hard Days Night". Als ich ins Hotel zurückgekommen bin, da sind wir hinaufgegangen, um uns ein bißchen auszuruhen.

Karl König

Der Mongolismus (1959)

Aus: Der Mongolismus. Erscheinungsbild und Herkunft. Stuttgart 1959, S. 239–244.

König (1902 – 1966), Dr. med., Vertreter einer an der Anthroposophie Rudolf Steiners orientierten Heilpädagogik, baute in Schlesien eines der ersten Institute für „seelenpflegebedürftige Kinder" auf. Er wanderte 1938 nach Schottland aus und begründete dort die Camphill-Bewegung (s. Nr. 28). Sein Buch über den Mongolismus erschien im gleichen Jahr wie die Publikation von Lejeune, Gautier und Turpin (1959), welche die Ursache des Morbus Down in einer Chromosomen-Anomalie nachwiesen. Der Text von König wird abgedruckt als ein Beispiel dafür, daß die Annahme behinderter Kinder und ihre menschliche Behandlung nicht von der genauen Kenntnis der Ursachen von einem organischen Schaden abhängen.

Ahnung und Ausklang

Die Unterscheidung zwischen dem Mongolismus einerseits und dem mongoloiden Kind andererseits, zu der wir in unseren Überlegungen gekommen sind, sollte von jetzt an nicht mehr übersehen werden. Es handelt sich dabei um eine grundsätzliche Differenzierung, und es ist ein anderes, den Mongolismus zu erforschen oder das mongoloide Kind.

Der Mongolismus ist ein epidemisch auftretendes Phänomen, das sich über alle Gegenden der Erde im Laufe der letzten hundert Jahre ausgebreitet hat. Er kommt dadurch zustande, daß bestimmte Bevölkerungsgruppen, die noch alte Lebensformen in ihrer sozialen Struktur mit sich tragen, den Erscheinungen und Ergebnissen der modernen Zivilisation begegnen und sich damit auseinanderzusetzen haben. Über die Natur dieses Phänomens sind wir noch völlig im unklaren. Wahrscheinlich handelt es sich dabei um eine Störung der weiblichen Gestations- und der männlichen Generationskraft. Es ist anzunehmen, daß die Konstitution der Gonaden selbst dadurch in Mitleidenschaft gezogen wird und daß unter bestimmten Bedingungen, die wir als auslösende Faktoren erkannt haben, die Bildung eines mongoloiden Kindes erfolgt.

Als auslösende Faktoren können hauptsächlich die folgenden betrachtet werden:

1. die herabgesetzte reproduktive Kraft der Mutter, die entweder zu jung ist und sich daher noch im Zustand der „adolescent sterility" befindet oder schon so alt, daß sie nicht mehr austragfähig ist;
2. die temporär gestörte reproduktive Kraft, die durch interkurrente Krankheiten an ihrer vollen Entfaltung behindert ist. Dabei handelt es sich meistens um Virus-Erkrankungen, wie Mumps, Rubella, Masern usw.;
3. Unterernährung und Überbeanspruchung der Mutter während der Schwangerschaft. Dadurch kommt es gleichfalls zu einer temporären Schwäche der reproduktiven Kraft;
4. eine vorhergegangene Fehlgeburt oder eine oder mehrere Curettagen, die zur

teilweisen Degeneration der Uterusmukosa geführt haben;

5. seelische oder körperliche Traumen, die sich zur Zeit des zweiten oder dritten Schwangerschaftsmonates ereignen.
6. In seltenen Fällen kann es sich auch um eine Störung des Hormonhaushaltes der Mutter handeln. Meistens aber wird man die Ursache dafür unter den in den ersten fünf Punkten angeführten Bedingungen finden.

Diese hier umschriebenen Faktoren bilden zusammen das, was sonst als die Disposition bei der Entstehung einer Krankheit, besonders einer Infektionserkrankung, bezeichnet wird. Jede einzelne der hier genannten Bedingungen oder auch zwei oder mehrere zusammen können dazu führen, den Mongolismus manifest zu machen. Die Disposition ermöglicht es, daß die bisher passiv durchseuchte Person zum aktiven Träger wird. Das Resultat ist nicht wie sonst eine Erkrankung des Trägers selbst, sondern eine Entwicklungshemmung seiner Frucht. Diese ist in ihrer Bildung der Ausdruck, nicht aber das Ergebnis der Epidemie, von der allein die Eltern befallen sind.

So wenig wir die Natur des Mongolismus bisher erkannt haben, so gut ist uns das Wesen des *mongoloiden Kindes* geläufig. Wir haben es in vielen Exemplaren kennengelernt und seine psycho-physische Struktur erfaßt und beschrieben. Wir wissen, daß es sich bei ihm um eine unvollkommene Form des Menschseins handelt, und unsere eigenen Überlegungen haben uns dazu geführt, es als neotene Erscheinung zu bezeichnen. Damit ist ihm ein bestimmter Platz innerhalb der Anthropologie zugewiesen. Es ist keine mißbildete Form der Species Mensch, sondern in ihm tritt eine ontogenetische Vorstufe des Homo sapiens ans Tageslicht.

Ebenso wenig wäre es berechtigt, den mongoloiden Menschensprossen als Fehlbildung zu bezeichnen. Denn es handelt sich hier nicht um den Stillstand eines oder weniger Merkmale, wie sie etwa bei einer Hasenscharte, einer Gaumenspalte, einer Anophthalmie oder gar einer Anencephalie auftreten, sondern um eine den gesamten Organismus erfassende Hemmungsbildung, die sich (im Vergleich mit ähnlichen Erscheinungen) intrauterin verhältnismäßig spät manifestiert. Sie tritt erst an jener Nahtstelle der Entwicklung auf, an der sich der Embryo in den Fetus umwandelt. Diese Metamorphose vollzieht sich nicht in wenigen Tagen, sondern während der gesamten Fetalzeit.

Wir begegnen in ihr einer Entwicklungsstufe unserer selbst. Damit ist nicht eine phylogenetische, sondern allein eine ontogenetische Vorstufe gemeint. Wir treffen hier auf ein Stück unserer eigenen Existenz, das wir in uns verwandelt und zur Reife gebracht haben; trotzdem tragen wir es, wie unsere ganze Vergangenheit, in uns. Beim Erblicken eines mongoloiden Kindes kommt es zu einem Akt des Wiederbegegnens mit unserer eigenen Vorzeit.

Der mongoloide Mensch, besonders als Kind und Säugling, ruft in uns ganz bestimmte Empfindungen wach, da durch eine Art von Resonanz jene verborgenen Daseinsgründe, die sonst niemals angeregt werden, zu erklingen beginnen. Dieser uns kaum bewußte Vorgang ermöglicht das so unmittelbare Urteil: „Das ist ein mongoloides Kind." Er gibt aber auch die Gelegenheit, ein Stück Selbsterkenntnis zu üben, wenn wir dazu bereit sind, sie zu vollziehen.

Der mongoloide Mensch tritt uns wie eine Art Spiegel entgegen, in dem wir nicht nur ein Stück unseres Selbstes erblicken, sondern der uns daran erinnert, wie wir selbst sein könnten. Aus diesem Spiegel tönt eine Stimme, die an jene gemahnt, die der Stiefmutter im Märchen zuruft:

Frau Königin, Ihr seid die Schönste hier;
Aber Schneewittchen über den Bergen bei den sieben Zwergen
ist noch tausendmal schöner als Ihr."

In diesem jenseitigen Land „über den Bergen" lebt das mongoloide Kind. Weil es sich die Fähigkeit des rationellen Denkens nicht erwerben konnte, blieb ihm ein großer Teil der irdischen Existenz verschlossen. Dafür aber hat es sich ein uns nicht mehr zugängliches Gebiet des menschlichen Daseins erhalten, ein Stück paradiesischer Unschuld, ein Maß an Schicksalslosigkeit und ein Unverständnis für die Erdennöte, dem wir schon seit Jahrtausenden entwachsen sind.

Wir begegnen in ihm nicht einem Kranken, nicht einem gestörten oder mißgestalteten Menschen, sondern einer aus den Tiefen der menschlichen Existenz plötzlich ans Licht getretenen Erscheinung. Wie in den teratologischen Gebilden die den Leib gestaltenden Kräfte sich enthüllen, so offenbart sich im mongoloiden Menschen eine ganze Vorstufe unseres Werdens.

Eine Begegnung mit unserer Vergangenheit löst immer ein bestimmtes Maß von Erschütterung aus. Als älterer Mensch in den Ort zurückzukehren, in dem wir unsere Kindheit verbrachten, bedeutet eine Lebensprüfung. Dem Menschen zu begegnen, den wir einst geliebt und dann durch lange Jahre oder gar Jahrzehnte nicht gesehen haben, ruft Ströme der Erinnerung herauf. Wir stehen dann vor einem Teil-Panorama unseres Lebens und versuchen, uns selbst darin zu begreifen.

Ähnliches erweckt die Begegnung mit mongoloiden Menschen und Kindern. Sie kann zur Abwehr, aber auch zur Hingabe führen. Zur Abwehr dann, wenn Selbstbesinnung abgewiesen wird; zur Hingabe, wenn diese Resonanz gewünscht wird, die nicht verstanden zu werden braucht, um dennoch zu erklingen. Dann lieben die Mütter und Väter mit ganz besonderer Hingabe ihre mongoloiden Nachkömmlinge, weil sie an ihnen etwas gewahr werden, was das sonstige Leben ihnen versagt hat: eben jene Unmittelbarkeit des Gefühls, die Offenheit der Zuneigung und die menschenverbindende Freundlichkeit, die das mongoloide Kind während seiner Entfaltungszeit besitzt.

Das ruft in den Regionen des Unterbewußtseins die Erinnerung an jene Zeiten herauf, da die Gynäkokratie noch ein glücklicheres Leben ermöglichte, als es uns heute gegeben ist. Jenes goldene Zeitalter, dessen Glanz uns entgegentritt, wenn wir die grandiose Einleitung lesen, die Bachofen zu seinem Buch über das Mutterrecht geschrieben hat.

Ein Bote aus jener Vorzeit ist das mongoloide Kind. Damit ist nicht gemeint, daß es ein phylogenetischer Menschenvorfahre sei und daß wir einstmals alle so waren, wie es jetzt ist. Es wäre Widersinn, seine Erscheinung in dieser Art zu interpretieren. Es trägt aber einen Glanz an sich, der einer Frühzeit menschlichen Daseins zu entstammen scheint. Diesen Glanz sollten wir nicht wegdiskutieren und auch den Eltern nicht verleiden. Vielmehr sollte es zur Aufgabe des Arztes werden, diese wahre Natur des mongoloiden Kindes seinen Eltern nahezubringen und dadurch ins Positive zu verwandeln, was ihnen zunächst nur negativ erscheint. Das mongoloide Kind kann oft zum Segen seiner Familie werden, wenn es von Eltern und Geschwistern in seinem wahren Sinn verstanden wird.

Gerade jenen Bevölkerungsgruppen, die dem Gesetz des Vaterrechts noch fremd gegenüberstehen und denen die moderne Zivilisation eine harte Aufgabe ist, wird das mongoloide Kind zum Symbol alles dessen, was sie hinter sich gelassen haben: eine friedliche, glückliche Lebensordnung, aus der sie vor zwei oder drei Generationen aufgebrochen sind, um den Weg der vertikalen Völkerwanderung zu beschreiten.

Und das mongoloide Kind selbst? Wie empfindet es sein Dasein und wie erlebt es sich selbst? Das kann man nur ahnen, aber nicht sicher aussagen. Es scheint wahrscheinlich, daß es erst nach der Pubertät, wenn der Altersprozeß einsetzt, etwas von seinem Schicksal zu wissen beginnt. Bis dahin lebt es ohne Selbstbesinnung und Selbsterkenntnis. Zunächst, als Säugling, träumt und döst es, und später kann es wie junge Füllen springen und sich freuen. Ein Erleben der Zeit, des Ablaufs der Tage, des Kommens und Gehens der Menschen und Dinge ist nicht vorhanden. In den eigenen Empfindungen lebt das Kind sich selbst; im Strömen der Gefühle erreicht es die Ahnung seiner Persönlichkeit. „Ich" zu sich zu sagen, gelingt ihm erst sehr spät. Und wenn es dann dazu kommt, ist es zu spät, um daraus noch bildende Kraft zu erwerben.

Dieses „zu spät" wird zur Empfindungsgrundlage seiner nachpuberalen Existenz. Es liegt oft eine ergreifende Traurigkeit um einen mongoloiden Menschen, weil er zu ahnen beginnt, daß er versäumen mußte, was andere sich erwerben konnten. Daraus entsteht Abgeschiedenheit, Trotz und Abwehr bis zur Katatonie. Eine Menschenknospe ist das mongoloide Kind, die niemals zum vollen Erblühen kommt, weil ihr die Kraft der Reifung nicht gegeben ist. Deshalb wird das Leben nicht zur Frucht, sondern erstirbt im Stadium der Kindschaft.

Die folgenden Verse Goethes kommen uns in den Sinn:

„Mancherlei hast du versäumet:
Statt zu handeln, hast geträumet,
Statt zu denken, hast geschwiegen,
Solltest wandern, bliebest liegen."

Darin ist enthalten, was wir alle, wenn wir Rückschau üben, immer wieder empfinden können, was aber für das mongoloide Menschenwesen zu ganz besonderer Wahrheit wird, weil es ja wirklich verträumt und versäumt hat, sein eigenes Leben zu gestalten. Dafür aber konnte es Hilfe für andere sein, wenn diese sein Wesen erfaßt haben. Und oft vermeinte ich, daß es dann den nächsten Vers dieses Gedichtes sprach, als Antwort auf unsere Unwissenheit:

„Nein, ich habe nichts versäumet!
Wißt ihr denn, was ich geträumet?
Nun will ich zum Danke fliegen,
Nur mein Bündel bleibe liegen."

Könnte das nicht sein? Da das mongoloide Kind ein Ausdruck für die vielen Opfer ist, die von der Zivilisation gefordert werden, trägt es gleichzeitig ein in die Zukunft weisendes Element in sich. Und wir sollten uns veranlaßt fühlen, jedem mongoloiden Menschen den Schlußvers jenes Goetheschen Gedichtes nachzurufen:

„Heute geh ich. Komm ich wieder,
Singen wir ganz andre Lieder.
Wo so viel sich hoffen läßt,
Ist der Abschied ja ein Fest."

Andreas Rett

Mongolismus (1977)

Aus: Mongolismus. Biologische, erzieherische und soziale Aspekte. Bern/Stuttgart/Wien, 2. ergänzte Aufl. 1983, S. 21 und 27/28.

Rett (geb. 1924) Prof. Dr. med., Wien, Direktor des Ludwig Boltzmann-Instituts zur Erforschung kindlicher Hirnschäden, hat sich über Österreich hinaus Verdienste auch um die Erziehung geistig behinderter Kinder erworben. Sein Buch „Mongolismus" erschien 1977. Im Kapitel „Entstehungsmechanismus, mögliche Ursachen und Herkunft des überzähligen Chromosoms" geht er auf den Stand der Forschung rund 25 Jahre nach der Entdeckung der Chromosomen-Aberration ein, die zum Down-Syndrom führt. Eindrucksvoll sind das Eingeständnis und der Hinweis, daß mit der Genaberration die Ursache der geistigen Retardierung von Kindern mit einem Down-Syndrom noch nicht aufgedeckt ist.

Mögliche Ursachen und Herkunft des überzähligen Chromosoms

Mit dem Nachweis der krankheits-spezifischen Chromosomen-Aberration wurde der Entstehungsmechanismus des Down-Syndroms schlagartig erhellt. Damit waren jene zahlreichen Hypothesen und Spekulationen ... ad absurdum geführt, die bislang durch die Lehrbücher geisterten. Frappierend ist die schon lange vor der Entdeckung der pathologischen Chromosomen-Struktur geäußerte Vermutung *P. J. Waardenburg's*[a], die in dieses dann plötzlich klarere Bild fugenlos paßte. Er schrieb 1932: „Man sollte einmal beim Mongolismus untersuchen, ob hier vielleicht ‚chromosomal deficiency' bei ‚non-disjunction' oder das umgekehrt ‚chromosomal duplication' vorliegt. Es ist natürlich auch denkbar, daß nur eine Störung von Chromosomenteilen eine ‚sectional deficiency' durch Translokation oder umgekehrt eine ‚sectional duplication' vorliegt, dies wäre dann wenig leicht cytologisch zu beweisen." Die sprunghafte Vorwärtsentwicklung der Technik bei der Herstellung cytologischer Präparate in den späten 50er Jahren erlaubte immer bessere Einblicke in die chromosomale Struktur des Menschen. Zwangsläufig kamen dann fast gleichzeitig von verschiedenen Orten und Untersuchern die Hinweise auf die sogen. Trisomie der G-Gruppe bei Mongoloiden, in der man sehr rasch das cytologische Substrat dieser Erkrankung erkannte (*J. Lejeune*,[b] *M. Gautier*,[c] *R. Turpin*[d] 1959).

...

Vergleichen wir nun abschließend den Stand unseres heutigen Wissens mit dem vor 20 oder mehr Jahren, so gewinnt die eingangs zitierte Meinung P. J. Waardenburgs geradezu prophetische Bedeutung. Und doch kennen wir auch heute noch nicht den ganzen ätiologischen Hintergrund des Down-Syndroms.

Diese Auffassung wurde uns vor allem durch die Untersuchungen *H. Seidlers*[e] in unserem Institut in aller Deutlichkeit bewußt. Wenn wir mit den anthropologischen Untersuchungsmethoden des erbbiologischen Gutachtens in einem hohen und statistisch signifikanten Prozentsatz bei den Eltern mongoloider Kinder Mikromanifestationen dieses Syndroms bei normalem Karyotyp nachweisen können, dann muß zwangsläufig die Frage nach den Möglichkeiten der genetischen Prae-Disposition gestellt werden. Der von H. Seidler geführte Beweis über die bei den Eltern erhobenen Resultate ist derart überzeugend, daß wir diese Prae-Disposition als einen der möglichen ätiologischen Faktoren unbedingt weiter verfolgen müssen.

Wie z.B. diese Prae-Disposition mit dem Phänomen der non-disjunction zu vereinbaren ist, ist eine Frage, die schwer zu beantworten sein wird. Daß mit dem Nachweis der möglichen Herkunft des überzähligen Chromosoms vom Vater und den Untersuchungen H. Seidlers ein neues Stadium innerhalb der ätiologischen Forschung und Diskussion begann, wird man wohl annehmen müssen. Wir meinen, daß nur eine breite klinische, humangenetische und anthropologische Forschung entscheidende Fortschritte bringen kann und sehen die Notwendigkeit dieser komplexen Forschungsarbeit aus den Untersuchungen unseres eigenen Krankengutes deutlich bestätigt.

Es muß jedoch – hic et nunc – eingestanden werden, daß wir die Frage „warum gerade mein Kind?" auch heute noch nicht vollgültig und erschöpfend beantworten können.

Wenn Jerome Lejeune 1981 schreibt: 20 Jahre nach der Beschreibung der chromosomalen Basis der Krankheit (J. Lejeune et al. 1959) bleibt die Hauptfrage unbeantwortet: „Was ist die aktuelle Ursache der mental deficiency in trisomy 21?" dann zeigt das sehr deutlich, daß wir den letzten und sicherlich wichtigsten Schritt in der Ursachen-Forschung noch nicht geschafft haben.

---

[a] Waardenburg = Lebensdaten nicht zu ermitteln
[b] Lejeune = Jérôme Lejeune (geb. 1944), Dr. med., Prof. für Genetik, Univ. zu Paris
[c] Gautier = Marcel Gautier (geb. 1913)
[d] Turpin = Raymond Turpin (geb. 1895), Dr. med., Genetiker und Kinderarzt, Prof. Univ. zu Paris
[e] Seidler = Horst Seidler (geb. 1944), Dr. phil., Prof. für Humanbiologie an der Univ. Wien

Hans Asperger

Autistische Psychopathen (1952)

Aus: Hans Asperger: Heilpädagogik. Einführung in die Psychopathologie des Kindes für Ärzte, Lehrer, Psychologen, Richter und Fürsorgerinnen. Wien 1952, 2. Aufl. 1956, S. 165–169.

Asperger (1906–1980), Dr. med., war seit Mai 1938 „Heilpädagogischer und Jugendpsychiatrischer Sachverständiger" beim Wiener Jugendgericht und seit 1940 Facharzt für Heilpädagogik beim Wiener Gesundheitsamt. Er habilitierte sich 1943 mit einer Arbeit über „Autistische Psychopathen im Kindesalter". Das von ihm 1944 beschriebene Syndrom der autistischen Kinder wird nach ihm und einem nordamerikanischen Arzt Asperger-Kanner-Syndrom genannt. Von 1957–1962 war Asperger Professor für Kinderheilkunde in Innsbruck, von 1962 bis zu seiner Emeritierung 1977 lehrte er in Wien.

Es erscheint uns als eine der vordringlichsten Aufgaben der Psychopathologie, ein Kind so zu schildern, daß daraus die Einheitlichkeit und die Besonderheit seiner Persönlichkeit deutlich hervorgeht. Da es sich um gestörte Persönlichkeiten handelt, so muß man von der Erfassung der Störung ausgehen, muß versuchen, jene Wesenszüge aufzufinden, von denen aus die Persönlichkeit „durchorganisiert" erscheint, von denen sich wesentliche Eigenheiten des Körperlichen, der Ausdruckserscheinungen sowie des gesamten seelischen Verhaltens, auch der Schwierigkeiten ableiten lassen, so daß man auf diese Weise zu einem geschlossenen Bild kommt. Man gelangt so, wie wir schon im allgemeinen Teil sagten, zu einer *Typologie*, die gewiß nicht systematisch und auf alle möglichen Fälle anwendbar, aber doch für eine Anzahl durch besonders hervorstechende Eigenart charakterisierter Kinder gut brauchbar ist. Über die Anwendbarkeit für diese Fälle hinaus kann unseres Erachtens diese Art der Menschenbetrachtung den Blick schärfen für die Beurteilung von problematischen Kindern überhaupt.

Besonders bewährt sich, so glauben wir, diese Betrachtungsweise bei einem Typus von Kindern, den wir „Autistische Psychopathen" nennen (wir haben ihn schon in einer früheren Arbeit[1] ausführlich beschrieben).

Für die wesentliche Grundstörung halten wir eine Einschränkung des persönlichen Kontaktes zu Dingen und Menschen: während der Mensch normalerweise in ununterbrochenen Wechselbeziehungen mit der Umwelt lebt, ständig auf sie reagierend, sind diese bei den „Autistischen" beträchtlich gestört, eingeengt. Der Autistische ist nur „er selbst" (daher das Wort autos), nicht ein lebendiger Teil eines größeren Organismus, von diesem ständig beeinflußt und ständig auf diesen wirkend. Des Aristoteles Definition des Menschen als eines „zoon politikon", eines gemeinschaftsbezogenen Lebewesens, stimmt bei diesen Menschen nur recht eingeschränkt.

Name und Begriff „Autismus" stammen von Bleuler[a], der ein führendes Symptom der Schizophrenie so bezeichnete und darunter subsumierte, daß die Schizophrenen den „Kontakt mit der Wirklichkeit verlieren",

„sich nicht mehr um die Außenwelt kümmern", einen „Mangel an Initiative, Fehlen eines bestimmten Zieles, Außerachtlassen vieler Faktoren der Wirklichkeit, Zerfahrenheit, plötzliche Einfälle und Sonderbarkeiten" feststellen lassen, ferner eine „ungenügende äußere Motivierung vieler einzelner Handlungen wie der ganzen Einstellung zum Leben", eine „Störung der Intensität wie der Extensität der Aufmerksamkeit", „launischen Eigensinn", die Tatsache, „etwas zu wollen und zugleich das Gegenteil", „Zwangshandlungen, automatische Handlungen, Befehlsautomatien und dergleichen"[2]. Bei den Schizophrenen finden sich alle diese Eigenschaften in krasser Gradausprägung, eben als psychotische Symptome, das heißt, sie machen diese Menschen persönlich ganz unzugänglich und unbeeinflußbar. Aber auch bei dem nunmehr zu schildernden Typus psychopathischer Kinder finden sich diese Züge in der gleichen, charakteristischen „Klangfärbung", wenn auch in weit herabgesetztem Ausmaße. Diese Kinder sind nicht im Zentrum ihrer Persönlichkeit gestört, sind darum, wenn auch mit Schwierigkeiten, beeinflußbar und erziehbar. Aber auch hier wirft die Grundstörung ein bezeichnendes Licht auf alle Äußerungen der Persönlichkeit, erklärt die Schwierigkeiten, das Versagen wie auch die besonderen Leistungen. Wenn man auf die charakteristischen Offenbarungen des autistischen Wesens achten gelernt hat, findet man diese Störung, besonders in leichterer Gradausprägung, bei Kindern gar nicht so selten.

Körperliche Eigenheiten und Ausdruckserscheinungen

Der körperliche Befund ist nicht einheitlich. Gemeinsam ist aber vielen „Autistischen" ein Zug: daß ihnen schon in sehr frühem Alter das eigentlich Kindhafte in der äußeren Erscheinung fehlt, das noch Undifferenzierte, Ungeprägte, Unbestimmte und Weiche, jene quellende Fülle, was man eben für das Kind, das Kleinkind zumal, als bezeichnend ansieht. Viele von diesen Psychopathen zeigen hingegen auffallend geprägte, frühreife Züge, etwas „Prinzenhaftes", wozu natürlich die später zu beschreibenden Ausdruckserscheinungen wesentlich mit beitragen, was sich aber auch schon in den ruhenden Zügen zeigt; das Gesicht wirkt „wie mit scharfem Stift gezeichnet".

Nicht selten erweisen sich aber Gesicht und Gestalt eigenartig verbaut und häßlich – ein getreues Abbild der auffallenden Ungeschicklichkeit in Motorik und Benehmen: wir finden mächtige, absonderlich geformte Nasen, Kieferanomalien mit vorgebauten, auseinanderstehenden Zähnen („Pferdegebiß") oder andere Zahndeformitäten, schon im frühen Alter ein ausgesprochenes Winkelprofil, oft auch Behaarungsanomalien verschiedener Art. Diese Häßlichkeit aber ist, wenn dieser kühne Ausdruck gestattet ist, eine „charaktervolle", nicht die „gewöhnliche" der degenerativen oder zerebral gestörten Schwachsinnigen.

Niemals fehlen die charakteristischen Eigenheiten des *Blicks*. Es ist auch nicht

---

[1] Die „Autistischen Psychopathen" im Kindesalter. Arch. Psychiatr. 117, 1 (1944).
[2] Bleuler, E.: Lehrbuch der Psychiatrie, 5. Aufl., S. 287 f. Julius Springer 1930.

[a] Bleuler = Eugen Bleuler (1857–1939), Dr. med., Professor für Psychiatrie in Zürich und Direktor der Heilanstalt Burghölzli. Er prägte den Begriff Schizophrenie.

verwunderlich, daß sich eine Kontaktstörung vor allem in dieser Ausdruckserscheinung kundtut: ist es doch der Blick, der an erster Stelle, vor allen anderen mimischen Vorgängen, Kontakt schafft. Von dem Zeitpunkt an, da ein Kind „schauen" kann, also vom dritten Lebensmonat an, lange bevor es sprachliche Ausdrucksmöglichkeiten hat, spielt sich ein Großteil seiner Beziehungen mit der Umwelt über den Blick ab. Wie trinkt nicht das kleine Kind mit staunenden Augen die Welt in sich hinein, wie spiegelt sich die Spannung dieses ersten Besitzergreifens im Blick, wie spricht es seine Gefühle mit den Augen aus, noch viel ungehemmter als der Erwachsene, der sich zu distanzieren und zu verbergen gelernt hat. Grundsätzlich anders ist es bei den Autistischen. Kaum je haftet der Blick auf einem bestimmten Ding, auf einem bestimmten Menschen und zeigt so die wache Aufmerksamkeit, den lebendigen Kontakt an. Man kann nie recht sagen, geht der Blick in eine weite Ferne oder nach innen, so wie man nie recht weiß, womit sich die Kinder gerade beschäftigen, was eigentlich in ihnen vorgeht.

Besonders deutlich ist die Störung beim Gespräch mit anderen. Es taucht dabei nicht Blick in Blick, auf diese Weise die Einheit des Gesprächskontaktes herstellend - wenn man mit jemandem redet, so „antwortet" man ja nicht nur mit dem Wort, das nur die Bestimmung hätte, einen abstrakten Inhalt darzutun, sondern vielleicht noch mehr mit dem Blick, mit dem Ton der Rede, mit dem Ausdruck seiner Miene und seiner Gesten; gerade die thymischen Beziehungen, also das, was vor allem andern Mensch an Menschen bindet, spielen sich in diesen letztgenannten Erscheinungen ab. Daran ist aber das autistische, kontaktgestörte Kind gar nicht interessiert. Es schaut darum auch den Sprechenden meist gar nicht an, sein Blick geht an ihm vorbei, streift ihn höchstens hie und da so beiläufig. Es ist überhaupt bezeichnend, daß diese Kinder nicht mit fest zupackendem Blick schauen - sondern so, als würden sie mehr „mit dem peripheren Gesichtsfeld" wahrnehmen - und daß sie dann doch, wie bei manchen Gelegenheiten zutage kommt, so viel von der Welt aufnehmen und verarbeiten. Bei einer Gelegenheit aber wird ihr Blick Träger eines starken Ausdrucks: wenn sie eine Bosheit vorhaben; da blitzt dann das Auge auf, und schon haben sie etwas angestellt.

Auf der gleichen Linie liegt, daß die Kinder auch arm an Mimik und Gestik sind. Sie sind ja nicht ein richtig reagierendes Widerspiel ihres Gesprächspartners, sie brauchen daher ihre Mimik als kontaktschaffende Ausdruckserscheinung nicht. Manchmal haben sie einen gespannt-grüblerischen Ausdruck. Im Gespräch aber ist das Gesicht oft schlaff und leer, das Gegenstück zu dem abwesenden Blick. Auch an Gesten, also an Ausdrucksbewegungen, die sich nicht auf dem Gesicht abspielen, sind sie arm, obwohl sie oft reich an Bewegungen sind – das sind dann aber Bewegungsstereotypien, die keinen Ausdruckswert haben.

Neben dem Blick ist der wichtigste Ausdrucksträger die *Sprache*. Im allgemeinen Teil war schon davon die Rede, daß in den Beziehungen zwischen Menschen jene Funktion der Sprache, Träger von Ausdruckserscheinungen zu sein, mindestens ebenso wichtig ist wie die, sachliche Inhalte mitzuteilen.

Wieder wird es uns nicht wundern, daß bei den Autistischen auch jene kontaktschaffenden Ausdruckserscheinungen der Sprache gestört sind. Bei den einzelnen

Fällen gibt es sehr verschiedene Möglichkeiten solcher Störung: einmal ist die Stimme auffallend leise und fern, vornehm näselnd, dann wieder schrill, krähend, unangepaßt laut, daß es einem förmlich im Ohr weh tut; einmal geht sie monoton dahin, ohne Hebung und Senkung, auch nicht am Ende des Satzes, des Gedankens, ist ein leiernder Singsang – oder aber sie ist übertrieben moduliert, wirkt wie eine schlechte Deklamation, wird mit übertriebenem Pathos vorgetragen. Gemeinsam ist in allen diesen Fällen: die Sprache wirkt auch auf den naiven Zuhörer „anders als normal", unnatürlich, wie eine Karikatur, zu Spott herausfordernd. Und noch eins: sie richtet sich nicht an einen Angesprochenen, sondern ist gleichsam in den leeren Raum hineingeredet, so wie meist auch der Blick den Partner nicht trifft und festhält, sondern an ihm vorbeigeht. Oft nehmen die autistischen Kinder gar nicht Rücksicht darauf, ob es in einer Situation passend ist, daß sie ihren Redestrom loslassen, ob man etwa Zeit hat, sie anzuhören oder aber mit etwas anderem beschäftigt ist. Sie geben nicht Antwort auf eine Frage, auf die jeweilige Situation, sondern haben eine „Spontananrede". Jeder andere Mensch würde es sofort an der Miene des Gesprächspartners merken, daß jetzt nicht die Zeit zu reden ist – nicht aber diese Typen. Ganz unbekümmert sprechen sie aus, was *ihnen* im Augenblick wichtig ist. Manchmal muß man ihnen gar nicht zuhören, sondern kann ruhig etwas anderes tun – sie tönen unbekümmert weiter. Das ist freilich nicht immer so; manche werden durch solche Nicht-Achtung sehr gereizt und beleidigt. In einem weiteren Sinne gehören zu den Ausdruckserscheinungen der Sprache auch Wortwahl, Satzbau, Grammatik.

Benehmensschwierigkeiten

Nicht die beschriebenen Eigenheiten, auch nicht die der Intelligenz, sind es, welche diese Kinder zum Heilpädagogen führen, sondern das abnorme Benehmen, die daraus folgenden schweren und unaufhörlichen Konflikte. Schon rein überlegungsmäßig ist es klar, daß ein kontaktgestörter Mensch die größten Schwierigkeiten haben muß in der sozialen Anpassung, von der einfachsten praktischen Tätigkeit bis zur sozialen Einordnung im höchsten Sinn, und zwar im frühen Kindesalter noch mehr als im späteren Leben, wo der gereifte Intellekt, der ja bei vielen autistischen Psychopathen sehr gut entwickelt ist, vieles kompensieren kann. Aber eben jene in tiefen Persönlichkeitsschichten verankerten Funktionen, nennen wir sie Instinkt oder gefühlsmäßige Einstellung, über die jene Anpassung zuerst und zumeist geht, eben jene Funktionen sind bei diesen Kindern am meisten gestört.

Das normale Kind lernt von den Erziehern; es lernt gehorchen, lange bevor es überhaupt einen Wortsinn versteht, es läßt sich vielmehr leiten vom Blick der Mutter, dem Ton ihrer Stimme, ihrer Miene und ihren Gesten, dem unbeschreiblich reichen Spiel ihrer Ausdruckserscheinungen in Liebe und Strenge. Es steht ununterbrochen im Wechselspiel mit dem Erzieher, seine eigenen Reaktionen ständig weiterbildend, immer wieder nach den guten oder bösen Erfahrungen modifizierend, die es in seinem Zusammentreffen mit der Welt macht. Was die Kinder zum Gehorsam bringt, ist nicht die intellektuelle Einsicht in die Richtigkeit der erzieherischen Maßnahmen, sondern in weit höherem Maße das Affektive des Erziehers, das aus allen seinen Äußerungen spricht. Aber so wie die Ausdruckserscheinungen dieser psychopathischen Kinder ganz abartig sind, ist auch das Verständnis und das Interesse für den Ausdruck der Erzieher gestört. So wie wir bei diesem Typus eine tiefgehende Affektstörung feststellen können ..., ist auch das Verständnis für den Affekt der anderen Menschen oder doch die Reaktion darauf abnorm, manchmal geradezu paradox.

Wir beginnen bei der Schilderung des motorischen Verhaltens und der praktischen Geschicklichkeit. Bei den normalen Kindern ist der Erwerb der zahllosen primitiven Anforderungen des täglichen Lebens kein Problem. Sie schauen all das mühelos den Erwachsenen ab, lernen es von selber, ohne daß es von seiten der Erzieher dazu einer großen Anstrengung bedürfte. Bei den autistischen Kindern jedoch macht gerade das die größten Schwierigkeiten. Sie haben kein Interesse dafür, es fehlt ihnen aber auch die motorische Geschicklichkeit (was davon das Primäre ist, kann man nicht entscheiden, es kommt aber immer beides zusammen).

Das motorische Verhalten ist fast stets auffallend gestört, man kann in vielen Fällen von einer Apraxie sprechen. Wie sie in der Ambulanz die Tür aufmachen, wie sie beim Ballspiel niemals einen schönen Bubenwurf aus lockeren Gelenken, aus harmonischer Zusammenarbeit des ganzen Körpers zuwege bringen, sondern grotesk komisch, mit eckigen, abrupten Bewegungen, beidhändig „schupfen", manchmal, in der Erregung, känguruhartig mithüpfend, wie sie nie richtig bemessen können, wie der Ball fliegen, wie er abspringen wird und daher regelmäßig danebengreifen – damit charakterisieren sie sich für den Erfahrenen vom ersten Moment der Bekanntschaft an, so wie sie das auch tun mit dem ersten Satz, der aus ihnen tönt.

Zu den größten Schwierigkeiten und Konflikten kommt es aber dadurch, daß sie wegen ihrer Ungeschicklichkeit und Uninteressiertheit die vielfachen praktischen Anforderungen des Alltagslebens nicht erlernen: das Ankleiden (besonders wenn an einer schwerer zugänglichen Stelle ein Knopf zuzumachen ist), das Binden der Masche beim Schuhband, das Waschen und Zähneputzen, die richtige Bedienung des Eßbestecks, das Reinhalten von Anzug und Körper usw. Besonders akut wird das Problem regelmäßig, wenn diese Kinder in die Schule eintreten, wo eine gewisse Selbständigkeit unbedingt gefordert ist, schon deshalb, weil da niemand ist, der sie bedienen könnte. Dabei ergeben sich dann die komischesten Situationen, wenn da so ein Bub sich den Mantel nicht ausziehen kann oder ihn ganz verkehrt anzieht und mit grotesk „verwurstelten" Kleidern, als Mittelpunkt einer johlenden Horde von Kameraden, das Schulhaus verläßt.

Das sind die ersten Gelegenheiten, bei denen es regelmäßig zu schweren Zusammenstößen mit der Umwelt kommt. Nicht nur, daß die autistischen Kinder zu ungeschickt sind, diese sonst selbstverständlichen Anforderungen zu erfüllen, sich nicht darum annehmen, sondern sie beantworten die Forderungen mit aktivem Widerstand, mit Negativismus und Bosheiten. Dazu kommt, daß in vielen Fällen diese notwendigen Tätigkeiten noch durch psychopathische Überempfindlichkeiten behindert werden, die aber, wenn sie auch oft auf das Gleiche hinauslaufen, doch anderer Genese sind, als wir solche bei den Neuropathen geschildert haben: dort sind es die „allzu empfindlichen Nerven", ist es eine Hypersensibilität, welche etwa das Nägelschneiden zu einer unangenehmen Prozedur macht; hier wirkt es eher so, als seien gewisse im Seelischen liegende Hemmungen und Überempfindlichkeiten das Hindernis, etwa die Weigerung, seinen Körper von einer anderen Person berühren zu lassen, oder ähnliche Verschrobenheiten.

Gerade in der Familie zeigt sich die Grundstörung der autistischen Psychopathen, die persönliche Unzugänglichkeit, besonders kraß und gerade da kommt es auch zu besonders schweren Konflikten. Die Gemeinschaft der Familie beruht ja vor allem auf der gefühlsmäßigen Bindung der Familienmitglieder aneinander. Die Beeinflussung der in der Familie zu Erziehenden erfolgt hauptsächlich über das Gemüt, durch das Zusammenspiel der Gefühle von Eltern und Kindern. Aber eben da kommen die autistischen Kinder nicht mit, sie stehen allem Gefühlsmäßigen ohne Verständnis, ja mit Abwehr gegenüber. Gerade die Eltern spüren aber auch ein gefühlloses Verhalten der Kinder am stärksten und sind darüber besonders unglücklich (diese Tatsache hat eine Parallele im Verhalten der Schizophrenen, die aus demselben Grund ebenfalls in der Familie noch schwerere Konflikte verursachen als anderswo).

27

Schulpflicht für geistig behinderte Kinder (1964)

Gesetz zur Vereinheitlichung und Ordnung des Schulwesens (Schulverwaltungsgesetz) in Baden-Württemberg, ausführlich erläutert von Herbert Hochstetter. Stuttgart 1964, 5. Aufl. 1967, §§ 4 und 49 – 53 (S. 22 – 24 und 118 – 124, ohne Kommentar).

Das Königreich Sachsen war der erste deutsche Staat, der im 19. Jahrhundert die Schulpflicht für geistig behinderte Kinder verkündete (Band 1, S. 234 – 236). Andere Staaten folgten. Es gelang den Schulverwaltungen der deutschen Staaten jedoch nicht, für sämtliche geistig behinderte Kinder Internate bereit zu stellen, so daß die Erfüllung der Schulpflicht geistig behinderter Kinder, auch wenn sie in einem Landesgesetz vorgesehen war, weniger streng kontrolliert wurde als der Besuch der Grundschulen. Viele geistig behinderte Kinder dagegen konnten, anders als gehörlose und blinde, keine Heimschule besuchen, sondern lebten ohne Schulerziehung schlecht und recht bei ihren Eltern. Erst mit der Gründung der Bundesvereinigung Lebenshilfe (siehe Nr. 22) bahnte sich eine Besserung an. In den sechziger Jahren nahmen fast alle deutschen Bundesländer Bestimmungen in ihre Schulgesetze auf, die in der Folge zu einem dichten Netz von Tagesschulen für geistig behinderte Kinder mit speziell dafür ausgebildeten Lehrerinnen und Lehrern und heilpädagogischen Unterrichtsassistentinnen führten. Als Beispiel für entsprechende Gesetzesbestimmungen folgen Auszüge aus dem Schulverwaltungsgesetz in Baden-Württemberg. In § 4 werden folgende Schulen bestimmt und abgegrenzt: Grundschule, Hauptschule, Realschule, Gymnasium, Berufsschule, Berufsfachschule, Berufsoberschule, Fachschule und unter (9) die Sonderschule, – mit der Bezeichnung „bildungsschwache" auch die Schule für geistig behinderte Kinder. Die §§ 49 – 53 regeln die Sonderschulpflicht.

§ 4 Aufbau und Ziel der Schularten

(9) Die Sonderschule dient der Erziehung und Ausbildung von Kindern und Jugendlichen, die bildungsfähig sind, aber infolge körperlicher, geistiger, seelischer oder sittlicher Besonderheiten in den allgemeinen Schulen nicht die ihnen zukommende Erziehung und Ausbildung erfahren können. Sie gliedert sich in Schulen oder Klassen, die der Eigenart der Schüler entsprechen und, soweit erforderlich, nach heilpädagogischen Grundsätzen arbeiten. Sonderschulen sind Schulen insbesondere für

a) lernbehinderte Kinder und Jugendliche, die dem Bildungsgang der Grundschule, der Hauptschule und der Berufsschule nicht zu folgen vermögen,

b) bildungsschwache, aber noch bildungsfähige Kinder und Jugendliche, die dem Bildungsgang für die unter a) bezeichneten Kinder nicht zu folgen vermögen,

c) blinde und sehbehinderte Kinder und Jugendliche,

d) gehörlose und schwerhörige Kinder und Jugendliche,
e) sprachbehinderte Kinder und Jugendliche,
f) körperbehinderte Kinder und Jugendliche,
g) in längerer Krankenhausbehandlung stehende Kinder und Jugendliche,
h) erziehungsschwierige und sittlich gefährdete Kinder und Jugendliche,
j) Jugendliche im Jugendstrafvollzug.

Wenn die besondere Aufgabe der Sonderschule die Heimunterbringung der Schüler gebietet oder die Erfüllung der Schulpflicht sonst nicht gesichert ist, ist der Schule ein Heim anzugliedern, in dem die Schüler Unterkunft, Verpflegung und eine familiengemäße Betreuung erhalten (Heimsonderschule).

Pflicht zum Besuch der Sonderschule

§ 49
Allgemeines

(1) Die in § 4 Abs. 9 bezeichneten Kinder und Jugendlichen sind zum Besuch der für sie geeigneten Sonderschule verpflichtet, sofern sie nicht von der Schulpflicht befreit sind (§ 41 Abs. 3).

(2) Darüber, ob die Pflicht zum Besuch einer Sonderschule im Einzelfall besteht und darüber, welcher Typ der Sonderschule (§ 4 Abs. 9 S. 3) für den Sonderschulpflichtigen geeignet ist, entscheidet die Schulaufsichtsbehörde.

(3) Die Pflicht zum Besuch einer Sonderschule ruht, wenn der Schulweg zu weit oder besonders schwierig ist und eine geeignete Heimschule nicht zur Verfügung steht. Die Entscheidung hierüber trifft die Schulaufsichtsbehörde.

(4) Von der Pflicht zum Besuch einer Sonderschule ist befreit, wer eine von der Schulaufsichtsbehörde als gleichwertig anerkannte Unterweisung erfährt.

§ 50
Beginn und Dauer der Pflicht zum Besuch der Sonderschule

Für Beginn und Dauer der Pflicht zum Besuch der Sonderschule gelten die §§ 42, 43, 44, 46 und 47 entsprechend mit folgenden Maßgaben:

1. für gehörlose Kinder beginnt die Pflicht zum Besuch der Sonderschule ein Jahr später;
2. für Schulpflichtige, die während des Besuchs einer allgemeinen Schule sonderschulbedürftig werden, beginnt die Pflicht zum Besuch der Sonderschule mit der Entscheidung der Schulaufsichtsbehörde nach § 49 Abs. 2;
3. für blinde und gehörlose Sonderschulpflichtige kann nach Anhörung der Erziehungsberechtigten die Pflicht zum Besuch der Sonderschule über die in § 44 bestimmte Zeit hinaus bis zur Dauer von insgesamt drei Jahren verlängert werden, wenn anzunehmen ist, daß sie dadurch dem Ziel der Sonderschule nähergebracht werden können. Aus dem gleichen Grund kann für Sonderschulpflichtige die Pflicht zum Besuch der Sonderschule über die in § 47 bestimmte Zeit hinaus um ein Jahr verlängert werden;
4. die Schulaufsichtsbehörde kann die Pflicht zum Besuch einer Sonderschule für beendigt erklären, wenn sie feststellt, daß der Sonderschulpflichtige
a) mit Erfolg am Unterricht der allgemeinen Schule teilnehmen kann oder
b) sich als nicht mehr bildungsfähig erweist.

§ 51
Erfüllung der Pflicht zum Besuch der Sonderschule

(1) Die Pflicht zum Besuch der Sonderschule wird durch den Besuch derjenigen geeigneten Sonderschule erfüllt, in deren Schulbezirk der Schulpflichtige wohnt. § 45 Abs. 2 Satz 2 und 3 gilt entsprechend.

(2) Soweit nicht eine Schule nach Absatz 1 zuständig ist, haben die Erziehungsberechtigten das Recht, unter den für ihre sonderschulpflichtigen Kinder geeigneten Sonderschulen zu wählen.

(3) Wenn es zur Erfüllung der Pflicht zum Besuch der Sonderschule erforderlich ist, können die Sonderschulpflichtigen mit Zustimmung der Erziehungsberechtigten in einem Heim oder in Familienpflege untergebracht werden. Die Entscheidung trifft die Schulaufsichtsbehörde im Einvernehmen mit der zuständigen Jugendwohlfahrtsbehörde. Verweigern die Erziehungsberechtigten ihre Zustimmung, so kann eine Entscheidung des Vormundschaftsgerichts nach §§ 1666, 1838 des Bürgerlichen Gesetzbuches herbeigeführt werden.

§ 52
Verantwortlichkeit für die Erfüllung der Schulpflicht

(1) Die Erziehungsberechtigten und diejenigen, denen Erziehung oder Pflege eines Kindes anvertraut ist, haben die Anmeldung zur Schule vorzunehmen und dafür Sorge zu tragen, daß der Schulpflichtige am Unterricht und an den übrigen verbindlichen Veranstaltungen der Schule regelmäßig teilnimmt und sich der Schulordnung fügt. Sie sind verpflichtet, den Schulpflichtigen für den Schulbesuch in gehöriger Weise auszustatten und die zur Durchführung der Schulgesundheitspflege erlassenen Anordnungen zu befolgen.

(2) Die für die Berufserziehung Mitverantwortlichen (Lehrherren, Dienstherren, Leiter von Betrieben) oder deren Bevollmächtigte haben den Schulpflichtigen zur Schule anzumelden, ihm die zur Erfüllung der Schulpflicht erforderliche Zeit zu gewähren und ihn zur Erfüllung der Schulpflicht anzuhalten.

§ 53
Schulzwang

Schulpflichtige, die ihre Schulpflicht nicht erfüllen, können der Schule zwangsweise zugeführt werden. Die Zuführung wird von der für den Wohn- oder Aufenthaltsort des Schulpflichtigen zuständigen Polizeibehörde angeordnet.

Karl König

Die drei Grundpfeiler von Camphill (1965)

In: Camphill: 50 Jahre Leben und Arbeiten mit Seelenpflege-bedürftigen Menschen. Hrsg. von Cornelius Pietzner. [Übersetzung aus dem Englischen von Susanne Lenz und Ulrich Zeutschel]. Stuttgart 1991, S. 26 – 32 (Auswahl).

Karl König (1902 – 1966) wurde in Wien geboren. Nach Medizinstudium in Wien und einer Promotion wurde er Kinderarzt. Die Bekanntschaft mit Rudolf Steiners Anthroposophie führte ihn zur anthroposophisch orientierten Heilpädagogik. Er baute in Schlesien eines der ersten Institute für „Seelenpflege bedürftige Kinder" mit auf. Im Jahre 1936 ging er nach Wien, 1938 mußte er nach Schottland emigrieren. Er begann dort auf dem Gut Camphill mit einigen wenigen Mitarbeitern eine heilpädagogische Arbeit, in deren Zentrum das soziale Problem des Kindes mit Behinderungen stand. Diese erste Gründung ist als die Keimzelle der „Camphill-Bewegung" anzusehen, die heute eine Vielzahl von heilpädagogischen Schulen, Heimen, Werkstätten, Bauernhöfen und Dorfgemeinschaften für alle Arten von entwicklungsgestörten Menschen in Großbritannien, USA, Südafrika, den Niederlanden, der Schweiz und Deutschland umfaßt. König ist auch Verfasser heilpädagogischer Publikationen. Am bekanntesten ist wohl sein Buch „Der Mongolismus" (1959). Der abgedruckte Text stammt aus dem Jahre 1965 und ist ein Rückblick auf 25 Jahre Camphill-Bewegung. König stellt die drei grundlegenden Essentials der Camphill-Arbeit heraus, und erweist sich darin als Schüler Rudolf Steiners, der im „Heilpädagogischen Kursus" von 1924 in Dornach/Schweiz seine grundlegenden Gedanken vorgetragen hatte. Der englische Text ist zu finden in: A Candle on the Hill. Ed. by Cornelius Pietzner, Edinburgh: Floris Books 1990, S. 29 – 34 (Siehe auch Nr. 4 und Nr. 24).

Dreiheit ist das Wesensmerkmal aller lebenden Organismen. Seit dem Beginn von Camphill sind Kräfte des Wachstums, der Entwicklung und Veränderung wirksam geworden, die in der Erkenntnis der dreigliedrigen sozialen Ordnung begründet sind und der menschlichen Struktur aus Körper, Seele und Geist entsprechen. Anläßlich des 21. Jahrestages der Camphill-Gemeinschaft nannte Dr. König drei Persönlichkeiten, die seinen Gedanken Pate standen: Amos Comenius, Graf Zinzendorf und Robert Owen. Der folgende Aufsatz aus dem Jahre 1965 verdeutlicht seine flammenden Überzeugungen, die er aus den 25 Jahren Gemeinschaftsleben im Dienste besonders fürsorgebedürftiger Menschen gewann – Überzeugungen, die auch andere Menschen inspirierten *(Einleitung durch die Redaktion).*

Beim Rückblick auf unsere Anfänge vor 25 Jahren erscheinen die ersten Schritte langsam und oft mühsam. Es ist wahrhaftig keine Geschichte von großen und glanzvollen Erfolgen, vielmehr von Prüfungen und Irrtümern, von harter Arbeit und vielen Fehlern.

25 Jahre sind eine lange Zeit. Weit größere Dinge haben sich im Verlauf eines

Vierteljahrhunderts zugetragen. Aber Camphill sollte wachsen, wenn auch in vielen Schwierigkeiten und unter anfänglich sehr ungünstigen Umständen. Trotzdem ist es seinen Weg gegangen und wird fortfahren, seine Ziele zu verfolgen, obschon vieles noch auf Verwirklichung wartet.

Als wir anfingen, besaßen wir fast nichts. Wir befanden uns in einem fremden Land, und in vielen Teilen der Welt war Krieg. Wir – eine kleine Gruppe von Emigranten – wurden als „feindliche Ausländer" bezeichnet, und die meisten von uns verbrachten viele Monate im Internierungslager. Nach unserer Entlassung tobte der Krieg immer heftiger; das ganze Land kämpfte schwer, um sich gegen den tödlichen Angriff zu verteidigen. Mitten in diesem Aufruhr von „Schweiß und Arbeit, von Blut und menschlichem Leiden" begann der Same von Camphill aufzugehen. Die stille Botschaft des zurückgebliebenen Kindes erreichte eine Anzahl von Eltern, Ärzten und Lehrern. Die Erziehungsbehörde erfuhr von unserem Versuch und sandte einige Kinder nach Camphill. Es kamen immer neue Anfragen, und bald reichte der Platz nicht mehr aus, um allen Anforderungen gerecht zu werden.

Wir versuchten deshalb, einen benachbarten Besitz zu erwerben oder zu pachten, der unsere Arbeit erweitern sollte. Neue Helfer und Freunde schlossen sich unserer kleinen Gruppe an und arbeiteten mit, aber bei weitem nicht genügend, um den wachsenden Aufgaben gerecht zu werden. Es waren viel zu viele Kinder für die Handvoll Mitarbeiter. Nur durch Gnade des Schicksals und die größtmögliche Opferbereitschaft jedes einzelnen konnte diese schwierige Periode überwunden werden. Erst allmählich zeigte sich einige Erleichterung und Hilfe.

Aus dem Krieg wurde Frieden, die Grenzen öffneten sich, und junge Menschen vom Kontinent kamen, um zu helfen. Mehr und mehr Eltern, von der schweren Last des Krieges erlöst, unterstützten unsere Bemühungen, und es wurde uns Rat und Hilfe von einflußreichen Menschen zuteil. Der Same von Camphill war bereits zu einer kleinen Pflanze geworden, die Zweige bekommen hatte und nun versuchte, aus eigener Kraft weiterzuwachsen.

Und eines Tages erschienen die ersten vereinzelten Knospen auf den Zweigen dieses kleinen Busches. Sie entfalteten sich zu Blüten und strahlten ihre Schönheit und ihren Duft in unsere Herzen. Diese Blumen waren der innere Sieg unter dem Mantel der äußeren Mühe und Arbeit: der Fortschritt, den wir an manchen unserer Kinder beobachten konnten, der Frieden, den wir langsam im täglichen Leben erworben hatten, das stille Verwundern während der Feiern am Sonntagmorgen, das plötzliche Verständnis des innersten Wesens dieses oder jenes Kindes – das waren die Erlebnisse, die unsere Arbeiten mit Sinn erfüllten.

...

Die Grundpfeiler von Camphill sind diese Früchte und Blumen; wenn sie sich nicht weiterentwickeln, wird auch Camphill nicht vorwärts schreiten und sein Versprechen für das zurückgebliebene Kind nicht einhalten können.

Heute weiß die ganze zivilisierte Welt, daß selbst schwere geistige Schäden durch heilende Erziehung gebessert werden können. In Schulen, Heimen und Kliniken sind Heilpädagogik, Beschäftigungstherapie und therapeutische Gemeinschaften inzwischen allgemeine Regel

...

Für uns als Schüler Rudolf Steiners liegt in jedem Kind – wie auch immer sein geistiger Zustand sein mag – mehr als seine leibliche Erscheinung. Es ist mehr als sein Körper, als seine Empfindungen, als sein gesprochenes oder ungesprochenes Wort ausdrücken. Es ist mehr als alle seine Lebensäußerungen zeigen. Seine Erscheinung ist nur die äußere Hülle eines unsterblichen, ewigen geistigen Wesens.

Was ist damit gemeint? Wir sind überzeugt, daß jeder Mensch als individuelle Existenz nicht nur hier auf Erden, zwischen Geburt und Tod lebt, sondern daß jedes Kind bereits eine geistige Wesenheit war, bevor es geboren wurde, und daß jeder Mensch ebenso weiterleben wird, nachdem er die Pforte des Todes durchschritten hat. Daher ist jede Art geistiger und körperlicher Behinderung weder durch Zufall noch durch Unglück erworben. Sie ist von besonderer Bedeutung für den Menschen und bestimmt, sein Leben zu verwandeln.

...

Die Überzeugung, daß jeder Mensch dieses „Ich" in sich trägt und daß dieses „Ich" ewig, unzerstörbar und von geistiger Natur ist, ist grundlegend für unsere Einstellung jedem Kinde gegenüber. Es ist unser Bruder und unsere Schwester. Es ist uns und jedem anderen Menschen ebenbürtig. Wir haben es nicht zu tun mit dem behinderten Kind, wir haben es zu tun mit dem Kind, das behindert ist.

Manche sind zurückgeblieben, andere gelähmt, epileptisch, unfähig oder sie sind faul, anomal und in ihrer Entwicklung gestört. All dies mag so erscheinen. Aber das innerste Wesen der Individualität, das Eigentliche ihres Seins ist nicht nur ewig, es ist göttlich! Es ist Teil der Gottheit, zu der es zurückkehren wird, von der es ausgegangen ist und einmal wieder ausgehen wird. Dieses verkrüppelte und verzerrte Leben ist nur eines unter vielen Leben auf seinem Weg zum Vater. Wir alle sind verlorene Söhne, die ihren Weg zurück zum Haus des ewigen Weltengrundes suchen, dem Urquell unseres Seins. Das ist der erste Grundpfeiler von Camphill.

Und der zweite? Dreimal erzählen die Evangelien die Geschichte des jungen Mannes, der an der Fallsucht litt und den die Jünger nicht heilen konnten. Nur Christus – nachdem er die Stufe der Verklärung durchschritten hat – ist imstande, den bösen Geist auszutreiben. Und als die Jünger fragen, warum sie selber nicht helfen konnten, antwortete er: „Um eures Unglaubens willen. Denn wahrlich ich sage euch, so ihr Glauben habt wie ein Senfkorn, so mögt ihr sagen zu diesem Berge: hebe dich von hinnen dorthin! So wird er sich heben; und euch wird nichts unmöglich sein" (Matth. 17, 20).

Dieses Wort sollte man nicht wörtlich, sondern geistig nehmen. Es will nur sagen, daß der Mensch mit einer Kraft begabt ist, die schöpferische Möglichkeiten hat. Diese Kraft kann Häuser und Tempel bauen, sie malt Bilder und formt Skulpturen, es ist dieselbe Kraft, die das Rad erfunden, die erste Brücke über einen Fluß gespannt und Pferde gezähmt hat. Es ist die Kraft, die Berge versetzen kann und es getan hat seit dem Beginn der Menschheit. Diese innere Kraft ist weder der Intellekt noch der Verstand des Menschen. Es ist seine Fähigkeit, die Natur umzuwandeln. Es ist die schöpferische Kraft, die wilde Gegenden in liebliche Landschaften verwandelt, die Kraft, die den Acker bebaut, den Webstuhl erfand und die Töpferscheibe. Diese schöpferische Kraft entschwindet immer mehr.

[Es folgen Ausführungen über die notwendigen Wandlungen im Bereich der industriellen Produktion und des täglichen Lebens.]

Und wo es um den Menschen geht, da dürfte es keine Frage sein, ob Maschinen an die Stelle der schöpferischen Kraft des Menschen rücken sollen. Nie kann eine Lernmaschine den Lehrer ersetzen, kein mechanisches Kommunikationsmittel den Kontakt von Mensch zu Mensch nachahmen.

Dieses „Senfkorn" des Schöpferischen ist eine der Grundbedingungen der Heilpädagogik. Es muß Tag für Tag in denen erneuert werden, die mit dem behinderten Kind arbeiten. Der Glaube, „Berge versetzen zu können", ist die Voraussetzung für den Lehrer und Helfer auf dem Gebiet der geistigen Behinderung. Er muß ihn erringen, sonst wird seine Arbeit wirkungslos bleiben.

...

Diese innere Kraft anzufachen, muß täglich vom Lehrer geübt werden. Er muß sich selbst erziehen und Stetigkeit in seinem Verantwortungsgefühl und seiner Gewissenhaftigkeit erwerben: Verantwortungsgefühl für das Schicksal des behinderten Kindes und Gewissenhaftigkeit in der Arbeit mit demselben sind zwei unerläßliche Tugenden des Heilpädagogen.

...

Als Heilpädagogen brauchen wir ungebrochene Energie und Mut. Einzig Gebet und Meditation können diese besonderen Eigenschaften in der menschlichen Seele der Gegenwart erwirken.

Als die Jünger weiter fragten, warum sie den bösen Geist aus dem Jüngling nicht auszutreiben vermöchten, antwortete Christus: „Diese Art kann durch nichts ausfahren, denn durch Beten und Fasten" (Mark. 9,29). Wiederum darf solch ein Wort Christi nicht buchstäblich genommen werden. Wir treiben weder Geister aus noch haben wir es nötig zu fasten. „Geister austreiben" bedeutet, eine entsprechende Umgebung für das behinderte Kind zu schaffen: eine Umgebung liebevollen Friedens und hingebungsvoller Pflege, ein Haus ohne Lärm und Hast, ohne Unruhe und Streit. Und unter Fasten verstehen wir, den Verführungen nicht nachzugeben, die die heutige Zeit bietet: Fernsehen, Radio, Alkohol, Geschwätz und die vielen anderen Dinge, die das Leben so schwierig und unerträglich machen. All dies ist der größte Feind des behinderten Kindes.

...

Die Selbsterziehung des Lehrers ist der zweite Grundsatz von Camphill. Seine Ausdauer und Opferbereitschaft, seine unaufhörliche Sorge für das Kind und sein Versuch, zu „fasten und zu beten" und dadurch das „Senfkorn" in seiner Seele zu erschaffen, das ist der zweite Grundpfeiler.

...

Über den dritten Grundsatz ist folgendes zu sagen: Während der letzten zwanzig Jahre ist eine neue Wissenschaft merklich in der Vordergrund des allgemeinen Bewußtseins getreten: die Soziologie. Obwohl es eine alte Wissenschaft ist, hat sie doch niemals im Bewußtsein der Öffentlichkeit gelebt. Aber heute spricht jedermann über menschliche und zwischenmenschliche Beziehungen, Sozial-Psychologie usw. All dies beruht darauf, daß man immer mehr gewahr wird, wie weitgehend jeder Mensch von seiner Umgebung abhängig ist und unter dem tiefen, unmittelbaren Einfluß seiner Mitmenschen steht. Wir haben den nachhaltigen Einfluß einer Mutter auf ihr Baby verstehen gelernt. Wir wissen, daß kein Kind ungeschädigt aufwächst, wenn es nicht von seiner Umgebung liebevoll behütet und persönlich betreut wird. Wir haben begonnen zu erkennen, daß durch die Familie die

Charakterbildung des einzelnen entscheidend geformt wird, wir haben den Einfluß studiert, den eine größere Gemeinschaft auf jedes ihrer Mitglieder ausübt. ... Jedes „Ich" braucht sein „Du", jedes „Mein" braucht ein „Sein" oder „Ihr". Dies trifft für alle Menschen zu, für den Gesunden wie für den Kranken, für den Gescheiten wie für den Zurückgebliebenen. Eine Gemeinschaft, welche Form sie auch immer haben mag, ist die wichtigste Hülle jedes Menschen.

Diese soziale Hülle hat mehrere Schichten. Die innerste ist die Familie, die zweite wird durch das Dorf, die Straße oder den Stadtteil gebildet. Die dritte ist das Volk, das die gleiche Sprache spricht. Und die äußerste, größte ist die ganze Menschheit. Genausowenig wie der Embryo außerhalb der Gebärmutter und ihrer Hüllen existieren kann, ist ein geborener Mensch fähig, außerhalb des Schoßes menschlicher Gemeinschaft zu leben. Wir werden aus einer Hülle in die andere hineingeboren, aus der unserer Mutter in die der Gemeinschaft. Und jedes Kind muß sich aus der einen Umgebung in die andere hineinfügen. Wenn dabei nicht genug liebevolle Führung und zarte Fürsorge waltet, wird dieses Einleben schwierig und manchmal unmöglich gemacht.

Viele behinderte Kinder leiden sehr unter dieser fehlenden Anpassung. Die Enttäuschung der Eltern, die Verständnislosigkeit der Umgebung, die Unfähigkeit, ihre seltsame Erscheinung und ihr ungewöhnliches Benehmen zu begreifen, treibt sie in die Isolation. Das geschieht viel häufiger als wir annehmen. Es ist daher eine der wichtigsten Grundbedingungen jeder Heilpädagogik, eine angemessene soziale Hülle mit den entsprechenden Bereichen gemeinschaftlichen Zusammenlebens für behinderte Kinder und Jugendliche zu schaffen. Das ist die eigentliche Basis für die Arbeit mit geistig behinderten Menschen.

Seit den Anfängen von Camphill waren wir uns dieser grundlegenden Notwendigkeit unserer Arbeit bewußt. Wir haben niemals aufgehört, unsere soziale Struktur umzugestalten und sie den wechselnden Bedingungen anzupassen.

Im wirtschaftlichen Bereich muß wahre Brüderlichkeit begründet werden: eine Brüderlichkeit der Ungleichheit und der individuellen Maßstäbe. Es kann nicht jeder unter den gleichen Bedingungen leben wie sein Bruder oder seine Schwester. Die irdischen Bedürfnisse der Menschen sind verschieden, aber sie sollten lernen, in Brüderlichkeit zu leben, trotz ihrer unterschiedlichen wirtschaftlichen Notwendigkeiten.

Es gibt allerdings eine andere soziale Sphäre, in der Gleichheit erforderlich ist. Das ist der Bereich des persönlichen Rechtes des Menschen. Das Recht zu sprechen, zu wissen und zu handeln. Eine menschliche Gemeinschaft kann nur funktionieren, wenn diese Rechte wirklich gewahrt werden.

...

Im Bereich menschlichen Zusammenarbeitens und Zusammenlebens ist Gleichheit der Rechte – nicht Brüderlichkeit angezeigt. Der Lebensstandard ist Sache des einzelnen; er hängt von den persönlichen Bedürfnissen und Notwendigkeiten ab. Aber die Vielfalt der schöpferischen Fähigkeiten, Talente und Arbeitsmöglichkeiten verlangt nach einer Sphäre allgemeiner Rechte, wo gleiches Recht für alle gilt.

Noch einen dritten Bereich gibt es in der sozialen Ordnung: die Sphäre des individuellen. Weder Gleichheit noch Brüderlichkeit sollten hier herrschen. Das ist der Raum, in dem der Mensch antisozial und

Ich-bezogen sein darf. Es ist in unserer Zeit unmöglich, sich fortwährend sozial zu verhalten. Wenn wir das tun wollten, würden wir bald unsere Identität und unsere individuelle Existenz verlieren. Es muß dafür gesorgt werden, daß jedes Mitglied einer Arbeitsgemeinschaft eine gewisse private Sphäre haben kann. Ob das ein eigenes Zimmer oder ein Raum für die eigene Familie ist, das muß er selbst bestimmen. Der eine wird seine eigene Werkbank haben wollen, der andere eine eigene Bibliothek, ein dritter Zeit für eigene Studien. Freiheit soll in diesem sozialen Bereich herrschen – aber nicht ausschließlich Freiheit. Der einzelne muß sein Gewissen sprechen lassen, damit seine Forderungen im Einklang stehen mit den Notwendigkeiten der Gemeinschaft.

Wenn – Schritt für Schritt – diese Ebenen der sozialen Ordnung erreicht und den Lebensbedingungen angepaßt sind, wird Ordnung und Harmonie in der Gemeinschaft herrschen.

Brüderlichkeit lebt im Wirtschaftsbereich,

Gleichheit ist erforderlich im Bereich der Zusammenarbeit,

Freiheit begleitet von der Stimme des Gewissens, regiert das Element des Individuellen.

In solch einer Gemeinschaft wird sich das behinderte Kind aufgenommen und sicher fühlen; der zurückgebliebene und verkrüppelte junge Mensch wird sein Menschsein erfahren, und jeder Mitarbeiter wird den Platz finden, auf dem er schöpferisch leben und arbeiten kann. Diese Form der sozialen Ordnung ist der dritte Grundsatz von Camphill.

So sind das die drei Grundpfeiler, die unserem Leben die Basis und unserer Arbeit den Hintergrund geben.

...

Dieses dreifache Ideal wird kaum jemals hier auf Erden Erfüllung finden. Es sollte Ziel sein, das vor uns liegt und das wir zu erreichen suchen. Es ist die Natur jedes Ideals, daß es niemals vollkommen erfüllt werden kann. Das ist menschliches Schicksal. Trotzdem ist es unerläßlich, sich auf den Weg zu machen und einem Ideal nachzustreben.

Wenn das geschieht, wird die Atmosphäre geschaffen, die das entscheidende Bedürfnis jedes behinderten Menschen ist, sei er Kind oder Erwachsener. Es ist die Atmosphäre menschlichen Ringens und Strebens nach geistigen Idealen. Der behinderte Mensch braucht eine Umgebung, die durchdrungen ist von höheren Welten – geistigen wie religiösen.

Das seelenpflege-bedürftige Kind verlangt nach ständiger Erneuerung seiner Seele. Aber diese kann nur entstehen, wenn die Umgebung des Kindes mit höheren Werten erfüllt ist, in der Art der drei Grundpfeiler von Camphill.

Heidemarie Adam

Das Magnolia-Curriculum (1978)

In: Arbeitsplan für den Unterricht mit Geistigbehinderten. Limburg 1978, S. 10–12. Und in: Curriculumkonstruktion für Geistigbehinderte. Marburg 1977, S. 74–76 und 80–82.

Heidemarie Adam (geb. 1940), Dr. phil., ist Professorin für Geistigbehindertenpädagogik an der Universität Leipzig. Sie stellte in ihrer Dissertation (1977) Curricula aus den Vereinigten Staaten vor und analysierte sie, darunter auch das „Curriculum for the Intellectually Disabled Trainable", das vom Magnolia Special Educational Center in Orlando, Florida, 1968 entworfen und im Schuljahr 1968/69 erprobt worden war. Mit Erlaubnis der Schulbehörde in Florida übersetzte und bearbeitete sie dieses Curriculum für deutsche Verhältnisse im „Arbeitsplan für den Unterricht mit Geistigbehinderten". Das Magnolia-Curriculum hat die Entwicklung vieler Lehrpläne der deutschen Bundesländer beeinflußt. In den deutschen Lehrplänen werden allerdings Vorschläge zum Lesen- und Schreibenlernen traditionell stärker betont als im Magnolia-Curriculum. Aufschlußreich ist ein Vergleich des Lehrplans von Arno Fuchs aus dem Jahre 1921, der fünf Seiten umfaßt (siehe Nr. 7) mit dem Werk „Lehrplan und Richtlinien für den Unterricht in der Schule für geistig Behinderte mit Abdruck der Allgemeinen Richtlinien" vom Staatsinstitut für Schulpädagogik München (1982), das 353 DIN A4-Seiten umfaßt. Im folgenden wird die Einführung zum Arbeitsplan und die kurze Charakteristik des Magnolia-Curriculums abgedruckt.

Einführung

„A Curriculum for the Intellectually Disabled Trainable" wurde in den Jahren 1968 und 1969 im Magnolia Special Education Center in Orlando, Florida, von einer Planungsgruppe entwickelt. Es zeigt die Entwicklungsschritte auf, die nötig sind, um ein bestimmtes Ziel zu erreichen. Das Gesamtprogramm ist in sechs Fachbereiche aufgeteilt:
– Selbstbesorgung
– Gebrauchsfähigkeit des Körpers
– Kommunikation
– Grundwissen
– Praktische Fertigkeiten
– Sozialverhalten.

Jeder Fachbereich hat vier Untergruppen, und jede Untergruppe ist in 10 bis 12 Themen aufgegliedert. ...

Jedes Thema (z.B. Zähne, Wochentage oder den Wert des Geldes kennen) ist noch einmal in 10 bis 25 „kleinste Schritte" bzw. Teilbereiche gegliedert. Diese sind hierarchisch geordnet. Der Lehrer prüft, ob eine gewünschte Fähigkeit schon ansatzweise vorhanden ist, bzw. welchen Teilbereich der Schüler noch beherrscht und kann dann in „kleinsten Schritten" mit jedem einzelnen Schüler weiterarbeiten. Alle Teilschritte sind grob auf Grundstufe, Mittelstufe, Haupt- und Werkstufe verteilt.

Dem einzelnen Fachbereich ist ein sogenannter „Leistungswegweiser" (Programed Achievement Guide) vorgeschaltet. Die Lernschritte zu den einzelnen Themen sind bestimmten Schulbesuchsjahren zugeordnet, d.h. sie sind auf 12 Schuljahre verteilt. Auch der „Leistungswegweiser" wurde in die deutsche Fassung des Planes übernommen. Für viele geistigbehinderte Schüler wird man in Deutschland zu ähnlich langen Schulbesuchszeiten kommen. Die normale Schulzeit kann z.B. nach dem Hessischen Schulpflichtgesetz um insgesamt vier Jahre verlängert werden, so daß maximal 13 Schuljahre möglich sind. Die im Leistungswegweiser angegebene Verteilung der Teillernziele kann nur als Durchschnittswert angesehen werden. Einzelne Schüler werden rascher vorankommen, bei anderen wird es langsamer gehen. Manche werden die Ziele der Haupt- und Werkstufe nur teilweise oder gar nicht erreichen. Das hängt damit zusammen, daß zum einen die Grenze zwischen geistigbehinderten und lernbehinderten Schülern fließend ist, und daß zum anderen auch bei uns die Tendenz zu erkennen ist, bei den Aufnahmekriterien für die Sonderschule keine Begrenzung nach unten mehr vorzunehmen, sondern allen Schülern ein Recht auf Bildung zuzugestehen. In den USA ist diese Entwicklung bereits in vollem Gange. Die Beschulung ist in den letzten Jahren zunehmend auf Kinder mit niedrigeren Intelligenzleistungen ausgedehnt worden. Aber auch diese Entwicklung wird durch das vorliegende Curriculum berücksichtigt. Der Fachbereich „Selbstbesorgung" dürfte gerade für den Unterricht schwerer behinderter Kinder wichtig sein.

Für den Lehrer, der mit dem vorliegenden Curriculum arbeiten möchte, sind die Möglichkeiten der Evaluierung, d.h. die Lernzielkontrolle, von besonderer Bedeutung. Das amerikanische Original bietet zwei Möglichkeiten an.

1. Anhand des Leistungswegweisers kann jederzeit überprüft werden, was ein Schüler bisher gelernt hat. Man kann sehen, in welchen Bereichen der Schüler besonders weit fortgeschritten ist und wo Defizite liegen. In der Einführung zur amerikanischen Ausgabe heißt es, daß besonders die Defizite auf einzelnen Gebieten anzugehen seien, um dem Schüler eine ausgewogene Entwicklung zu ermöglichen. Im Magnolia Special Education Center wurde für jeden Schüler ein Heft angelegt, in dem die Themen und Nummern der verschiedenen Teillernziele abgedruckt sind. Ist ein neues Teilziel erreicht, wird die entsprechende Nummer vom Lehrer angestrichen und mit dem Datum versehen.

2. Ein in den Vereinigten Staaten weitverbreitetes Evaluierungsinstrument ist das „TMR Performance Profile for the Severely and Moderately Retarded", Ridgefield, New Jersey (1963)[3] 1968, von A.J. DiNola, B.P. Kaminsky and A.E. Sternfeld. Es ist ein Meßinstrument, das es dem Lehrer geistigbehinderter Schüler ermöglichen soll, Schülerverhalten systematisch zu beobachten und innerhalb eines festen Bezugsrahmens zu beschreiben.

Das TMR Performance Profile ist im Aufbau dem hier vorgestellten Curriculum sehr ähnlich. Das ist verständlich, wenn man weiß, daß die Curriculumplanungsgruppe des Magnolia Special Education Center alle relevanten amerikanischen Curricula für Geistigbehinderte bis zum Jahre 1968 aufgearbeitet hat und die Ergebnisse in den eigenen Plan hat einfließen lassen. Über 600 Literaturverweise wurden zu den verschiedenen Themen und Lernzielen gegeben.

...

Das Magnolia-Curriculum: Konzeption und Strukturen

Die allgemeine Konzeption dieses Curriculums entspricht in hohem Maße den Anforderungen, die von der curricularen Theorie hinsichtlich der Hauptpunkte gestellt werden. Es ist lernzielorientiert, operationalisiert die Grobziele, baut auf einem durchdachten Evaluierungsinstrumentarium auf, hat einen zentralen Focus und eine überlegte Organisation und Struktur des Curriculums. Es entspricht damit dem in den letzten Jahren in der deutschen Debatte verschiedentlich verwendeten Curriculumbegriff im engeren Sinne.

Ziele

In der Einleitung des Curriculums werden Nahziele (immediate goals) und Fernziele (long-range goals) unterschieden. Die Nahziele sind zu bestimmen, indem man die unmittelbaren Lebensbedürfnisse (life needs) des geistigbehinderten Schülers und seiner Familie einschätzt. Alles, was das Leben des Schülers und seiner Familie jetzt leichter, sicherer und angenehmer macht, sollte Vorrang haben vor einem möglichen künftigen Bedürfnis.

Als Fernziele (long-range goals), auf die hin die Arbeit in der Schule ausgerichtet sein soll, werden genannt „die Entwicklung der Fähigkeit, die meisten Selbstbesorgungstätigkeiten unabhängig und routinemäßig auszuführen; die Entwicklung einer guten, brauchbaren Sprache, mit der man sich selbst verständlich machen kann in den Fragen, die einen betreffen; die Entwicklung von adäquaten physischen Fertigkeiten und von gesteigerter Ausdauer; die Entwicklung von guten Arbeitsgewohnheiten, -haltungen und -fertigkeiten; der Erwerb eines begrenzten, brauchbaren Grundwissens unter Einschluß von einfacher Zahlenvorstellung, Kenntnis einiger weniger Zeichen, Sicherheitsprozeduren usw.; und, vielleicht am wichtigsten von allem, soziale Anpassung an Familie, Nachbarschaft und Arbeitsplatz".

Diese Zusammenstellung der Ziele steht in engem Zusammenhang mit dem, was im Curriculum an Fachbereichen aufgeführt wird. Dieser Fähigkeitskatalog verweist bereits durch seine Formulierung „die Entwicklung von ...." sprachlich auf die entwicklungspsychologische Orientierung. Zum anderen fällt der beabsichtigte unmittelbare Bezug auf die gegenwärtigen Lebensbedürfnisse auf. Dies zeigt, daß das Curriculum großen Wert legt auf die unmittelbare Bedeutung des schulischen Lernens für das Leben des geistigbehinderten Schülers.

Leistungswegweiser

Um die Kontrolle und die Überprüfung des im Unterricht Gelernten durchzuführen, ist das Curriculum in einer besonderen Weise aufgebaut. Die Besonderheit liegt im programmierten Leistungswegweiser (Programed Achievement Guide). Die Items des Curriculums sind weitgehend hierarchisch geordnet und schwerpunktmäßig auf Unterstufe, Mittelstufe und Hauptstufe verteilt. Tabellen geben dem Lehrer einen Überblick darüber, wann und in welcher Reihenfolge Items gelernt werden sollten. Das erlaubt zum einen eine sehr genaue Unterrichtsplanung, zum anderen kann das Leistungsniveau jedes einzelnen Schülers exakt festgestellt werden.

...

TMR-Performance Profile
...
Dieses Leistungsprofil für geistig Schwer- und Schwerstbehinderte ist ein Meßinstrument, das es dem Lehrer ermöglichen soll, Schülerverhalten systematisch zu beobachten und innerhalb eines festen Bezugsrahmens zu beschreiben. Es soll nicht dazu dienen, verschiedene Schüler miteinander zu vergleichen, sondern es soll dazu verwandt werden, Entwicklungsebenen und Leistungsveränderungen beim einzelnen Schüler festzustellen. Jeder Schüler wird also nur mit sich selbst verglichen. Frühere Leistungen werden gegenwärtigen Leistungen gegenübergestellt. Das Leistungsprofil soll dem Lehrer bei folgenden Aufgaben helfen:

1. Beobachtungen von Leistungen des geistigbehinderten Schülers schriftlich festzuhalten;
2. Die Daten in graphischer Form sichtbar zu machen;
3. Leistungsausfälle und besondere Stärken von Individuen und Gruppen zu identifizieren;
4. Unterrichtspläne, Materialien und Methoden den Bedürfnissen der geistigbehinderten Schüler anzupassen und so die Leistungsfähigkeit zu verbessern;
5. Periodische Veränderungen und Entwicklungen festzuhalten;
6. Eine kumulative Aufzeichnung der Schülerleistung zu erhalten, die auf der Grundlage des Leistungsprofils all denen verständlich ist, die mit diesem Instrument vertraut sind;
7. Die Frage zu beantworten: „Wie macht sich Johnny?"

Es geht wiederum nicht um ein norm-, sondern um ein kriteriumbezogenes Leistungsprofil. Der Anspruch einer validierten und standardisierten Leistungsmessung wird nicht erhoben. Die Autoren wollen ihr Leistungsprofil ausschließlich als Instrumentarium zur Einschätzung der Entwicklung des einzelnen geistigbehinderten Schülers verstanden wissen. Sie verweisen darauf, daß es gegenwärtig psychometrische Verfahren gäbe, die von Psychologen angewendet würden, um den Intelligenzquotienten, den Sozialquotienten oder andere Daten festzuhalten.

Diese Tests seien für die ganze Bandbreite der intellektuellen und sozialen Fähigkeiten der gesamten Bevölkerung zugeschnitten und dafür wertvolle Instrumente. Aber die geistigbehinderten Schüler stellten nur einen so kleinen Teil der Gesamtbevölkerung dar, daß es nur wenige Items in diesen psychologischen Tests gebe, bei denen sie erfolgreich sein könnten. Der Klassenlehrer bekomme kein wahres Bild von der Leistungsebene eines geistigbehinderten Schülers im täglichen Leben, wenn er die richtig und die falsch beantworteten Testfragen miteinander vergleiche. Das Leistungsprofil sei gerade entwickelt worden, um dem Lehrer zu helfen. Die Fachbereiche, Untergruppen und einzelnen Themen seien auf die Möglichkeiten und den Erfahrungsbereich von geistigbehinderten Schülern zugeschnitten.

Das „TMR Performance Profile" ist so aufgebaut, daß es sechs Fachbereiche enthält. Diese werden weiter in je vier Teilbereiche gegliedert. Es geht dabei um folgende Fach- und Teilbereiche:

Sozialverhalten
Selbstkontrolle,
Persönlichkeit,
Teilnahme am Gruppenleben,
Gesellschaftliches Verhalten

Selbstbesorgung
Körperpflege,
mit Nahrung umgehen,
Kleidung,
Vorsicht und Sicherheit

Kommunikation
Arten von Kommunikation,
Sprachaufnahme (Hören),
sprachliche Aktivitäten,
sprachliche Fertigkeiten

Grundwissen
Information,
Zahlbegriff/Rechnen,
etwas wahrnehmen,
Gesellschaftskunde

Praktische Fertigkeiten
Werkzeuge,
Haushaltsgeräte,
Hausarbeiten,
Berufsreife

Gebrauchsfähigkeit des Körpers
Koordination,
Gewohnheiten, um gesund zu bleiben,
Fitsein,
Koordination von Auge und Hand

Diese sechs Fachbereiche bilden auch die Einteilungsbasis des Magnolia-Curriculums, wie dort ausdrücklich vermerkt wird. Dies erklärt, warum das TMR Performance Profile und das Magnolia-Curriculum so gut zueinanderpassen.

Gustav Heinemann

Ansprache (1970)

Aus: Gustav Heinemann. Präsidiale Reden. Einleitung von Theodor Eschenburg. Frankfurt a. M. 1975, S. 62–64.

Heinemann (1899–1976), Rechtsanwalt und Politiker, gehörte während der Nazizeit der Bekennenden Kirche an. Er war nach dem Krieg Oberbürgermeister von Essen und Justizminister in Nordrhein-Westfalen, von 1949–1950 Bundesinnenminister in einer Regierung unter Konrad Adenauer. Er trat zurück, weil er die Wiederbewaffnung Deutschlands nicht mittragen wollte, gründete die erfolglos gebliebene Gesamtdeutsche Volkspartei und trat 1959 in die SPD ein. Von 1969–1974 war er Präsident der Bundesrepublik Deutschland. Die Ansprache hielt er am 11. Oktober 1970 anläßlich eines Behindertenkongresses des „Verbandes der Kriegs- und Wehrdienstopfer, Behinderten und Sozialrentner Deutschlands e. V." (VdK).

Meine Damen und Herren!

Zu diesem Kongreß bin ich gern nach München gekommen, weil mir das Thema dieses Kongresses – die Behinderten in der Gesellschaft – als ein aktuelles und dringliches Problem erscheint. Mein Beitrag dazu wäre dieser:

Unsere Gesellschaft ist grundsätzlich auf freie Entfaltung der Person angelegt. Sie will es dem einzelnen überlassen, welchen Weg er in der Gesellschaft einschlägt. Das Gegenstück dazu ist der Wettbewerb, in dem jeder zu allen anderen Gliedern der Gesellschaft steht. Die Leistung des einzelnen ist der Maßstab, nach dem sich Erfolg und Erfüllung der persönlichen Erwartungen bestimmen.

Man nennt unsere Ordnung nicht ohne Grund „Leistungsgesellschaft". Was wir ihr verdanken, wissen wir. Wir verdanken ihr nicht zuletzt das hohe Maß der Produktivität unserer Wirtschaft – nicht zuletzt durch eine ständige Steigerung der naturwissenschaftlichen Forschungsergebnisse und der unausgesetzten Verbesserung unserer Technik. Es ist unausweichlich, daß der Wettbewerb um Erfolg und Erfüllung persönlicher Lebenserwartungen oft als Leistungsdruck empfunden wird. Diesen Leistungsdruck auf uns zu nehmen, ist der Preis für die Freiheit der allseitigen Entfaltung. Ihn einzugrenzen durch feste Spielregeln, ist ein ebenso selbstverständlicher wie immer wieder der Überprüfung bedürftiger Bestandteil unserer Ordnung.

Es gibt zwei Gruppen von Menschen, die in der Leistungsgesellschaft nicht zurechtkommen.

Die eine der Gruppen will ich nur nennen. Es sind dies die Glieder unserer Gesellschaft, die sich am Leistungswettbewerb nicht beteiligen wollen und entweder in der Gesellschaft einen Weg bescheidener Genügsamkeit gehen oder aber einen Fluchtweg aus der Gesellschaft heraus suchen, bis hin zu der Illusion, daß Rauschgift eine Lösung biete. Dieser letztere Teil stellt uns vor ernste Probleme, die in anderweitige Erörterungen gehören. Ich will hier nur sagen, daß wir uns auch hinsichtlich dieser Glieder vor Reaktionen hüten müssen, wie sie in Konstanz vorgekommen sind, wo unlängst ein junger Mann erschossen wurde.[a]

Die andere Gruppe derer, die in der Leistungsgesellschaft nicht zurechtkommen können, und das heißt hier: nicht zu ihrem Recht kommen können, wenn allein die Leistung gelten soll, sind die Behinderten. Ihnen schuldet die Gesellschaft mehr als nur ein Geltenlassen dessen, was sie sind und wie sie sind. Ihnen schuldet die Gesellschaft ein Hereinnehmen in ihre Mitte auf mehrfache Weise.

Wir stehen hier in ganz besonderem Maße vor der Aufgabe, den Artikel 20 des Grundgesetzes zu verwirklichen, wonach wir nicht nur ein demokratischer, sondern auch ein sozialer Rechtsstaat sein wollen. Sozialer Rechtsstaat heißt in diesem Zusammenhang, daß unsere ganze Gesetzgebung und alle unsere öffentlichen Einrichtungen der Behinderten zu gedenken haben, wo immer etwas für den Bürger im allgemeinen getan wird.

Dieser Kongreß wird sich, wie ich annehme, mit den Erwartungen der Behinderten an Staat und Gesellschaft, insbesondere an die Gesetzgebung, genauer befassen. Sie haben dafür Ihre Erfahrungen und Ihre fachmännischen Kenntnisse anzubieten. Meine Frau und ich haben uns durch mehrfache Besuche von Heimen und Arbeitsstätten für Behinderte in etwa darüber unterrichten können, um welche Nöte es sich handelt. Sie darzustellen ist vornehmlich Aufgabe dieses Kongresses.

Im letzten Grunde geht es um unser aller Bewußtseinshaltung gegenüber behinderten Menschen. Hierzu muß ich in aller Offenheit aussprechen, daß ich manche Verhaltensweisen in unserer Gesellschaft erschreckend finde.

Ich denke z.B. an den Widerstand in einer Gemeinde gegen die Einrichtung eines Heimes für Behinderte in ihrem Bereich.[b] Anstatt dankbar für eine gute Gesundheit und volle Geisteskraft zu sein, anstatt diese Dankbarkeit in Hilfsbereitschaft auszudrücken, gibt es unter uns nicht wenige gesunde Menschen, die nicht nur das Denken an behinderte Menschen, sondern obendrein auch ihren Anblick verdrängen.

Eine Gesellschaft, die alte Menschen, kranke Menschen, behinderte Menschen aller Art nicht als natürlichen Teil ihrer selbst zu achten und zu behandeln weiß, spricht sich selbst das Urteil. Wer Menschen nur nach ihrem Nutzen beurteilt, tut einen ersten Schritt in die Abgründe der Vernichtung sogenannten lebensunwerten Lebens.

Nein – unsere grundsätzlich auf Leistung und Wettbewerb ausgerichtete Gesellschaft ist nur dann in Ordnung, wenn sie behinderten Minderheiten volle Achtung, volle Gemeinschaft und ein Höchstmaß an Eingliederung gewährt. Zu einer Behinderung in der Teilnahme am Wettbewerb darf dem Behinderten nicht auch noch der Schmerz hinzugefügt werden, daß er nicht recht brauchbar sei, daß er eine Last und eine Störung des Wohlbehagens seiner Mitmenschen sei.

Ich hoffe, daß der Kongreß dazu beitragen wird, dieses unserer Gesellschaft bewußtzumachen.

---

[a] In Konstanz wurde der 27jährige Martin Katschker auf dem Marktplatz von einem Anwohner erschossen, der sich über das Äußere des jungen Mannes geärgert hatte.
[b] Bewohner der bayerischen Gemeinde Aumühle setzten am 17. Oktober 1969 aus Protest gegen die Errichtung eines Heimes für geistig behinderte Kinder ein Nebengebäude der Anstalt in Brand.

Vereinte Nationen

Deklaration der Rechte der geistig Behinderten (1971)

Resolution, beschlossen von der Vollversammlung der Vereinten Nationen (2027. Plenarsitzung am 20. Dezember 1971)
Wiedergabe nach: Lebenshilfe, 12. Jahrgang (1973), H.1, S. 15 – 16.

„Inclusion International" ist eine internationale Vereinigung, in der sich nationale Elternorganisationen, wie die „Lebenshilfe für Menschen mit geistiger Behinderung", zusammengeschlossen haben. Sie wurde kurz nach dem Zweiten Weltkrieg unter dem Namen International League of Societies for the Mentally Handicapped (ILSMH) gegründet. Erklärtes Ziel war es, sich engagiert für die Rechte von Kindern, Jugendlichen und Erwachsenen mit geistiger Behinderung einzusetzen. Mit Organisationen wie der WHO und UNESCO wurde immer sehr eng zusammen gearbeitet.

Der Vierte Weltkongress der ILSMH in Jerusalem (Oktober 1968) stand unter dem Motto „From Charity to Rights" (Von der Wohltätigkeit zu Rechten). Im Rahmen des Kongresses wurden die Rechte von Menschen mit geistiger Behinderung analog zu den allgemeinen Menschenrechten formuliert und von den Delegierten aus 34 Ländern in Gegenwart von 2500 Kongreßteilnehmerinnen und -teilnehmern einstimmig angenommen.

Die ILSMH, wie sie damals noch hieß, hat sich dann darum bemüht, daß dieses Grundsatzpapier auch von den Vereinten Nationen akzeptiert wird und damit verpflichtenden Charakter für alle Völker erhält. Drei Jahre später war es dann soweit. Die Vollversammlung der Vereinten Nationen stellte sich in ihrer Sitzung in Genf am 20. Dezember 1971 voll und ganz hinter diese Erklärung und ergänzte den ursprünglichen Wortlaut durch eine Präambel.

Eingedenk der Verpflichtung der Mitgliedstaaten der Vereinten Nationen, wie sie in der Charta festgelegt ist, sich gemeinsam und auch einzeln in Zusammenarbeit mit der Organisation für einen höheren Lebensstandard, für die Vollbeschäftigung, für den sozialen Fortschritt und bessere Lebensbedingungen einzusetzen,

unter erneuter Bekräftigung der Anerkennung der in der Charta proklamierten Menschenrechte und Grundfreiheiten, der Grundsätze des Friedens, der Würde und des Wertes des Menschen und der sozialen Gerechtigkeit,

unter Berufung auf die Grundsätze der allgemeinen Erklärung der Menschenrechte, der Internationalen Menschenrechtskonventionen, der Deklaration der Rechte des Kindes und der bereits aufgestellten Normen für sozialen Fortschritt in den Statuten, Konventionen, Empfehlungen und Resolutionen der Internationalen Arbeitsorganisation, der Organisation der Vereinten Nationen für Erziehung, Wissenschaft und

Kultur, der Weltgesundheitsorganisation, des Kinderhilfswerks der Vereinten Nationen und anderer entsprechender Organisationen,

unter besonderer Betonung, daß die Deklaration über den sozialen Fortschritt die Notwendigkeit proklamiert hat, die Rechte der körperlich und geistig Behinderten zu schützen und ihr Wohlergehen und ihre Rehabilitation zu sichern,

im Bewußtsein der Notwendigkeit, den geistig Behinderten zu helfen, ihre Fähigkeiten in möglichst vielen Bereichen zu entfalten und ihre Integration in das normale Leben soweit wie möglich zu erreichen,

mit dem Wissen, daß einige Länder zum gegenwartigen Zeitpunkt ihrer Entwicklung nur in beschränktem Umfang sich um die Erreichung dieses Ziels bemühen können,

proklamiert die Vollversammlung diese Deklaration der Rechte der geistig Behinderten und ruft zu nationalen und internationalen Anstrengungen auf, um sicherzustellen, daß diese Deklaration als Grundlage und Richtschnur für die Wahrung dieser Rechte dient.

Artikel I
Der geistig Behinderte hat die gleichen Grundrechte wie jeder andere Bürger seines Landes und seines Alters.

Artikel II
Der geistig Behinderte hat ein Recht auf angemessene ärztliche Hilfe und körperliche Behandlung und auf Erziehung, Schulung, Eingliederung und Anleitung, die es ihm ermöglichen, seine Fähigkeiten und Gaben so weit wie möglich zu entwickeln – ohne Berücksichtigung, wie schwer der Grad seiner Behinderung ist. Kein geistig Behinderter sollte von solchen Möglichkeiten wegen der entstehenden Kosten ausgeschlossen werden.

Artikel III
Der geistig Behinderte hat ein Recht auf wirtschaftliche Sicherheit und auf einen angemessenen Lebensstandard. Er hat ein Recht auf produktive Arbeit oder auf eine andere sinnvolle Beschäftigung.

Artikel IV
Der geistig Behinderte hat ein Recht darauf, in seiner eigenen Familie oder bei Pflegeeltern zu leben und in jeder Hinsicht am Leben der Gemeinschaft teilzunehmen. Für Möglichkeiten geeigneter Freizeitbeschäftigung sollte gesorgt werden. Wenn Pflege in einem Heim notwendig wird, sollte die Unterbringung in der näheren Umgebung erfolgen und unter Umständen geschehen, die dem normalen Leben möglichst nahe kommen.

Artikel V
Der geistig Behinderte hat ein Recht auf einen geeigneten Pfleger oder Vormund, wenn dies zum Schutz seines persönlichen Wohles und zur Wahrung seiner Interessen erforderlich ist. Niemand, der geistig behinderte Menschen direkt betreut, sollte gleichzeitig zum Pfleger oder Vormund bestellt werden.

Artikel VI
Der geistig Behinderte hat ein Recht darauf, vor Ausnützung, Mißhandlung und entwürdigender Behandlung geschützt zu werden. Wenn er angeklagt ist, hat er Anspruch auf eine gerechte Verhandlung unter voller Berücksichtigung des Grades seiner Verantwortlichkeit.

Artikel VII
Einige der geistig Behinderten mögen aufgrund der Schwere ihrer Behinderung unfähig sein, alle ihre Rechte auf sinnvolle

Art selbst wahrzunehmen. Für andere ist eine Änderung einiger oder aller dieser Rechte angebracht. Das Verfahren zur Änderung oder Aberkennung von Rechten muß geeignete gesetzliche Sicherheitsklauseln enthalten, die jede Form von Mißbrauch ausschließen; es muß sich auf sorgfältige Gutachten qualifizierter Fachleute über die Gemeinschaftsfähigkeit des geistig Behinderten stützen und regelmäßigen Nachprüfungen unterzogen werden. Die Einschaltung einer Berufungsinstanz sollte rechtlich möglich sein.

VOR ALLEM HAT DER GEISTIG BEHINDERTE EIN ANRECHT DARAUF, ALS MENSCH GEACHTET ZU WERDEN.

Leszek Kolakowski

Es gibt keinen Rückzug aus unserer Kultur (1973)

Aus: Killing handicapped babies – ein philosophisches Problem.
In: Merkur 27 (1973), S. 1093 und 1096 –1100.

Kolakowski (geb. 1927), polnischer Philosoph, Prof. in Warschau, Montreal und Berkeley (in Kalifornien), lehrt seit 1970 in Oxford. Er war ein führendes Mitglied der polnischen Reformbewegung von 1956. Im Jahre 1966 wurde er aus der Partei ausgeschlossen. Er erhielt 1977 den Friedenspreis des deutschen Buchhandels. Seine Argumentation gegen die Euthanasie ist historisch-systematisch ohne Rückgriff auf religiöse Setzungen und nimmt die Kritik an der utilitaristisch-unhistorischen Position Peter Singers in der Frage des Lebensrechtes behinderter Kinder vorweg.

Behinderte Kinder, hinfällige alte Leute und unheilbar Kranke pflegen wir im allgemeinen nicht zu töten – wobei die dritte Kategorie, nebenbei gesagt, schwer zu bestimmen ist, da wir letzten Endes ja alle gleichermaßen unheilbar krank sind. Wir haben uns daran gewöhnt zu glauben, daß dies „recht" ist, es scheint uns „auf der Hand zu liegen" – so sehr, daß wir in Verlegenheit gerieten, wenn wir es begründen müßten. Neuerdings gibt es jedoch Gründe zu der Vermutung, daß diese Norm für viele Menschen immer weniger „auf der Hand liegt". In einer Situation, in der wir alle uns der Drohung möglicher demographischer und ökologischer Katastrophen bewußt sind und die Frage nach den wirtschaftspolitischen „Prioritäten" sich immer dringlicher stellt, ist unsere Haltung auch diesem Problem gegenüber einem Wechsel unterworfen.
...
Die Frage, ob man behinderte Kinder töten darf, kann bei der praktischen Lösung des Konflikts zwischen dem wissenschaftlichen und dem mythologischen Selbstverständnis menschlicher Kultur als Kardinalfrage gelten.

In der Tat gibt es zwei Grundmethoden, um menschliche Moralwerte zu interpretieren: die darwinistische und die kantianische. Diese Adjektiva sind insofern konventionell, als sowohl die Darwinisten wie die Kantianer einleuchtend und eindeutig bestimmte Denkweisen artikulierten, die seit unvordenklichen Zeiten die Philosophie beherrscht haben. Die erste Methode involviert: Was wir moralische Werte nennen, sind Formen, in denen sich instinktive Impulse ausdrücken, die durch unsere generischen Bedürfnisse zu erklären sind, und die Spezies ist das eigentliche Subjekt und Objekt des Verhaltens, welches mit moralischen Begriffen gewertet werden mag. Entsprechend der zweiten Methode sind die moralischen von den Nützlichkeitswerten durchaus unabhängig, sie werden durch transzendentale Kategorien bestimmt, die die Funktionen des Wollens regulieren, und so ist die menschliche Person beides zugleich: Subjekt des Willens und höchstes Ziel jeglicher moralischen Bestrebung.

Die beiden Methoden sind so wesentlich verschieden, daß man sie zu keiner Synthese bringen kann. Vom einen Standpunkt aus kann die Unterscheidung zwischen dem moralisch Guten und der generischen Nützlichkeit nicht sinnvoll begründet werden. Vom zweiten her gesehen ist dieser Unterschied so selbstverständlich, daß er kaum einer Erklärung bedarf. Das heißt natürlich nicht, wir hätten vom Darwinschen Standpunkt aus angesichts der drohenden demographischen Katastrophe nun umgehend Kinder in Massen umzubringen. Jeder Darwinist wird gewiß zugeben, daß in diesem Fall die „Güte" oder der „Profit" nicht nach einfachem demographischen Kalkül oder gar nach genetischen Normen bestimmt werden kann, sondern von vielen Begleitumständen abhängig ist, die wir nicht wirklich gegenüberstellen und auf ein allgemeingültiges Maß zurückführen können. Wir sind nicht in der Lage, das Bündel von demographischen, moralischen, emotionalen und psychologischen Folgen vorauszusehen, das die Erlaubnis zur Tötung behinderter Kinder der Menschheit für lange Zeit auferlegen würde. Es ist möglich, daß selbst nach dem Kriterium des „Nutzens für die Art" – vorausgesetzt, dieses Konzept könne exakt definiert werden – das Urteil über König Herodes nicht zu seinen Gunsten ausfallen würde. Jedenfalls kann niemand in Anspruch nehmen, Methoden für die rechte „Güterabwägung" in einem solchen Fall zu kennen. Darum lautet die Frage jetzt nicht: Wie würde die darwinistische Ethik die Angelegenheit regeln, sondern aufgrund welcher Kriterien haben wir sie zu beantworten. Vom Standpunkt kantischer oder irgendeiner – transzendentalen, christlichen, buddhistischen – Philosophie, welche die menschliche Persönlichkeit grundsätzlich als einen unwandelbaren Wert versteht – und als einzigen Wert im eigentlichen, nicht-relativen Sinn – ist diese Frage von vornherein entschieden. Für sie gibt es nämlich keine anderen generischen Werte als die, die an die menschliche Person gebunden sind. So darf konsequenterweise kein Gesetz statuiert werden, das es unter irgendwelchen Umständen erlaubt, einen Menschen ohne seine eigene Zustimmung als „nutzlos" für das Wohl der Gemeinschaft zu opfern. Und da für diesen Standpunkt persönliche Werte sich nicht kumulieren lassen, sie weder addiert noch ausgetauscht werden können, gibt es keine Regeln, die es uns erlauben, zu fragen, welchen relativen Wert eine Person in Relation zu einer anderen hat; jede Person erfordert denselben Wert wie jede andere, d. h. den absoluten Wert. Dennoch müssen wir uns zwei Fragen stellen, die sich bei einer Konfrontation dieser beiden Möglichkeiten menschlicher Selbst-Interpretation ergeben. Erstens: auf welcher Grundlage können wir unsere Wahl treffen und was könnte uns veranlassen, eher der kantischen als der darwinistischen Methode zuzustimmen? Zweitens: welche Hilfe kann uns die erstere, die personalistische Methode bieten für den Fall, daß die Umstände uns zu einer Entscheidung zwingen? Und insbesondere: was wird uns mit diesem Prinzip geholfen, falls eines Tages die Erde wirklich zu eng wird, um all ihren Bewohnern Platz zu bieten?

Auf die erste Frage gibt es nur eine Antwort: Wir können nicht *beweisen*, daß der menschlichen Existenz eine Bedeutung innewohnt, die sich nicht durch die Bedürfnisse der Spezies erklären ließe. Die Unmöglichkeit des Beweises ist nicht zeitgebunden, sondern grundsätzlich. Wir haben es hier nicht mit irgendeiner Information zu tun, die wir eines Tages aus der Anhäufung empirischer Daten ableiten könnten. Dieses Sinnelement kann nicht ein Teil unseres Wissens sein, es ist die Art und Weise, in der die Menschen ihre Existenz erfahren. Was wir beweisen können, zumindest versuchsweise, ist die Tatsache, daß unsere spezifische Kultur ihre Wurzeln in dieser Idee hat und daß Humanität, wie wir sie verstehen, bis heute auf ihr beruht – allen unseren Aktivitäten zum Trotz, die dem zu widersprechen scheinen. Mit anderen Worten: wir können zu beweisen suchen, daß eine Humanität, die diese Form des Selbstverständnisses aufgeben und sich einer strikt zoologischen Interpretation ihrer selbst anheimgeben würde, nicht mehr die Humanität wäre, die wir meinen, d.h. sie wäre überhaupt keine Humanität mehr. Wir können nicht beweisen, daß es verboten ist, behinderte Kinder zu töten. Wir können nur mit Grund glauben, daß die Abschaffung dieses Verbots einen Verzicht auf Humanität in unserem Sinne oder gar das Ende einer menschlichen Welt bedeuten würde.

Indem wir dies aussprechen, haben wir indes noch nicht entschieden, nach welchem Kriterium wir handeln sollten, wenn wir z.B. einer so katastrophalen demographischen Situation gegenüberstünden, daß auf alle Fälle ein Teil der Menschheit geopfert werden müßte, um den andern zu retten. Wenn wir also gezwungen wären, einen Ausweg aus diesem Dilemma zu finden: entweder uns dem natürlichen Ausleseprozeß, der auf jeden Fall einen Teil der Bevölkerung durch Hunger, Krieg und Epidemien dahinraffen wird, nach seinem Gutdünken unterwerfen oder uns der Planung und Regelung dieses Ausrottungsprozesses stellen – und damit zugleich der Frage, nach welchen Kriterien wir unseren Nächsten vernichten sollen.

Darauf müssen wir antworten, daß gemäß dem Prinzip, das jede menschliche Person als absoluten und unauswechselbaren Wert betrachtet, solche Kriterien nicht existieren. Oder anders ausgedrückt: man kann unter diesem Gesichtspunkt unmöglich statuieren, daß etwa das Leben eines blinden oder verkrüppelten Kindes oder das eines alten Invaliden geringeren Wert habe als das Leben eines hervorragenden Autors, Staatsmannes, Ingenieurs – oder eines Professors der Anthropologie.

Im Übrigen ist es sogar unklar, wie denn ein Kriterium aussehen sollte, das sich auf das Prinzip des „Nutzens für die Art" stützte. In Industriegesellschaften, in denen ein immer geringerer Teil der Bevölkerung Arbeiten verrichtet, die für das biologische Überleben der Gattung unentbehrlich sind, gibt es keinen allgemeingültigen Maßstab für den „Nutzen", den die Gesellschaft aus dem Leben und Handeln des Einzelnen ziehen könnte. Hätten wir daher wirklich mit einer Situation fertig zu werden, in der ein Teil der Menschheit ganz fraglos zugrunde gehen müßte, um das Überleben des anderen zu ermöglichen, und hätten wir gemeinsam zu entscheiden, welcher Teil geopfert werden sollte: dann stünde uns höchstwahrscheinlich das Ende der Welt bevor – ganz gleich, nach welchen Kriterien wir uns letztlich richteten.

Lange schon haben uns Zoologen, Bevölkerungspolitiker und Anthropologen dahingehend belehrt, daß die menschliche Gattung die Fähigkeit zur demographischen Selbstregulierung verloren hat, gerade weil sie so anpassungsfähig und intellektuell wie technisch so außerordentlich entwickelt ist. Einige Anhänger der Lebensphilosophie haben hierin ein Symptom für den Verfall der Art entdeckt, die in dem Augenblick in eine Sackgasse geriet, als man begann, biologische Selbstregulationen durch künstliche Prozesse zu ersetzen und organische Fähigkeiten zugunsten mechanischer Instrumente abzustoßen. Was diese Theorie auch immer wert sein mag, alle Welt weiß nun, daß kein Weg zurück zum vor-humanen Zustand mehr offensteht und ungewollt schädliche oder katastrophale Wirkungen des technischen Fortschritts, die sich bisher gezeigt haben, nur durch weiteren Fortschritt der Technologie beseitigt werden können. Dasselbe gilt für Veränderungen, die sich auf moralischem Gebiet vollzogen haben. Wir können den Weg, den wir hinter uns gebracht haben, nicht aus unserem Gedächtnis löschen. Wenn also die Menschheit unter dem Druck ökologischer Bedingtheiten eine neue Moral zu verkünden hätte, die ihr erlaubte, einen Teil ihrer selbst zu zerstören, damit der Rest überleben kann, dann wäre das niemals eine Rückkehr zu animalischer Unschuld oder der zweckvollen demographischen Selbstregulation primitiver Stämme, sondern der Schritt zu einem völlig bewußten Verzicht auf die Grundlagen unserer überlieferten Kultur. Das Nein zu einer noch existierenden Kultur kann niemals die Umkehr zu einem früheren Stadium bedeuten, da wir das einmal Erreichte nicht vergessen können. Wir können nicht einfach Wertvorstellungen unserer Geschichte annullieren, als hätte es sie nie gegeben, wir können sie nur gewollt negieren, nur die sichere Zerstörung dessen billigen, was uns bis heute als Grundstein aller Humanität gegolten hat. Mit anderen Worten: es gibt keinen Rückzug aus unserer Kultur, es gibt nur den kulturellen Selbstmord.

Gewiß kann man sagen, daß solche Anmerkungen die Frage „gesellschaftlicher Prioritäten" nicht lösen – „Normale Kinder in unterentwickelten Ländern sterben an Unterernährung, während entwicklungsgestörte Kinder der Reichen mit größtem Aufwand an Kosten und Energie gehegt und gepflegt werden". Jedoch wäre dies nur ein Argument gegen die schreiende Ungerechtigkeit, keines gegen die Notwendigkeit, das Leben zu achten (und Leben gibt es in der Welt des Menschen nur als persönliches Leben).

Möglicherweise übertreiben solche Gedanken die Gefährlichkeit der Situation. Darum erlaube ich mir, an eine imaginäre Szene zu erinnern, die Kierkegaard geschildert hat: Im Theater bricht Feuer aus und zufällig ist es der Clown, der auf die Bühne stürzt, um das Publikum zu warnen; natürlich glaubt ihm niemand, seine dramatischen Beschwörungen ernten nur lautes Gelächter und werden als ein neuer komischer Auftritt genossen, bis der Saal in Flammen aufgeht. Und so, schließt Kierkegaard, wird das Ende der Welt in einer Stimmung allgemeiner Ausgelassenheit über uns hereinbrechen.

Carl Friedrich von Weizsäcker

Der Behinderte in unserer Gesellschaft (1976)

Aus: Der Garten des Menschlichen. München/Wien 1977 (hier nach der Neuausgabe von 1992), S. 107–115.

Weizsäcker (geb. 1912), Physiker und Philosoph, Professor für Physik in Straßburg und Göttingen. Er organisierte 1957 den Protest von Wissenschaftlern gegen eine Bewaffnung der Bundeswehr mit Atomwaffen („Erklärung der Göttinger Achtzehn"). Von 1969–1980 war er Direktor des Max-Planck-Instituts zur Erforschung der Lebensbedingungen der wissenschaftlich-technischen Welt in Starnberg a.S. Die hier abgedruckte Ansprache hielt er im Oktober 1976 in der Bayerischen Landesschule für Blinde anläßlich ihres 150-jährigen Bestehens.

Der Behinderte in unserer Gesellschaft – so lautet das Thema, das Sie, unsere Gastgeber, mir gestellt haben. Ich bin kein Fachmann der Behindertenfürsorge. Ich kann keine praktischen Ratschläge in diesem Feld geben. Einen Appell an die Gesellschaft zur Aufmerksamkeit will ich gerne unterstützen. Aber worauf soll die Gesellschaft aufmerksam sein? Darüber möchte ich mit Ihnen eine kleine halbe Stunde grundsätzlich nachdenken.

Zuerst eine doppelte These: Der Behinderte braucht die Gesellschaft. Die Gesellschaft braucht den Behinderten.

Beide Thesen sind unserer Gesellschaft nicht selbstverständlich, und in ihrer Breite handelt sie noch nicht nach ihnen. Der Behinderte braucht die Gesellschaft: das spüren wir wohl, aber wir schieben es im täglichen Leben beiseite. Die Gesellschaft braucht den Behinderten: was das heißen soll ist vielleicht nicht klar. Ich will versuchen, beide Thesen zu erläutern. Es mag an einem Jubiläumstag erlaubt sein, dies anhand eines historischen Rückblicks zu tun.

Die Bayerische Landesschule für Blinde feiert heute ihr 150-jähriges Bestehen. 1826 wurde sie vom bayrischen König gegründet. Das 19. Jahrhundert war eine Zeit staatlicher Gründungen von Anstalten für Behinderte. Dahinter stand eine zugleich humanitäre und wissenschaftliche Bewegung. Man begann die mannigfachen Formen der Behinderung als ein medizinisches Problem und als eine Aufgabe der Gesellschaft ins Auge zu fassen. Eines der Unternehmen zur Lösung dieser Aufgabe war die Zusammenfassung derer, die eine bestimmte Form der Behinderung haben, in eigens für sie errichteten Anstalten. Unterricht für Blinde, die intellektuell lernen können, was auch die Sehenden lernen, wenn nur die geeigneten Mittel der Darbietung gefunden werden. Ich werde alsbald von einem anderen Beispiel, von den Bodelschwinghschen Anstalten in Bethel sprechen. Dort entwickelte man die sogenannte Arbeitstherapie für Epileptische, die Therapie ist, gerade weil sie reelle, nützliche Arbeit ist, nur unter Bedingungen getan, welche den möglichen Arbeitsrhythmus und die Formen der Konzentration des Kranken einplanen.

Die räumliche und organisatorische Zusammenfassung aber schafft ein neues soziales Faktum. Und wie jedes neue Faktum schafft sie auch neue Probleme. In diesem Fall ist ein soziales Problem die Isolierung der Behinderten von der Gesellschaft. Diese Isolierung ist nebenher eine Antwort, aber eine unzureichende, auf ein anderes Problem, auf den Widerstand der Gesellschaft gegen die Behinderten in ihrer Mitte. Mit dieser Isolierung und diesem Widerstand erreichen wir die Frage, von der ich heute sprechen will. Die Gesellschaft hat gegen diejenigen ihrer Glieder, die mit einem Leiden behaftet sind, oft ein ambivalentes, in einigen Fällen ein feindseliges Verhalten gezeigt. Die organisatorisch durchaus zweckmäßige räumliche Zusammenfassung von Menschen, welche dieselbe Art von Unterricht, von Fürsorge, von Pflege brauchen, kommt zugleich einem tiefen psychischen Bedürfnis der sogenannten Gesunden entgegen, die froh sind, die Leidenden nicht zu sehen. Die sogenannten Gesunden mögen subjektiv aufrichtig die christliche oder soziale Forderung anerkennen, den Behinderten zu helfen. Aber das kann sogar die Tendenz zur Isolierung der Behinderten steigern. Sind sie isoliert, so werde ich an diese Forderung, die ich nicht abweisen kann, nicht ständig erinnert, und ich kann sogar hoffen, daß sie ohne meine Anstrengung die beste heutzutage mögliche Fürsorge erfahren. Isolierung ist ein gesellschaftliches Werkzeug der psychischen Verdrängung.

Angenommen, dies sei richtig, wie sollen wir uns verhalten? Da ich nicht mit praktischen Vorschlägen komme, möchte ich zunächst noch einmal historisch zurückblicken und Ihnen eine Geschichte erzählen, die mir durch den Zufall einer persönlichen Bekanntschaft mit ihren Erben in einigem Detail bekannt ist. Detail ist wichtig. Nicht nur der Teufel steckt ja im Detail. Wie immer, imitiert der Teufel hier Gott. Gott ist im Detail.

Um 1865 hatte die Innere Mission im Rheinland die Notwendigkeit erkannt, ein Heim zur Pflege für Epileptiker einzurichten. Der Plan scheiterte an der Gesellschaft. Die Krampfanfälle des „morbus sacer", der „heiligen Krankheit", wie die antike Medizin sagte, haben die Menschen zu allen Zeiten tief erschreckt. Man glaubte an einen Dämon, von dem der Kranke besessen sei. Solche Besessenen in ihren Mauern versammeln, das wollte keine Gemeinde. Noch in unserem Jahrhundert hat es solche Widerstände gegeben; die Bauern eines Walddorfes wehrten sich gegen eine Anstalt mit der Begründung, die Besessenen würden ihren Wald zerstören.

Die rheinische Innere Mission wandte sich um Rat an den Franzosen John Bost, der mit der Unterstützung schottischer Calvinisten in Südfrankreich ein solches Heim gegründet hatte. In einem langen Antwortbrief verwies Bost ihnen streng ihren Kleinmut und forderte von ihnen, den Plan zu verwirklichen. Dazu formulierte er drei Bedingungen, welche die zu gründende Anstalt erfüllen müsse:
1. Lage in einer schönen Landschaft
2. Einbettung in eine lebendige christliche Gemeinde
3. Nähe eines Eisenbahnknotenpunkts.

Man fand in Westfalen einen Ort, der alle drei Bedingungen erfüllte, Gadderbaum bei Bielefeld. Man fand einen Leiter für die Anstalt, den Landpastor Friedrich v. Bodelschwingh. Die Anstalt Bethel wurde gegründet, mit Unterstützung des Oberbürgermeisters von Bielefeld und der führenden Bielefelder Industriellen. Ein Widerstand meldete sich, als die Anstalt nach einigen Jahren so zu wachsen begann, daß sie den für ein Bielefelder Villenviertel geeigneten Raum in Anspruch nahm; aber Bodelschwingh überwand den Widerstand.

Ein Wort sollte noch gesagt werden über die Persönlichkeit des Leiters. Friedrich v. Bodelschwingh entstammte einer landbesitzenden westfälischen Familie; Vater und Onkel standen in hohen politischen Ämtern. Er wählte, von der Ravensberger Erweckungsbewegung° bestimmt, den Beruf des Pfarrers. Er sammelte Erfahrung als deutscher evangelischer Gemeindepfarrer in Paris, dann ging er auf ein westfälisches Dorf. Dem jungen Ehepaar starben ihre vier Kinder an einer Infektionskrankheit im Laufe einer Woche. Die Hiob-Erfahrung brach seinen Glauben nicht; sie lehrte ihn Leiden verstehen. Die Pfarrersleute hatten noch einmal vier Kinder. In den Jahren seiner vollen Kraft wurde Bodelschwingh Leiter von Bethel. Die Arbeitstherapie, die ich vorhin genannt habe, ist eines der Ergebnisse seines Sinns für menschliche Wirklichkeit.

Wozu habe ich diese Geschichte erzählt? Erzähltes Detail ist eine Herausforderung, hinter dem Erzählten nicht zurückzubleiben, aber es ist keine Gebrauchsanweisung. Was ist das in dieser Geschichte, wohinter wir nicht zurückbleiben sollten? Die Geschichte beginnt mit einer medizinischen Erkenntnis, in diesem besonderen Fall über die Epilepsie. Die Epilepsie ist eine spezielle Krankheit, die spezielle Behandlung, spezielle Pflege, pflegerischen Sachverstand erfordert. Es gibt nicht Behinderung überhaupt. Jede Form der Behinderung fordert ein besonderes Verständnis.

Motiviert, dieses Verständnis praktisch werden zu lassen, war in diesem Fall die innere Mission. Es waren Christen, die hier das Motiv zur Praxis im Detail, zum genauen Hinsehen und Handeln hatten. War das Zufall? Ich komme darauf noch zurück.

Sie scheiterten am Widerstand der Gesellschaft. Erlauben Sie mir hier einen Exkurs, eine Reflexion, eine grundsätzliche Überlegung. „Gesellschaft" ist heute ein Modewort. Es bezeichnet eine große Wirklichkeit, die Wirklichkeit unseres menschlichen Zusammenlebens. Das Wort ist aber ein modischer Blitzableiter geworden. Es dient der Projektion unserer Schuld- und Ohnmachtsgefühle. Wenn etwas nicht stimmt, jedenfalls bin ich nicht schuld, sondern die Anderen. Die Gesellschaft, das sind die Anderen. Dies aber ist ein völlig unsoziologischer Gebrauch des Worts Gesellschaft, ein Beispiel falsch verwendeten abgesunkenen Bildungsguts. Die Gesellschaft, das sind wir selber, das bin jeweils gerade auch ich. Die wissenschaftliche Analyse gesellschaftlicher Strukturen ist unter anderem ein Mittel zur Selbsterkenntnis: so machen es alle, also auch ich; oder: unter diesen Umständen verhalten wir Menschen uns so, unter jenen anders; also sollten wir eher jene als diese Umstände schaffen, soweit das in unserer Macht liegt.

Den Widerstand der Gesellschaft habe ich vorhin als Ausdruck einer Verdrängung bezeichnet. Was ist Verdrängung? Ich möchte zuerst von der relativen Legitimität der Verdrängung, vom Recht zur Verdrängung, sprechen. Warum? Man kann ja den Menschen nicht helfen, wenn man sie nicht liebt. Man kann die Gesellschaft nicht bessern, wenn man ihr nicht gerecht wird; sonst ändert man sie, ohne sie zu bessern und wiederholt genau die Fehler, die man bekämpfen wollte. Legitimität der Verdrängung, das heißt: die Menschen brauchen

Verdrängung. Wieso? Verdrängung ist ein seelischer Vorgang, der das Bewußtsein gegen unerwünschte Inhalte abschirmt. Ein geheimnisvoller Prozeß: Ich will etwas nicht wissen, was ich weiß. Ich will nicht wissen, daß ich es nicht wissen will. Ich will also nicht wissen, was ich will. Ich belüge mich, und ich glaube meiner eigenen Lüge. Wie kann dieses Lügengewebe legitim sein? Die Frage ist aber vorerst noch nicht, ob es legitim ist, sondern warum es möglich ist. Welchem elementaren Zweck im Leben dient die Verdrängung?

Verdrängung, so sagte ich, ist ein seelischer Vorgang, der das Bewußtsein gegen unerwünschte Inhalte abschirmt. Das Schlüsselwort dieses Satzes ist das Wort Bewußtsein. Das Bewußtsein, schärfer gesagt das Bewußtsein eines Ich, ist eine seelische Leistung, genetisch bei höheren Tieren vorbereitet, beim Menschen zum erstenmal voll hervorgetreten. Ein Mutterboden dieser Leistung ist die Sprache, die uns gestattet, etwas ausdrücklich zu wissen, d. h. es dadurch zu wissen, daß wir es sagen können. Die Menge dessen, was so gewußt werden kann, ist beschränkt. Deshalb muß es psychische Mechanismen geben, die entscheiden, welcher seelische Inhalt ins Bewußtsein gelangen soll und welcher nicht, welcher ins leicht abrufbare Gedächtnis und welcher nicht. Es gibt nervöse Mechanismen der Informationseinschränkung. Zum Aufbau einer Identität, sei es der Identität einer Person, sei es der Identität einer Gesellschaft, gehört, daß eingespielt ist, welche Inhalte ihr zugehören sollen, welche nicht. In diesem notwendigen Prozeß wurzelt das Vermögen der Verdrängung.

Die Verdrängung freilich, so wie Freud sie als Ursache von Neurosen beschrieben hat, ist gleichsam eine verfehlte Lösung dieser identitätsschützenden Aufgabe. Verdrängung wird dort zur Selbstbelügung in einem zunächst noch nicht moralischen Sinne, wo ich einen Inhalt aus dem Bewußtsein aussperre, den ich gerade wissen müßte, um ich selbst sein zu können. Und in Reifungskrisen müssen wir nun eben lernen, gerade solche Inhalte ins Bewußtsein aufzunehmen, die vorher mit Recht ausgesperrt waren, weil wir noch nicht imstande waren, sie zu verarbeiten. Insofern kann die Verdrängung desselben Inhalts zuerst legitim sein und etwas später, gerade weil wir reifen, zur gefährlichsten Form der Lüge werden, der Lüge gegen das eigene Gewissen.

Was hat dies alles mit dem Verdrängungsdruck der Gesellschaft gegen den Behinderten zu tun? In der alten, vorwissenschaftlichen und vortechnischen Gesellschaft ging es vielen Behinderten materiell sehr schlecht, aber seelisch war wohl für die meisten von ihnen ein Raum vorhanden. In der christlichen Gesellschaft, aber ebenso in den Gesellschaften anderer Religionen wußte jede Mutter, wußte jeder gereifte Mann, daß Leben zugleich Leiden heißt. In der Familie war Raum für das eigene Kind, auch wenn es behindert war, auch für behinderte erwachsene Angehörige, die nicht auf eigene Kraft eine Familie gründen konnten. Wer sonst als die Familie hätte sich ihrer annehmen können? Und da jeder in der Familie arbeiten mußte, fiel auch dem Behinderten die nötige Arbeit zu, die eben er leisten konnte. Der Seelsorger konnte jedem Glied seiner Gemeinde Kraft

---

[a] Ravensberger Erweckungsbewegung = Ravensberg, eine ehemalige Grafschaft (gehört heute zu Nordrhein-Westfalen) mit vorwiegend evangelischer Bevölkerung, Hauptstadt Bielefeld, erlebte im 19. Jahrhundert eine Erweckungsbewegung im Geiste des Pietismus.

zusprechen mit dem Wort Christi: „Was ihr einem unter diesen Geringsten getan habt, das habt ihr mir getan." Er konnte ihnen sagen, daß der Sinn eines Lebens unter physischer oder psychischer Behinderung vor Gott nicht geringer ist als der Sinn eines physisch unbehinderten Lebens. Seelisch sind wir alle Behinderte vor Gott, denn wir lieben nicht genug und erfahren deshalb die Seligkeit mitten im Leben nicht, die doch hier und jetzt für uns bereit ist.

Die rationale und technische Denkweise der Neuzeit ist eine notwendige Reifungsstufe der menschlichen Gesellschaft. Sie akzeptiert nicht einfach die Welt des Leidens. Sie versteht sie als Auftrag und verändert die Welt. Hierzu gehören die Schritte der Behindertenfürsorge des 19. Jahrhunderts, von denen ich gesprochen habe. Aber jeder Fortschritt ist ambivalent; er enthält die Gefahr, vorher schon erreichte Stufen des vernünftigen Verhaltens zu verlieren. Die Leistungsgesellschaft, die den breiten Wohlstand und die wissenschaftliche Medizin schafft, entwickelt in ihrer durchschnittlichen Haltung eine Ungeduld gegen das Leiden. Das soll es gar nicht geben, also wollen wir es nicht sehen. Die Arbeitsteilung hilft dazu. Möge es Anstalten geben, in denen jemand für die Leidenden Sorge trägt. Identitätsschutz der Gesellschaft, die sich für gesund hält.

Dagegen ist die doppelte These gesagt: Der Behinderte braucht die Gesellschaft, die Gesellschaft braucht den Behinderten.

Kehren wir noch einmal zum Detail der Geschichte zurück, die ich erzählt habe.

Die rheinische innere Mission wandte sich um Rat an einen Südfranzosen, dem die Schotten halfen. So wußten vor hundert Jahren, in jener Welt des politischen Nationalismus, die wirklich Hilfsbereiten voneinander. Er stellte drei Bedingungen: schöne Landschaft, christliche Gemeinde, Eisenbahnknotenpunkt.

Schöne Landschaft. Die Heilkraft des Schönen wird heute ein Opfer der Gleichgültigkeit in einer nur zweckrationalen Denkweise. Eine Randbemerkung hier: Im Umweltschutz muß man heute mit meßbaren Schäden argumentieren, weil das verzerrte Wertsystem der industriellen Welt das so viel sensiblere Organ des Schönheitssinns nicht zu nutzen versteht. Eine schöne Landschaft, das ist eine Kulturlandschaft, mit der der Mensch im Einklang lebt. Wenn nur noch die sogenannte unberührte Natur das hat, was wir Erholungswert nennen, wenn also der Mensch sich von dem erholen muß, was er anrichtet, so ist seine Kultur eine Kultur des Selbstwiderspruchs.

Eisenbahnknotenpunkt. Keine Ablehnung der Technik, nur ihr sinnvoller Gebrauch. Die Angehörigen der Kranken sollen es leicht haben, zu der Anstalt zu kommen. Der Behinderte braucht die Gesellschaft. Am besten ist es, wenn er mitten in ihr leben, an ihrem Arbeitsprozeß teilnehmen kann. Die Anstalt mit aller zweckmäßigen Fürsorge ist ein Zweitbestes.

Lebendige christliche Gemeinde. Man durfte hoffen, daß diese den Behinderten in ihre Mitte nimmt, daß er in ihr die Gesellschaft bekommt, die er braucht. Aber das können auch Liberale, auch Sozialisten, gerade Sozialisten können es. Den Behinderten eingliedern, ernstnehmen, das sollte jede Gesellschaft können, die selbst verdient, daß wir sie ernstnehmen. Vielleicht haben wirkliche Christen es aber leichter, zu verstehen, inwiefern die Gesellschaft den Behinderten braucht. Selbstverständlich ist jeder medizinische und soziale Fortschritt sehnlich zu wünschen, der Leiden überwindet, Krankheiten zum Verschwinden bringt. Aber Christen sollten noch etwas besser als ihre säkularisierten Brüder verstehen können, welcher Segen darauf ruht, die Gegenwart des Leidens nicht zu verdrängen. Sie sollten etwas sensibler dafür sein, welche beim Unbehinderten unterentwickelten seelischen Organe der Behinderte entwickelt, welchen besonderen menschlichen Reichtum er haben kann. Bodelschwingh und seine Erben haben sich immer unbefangen dazu bekannt, welches menschliche Geschenk ihnen selbst jeder Tag mit ihren Pflegekindern brachte. Christen werden dies in dem Grade vermögen, in dem sie Christen, also furchtlos gegenüber der Wirklichkeit und nicht selbstverteidigend sind.

Zum Abschluß doch eine Bemerkung über ein praktisches Problem unserer Gegenwart. Die Eingliederung des Behinderten in unsere Gesellschaft hat ihre größte Schwierigkeit in unseren abstrakten Leistungsbegriffen. Die Konkurrenzgesellschaft erzwingt von ihren Gliedern maximale meßbare Leistung. Diese Leistung soll mit Apparaten und unter Bedingungen erbracht werden, die der Norm der durchschnittlichen Unbehinderten angepaßt sind. In diese ihrem Wesen nach rücksichtslosen Bedingungen ist die Leistung des Behinderten nur schwer einzuordnen. Aber der Behinderte ist nicht ihr einziges Opfer, jeder Mensch, dessen Lebensbedingungen oder Anlagen dieser Norm nicht entsprechen, leidet in ihr. Man denke an die Lebensprobleme berufstätiger verheirateter Frauen, an den Darwinschen Selektionsprozeß unseres Erziehungswesens. Hier gilt zweierlei: Das eine machen sich zum Glück viele Menschen nachgerade klar: diese ständige Verletzung des Menschen durch die von ihm geschaffenen Techniken ist *unmenschlich*. Das System der Gesellschaft *soll* so geändert werden, daß in ihm für den Schwächeren, den Sensibleren der Raum für die gerade ihm mögliche Leistung ist. Das andere sehen wir vielleicht noch nicht deutlich genug: diese Verletzung des Menschen durch seine Techniken ist *untechnisch*. Technik soll dem Menschen dienen. Sie zum Herrn, zum Zielkriterium zu machen, ist schlicht unreife Technik. In Notsituationen mag man sich den Techniken unterwerfen, die maximale quantitative Leistung versprechen. In unserer heutigen Lage ist es objektiv möglich, ja es wird nötig, dieses Kriterium durch ein subtileres zu ersetzen. Das System der Gesellschaft *kann*, ja *muß* so geändert werden. Die strukturelle Arbeitslosigkeit, die heute unser Schicksal wird, lehrt uns, daß es nicht nur ein Verteilungsproblem der Güter, sondern auch ein Verteilungsproblem der Arbeit gibt. Es ist absurd, die Arbeit so zu verteilen, daß einige zu viel und andere nichts zu tun haben. Eine bessere Verteilung freilich greift tief in entstandene ökonomische und soziale Strukturen ein, und es ist hier und heute nicht mein Auftrag, darüber zu sprechen, wie sie zu schaffen wäre. Ich will nur sagen: die Veränderung unserer Arbeitswelt, welche gestatten würde, dem Behinderten leichter einen gerade ihm angepaßten Arbeitsplatz anzubieten, liegt zugleich im Interesse derer, die wir gewöhnlich Gesunde nennen. Und wenn wir diese Veränderung wirklich wollen, dann wird sie möglich sein. Sie bleibt unmöglich, solange die Gesellschaft sie in Wahrheit nicht will.

Aus diesen Gründen glaube ich, daß jede Anstrengung, den Behinderten normale Ausbildung, Arbeitsplätze im normalen Produktionsprozeß, Lebensraum innerhalb der normalen Gesellschaft zu geben, zugleich im Sinne einer ohnehin notwendigen Entwicklung unserer Gesellschaft liegt.

Dieter Fischer

Entflechten und reduzieren im Unterricht (1978)

In: Neues Lernen mit Geistigbehinderten. Eine methodische Grundlegung. Würzburg 1978, S. 52 – 54.

Dieter Fischer (geb. 1939), Dr. phil., ist Studiendirektor im Hochschuldienst an der Universität Würzburg. Schwerpunkte seiner Arbeit sind Fragen der Erziehung und des Unterrichts geistig behinderter und körperbehinderter Kinder und Jugendlicher. Seine methodische Grundlegung fand weite Verbreitung. Seine Publikationen zeichnen sich dadurch aus, daß sie immer dicht an die Wirklichkeit der Pflege, Erziehung und Bildung von Kindern mit Behinderungen anschließen und um immer neue Formen der Umschreibung, Darstellung und Bewältigung dieser Wirklichkeit bemüht sind.

Ein „entflochtenes" Angebot ist ein vereinfachtes Angebot, aber nicht im Sinne von einem Weniger, sondern im Sinne der Hinwendung auf das Wesentliche, das Wesentliche für den Schüler in Verbindung mit dem Wesentlichen der Sache, des Vorhabens. Um im Beispiel des Lernvorhabens „Zitronengetränk" zu bleiben, kann das sein:

Wenn ich Sprudel (Wasser) etwas (einen Saft von ...) beimische, kann ich das Wasser verändern, dann schmeckt es (mir) besser (süß, gut!).

...

Zusammenfassend wäre der Vorgang des „Entflechtens" folgendermaßen zu charakterisieren:

Eine komplexe, umfangreiche, vielschichtige Lernsituation wird durch „Entflechten" zu einer vereinfachten, auf das Wesentliche bezogenen Lernaufgabe. Sie präsentiert sich dem Schüler meist als eine in klaren, überschaubaren Handlungsschritten gegliederte, einlineare Aufgabenfolge ...

Neben der „Entflechtung" des Lernangebotes spielt die *Reduktion* von Lernvorhaben eine Rolle. Je stimmiger das Lernangebot ist, d.h.,
– je mehr es den vorhandenen Lerntätigkeiten eines Schülers entspricht, ...
– je mehr es dem Vorstellungsrepertoire eines Schülers entspricht,
– je mehr es die Motivationsspanne eines Schülers respektiert,
– je mehr es einen Schüler zum Aktivsein, zum Handeln veranlaßt usw.,
um so erfolgreicher wird ein Kind lernen können.

Treffen die Voraussetzungen nicht zu, ist die Notwendigkeit der „Reduktion" gegeben.

...

An dieser Stelle soll an einem Beispiel aus dem „Sachunterricht auf lebenspraktischer Grundlage" – Wir laden zum Geburtstag ein – das Prinzip der „Reduktion" verdeutlicht werden.

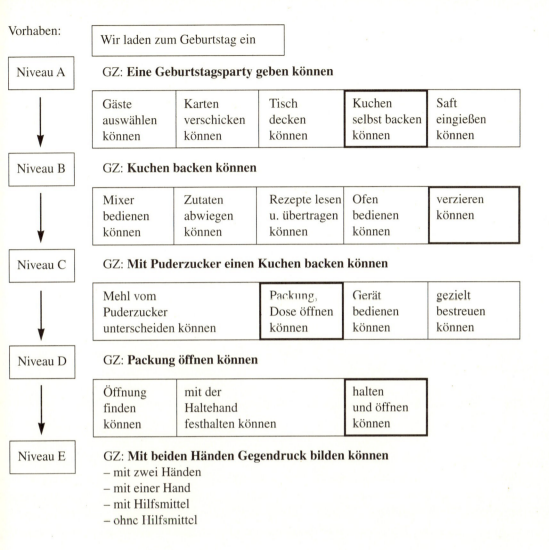

Es geht also darum, nicht ein Vorhaben in kleinere und noch kleinere Teilschritte zu zerlegen, wenn ein Kind die Gesamtheit eines Lernvorgangs nicht überschaut. Vielmehr sollten die Lernvorhaben als solche bescheidener im Umfang, im Anspruchsniveau werden. Dabei ist zu beachten, daß jedes Lernvorhaben wiederum in Teilvorhaben zu untergliedern ist; diese lassen sich wieder als Lernziel umformulieren (z.B. einen Kuchen backen können). Es wird darüber hinaus deutlich, daß mit zunehmender Reduktion des Projekts (Niveau A) als methodisches Modell zu einer „Handlungseinheit" (Niveau B), dann zum „Erlernen eines motorischen Vorgangs" (Niveau C/D) und schließlich zu einer „Funktionsübung" (Niveau E) zurückgeführt werden muß.

35 Die Salamanca-Erklärung (1994)

Aus: Die Salamanca-Erklärung und der Aktionsrahmen zur Pädagogik für besondere Bedürfnisse, angenommen von der Weltkonferenz „Pädagogik für besondere Bedürfnisse: Zugang und Qualität". Salamanca, Spanien, 7. – 10. Juni 1994. Linz 1996, S. 8–11 und 13.

Vom 7.–10. Juni 1994 fand in Salamanca in Spanien eine Weltkonferenz der UNESCO „Pädagogik für besondere Bedürfnisse" statt. Es waren 92 Regierungen durch über 300 Delegierte vertreten. An der Konferenz nahmen außerdem auch NGOs (Non Governmental Organisations) teil. Die Konferenz nahm in der Schlußsitzung die nachfolgende Erklärung an, bei der es nach den Worten des Vorsitzenden von „Integration: Österreich", Heinz Forcher, darum geht, „einen grundlegenden Paradigmenwechsel hin zu einer Gesellschaft umzusetzen, die alle in ihrer Verschiedenartigkeit schätzt und willkommen heißt" (Vorwort zur Salamanca-Erklärung, hrsg. von der Österreichischen UNESCO-Kommission). Die Konferenz nahm außerdem einen ausführlichen „Aktionsrahmen zur Pädagogik für besondere Bedürfnisse" an, der hier nicht mit abgedruckt wird.

Mit der Bekräftigung des Rechts jedes Menschen auf Bildung, wie es in der Allgemeinen Erklärung der Menschenrechte von 1948 verankert ist, und mit der Erneuerung des Versprechens der Weltgemeinschaft auf der Weltkonferenz 1990 "Bildung für Alle", daß dieses Recht unabhängig von individuellen Unterschieden zu sichern ist,

Mit dem Hinweis auf mehrere Deklarationen der Vereinten Nationen, die in den Standardregeln der Vereinten Nationen von 1993 zur Gleichstellung von Menschen mit Behinderung gipfeln, durch die Staaten dazu aufgefordert werden, sicherzustellen, daß die Erziehung von Personen mit Behinderung ein unerläßlicher Bestandteil des Schulsystems sein soll,

Mit der wohlwollenden Erkenntnis, daß sich Regierungen, Interessenvertreter, Gemeinden und Elterngruppen sowie im besonderen Organisationen von Menschen mit Behinderung dafür einsetzen, daß der Zugang zu Bildung für jene mit besonderen Bedürfnissen, die immer noch nicht erfaßt sind, erleichtert wird; *in Anerkennung* der aktiven Teilnahme hochrangiger Repräsentanten vieler Regierungen spezialisierter Behörden und zwischenstaatlicher Organisationen an dieser Weltkonferenz als Beleg für dieses Engagement,

1. Bekräftigen wir, die Delegierten zur Weltkonferenz über die Pädagogik für besondere Bedürfnisse, die 92 Regierungen und 25 internationale Organisationen vertreten und hier in Salamanca, Spanien, von 7.–10. Juni 1994 versammelt sind, hiermit unsere Verpflichtung zur Bildung für alle. Wir anerkennen die Notwendigkeit und Dringlichkeit, Kinder, Jugendliche und Erwachsene mit besonderen pädagogischen Bedürfnissen innerhalb des Regelschulwesens zu

unterrichten. Außerdem befürworten wir hiermit den Aktionsrahmen zur Pädagogik für besondere Bedürfnisse. Mögen Regierungen und Organisationen von der Gesinnung seiner Bestimmungen und Empfehlungen geleitet sein.

2. Wir glauben und erklären,

– daß jedes Kind ein grundsätzliches Recht auf Bildung hat und daß ihm die Möglichkeit gegeben werden muß, ein akzeptables Lernniveau zu erreichen und zu erhalten,

– daß jedes Kind einmalige Eigenschaften, Interessen, Fähigkeiten und Lernbedürfnisse hat,

– daß Schulsysteme entworfen und Lernprogramme eingerichtet werden sollen, die dieser Vielfalt an Eigenschaften und Bedürfnissen Rechnung tragen,

– daß jene mit besonderen Bedürfnissen Zugang zu regulären Schulen haben müssen, die sie mit einer kindzentrierten Pädagogik, die ihren Bedürfnissen gerecht werden kann, aufnehmen sollen,

– daß Regelschulen mit dieser integrativen Orientierung das beste Mittel sind, um diskriminierende Haltungen zu bekämpfen, um Gemeinschaften zu schaffen, die alle willkommen heißen, um eine integrierende Gesellschaft aufzubauen und um Bildung für Alle zu erreichen; darüber hinaus gewährleisten integrative Schulen eine effektive Bildung für den Großteil aller Kinder und erhöhen die Effizienz sowie schließlich das Kosten-Nutzen-Verhältnis des gesamten Schulsystems.

3. Wir fordern alle Regierungen auf und legen ihnen nahe:

– höchstes Augenmerk und Priorität auf die Verbesserung ihrer Schulsysteme dahingehend zu richten, daß diese alle Kinder unabhängig von ihren individuellen Schwierigkeiten einbeziehen können,

– auf Gesetzes- bzw. politischer Ebene das Prinzip integrativer Pädagogik anzuerkennen und alle Kinder in Regelschulen aufzunehmen, außer es gibt zwingende Gründe, dies nicht zu tun,

– Pilotprojekte zu entwickeln und den Austausch mit anderen Ländern, die Erfahrung mit integrativen Schulen haben, zu ermutigen,

– dezentrale Strukturen zu entwickeln, die Mitwirkung ermöglichen und mit denen die pädagogische Betreuung von Kindern mit besonderen Bedürfnissen geplant, beobachtet und beurteilt werden kann,

– die Beteiligung von Eltern, Gemeinschaften und Organisationen von Menschen mit Behinderung an Planungs- und Entscheidungsprozessen in bezug auf Maßnahmen für besondere Bedürfnisse zu ermutigen und zu ermöglichen,

– größere Anstrengungen für Früherkennung und -förderung sowie für berufliche Aspekte integrativer Bildung zu unternehmen,

– im Zusammenhang mit systemischen Veränderungen sicherzustellen, daß in der LehrerInnenbildung, sowohl der Aus- als auch der Fortbildung, Inhalte einer Pädagogik für besondere Bedürfnisse in integrativen Schulen angesprochen werden.

4. Wir fordern die internationale Gemeinschaft auf; im besonderen appellieren wir an:

• Regierungen mit Programmen zur internationalen Zusammenarbeit und internationalen Finanzierungsstellen, im besonderen die Sponsoren der Weltkonferenz für "Bildung für Alle", die Organisation der Vereinten Nationen für Erziehung, Wissenschaft und Kultur (UNESCO), den Kinderfonds der Vereinten Nationen (UNICEF), das Entwicklungsprogramm der Vereinten Nationen (UNDP) sowie die Weltbank:

- den Ansatz integrativer Schulen zu befürworten und die Entwicklung einer Pädagogik für besondere Bedürfnisse als einen unerläßlichen Bestandteil aller Bildungsprogramme zu unterstützen;
- die Vereinten Nationen und ihre speziellen Vertretungen, im besonderen die Internationale Arbeitsorganisation (ILO), die Weltgesundheitsorganisation (WHO), die UNESCO und die UNICEF;
- ihre Beiträge zur technischen Zusammenarbeit zu verstärken; ebenso ihre Zusammenarbeit und netzwerkorientierte Arbeit zu bekräftigen, um eine effektivere Unterstützung bei der erweiterten und integrierten Bereitstellung besonderer Fördermaßnahmen zu erreichen;
- nichtstaatliche Organisationen, die mit Programmen und Dienstleistungen auf Länderebene befaßt sind:
- ihre Zusammenarbeit mit den offiziellen staatlichen Stellen zu verstärken und ihre wachsende Beteiligung an Planung, Einführung und Beurteilung integrativer Maßnahmen für besondere pädagogische Bedürfnisse zu intensivieren;
- die UNESCO, als Vertretung der Vereinten Nationen für Pädagogik:
- sicherzustellen, daß die Pädagogik für besondere Bedürfnisse einen Teil jeder Diskussion darstellt, die in verschiedenen Gremien Bildung für alle behandelt,
- die Unterstützung durch Lehrer- und Lehrerinnenorganisationen insofern zu mobilisieren, als LehrerInnenbildung in Bezug auf die Förderung besonderer Bedürfnisse erweitert werden soll,
- die akademische Gemeinschaft zur Forschung und zur netzwerkorientierten Arbeit anzuregen sowie regionale Zentren für Information und Dokumentation einzurichten; außerdem als Koordinationsstelle für solche Aktivitäten zu dienen und für die Verbreitung spezieller Ergebnisse und Fortschritte, die auf Länderebene als Folge dieser Erklärung erreicht wurden zu sorgen;
- bei der Gestaltung des nächsten mittelfristigen Plans (1996–2002) im Rahmen eines erweiterten Programms für integrative Schulen und für Programme, die Gemeindeunterstützung zum Inhalt haben, finanzielle Mittel zu schaffen. Dies würde die Durchführung von Pilotprojekten ermöglichen, die neue Ansätze zur Verbreitung vorzeigen; Kriterien zu entwickeln in bezug auf das Bedürfnis nach und die Bereitstellung von besonderen Fördermaßnahmen.

5. Schließlich sprechen wir der spanischen Regierung und der UNESCO unsere Wertschätzung für die Organisation der Konferenz aus, und wir bitten sie dringend, keinen Aufwand zu scheuen, diese Erklärung und den begleitenden Aktionsrahmen der Aufmerksamkeit der Weltgemeinschaft nahezubringen, besonders bei so wichtigen Versammlungen wie dem Weltgipfel für Soziale Entwicklung (Kopenhagen, 1995) und der Weltfrauenkonferenz (Beijing, 1995).

Durch Abstimmung angenommen in Salamanca, Spanien, am 10. Juni 1994.

Diskriminierungsschutz in Deutschland (1994)

In: Grundgesetz der Bundesrepublik Deutschland, Art. 3, Abs. 3, Satz 2 (Fassung vom 15.11.1994)

Im Zuge der Verfassungsreform von 1994 wurde der Grundrechtskatalog der bundesrepublikanischen Verfassung um ein Diskriminierungsverbot für Menschen mit Behinderungen erweitert. Zu den vorhandenen Aussagen in GG Art. 3,3, daß niemand wegen seines Geschlechts, seiner Abstammung, seiner Rasse usw. benachteiligt oder bevorzugt werden dürfe, wurde ein zweiter Satz hinzugefügt mit dem Inhalt, daß niemand wegen seiner Behinderung benachteiligt werden dürfe. Damit wurde die Integration von Menschen mit Behinderungen zum ersten Male ausdrücklich in eine deutsche Verfassung aufgenommen. Daß dies gerade im Zusammenhang der Grundrechte geschehen ist, unterstreicht die Bedeutung dieser Aussage.

Von einigen Seiten wurde die Aufnahme einer solchen Formulierung eines Benachteiligungsschutzes für Menschen mit Behinderungen in das Grundgesetz nicht als Fortschritt angesehen, vielmehr fand man es bemerkenswert, daß damit etwas, was eigentlich selbstverständlich sein sollte, einer besonderen Kodifizierung bedürfe.

Bei den Beratungen in der Gemeinsamen Kommission aus Bundestag und Bundesrat zur Verfassungsreform wurde deutlich, daß die Integration von Menschen mit Behinderungen und ihr Schutz vor Benachteiligung von einem breiten Konsens getragen wurde. Für ein Benachteiligungsverbot sprach sich eine klare Mehrheit der Kommissionsmitglieder aus, aber die erforderliche Zwei-Drittel-Mehrheit für eine Empfehlung der Verfassungskommission wurde verfehlt. Ein entsprechender Passus wurde dennoch in das Reformpaket zur Verfassungsänderung aufgenommen und von Bundestag und Bundesrat später mit verfassungsändernder Mehrheit beschlossen. Dabei wählte man nicht den Weg, einfach den bisherigen Grundrechte-Katalog zu erweitern, sondern man beschloß ein spezielles Diskriminierungsverbot zugunsten von Menschen mit Behinderungen mit einer eigenen Formulierung, wie sie sich jetzt in GG Art. 3, Abs. 3, Satz 2 findet:

Niemand darf wegen seiner Behinderung benachteiligt werden.

Heilpädagogik, Behinderung und geistige Behinderung

Der Name „Heilpädagogik" bezeichnet Erziehung und Unterricht beeinträchtigter Kinder zutreffend. Er stammt von Jan Daniel Georgens und Heinrich Marianus Deinhardt (Band 1, Nr. 25). Sie entfalteten den neuen pädagogischen Wissenschaftszweig hauptsächlich am Beispiel der Erziehung von Kindern mit geistiger Behinderung. Zu Beginn des 20. Jahrhunderts schwand das Verständnis ihres weiten pädagogischen Ansatzes. Heilpädagogik schien die Erziehung nur von Kindern mit geistiger Behinderung oder mit Psychopathien. Theodor Heller (siehe unten) wandte sich gegen ein enges Verständnis von Heilpädagogik, – leider ohne nachhaltige Wirkung. Der neue Zweig der Pädagogik wurde im Laufe des 20. Jahrhunderts auch unter anderen Namen begründet, wie Sonderpädagogik, Rehabilitationspädagogik, Behindertenpädagogik, Orthopädagogik, Defektologie.

Die Tendenz geht im 20. Jahrhundert dahin, neben der medizinisch diagnostizierten Schädigung mehr als früher die spezifisch erschwerten *Erziehungsverhältnisse* zu beachten, wobei die Erschwerungen je länger je mehr nicht den Kindern einseitig zugeschrieben werden. Stufen geistiger Behinderung meinen demgemäß etwas anderes als die medizinische Unterscheidung von Debilität, Imbezillität oder Idiotie im 19. Jahrhundert. Die Störungen der Erziehungsprozesse werden nicht, wie vor 150 Jahren, als von einer nachgewiesenen oder vermuteten organischen Schädigung *direkt* verursacht angesehen, sondern bedingt *auch* von vielen anderen Faktoren.

Hinzu kommt ein Wandel in der Sicht des Verhältnisses von *allgemeiner* und *besonderer* Erziehung (Heilerziehung). Im Blickfeld des Vergleichs stehen nicht mehr *ausschließlich* Normabweichungen („Es ist normal, verschieden zu sein"), sondern auch die Erziehungsprozesse selbst, also ein Geschehen, das sich zwischen Erwachsenen und Kindern ereignet und für das primär die Erwachsenengeneration, Eltern und Erzieher und Erzieherinnen maßgeblich sind. Die Konsequenzen dieser Neuorientierung reichen weit und die Klärung ist noch nicht abgeschlossen, wie die folgenden Definitionen von Medizinern, Theologen und Pädagogen zeigen. Die Komplexität der wissenschaftlichen Aufgabe spiegelt sich in der Vielfalt der Bestimmungsversuche. Die Sensibilität für die Gefahren einer unbeabsichtigten Beschädigung der Kinder durch sprachliche Zuschreibungen ist in der Heilpädagogik am Ende des Jahrhunderts besonders im Blick auf Kinder mit geistiger Behinderung gewachsen.

Die Lehre von der Erziehung dieser Kinder ist ein Teilgebiet der Heilpädagogik. Die heute im deutschen Sprachraum geläufige Trennung von geistiger Behinderung und Lernbehinderung bahnte sich schon vor 1900 an, aber der von der Bundesvereinigung Lebenshilfe befürwortete Name „geistige Behinderung" setzte sich erst nach dem Zweiten Weltkrieg durch.

Die Hilfsschullehrerschaft, seit 1898 im Verband der Hilfsschulen Deutschlands wirksam organisiert (Möckel 1998), trat mit Nachdruck für die Erziehung bildungsfähiger Kinder ein, die im Unterricht der Volksschulen gegenüber Gleichaltrigen zurückblieben, – oft um mehrere Jahre. Die Hilfsschule war jedoch nicht eigentlich für Kinder mit geistiger Behinderung bestimmt. Sie erhielt nach dem Zweiten Weltkrieg in der Gesetzgebung der deutschen Bundesländer den Namen „Schule für lernbehinderte Kinder und Jugendliche". In der Öffentlichkeit wurde der Hilfsschulunterricht mit der Erziehung von Kindern mit geistiger Behinderung weitgehend gleichgesetzt. Dadurch gerieten die Unterrichtserfolge der älteren Internatsschulen (Anstalten) in den Schatten der um die Jahrhundertwende neuen Erfolge der Hilfsschule. Sie schienen mehr unter dem Gesichtspunkt der Pflege, weniger unter dem des Schulunterrichts Anerkennung zu verdienen und wurden unterschätzt. Die folgenden Zitate sind in zwei Abschnitten angeordnet, innerhalb der Abschnitte chronologisch. Erscheinungsjahr (nach dem Namen) und Seitenzahl (nach dem Zitat) beziehen sich auf die Literaturliste Seite 24 ff.

A. Heilpädagogik und Behinderung

Theodor Heller[a] **(1904):** Die Aufgaben der Heilpädagogik sind nämlich nicht ausschließlich auf die Erziehung und den Unterricht schwachsinniger Kinder beschränkt. Ihr Arbeitsgebiet erstreckt sich vielmehr auf alle jene im Kindesalter vorkommenden geistigen Abnormitäten, bei denen durch Herstellung günstiger Entwicklungsbedingungen, die in jedem Fall angepaßt sein müssen, eine Regelung der gestörten psychischen Funktionen erwartet werden kann (S. 3)

August Homburger[b] **(1926/1967):** Heilpädagogik ist die Lehre von der Verknüpfung der Erziehung und des Unterrichts mit Maßnahmen, welche auf Heilung, Besserung und Ausgleich seelisch-gesundheitlicher Mängel abzielen. Alle Heilpädagogik geht also von der Tatsache aus, daß es geistige Regelwidrigkeiten verschiedener Art und Schwere gibt, welche andere als die normalen, am Durchschnitt der Kinder bewährten und ihm angepaßten Erziehungs- und Unterrichtsmittel erfordern. Die Unzulänglichkeit der Normalpädagogik ist der eigentliche Ausgangspunkt, d. h. die Erfahrung, daß unter einer größeren Anzahl von Kindern sich immer wieder ein gewisser Teilsatz findet, der mit den gewöhnlichen Mitteln und auf den gewöhnlichen Wegen nicht nur nicht gefördert, sondern von vornherein gar nicht oder nur mangelhaft erfaßt werden kann (S. 128 f.).

Eduard Spranger[c] **(1927):** Schon daraus ergibt sich, daß in den heilpädagogischen Schulen noch weniger als in anderen der bloße Unterrichtsgeist alles Tun bestimmen darf. Vielmehr ist der Unterricht tief eingebettet in einen allgemeinen Erziehungsgeist und dieser selbst wieder erfordert den höchsten Grad bildender Kunst und beseel-

---

[a] Heller siehe Nr. 6 und 13.
[b] Homburger (1873–1930), Dr. med., Prof. für Psychiatrie, eröffnete 1917 an der Universität Heidelberg die erste heilpädagogische Beratungsstelle in Deutschland.
[c] Spranger (1882–1963), Dr. phil., Prof. für Philosophie und Pädagogik in Leipzig, Berlin und Tübingen, Schüler von Wilhelm Dilthey.

ter, helfender Liebe, der in irgendeinem pädagogischen Zusammenhang erscheint.

Trotzdem sind die obersten Prinzipien dieser Heilerziehung keine anderen, als sie für alle Erziehung gelten; nur empfangen sie hier eine besonders ernste Betonung entsprechend dem Maß an Verantwortung, von Widerständen, von ungewöhnlichen Komplikationen, das gerade mit dieser Aufgabe verbunden ist. An der Spitze steht die allgemeinste Forderung des Individualisierens ...
Diese Norm enthält ihrer Natur nach zwei Teile:
1. An die besonderen Schwächen anknüpfen! ...
2. An die besondere Stärke anknüpfen! ...
(S. 17 – 18).

Linus Bopp[d] **(1930):** Heilerziehung ist also Erziehung, so wesentlich und so gut wie normale Erziehung, aber sie hat zum Gegenstand krankes, beschädigtes, gehemmtes und eben darum besonderer Hilfe, besonderer Maßnahmen bedürftiges Menschenleben. Heilpädagogik ist vertiefte Normalpädagogik (Kasperczyk) (S. 8).

Heinrich Hanselmann[e] **(1941):** Sondererziehung (Heilpädagogik) ist die Lehre von der wissenschaftlich eingestellten Erfassung der Ursachen und Folgeerscheinungen der körperlich-seelisch-geistigen Zustände und Verhaltensweisen entwicklungsgehemmter Kinder und Jugendlicher, und deren unterrichtlichen, erzieherischen und fürsorgerischen Behandlung (S. 67).

Hans Asperger (1956)[f]**:** Wir wollen die Heilpädagogik jene Wissenschaft nennen, welche, auf biologisch fundierter Kenntnis Wege zur Behandlung abnormer kindlicher Persönlichkeiten aufbauend, vornehmlich pädagogische Wege zur Behandlung intellektueller und Sinnesdefekte, nervöser und seelischer Störungen des Kindes- und Jugendalters sucht (S. 1).

Paul Moor[g] **(1965):** Heilpädagogik ist diejenige Pädagogik, welche vor die Gesamtheit der über das Durchschnittsmaß hinausgehenden Erziehungsschwierigkeiten gestellt ist. Es muß also gefragt werden nach einer *vertieften Pädagogik,* welche der heilpädagogischen Situation gerecht zu werden vermag (S. 260).

Friedrich Meinertz[h] **und Rudolf Kausen**[i] **(1972):** Es gibt vielerlei Begriffsbestimmungen der Heilpädagogik und Heilerziehung. Eine einfache Definition könnte etwa lauten: Heilpädagogik ist die Lehre von der Heilerziehung; Heilerziehung ist die Erziehung derjenigen Kinder, bei denen die landläufige Erziehung nicht ausreicht (S. 13).

... was Heilung bedeutet, ist wiederum schwer zu definieren, weil es noch keine voll befriedigende Definition des Begriffs 'Gesundheit' gibt. Am besten arbeitet man wohl mit der von der Weltgesundheitsorganisation gegebenen Begriffsbestimmung. Danach bedeutet Gesundheit nicht nur Freisein von Krankheit, sondern allseitiges körperliches, seelisches und soziales Wohlbefinden. Ein einseitig biologischer Gesundheitsbegriff gilt heute nicht mehr. Es besteht nun kein Zweifel, daß die Heilerziehung einen höheren Grad seelischen Wohlbefindens bringen kann und somit einem echten Heilungsvorgang dient. Weiterhin lehrt die Psychosomatik ..., daß körperliches und seelisches Wohlbefinden eng zusammenhängen (S. 15/16).

Ulrich Bleidick (1972)[j]**:** Der Gesamtbereich der Behindertenpädagogik hat folgenden Gegenstand, der sich in drei aufeinander bezogenen Begriffen fassen läßt:

Behinderung – Behinderung der Erziehung – Erziehung der Behinderten (S. 192).

Gegenstand der Behindertenpädagogik ist der besondere Bildungsvorgang und der besondere Erziehungsprozeß angesichts der durch Behinderung herabgesetzten Bildsamkeit und erschwerten Erziehbarkeit (S. 202).

Heinz Bach[k] **(1975):** Sonderpädagogik ist die Theorie und Praxis der Erziehung all jener, deren Personalisation und Sozialisation unter erschwerten Bedingungen erfolgt (S. 6).

Emil E. Kobi[l] **(1975):** Wissenschaftstheoretisch lässt sich der Begriff ‚Heilpädagogik' m. E. dann vertreten, wenn wir
– die Bezeichnung ‚heilen' nicht mehr nur im speziellen Sinne des „Gesundmachens", sondern im umfassenderen Sinne der Verganzheitlichung und Sinnerfüllung des Lebens verstehen
– den 'Gegenstand' unserer Bemühungen nicht mehr nur im gebrechlichen Kind als solchem sehen, sondern im bedrohten oder beeinträchtigten Erzieher-Kind-Verhältnis, das wir zu erfüllen, zu vertiefen oder überhaupt erst einmal zu stiften versuchen (S. 30 f.).

Gottfried Gerhard Hiller[m] **(1977):** Die Einführung des Vertragsmodells in die sonderpädagogische Theoriebildung liefert einen plausiblen Ansatz dafür, die Sonderpädagogik als eine kritische Gesellschaftstheorie auszulegen, insofern sie die Belange der Behinderten gegenüber der Gesellschaft ebenso zu vertreten hat, wie umgekehrt die Ansprüche der gesellschaftlichen Gebilde vor den Behinderten (S. 22).

Wolfgang Jantzen[n] **(1978):** Untersucht man das Auftreten von Behinderung auf der Erscheinungsebene, so wird folgender Sachverhalt sichtbar: Sie wird als sozialer Gegenstand sichtbar und damit überhaupt als Behinderung erst existent, indem Merkmale und Merkmalskomplexe eines konkreten Individuums (z.B. physische Defekte, Schädigungen im Sinne eines Psychosyndroms u.ä.) aufgrund sozialer Inter-

---

[d] Bopp (1887–1971), Prof. für Pastoraltheologie und Pädagogik in Freiburg i. Br. Die Bezugnahme auf Kasperczyk konnte nicht nachgewiesen werden. Paul Kasperczyk schrieb „Reifende Menschen und Menschheitsreifung". Breslau 1924. Darin wird „Heilpädagogik" metaphorisch, ohne Bezug auf bestehende Einrichtungen gebraucht.
[e] Hanselmann siehe Nr. 11.
[f] Asperger siehe Nr. 26.
[g] Moor (1899 – 1977), Dr. rer. nat., Dr. phil., Prof. für Heilpädagogik in Zürich, Nachfolger von Heinrich Hanselmann.
[h] Meinertz (1919–1964), Dr. med., Chefarzt der Heckerschen Nervenheil- und Forschungsanstalt für Kinder und Jugendliche in München.
[i] Kausen (1920 –1983), Dr. med. und Dr. phil., war Univ.-Prof. an der Gesamthochschule/Universität in Eichstätt.
[j] Bleidick (geb. 1930), Dr. phil., Prof. em. für Behindertenpädagogik an der Universität Hamburg.
[k] Bach (geb. 1927), Dr. phil., Prof. em. für Heilpädagogik an der Universität Mainz.
[l] Kobi (geb. 1935), Dr. phil., Privatdozent für Heilpädagogik an der Universität Basel.
[m] Hiller (geb. 1944), Dr. phil., Prof. für Lernbehindertenpädagogik an der Pädagogischen Hochschule Ludwigsburg/Reutlingen.
[n] Jantzen (geb. 1941), Dr. phil., Prof. für Behindertenpädagogik an der Universität Bremen.

aktion und Kommunikation in Bezug gesetzt werden zu jeweiligen gesellschaftlichen Minimalvorstellungen über individuelle und soziale Fähigkeiten. Um die in dieser Phänographie von Behinderung benannten verschiedenen Ebenen miteinander zu vermitteln, ist eine begrifflich richtige Fassung des Verhältnisses von Individuum und Gesellschaft Voraussetzung. Diese liegt in der 6. Feuerbachschen These von Marx „Aber das menschliche Wesen ist kein dem einzelnen Individuum innewohnendes Abstraktum. In seiner Wirklichkeit ist es das Ensemble der gesellschaftlichen Verhältnisse" (S. 37).

Kurt-Peter Becker° und Autorenkollektiv (1979): Für die Pädagogik Geschädigter machen sich je nach Spezifik der vorliegenden Schädigungen medizinische, technische, ökonomische, juristische u.a. rehabilitative Maßnahmen notwendig, um die pädagogische Absicht erfolgreich verwirklichen zu können ... Durch die nähere Bestimmung „Rehabilitation" wird das Wesen der Pädagogik semantisch klar ausgedrückt. Es ist vor allem auch die spezifische interdisziplinäre Verflechtung mit den anderen Fachgebieten erfaßt, ohne die Kompetenz jeden einzelnen Gebietes zu verwischen. Die anderen Fachgebiete müssen sich ihrerseits auf das sozialistische Erziehungsziel und die pädagogischen Bedingungen orientieren, wenn sie ihre Funktion innerhalb der Rehabilitationspädagogik richtig erfüllen wollen. Rehabilitation läßt sich knapp als die Wissenschaft von der sozialistischen Bildung und Erziehung psychisch-physisch Geschädigter unter dem Aspekt der Rehabilitation bezeichnen (S. 163).

Wilhelm ter Horst [p] (1983): Diese Erziehungssituation, die von den Beteiligten als so gut wie aussichtslos erfahren wird und von der es ohne sachkundige Hilfe von außen nicht gelingt, das Ganze so zu verändern, daß es wieder Perspektiven bietet, nennen wir die Problematische Erziehungssituation (PES). Sie ist das Aktionsfeld der Orthopädagogik unserer Wahl (S. 136).

Otto Speck [q] (1987): Die Heilpädagogik als spezielle Pädagogik (Erziehungswissenschaft) versucht als wissenschaftliche Disziplin zu klären, wie die Erziehungswirklichkeit, das „Sein und das Sollen", im Falle einer vorliegenden Behinderung zu klären und zu verstehen sei (S. 83).

B. Geistige Behinderung

Theodor Heller (1904): Darin offenbart sich eben die Kunst des Heilpädagogen, daß er den Aufbau seiner Methode nach der eigentümlichen Reaktionsweise des Zöglings einrichtet, den in dieser Hinsicht zum Vorschein kommenden Symptomen Rechnung trägt, ohne hierbei das Ziel, das er anstrebt, aus dem Auge zu verlieren (S. 185/6).

Der Unterricht schwachsinniger Kinder muß von weit primitiveren Voraussetzungen ausgehen, als der der normalen Kinder. Bei den letzteren kann sich der elementare Unterricht auf einer verhältnismäßig großen Anzahl deutlicher Vorstellungen und distinkter Begriffe begründen; der heilpädagogische Unterricht muß jedoch von dem Grundsatz ausgehen, daß die Bewußtseinsinhalte schwachsinniger Kinder keine sichere Grundlage für einen geordneten Unterricht bilden können, denn ihre Vorstellungen sind durchweg mangelhaft und entbehren der begrifflichen Klarheit (S. 215).

Leistungsfähigkeiten	Idioten	Imbezile	Debile
Freie intellektuelle Produktion (gute Einfälle)	—	—	—
Ordnung abstrakter Begriffe	—	—	Anfänge
Ordnung konkreter Begriffe	—	—	ausreichend
Lesen und Schreiben	—	—	ausreichend
Unterrichtbarkeit	—	selten	vorhanden
Verständigung durch Gespräch	—	meist	immer
Werkzeuggebrauch erlernbar	—	meist	immer
Aktive Zuwendung möglich	—	meist	immer
Passive Zuwendung möglich (Fixierbarkeit)	kurzzeitig	ausreichend	normal
Nachwirkung von Erfahrungen	gelegentlich	ausreichend	normal
Dressierbarkeit in Leibesbedürfnissen	mangelhaft	normal	normal

Adolf Busemann[r] **(1959):** (siehe Tabelle oben)

Heinz Bach (1967): Unter Berücksichtigung der historischen Entwicklung und der sachlichen Zusammengehörigkeit unterscheidbarer Aufgaben eines umgrenzten Arbeitsfeldes ist heute unter *Heilpädagogik die Theorie und Praxis der Erziehung all jener zu verstehen, deren seelisch-geistiges Werden und deren Eingliederung durch individuale Faktoren gestört, fehlgeleitet oder dauernd beeinträchtigt sind ...*

Fördererziehung ist die Erziehung angesichts der Beeinträchtigung eines Menschen durch körperliche oder psychische Belastungen, die leichterer oder vorübergehender Art sind und sein seelisch-geistiges Werden und seine Eingliederung irritieren. ...

---

[o] Becker (geb. 1937), Dr. phil., Prof. em. für Rehabilitationspädagogik an der Universität Berlin.
[p] ter Horst (geb. 1929), Dr. phil., Prof. für Orthopädagogik an der Universität Leiden (Niederlande).
[q] Speck (geb. 1926), Dr. phil., Prof. em. für Sonderpädagogik an der Universität München.
[r] Busemann (1887–1968), Dr. phil., Dr. med. h.c., Prof. für Psychologie und Pädagogik an der Universität in Marburg.

Heilerziehung ist die Erziehung angesichts der Beeinträchtigung eines Menschen durch anhaltende Fehlerziehung, die als Erziehungsmangel oder als Erziehungsbedrängung zu umfänglichen Fehlhaltungen führt und sein seelisch-geistiges Werden und seine Eingliederung nennenswert fehlleitet.
...

Sondererziehung ist die Erziehung angesichts der Beeinträchtigung eines Menschen durch körperliche Schäden, die als weitgehend feststehend anzusehen sind und sein seelisch-geistiges Werden und seine Eingliederung wesentlich erschweren.
...

Damit ist gesagt, daß die *Geistigbehindertenpädagogik* ihren systematischen Ort im Bereiche der *Sondererziehung* hat.
...

Angesichts der erst verhältnismäßig kurzen Geschichte der Geistigbehindertenpädagogik als Wissenschaft nimmt es nicht wunder, daß bislang lediglich Ansätze zu einer Strukturierung dieser Disziplin vorliegen. Man könnte die gegenwärtige Lage der Geistigbehindertenpädagogik als ein *Stadium des Sammelns fundamentaler Erfahrungen, des Bedenkens grundsätzlicher Fragen, des Ordnens der verschiedenen Problemfelder und des ersten, stichprobenartigen empirischen Untersuchens von Einzelfragen* kennzeichnen.

Damit ist zugleich gesagt, daß sorgfältige und hinreichend breit angelegte, differenzierende Feldforschungen, die gängige Behauptungen, vorsichtige Vermutungen oder wohlbegründete Erfahrungen bestätigen oder korrigieren könnten, noch sehr rar sind ... (S. 127 f.).

Otto Speck (1974): Die Erziehungsbedürftigkeit des geistig behinderten Menschen bedarf keiner besonderen anthropologischen Begründung: er ist Mensch – was sollte er auch sonst sein – und als solcher gehört er zu den Menschen, zur Gesellschaft; also muß er erzogen werden und tritt damit in den allgemeinen Sozialisationsprozeß ein, durch den er seinen Ort und seine Rollen innerhalb des sozietären Ganzen erwirbt ... (in: Speck/ Thalhammer, S. 98).

Die Bildbarkeit geistigbehinderter Menschen ist im besonderen gekennzeichnet durch extreme Grade der

– Angewiesenheit auf psychisches Handeln und physische Erfahrung, was eine stärkere Berücksichtigung der physischen und psycho-motorischen Funktionen bedeutet ...
– der Strukturierungs- und Differenzierungsenge in kognitiver Hinsicht, d.h. nur ein Minimum an Realität ist erfahrbar, kann verinnerlicht werden ...,
– der Angewiesenheit auf Steuerung der aktivierenden Erfahrung, d.h. der äußeren Aktivierungsbedürftigkeit, da das Ausmaß der gegebenen spontanen Aktivität nur ein minimales ist, und
– der Störbarkeit der Anpassungsprozesse und Erfahrungen infolge (Hirn-)organischer pathologischer Faktoren, wie z.B. Erethismus, Autismus, Stereotypien oder Wahrnehmungsanomalien, die zu diffusen, wenig geordneten und unstabilen Erfahrungsinhalten führen (in: Speck/ Thalhammer, S. 99/100).

Manfred Thalhammer[5] **(1974):** Nachdem bislang die Psychologie des geistigbehinderten Menschen in vieler Hinsicht über Anfangsergebnisse kaum hinausgelangt ist, nachdem viele anthropologische Thesen und Deklarationen dieser Gruppe gegenüber vielfach in ideologischen und weltanschaulichen Vorentscheidungen verharren, vermag fürs erste lediglich die *pädagogische* Dimension für den geistigbehinderten Menschen formuliert zu werden, die kommunikative Prozesse voraussetzt ... (in: Speck/Thalhammer, S. 49).

a) Eindrucksfähiges Geistigbehindertsein (Impressiv-kognitives Anderssein) ... (S. 49).

... Gelingt es nur wenige Male, vielleicht nur ein einziges Mal, *daß* sich der geistigbehinderte Mensch durch eine Geste, durch eine Gebärde, durch eine Spur von Lächeln, durch einen Schatten von Trauer darstellt, ist ein *eindeutig gewordenes pädagogisches* Kriterium der Definition „geistige Behinderung" gegeben, ein Kriterium des *Ordnens* eines menschlichen Erlebens für ihn selbst ist wirklich wahr geworden (S. 51).

b) Ausdrucksfähiges Geistigbehindertsein (Expressiv-kognitives Anderssein) ...
Das ausdrucksfähige Geistigbehindertensein, das menschliches Erleben konstituiert, vermag Interaktionsprozesse des Menschen durch psycho-motorische Ausdrucksmodalitäten (output) zu differenzieren ... (S. 51).

c) Gewöhnungsfähiges Geistigbehindertsein (Habituell-kognitives Anderssein)
Das gewöhnungsfähige Geistigbehindertsein konstituiert sich grundlegend aus dem *sensumotorischen* Bereich menschlichen Erlebens... (S. 52).

d) Sozial handlungsfähiges Geistigbehindertsein (Kommunikativ-kognitives Anderssein)

Sozialhandlungsfähiges Geistigbehindertsein stellt sich in zweifacher Weise dar: Zum einen alternieren Handlungs-Schemata mit Handlungs-Plänen, d.h. neue Faktoren und Verhaltensbedingungen werden in eindimensionale Handlungsabläufe einbezogen, ... zum anderen vermag sich die Sprache von konkreten, operierenden Handlungseinheiten abzuheben, und zu Vorstellungen und Begriffen zu gelangen, die jedoch der ständigen Rückkoppelung an Konkretes bedürfen ... (S. 53).

Georg Feuser[t] **(1975):** Ausgehend von einer Revision unserer Einstellung dem Geistigbehinderten gegenüber im Sinne des Bemühens um ein dialogisches Verhältnis, würde auch das fachwissenschaftliche Denken seine humane Dimension erfahren und in seinen Ergebnissen Möglichkeiten zur Emanzipation und Mündigkeit gerade auch des Geistigbehinderten aufzeigen; das würde übertragen heißen: der Behinderte bleibt nicht länger Objekt einer Wissenschaft, sondern Subjekt im Bemühen der Wissenschaft um die Problematik Behinderter, die wesentlich die ihrer Gesellschaft ist, in der er lebt (S. 462).

Wilhelm Pfeffer[u] **(1982):** Pädagogisch ist Behinderung demnach eine aus dem Handlungsbezug zwischen Individuum und Alltagswirklichkeit resultierende Beeinträchtigung im Erwerb von Qualifikationen, die zur qualifizierten Partizipation an der komplexen, zeichenhaft verfaßten, gesellschaftlich bestimmten und in spezifische Handlungsfelder ausdifferenzierten Alltagswirklichkeit notwendig sind und

---

[s] Thalhammer (geb. 1937), Dr. phil., Prof. für Sonderpädagogik an der Universität Würzburg.
[t] Feuser (geb. 1941), Dr. phil., Prof. für Behindertenpädagogik, Integration und Therapie bei Menschen mit geistiger Behinderung und schweren Entwicklungsstörungen an der Universität in Bremen.
[u] Pfeffer (1937–1987), Dr. phil., Privatdozent für Sonderpädagogik an der Universität Würzburg.

damit einhergehend eine Beeinträchtigung der Personalisation (Selbstverwirklichung, Identitätsfindung), was zusammen spezielle Hilfen im Erwerb solcher Qualifikationen und für die Personalisation postuliert (S. 69).

Barbara Fornefeld[v] **(1989):** Was schwere geistige Behinderung existenziell für den Menschen, der von ihr betroffen ist, bedeutet, können wir, wenn überhaupt, nur in der unmittelbaren Begegnung mit ihm erfahren. In der Überwindung der multiplen Beziehungsstörungen sehe ich die Voraussetzung für die definitorische Reflexion gegeben. Die elementare Beziehung ist ... geeignet, zum Abbau von Beziehungsstörungen beizutragen und ermöglicht es dem Pädagogen durch die gemeinsame Weltgestaltung, den Schwerstbehinderten wenigstens ansatzweise in seiner Lebenswelt zu verstehen (S. 86).

Ursula Stinkes[w] **(1993):** Das geistigbehinderte Kind als Fremdes entspricht keinem Erfahrungsgehalt des Pädagogen und scheint als ‚Fremder in der Nähe' durch sein Kindsein eine Gemeinsamkeit mit dem ‚normalen Kind' aufzuweisen, stellt jedoch eine versagte Erfahrung des Pädagogen dar. Der Unterschied scheint so groß, daß das Spiel von Ähnlichkeit und Verschiedenheit eine radikale Andersheit zu installieren droht, die eine Unzulänglichkeit des geistigbehinderten Kindes heraufbeschwört (S. 115).

Peter Rödler[x] **(1993):** Der paradigmatische Anspruch des Maßstabs der Existenz der Menschen im „Reich der Sprache" gilt natürlich und vor allem auch im Bereich der Pädagogik. So findet auch die angestrebte allgemeine basale Pädagogik in den Überlegungen um die Bedeutung und die Struktur des „Reichs der Sprache" ihre Grundlage, sowohl im Hinblick auf Begründungen und Bewertungen der pädagogischen Tätigkeit als auch in der Eröffnung von Handlungsperspektiven für eine Pädagogik mit allen Menschen (S. 285).

---

[v] Fornefeld (geb. 1954), Dr. phil., Prof. für Geistigbehindertenpädagogik an der Universität Köln.
[w] Stinkes (geb. 1959), Dr. phil., Prof. für Geistigbehindertenpädagogik an der Pädagogischen Hochschule Ludwigsburg/Reutlingen.
[x] Rödler (geb. 1953), Dr. phil., Prof. für Heilpädagogik an der Universität Koblenz/Landau.

IV. Integration und Normalisierung

Nicole Gerike
Ohne Titel
1993, Aquarell, 100x70 cm

Bengt Nirje

Das Normalisierungsprinzip und seine Auswirkungen in der fürsorgerischen Betreuung (1969)

In: Geistig Behinderte – Eingliederung oder Bewahrung? Hrsg. v. Robert B. Kugel / Wolf Wolfensberger (Engl. Ausgabe 1969). Übersetzung der dt. Ausgabe von Wilfried Borch. Stuttgart 1974, S. 33–43 (in Auswahl).

Bengt Nirje wurde 1924 in Schweden geboren. Er studierte Sozialwissenschaft, Philosophie, Kunstgeschichte, Anthropologie und Literatur. Studienaufenthalte an der Yale University, USA, und der Sorbonne in Paris rundeten seine Ausbildung ab.
Sein Berufsleben begann er als Journalist. 1956 bis 1958 hat er im Rahmen des Roten Kreuzes und der UN für Flüchtlinge aus Ungarn gearbeitet. Nachdem er eine Kampagne zugunsten von Menschen, die an Kinderlähmung erkrankt waren, organisiert hatte, wurde er „Executive Director" der schwedischen Elternvereinigung für Kinder mit geistiger Behinderung. Diese Aufgabe übte er bis 1971 aus. In dieser Zeit setzte er sich in Schweden und international engagiert für die Rechte von Menschen mit geistiger Behinderung ein. Er begann das Normalisierungsprinzip auszuformulieren. 1967 erregte er anläßlich einer Vortragsreise in den USA so viel Aufsehen, daß seine Ausführungen in den Bericht des Untersuchungsausschusses des Präsidenten zur Lage von Menschen mit geistiger Behinderung in den USA aufgenommen wurden.
Von 1971 bis 1978 arbeitete er als Koordinator der Programme für Menschen mit geistiger Behinderung für die kanadische Regierung. Seinem Ziel, nicht nur für Menschen mit geistiger Behinderung zu sprechen, sondern ihnen zu helfen, ihre Angelegenheiten selbst zu regeln, kam er 1982 einen wesentlichen Schritt näher. Inclusion International (früherer Name: International League of Societies for Persons with Mental Handicap), ein Zusammenschluß nationaler Verbände wie der Lebenshilfe Deutschland, hatte den Weltkongreß in Nairobi, Kenia, unter Beteiligung von Menschen mit geistiger Behinderung organisiert. Eine Woche lang erarbeiteten Menschen mit geistiger Behinderung aus den verschiedensten Ländern die Formulierung ihrer Wünsche und Lebensziele. Während der sehr beeindruckenden Schlußveranstaltung saßen 12 junge Leute auf dem Podium und sprachen über ihr Leben. Eltern, Fachleute und Politiker hörten zu. Bengt Nirje hatte diesen Teil des Kongresses geplant und die Durchführung betreut. Dem Erfolg dieser Veranstaltung ist es zu verdanken, daß Inclusion International seit diesem Zeitpunkt keinen Kongreß mehr durchgeführt hat, an dem nicht auch Menschen mit geistiger Behinderung aktiv beteiligt gewesen wären.

Das Normalisierungsprinzip

Alles, was die Betreuung geistig Behinderter, überhaupt aller irgendwie „Unnormaler" anbetrifft, beruht für mich auf dem Prinzip der „Normalisierung". N. E. Bank-Mikkelsen hat das für Dänemark in folgende Formel gebracht: „Man soll den geistig Behinderten dazu verhelfen, ein Dasein zu führen, das so normal ist, wie es nur irgendwie ermöglicht werden kann". Und ich persönlich sehe das Normalisierungsprinzip als ein Mittel an, das dem geistig Behinderten gestattet, Errungenschaften und Bedingungen des täglichen Lebens, so wie sie der Masse der übrigen Mitmenschen zur Verfügung stehen, weitestgehend zu nutzen. Dieses Prinzip sollte Anwendung finden bei allen Behinderten, gleich ob sie leicht oder hochgradig geschädigt sind, gleich ob sie innerhalb ihrer Familie oder in Einrichtungen zusammen mit anderen Behinderten leben. Das Prinzip hat sich als segensreich für jede Gesellschaft, für alle Altersgruppen erwiesen; man kann es anpassen an soziale Veränderungen und individuelle Entwicklungen. Folgerichtig angewandt sollte es ein Leitbild darstellen für die medizinische, pädagogische, psychologische, soziale und politische Tätigkeit auf diesem Gebiet. Entscheidungen und Aktivitäten, die auf Grund dieses Prinzips zustande gekommen sind, sind erfahrungsgemäß viel häufiger richtig als falsch. Ich will nun Einzelheiten und Erläuterungen zum Normalisierungsprinzip bringen.

1. Unter Normalisierung wird zunächst einmal verstanden, daß auch der Behinderte einen normalen Tagesrhythmus erlebt. Das bedeutet: Er wird aus dem Bett genommen und angezogen, selbst wenn er schwerst geistig behindert oder auch körperlich geschädigt ist. Das bedeutet, daß er unter normalen Bedingungen seine Nahrung aufnimmt: Manchmal nehmen auch wir unsere Nahrung zusammen mit anderen zu uns; meist jedoch geschieht dies im Kreise der Familie, verbunden mit Ruhe, Harmonie und Befriedigung. Unter einem normalen Tagesablauf wird aber auch verstanden, daß man nicht früher zu Bett gehen muß als Gleichaltrige, nur weil man geistig behindert ist, also nicht früher als die jüngeren Geschwister, oder früher, weil nicht genügend Personal vorhanden ist. Anstalten müssen diese individuellen Ansprüche auf einen persönlichen Rhythmus berücksichtigen, ja es muß erlaubt sein, gelegentlich ein wenig anders zu sein als die übrigen Mitglieder einer Gruppe.

2. Das Normalisierungsprinzip bezieht sich auch auf die übrigen Verrichtungen des Tages. Die meisten Menschen leben an einem bestimmten Ort, sie gehen an einem anderen zur Arbeit oder auch zur Schule, und ihre Freizeit wiederum verbringen sie an noch anderen Plätzen. Daraus ergibt sich, daß es falsch ist, wenn ein Behinderter z.B. seinen Unterricht, seine Spezialbehandlung und seine Freizeit im gleichen Gebäude erhält, in dem er auch „zu Hause" ist. Selbst wenn die Arbeitstherapie in einem speziellen Gebäude stattfindet, reicht es nicht aus, wenn sie nur aus wenigen Stunden an einigen Tagen der Woche besteht und noch dazu nur geringe Anforderungen stellt. Eine Aktivierung geistig Behinderter bedeutet – und das ist ungeheuer wichtig – ihnen beizubringen, daß auch die tagtägliche Arbeit etwas fordert und ihre Bedeutung hat

und infolgedessen einen Teil des Tages in Anspruch nimmt. Beschäftigung nach der Arbeit, Freizeittätigkeiten, gleich ob sie reine Erholung und Vergnügen sind oder der Anregung dienen, haben viel größere persönliche und pädagogische Bedeutung, als man denkt. Manchmal können sie innerhalb der Institute und in besonderen Räumen durchgeführt werden; man sollte aber immer bestrebt sein, auch die Einrichtungen der übrigen Gesellschaft in Anspruch zu nehmen, um den realen Bezug zur Umwelt selbstverständlich werden zu lassen. Hat man die Behinderten weiter gefördert und eingliederungsfähig gemacht, dann werden sie wie andere Mitglieder der Gesellschaft auch imstande sein, sich plötzlich entstehenden Situationen anzupassen, ohne daß es zu panikartigen Reaktionen kommt …

3. Normalisierung bedeutet auch, daß man den normalen Jahresrhythmus erleben kann, mit Ferien und persönlichen Feiertagen in der Familie. Die meisten Leute unterbrechen im Laufe des Jahres einmal ihre Tätigkeit und gehen in Urlaub. In Skandinavien verreisen auch schwer und schwerst Behinderte, nicht nur innerhalb von Skandinavien, sondern auch ins Ausland, und gerade das hat sich als besonders wertvoll und bedeutsam erwiesen.

4. Normalisierung heißt auch, die Möglichkeiten sicherzustellen, daß sich der gesamte Lebensablauf so normal wie möglich vollziehen kann:
   a) Kinder bedürfen einer warmen Atmosphäre, die reich ist an Sinneseindrücken in einer entsprechenden Umwelt, sie bedürfen der ihnen angepaßten kindlichen Umgebung. Gerade die behinderten Kinder benötigen genügend Reize, die ihnen Kenntnisse und Fähigkeiten vermitteln. Besonders bedeutsam ist das, wenn ein behindertes Kind nicht im Kreise seiner Familie aufwachsen kann. In einer normalen Gesellschaft leben Kleinkinder in einer für sie besonders gestalteten Welt, sie werden von nur einigen wenigen, aber für sie bedeutsamen Erwachsenen angeleitet und geführt. In Kinderheimen sollte der Personaldurchgang so klein wie möglich gehalten werden, um so den Kindern die Möglichkeit zu geben, die für sie notwendige Grundsicherheit und Identifizierungsfähigkeit gegenüber ihren Ersatz-Eltern zu gewinnen. Diese allerwichtigsten Anforderungen sind unmöglich in großen heterogenen Einrichtungen zu garantieren, wo die Kinder den verschiedensten Gewohnheiten des Personals und erwachsener geistig Behinderter ausgesetzt sind. Es ist daher völlig falsch, geistig behinderte Kinder in den gleichen Einrichtungen wie erwachsene geistig Behinderte leben zu lassen.
   b) Auch Schulkinder leben in einer von der Gesellschaft für sie besonders gestalteten Umwelt. Die Kindheit stellt eine Entwicklungsperiode von höchster Bedeutung für das Erlernen eigener Fähigkeiten und Kräfte, für das Erlangen einer Kenntnis seiner selbst und für den Aufbau von Selbstvertrauen dar, sie kann die Plattform für die Möglichkeit eines gesunden Lebens nach der Schulzeit werden. Gerade in dieser Zeit sind aber auch Erfahrungen außerhalb der Schule für die Persönlichkeitsentwicklung und -gestaltung von äußerster Bedeutung. Man

sollte daher ältere Schulkinder und Heranwachsende, die sich noch in der Ausbildung befinden, grundsätzlich nicht in der beengenden Umgebung einer Anstalt aufwachsen lassen, weil sich der Prozeß der Eingliederung in die Gesellschaft und die dafür notwendigen Eindrücke soweit wie irgend möglich durch Kontakte mit Normalen und nicht mit Behinderten vollziehen sollen.

c) Das Erwachsen-Werden dauert bei Behinderten oft länger und ist meist viel schmerzvoller als für Gesunde; außerdem ist es auch viel ungewisser. Das Bild, das diese Menschen von sich selbst aufbauen, wird entstellt und durcheinandergebracht. Meist erkennt man sie als Erwachsene nicht an, man behandelt sie weiter als Kinder und erwartet ein kindliches Verhalten. In dieser Hinsicht ist es von großer Bedeutung, wie man ihnen begegnet, seien es die Eltern, Verwandte oder aber das Personal einer Anstalt. Man muß auch geistig Behinderten genau wie Normalen klarmachen, daß sie eines Tages keine Kinder mehr sind. Das tut man am besten, indem man die Art der Unterbringung und die Lebensumstände zu diesem Zeitpunkt ändert. Genau so wie Kinder normalerweise bei ihren Eltern leben, so werden sie eines Tages ihr Elternhaus verlassen, um jetzt ein weitgehend unabhängiges Leben führen zu können. Auch aus dieser Sicht heraus ist es falsch, erwachsene geistig Behinderte in der gleichen Umgebung wie Kinder zu belassen. Dies nämlich bringt ihnen fortwährend zum Bewußtsein, sie seien irgendwie anders als normale Erwachsene, und läßt auch den Gedanken aufkommen, sie befänden sich wie Kinder weiterhin in einem Abhängigkeitsverhältnis. Ausbildungsprogramme für jüngere Erwachsene müssen sicherstellen, daß diese so fähig und unabhängig wie möglich werden bei der Erledigung täglicher Kleinarbeit und ihrer eigenen Versorgung. Man sollte stets versuchen, sie soweit zu fördern, daß sie sich dem regulären Leben so gut wie irgend möglich anpassen können.

d) Auch im Alter, wenn eine Arbeit nicht mehr möglich oder nicht mehr zumutbar ist, haben Normale noch Verbindung zu ihren Familien und der Umgebung, in der sie ihr Leben verbrachten. Für die alt gewordenen geistig Behinderten sollte man daher auch entsprechende Heime einrichten, die sich nicht weit von ihren früheren Wohn- und Arbeitsorten befinden, es sei denn, sie können dort auch weiterhin verbleiben.

5. Das Normalisierungsprinzip bedeutet auch, daß Willensäußerungen, Wünsche und Bitten der geistig Behinderten so weit wie irgend möglich in Betracht gezogen und respektiert werden sollen. Im Mai 1968 wurde in Schweden eine Tagung von jüngeren erwachsenen geistig Behinderten (Intelligenz-Quotient 35–70) aus acht Städten durchgeführt. Bei dieser Konferenz diskutierten die 18–30jährigen Männer und Frauen Arbeits-, Freizeit- und Urlaubsprobleme. Sie wünschten ein größeres Eingehen auf ihre Freizeitgestaltung, auf Clubleben und Eingliederung in die Gewerkschaften. Sie beanstandeten, daß sie in Arbeitsräumen zusammen mit

Kindern von 15 oder 16 Jahren beschäftigt würden; außerdem hatten sie Bedenken gegen zu große und zu heterogene Gruppen. Bei der Diskussion um Ausbildungsfahrten und Gruppen-Urlaubsreisen unterstrichen sie ihren Wunsch, in kleinen homogenen Gruppen zu reisen. Das Zusammenleben in größeren Gruppen fanden sie unzumutbar; es ist dies etwas, was man schon immer gehört und gewußt hatte. Sie hatten allem Anschein nach das gleiche Gefühl wie andere Teilnehmer am Massentourismus, das Gefühl, Teil einer Herde zu sein.

6. Normalisierung heißt aber auch in einer bisexuellen Welt leben zu dürfen. Deswegen sollten Einrichtungen stets für beide Geschlechter geschaffen werden. Bezüglich der Integrierung behinderter Jungen und Mädchen oder Männer und Frauen kam das Stockholmer Symposium über „Gesetzgeberische Aspekte der geistigen Behinderung" der Internationalen Liga der Gesellschaft für geistig Behinderte zu folgendem Beschluß:
„Unter voller Berücksichtigung der Notwendigkeit, bestimmte Sicherheiten für die Beziehungen zwischen geistig behinderten Männern und Frauen zu gewährleisten, sind sich die Mitglieder des Symposiums darüber klar, daß die damit verbundenen Gefahren in der Vergangenheit ganz crhcblich übertrieben worden sind. Das hat dann häufig zu der unglückseligen Trennung der Geschlechter und zu ganz unnatürlichem Verhalten geführt und erheblich gegen ihre Interessen und ihre ihnen eigene Entwicklung verstoßen."
„Dementsprechend befürwortet das Symposium auch mit Nachdruck das Zusammenkommen der Geschlechter, das frei ist, aber auch die normalen Beschränkungen in Betracht zieht. Das Miteinander der Geschlechter soll nicht nur in Tagesstätten und Werkstätten, sondern auch bei Freizeitgestaltungen gegeben sein."
„Die Erfahrungen in einigen Ländern zeigen die Vorteile gemeinsamer Unterbringung von Männern und Frauen in Heimen und anderen anstaltsähnlichen Institutionen, die weitgehend ein Leben ermöglichen, wie es auch sonst üblich ist."
Entsprechend dem Normalverhalten der gewöhnlichen Gesellschaft führt das Miteinander der Geschlechter zu besserem Benehmen und zu einer besseren Atmosphäre, da es andere und neue Motivationen gibt. Leichtgradig geistig Behinderte leiden oft unter einer sinnlosen Einsamkeit. Es kann besser sein, sie heiraten zu lassen.

7. Eine Vorbedingung dafür, Behinderte ein weitgehend normales Leben führen zu lassen, besteht darin, ihnen einen normalen wirtschaftlichen Standard zu schaffen. Das kann geschehen, wenn man ihnen gewisse finanzielle Grundbeträge, wie man sie auch für andere bereit hält, im Rahmen der Sozialgesetzgebung zukommen läßt, zugleich aber dafür sorgt, daß ihnen auch andere wirtschaftliche Sicherungsmaßnahmen zugute kommen. Dazu gehören Kindergelder, persönliche Pensionen, Altersversorgung und garantiertes Mindesteinkommen. Von diesen Erträgnissen muß das meiste für Lebensunterhalt und Wohnung ausgegeben werden. Es sollte aber auf jeden Fall ein gewisser Betrag als Taschengeld für individuelle Privatausgaben regelmäßig gewährleistet bleiben, um eine wirklichkeitsgetreue soziale Eingliederung, aber auch die

Realisierung besonderer Wünsche zu ermöglichen. Konkurrenzfähige Arbeit, aber auch solche in beschützenden Werkstätten und in Institutionen, sollte entsprechend ihrem relativen Wert bezahlt werden.

8. Ein wichtiger Bestandteil des Normalisierungsprinzips ist der Standard aller Einrichtungen, z.B. der Krankenhäuser, der Schulen, der Heime für Gruppen und Wohnheime. Für sie sollte man die gleichen Maßstäbe anlegen, wie man sie für gewöhnliche Mitbürger für angemessen hält. Dazu gehört vor allem, daß einige Besonderheiten berücksichtigt werden:
   a) Die Größe der Einrichtungen sollte übereinstimmen mit der, die man bei gesunden Kindern und Erwachsenen für geeignet hält. Insbesondere sollte man stets vermeiden, die Zahl der Behinderten so groß werden zu lassen, daß sie nicht mehr richtig in die sie umgebende Nachbarschaft aufgenommen werden können.
   b) Dazu gehört außerdem, daß man diese Einrichtungen richtig plant: nie sollte man sie in abgelegenen Gegenden errichten, nur weil sie für geistig Behinderte gedacht sind.

Bei normalen Wohnmöglichkeiten und normaler Größe der Einrichtungen für geistig Behinderte kommt es zu deutlich besseren Ergebnissen bei der Eingliederung.

All das, was oben berichtet wurde, macht den Eingliederungsprozeß des einzelnen Behinderten leichter möglich: Die Normalisierung hilft manchem dazu, völlige Unabhängigkeit und soziale Integration zu erreichen; einer großen Zahl anderer verhilft sie zur Entwicklung einer relativen Unabhängigkeit, auch wenn sie noch in verschiedenen Bereichen Unterstützung benötigen. Aber selbst die relativ wenigen Schwer- und Schwerstbehinderten, die zusätzlich belastet sind durch medizinische, psychologische oder soziale Beeinträchtigungen, können bei geeigneter Pflege unter Lebensbedingungen in Fürsorgestätten betreut werden, die dem entsprechen, was man auch sonst für Schwergeschädigte tut.

...

Anhang: Das Normalisierungsprinzip im schwedischen Gesetz

Das Normalisierungsprinzip entstand aus skandinavischen Erfahrungen auf diesem Gebiet, sowohl aus Fehlern und Irrtümern der Vergangenheit als auch aus den Plänen bei der Entwicklung neuer und besserer Programme.

In dem neuen Gesetz über geistig Behinderte in Schweden, das am 1. Juli 1968 in Kraft trat, kommt das Normalisierungsprinzip voll zur Geltung. Dieses „Gesetz über Maßnahmen und Einrichtungen für geistig Behinderte" datiert vom 15. Sept. 1967 und ist in der schwedischen Gesetzessammlung Nr. 940 am 31. Januar 1968 veröffentlicht worden. Man kann dieses Gesetz auch als „A Bill of Rights for the Mentally Retarded", als eine Deklaration der Rechte der geistig Behinderten ansehen. Es gründet sich auf das, was man als ihre Rechte betrachtet. Es sieht einen größeren Umfang von Einrichtungen vor und betont, daß diese Einrichtungen jeder geistig behinderten Person nach ihren speziellen Erfordernissen zustehen.

...

Sektion 5
Alle geistig Behinderten im Vorschulalter haben ein Anrecht auf spezielle Förderungsmaßnahmen in Kindergärten. Mit sieben Jahren beginnt die Schulpflicht. Sie umfaßt auch Schulen für Lernbehinderte (educables), d.h. für leicht- oder mittelgradig behinderte Kinder mit einem Intelligenz-Quotient (IQ) zwischen 45 und 70, und für geistig Behinderte (trainables), also stärker Beeinträchtigte mit einem IQ zwischen 25 und 50. Unterricht wird zehn Jahre hindurch erteilt, danach folgt ein Berufsschulunterricht bis zum 21. Lebensjahr, der gleichermaßen Pflicht ist. Dieser kann auch bis zum 23. Lebensjahr verlängert werden, sofern bestimmte Voraussetzungen vorliegen.

Dazu wieder einige Auszüge aus dem Gesetz:

Sektion 24
„Sonderschulunterricht ist Pflicht für geistig Behinderte, die daraus Nutzen ziehen können, die aber nicht fähig sind, einem Unterricht nach dem Schema für Normalschulen zu folgen."

Sektion 3
„Schulunterricht für geistig Behinderte ist in Spezialschulen zu erteilen, wo gleichzeitig auch persönliche Fürsorge und medizinische Behandlung – sofern solche erforderlich ist – möglich sind. Das Sonderschulwesen umfaßt die Vorschule, besondere Schulen für Lernbehinderte und für geistig Behinderte und die Berufsschule."

„Sonderklassen oder -schulen sollen für jene geistig Behinderten vorgesehen werden, die einem solchen Spezialunterricht folgen können, für die aber besondere erzieherische Maßnahmen zweckmäßig sind. Geistig Behinderte, die am regulären Unterricht wegen motorischer Schwierigkeiten, Sinnesdefekten, langwieriger Krankheiten oder ähnlicher Umstände nicht teilnehmen können, haben Anspruch auf Unterrichtsformen, die ihren zusätzlichen Behinderungen gerecht werden können."

Es muß an dieser Stelle darauf hingewiesen werden, daß die Schulpflicht auch für die in Anstalten und Spezialkrankenhäusern untergebrachten Kinder gilt.

...

Neue Vorkehrungen hat man jetzt für solche geistig behinderten Kinder getroffen, die am Unterricht nicht teilnehmen können, die aber doch zu praktischem Unterricht und sozialer Eingliederung fähig sind.

Das Recht auf Schulbesuch – wie die Schulpflicht – wird dadurch auch ausgedehnt auf jene Kinder, die bis jetzt „praktische" Klassen oder Tageszentren besuchten oder aber die bisher an keinerlei Unterricht oder Förderung teilgenommen haben. Eine Folge dieser Regelung ist, daß jetzt auch für die geistig behinderten Kinder, die in einer Anstalt leben, Unterrichtsmöglichkeiten geschaffen werden müssen.

...

Im Herbst 1968 fallen unter die neue Schulpflicht erstmals eine größere Zahl behinderter Kinder und Heranwachsender in den Altersstufen von 7–20, die bisher an keinerlei Unterricht teilgenommen haben. Für die Kreisbehörden ist das eine erhebliche Aufgabe. Zunächst einmal muß man sicherlich einer ganzen Reihe von Provisorien die behördliche Genehmigung geben; aber daran, daß es jetzt diese Schulpflicht gibt, ist nach dem 1. Juli 1968 nicht mehr zu rütteln. Zur Durchführung des Gesetzes wird in Sektion 2 ausgeführt: „Die Kreisbehörden sollen dafür sorgen, daß für diejenigen geistig Behinderten des Kreises, für die noch nichts geschieht, etwas geschaffen wird."

Deutscher Bildungsrat
Empfehlungen der Bildungskommission (1973)

Zur pädagogischen Förderung behinderter und von Behinderung bedrohter Kinder und Jugendlicher (1973). Stuttgart 1974, S. 15–16 und 76–79.

Der Deutsche Bildungsrat (1965–1975) mit Sitz in Bonn-Bad Godesberg war eine gemeinsame Einrichtung der Bundesrepublik Deutschland und der Länder und hatte im Gegensatz zu den verbindlichen „Empfehlungen zur Ordnung des Sonderschulwesens" der Ständigen Konferenz der Kultusminister (1972) eine ausschließlich beratende Funktion. Die Kommission Sonderpädagogik unter dem Vorsitz von Jakob Muth (1927–1992), Professor für Schulpädagogik in Bochum, erarbeitete Empfehlungen für den heilpädagogischen Erziehungsbereich, der bis dahin von der Bildungskommission in den Beratungen zum allgemeinen Schulwesen ausgeklammert worden war (1969–1973). Die Bildungskommission verabschiedete die Empfehlungen in ihrer 34. Sitzung am 12./13. Oktober 1973. Sie sehen eine enge Zusammenarbeit zwischen allgemeinen Schulen und Sonderschulen vor. Das von der Kommission Sonderpädagogik vorgeschlagene Kooperative Schulzentrum ist nirgend verwirklicht worden. Trotzdem bestimmten die Empfehlungen die Diskussion zur Frage der Integration von behinderten Kindern in allgemeinen Schulen in den folgenden Jahren und führten zu erheblichen Veränderungen im Schulwesen. Die Empfehlungen beginnen mit der hier abgedruckten Einleitung, aus der die Richtung zum Ausdruck kommt, die insbesondere Jakob Muth in den Beratungen vertrat. Die Seiten 76–79 sind eine Zusammenfassung des zentralen Gedankens der Empfehlungen: ein abgestuftes System der Hilfe in einem „Kooperativen Schulzentrum", das dem Gedanken der Normalisation entspricht. Auf die wichtigen Ausführungen zur Frühförderung wird nur hingewiesen, da sie aus Raumgründen nicht berücksichtigt werden konnten.

Einführung

Alternative Konzeption zur Förderung Behinderter

Im „Strukturplan für das Bildungswesen", den die Bildungskommission des Deutschen Bildungsrates 1970 als Empfehlung für die Reform des Schulwesens in der Bundesrepublik vorgelegt hat, ist bewußt der Bereich des Sonderschulwesens ausgeklammert worden. Das geschah aus der Einsicht, daß diesem Bereich, wie es im Vorwort des Strukturplans heißt, „eine erhöhte Bedeutung zukommt", der man kurzfristig nicht gerecht werden konnte und der auch mit einem Plan, in dem es primär um Strukturen gehen sollte, nicht adäquat zu entsprechen war. Deshalb blieb es der zweiten Bildungskommission, die nach der Veröffentlichung des Strukturplans ihre Arbeit aufgenommen hat, vorbehalten, eine Empfehlung zum Sonderschulwesen und überhaupt zur Förderung Behinderter zu einer ihrer zentralen Aufgaben zu machen.

Für diese neue Empfehlung mußte die Bildungskommission davon ausgehen, daß behinderte Kinder und Jugendliche bisher in eigens für sie eingerichteten Schulen unterrichtet wurden, weil die Auffassung vorherrsche, daß ihnen mit besonderen Maßnahmen in abgeschirmten Einrichtungen am besten geholfen werden könne. Die Bildungskommission folgt dieser Auffassung nicht. Sie legt in der vorliegenden Empfehlung eine neue Konzeption zur pädagogischen Förderung behinderter und von Behinderung bedrohter Kinder und Jugendlicher vor, die eine weitmögliche gemeinsame Unterrichtung von Behinderten und Nichtbehinderten vorsieht und selbst für behinderte Kinder, für die eine gemeinsame Unterrichtung mit Nichtbehinderten nicht sinnvoll erscheint, soziale Kontakte mit Nichtbehinderten ermöglicht. Damit stellt sie der bisher vorherrschenden schulischen Isolation Behinderter ihre schulische Integration entgegen.

Die Begründung der neuen Konzeption ist für die Bildungskommission vor allem darin gegeben, daß die Integration Behinderter in die Gesellschaft eine der vordringlichen Aufgaben jedes demokratischen Staates ist. Diese Aufgabe, die sich für Behinderte und Nichtbehinderte in gleicher Weise stellt, kann nach der Auffassung der Bildungskommission einer Lösung besonders dann nahegebracht werden, wenn die Selektions- und Isolationstendenz im Schulwesen überwunden und die Gemeinsamkeit im Lehren und Lernen für Behinderte und Nichtbehinderte in den Vordergrund gebracht werden; denn eine schulische Aussonderung der Behinderten bringt die Gefahr ihrer Desintegration im Erwachsenenleben mit sich.

Eine reelle Chance für die Verwirklichung der neuen Konzeption sieht die Bildungskommission unter anderem darin, daß sich das bestehende allgemeine Schulwesen in einer umfassenden Reform befindet und daß das bestehende Sonderschulwesen eines erheblichen weiteren Ausbaus bedarf, der nicht in traditionellen Formen vorgenommen werden muß, sondern im Sinne der integrativen Konzeption eingeleitet werden kann.

…

Allgemeine Fördermaßnahmen im Überblick

Die Bildungskommission schlägt die Einrichtung von zwei Formen äußerer Differenzierung des Unterrichts vor, durch die vorhandene Lerndefizite ausgeglichen und entstehendem Schulversagen vorgebeugt werden soll:

– *Förderstunden,* in denen Lerngruppen zeitlich begrenzt isoliert im Primarbereich unterrichtet werden …
– *Förderkurse* an Grund- und Hauptschulen und den entsprechenden Stufen von Gesamtschulen für Schüler mit Lernausfällen, Lernrückständen und Lernschwächen …

Über diese Differenzierungsformen hinaus kann behinderten und von Behinderung bedrohten Kindern, die an allgemeinen Schulen unterrichtet werden, eine besondere Förderung und Therapie zuteil werden, zum Beispiel ambulante Hilfe für Stammler oder Verhaltenstherapie durch Mitarbeiter der Pädagogisch-therapeutischen Station … oder durch Sonderpädagogen, die ohnehin an der betreffenden Schule tätig sind.

Sonderpädagogische Organisationsformen im Überblick

Die Organisationsformen zur Förderung behinderter Kinder sind als ein flexibles System zu verstehen, in dem Übergänge

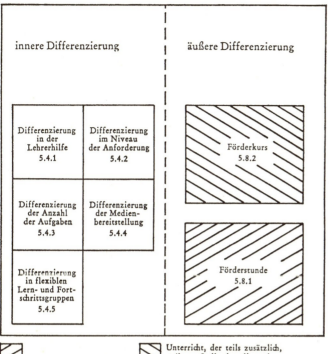

Differenzierungsformen für alle Schulen

von der einen in die andere Form die Regel sein sollen. Zwei Gruppen von Organisationsformen sind dabei zu unterscheiden:
– Organisationsformen für die Förderung behinderter Kinder *in Schulen für Behinderte*, die in *Kooperativen Schulzentren* in einen Verbund mit allgemeinen Schulen treten ...
– Organisationsformen für die Förderung behinderter Kinder außerhalb allgemeiner Schulen ...

Organisationsformen für die Förderung behinderter Kinder im Verbund mit allgemeinen Schulen
Die folgenden Organisationsformen beschreiben Möglichkeiten der Zuweisung einzelner behinderter Kinder zu einer ihnen gemäßen Förderung.
– *Behinderungsspezifische Hilfe* für Schüler, die in den allgemeinen Unterricht integriert bleiben, aber eine zusätzliche, auf ihre Behinderung bezogene Förderung und Therapie erfahren ... Behinderungsspezifische Hilfe kann auch ambulant an allgemeinen Schulen geleistet werden, die einzelne behinderte Kinder aufnehmen, ohne mit einer Schule für Behinderte einen Schulverbund zu bilden;
– *Unterricht in der Schule für Behinderte mit Teilintegration* behinderter Kinder in den Unterricht der allgemeinen Schule ...
– *Unterricht in der Schule für Behinderte ohne Teilintegration* in den Unterricht der allgemeinen Schule ...

Organisationsformen für die Förderung behinderter Kinder außerhalb allgemeiner Schulen
Die hier aufgeführten Organisationsformen bestehen zwar für sich, sollten ihre Aufga-

ben aber in engem Kontakt mit kooperativen Schulzentren durchführen.
- *Pädagogisch-therapeutische Stationen* für Kinder mit so erheblichen Verhaltensstörungen, daß sie zusätzlich zum Unterricht oder anstelle des regulären Unterrichts einer Intensivtherapie oder einer klinischen oder psychiatrischen Behandlung über einen längeren Zeitraum bedürfen ...
- Haus- und Krankenhausunterricht für Kinder, die für längere Zeit in Kliniken sein müssen oder die einer längeren Rekonvaleszenz in den Elternhäusern bedürfen oder die wegen extremer Pflegebedürftigkeit in den Elternhäusern bleiben müssen ...
- Förderung in Heimschulen für Behinderte für Kinder, deren Kommunikationsfähigkeit so stark eingeschränkt ist, daß eine Angliederung an ein Kooperatives Schulzentrum für sie belastend wäre ...

Über die Zuweisung in das gestufte System der Förderung befindet der Schulpflegeausschuß, dessen Zusammensetzung, je nach der Lage des Problems, unterschiedlich sein kann ...

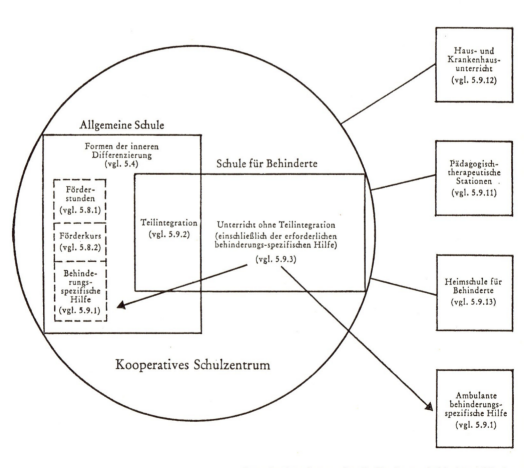

Organisationsformen für die Förderung behinderter Kinder

Vereinigte Staaten von Amerika

The Education for All Handicapped Children Act (Public Law 94–142) (1975)

Übersetzt von Martina Jülich

Bei dem 1975 in den USA verabschiedeten Bundesgesetz „The Education for All Handicapped Children Act" (auch „Public Law 94–142") handelt es sich um eine Ergänzung bereits vorausgegangener Bundesgesetze, welche zusammen als „Education of the Handicapped Act" bezeichnet wurden[a]. Die folgenden Auszüge sind daher nicht dem Einzelgesetz entnommen, sondern seiner kodifizierten Form[b].

Die Inhalte des „Education for All Handicapped Children Act" sind seit 1978 rechtskräftig und gelten in der Regel für Kinder und Jugendliche mit Behinderungen bzw. Lernproblemen im Alter von sechs bis achtzehn Jahren. Trotz zahlreicher, inzwischen abermals erfolgter Gesetzesänderungen sind der Grundtenor und die Kerninhalte des Gesetzes in den letzten zwanzig Jahren relativ unverändert geblieben.

Auch wenn der „Education for All Handicapped Children Act" in Deutschland hauptsächlich als „Integrations-Gesetz" bekannt geworden ist, ist die Forderung nach Integration nicht der alleinige Dreh- und Angelpunkt des Gesetzes. Es handelt sich vielmehr um einen sehr umfassenden Gesetzestext, in dem versucht wurde, alle drängenden Problemfelder der amerikanischen Sonderschulpädagogik der sechziger und siebziger Jahre anzusprechen. Die Hauptzielsetzung des Gesetzes besteht darin, allen Kindern und Jugendlichen, unabhängig vom Schweregrad ihrer Beeinträchtigung, eine ihren besonderen Förderbedürfnissen individuell angepaßte Erziehung in einer möglichst integrativen Schulform zu gewährleisten. Abgesehen von der Verankerung des uneingeschränkten Rechts auf Schulbesuch enthalten der Gesetzestext und die dazugehörigen Rechtsverordnungen daher eine Vielzahl detaillierter Einzelregelungen. Diese betreffen Fragen der Diagnostik und des Überweisungsprozesses, der Mitbestimmungsmöglichkeiten der Eltern und der Individualisierung der Förderung.

---

[a] Durch eine der zahlreichen seit 1975 erfolgten Gesetzesänderungen ist die Gesetzessammlung inzwischen allerdings in „Individuals with Disabilities Education Act" umbenannt worden.

[b] *20 United States Code Annotated* (gebundene Version von 1989): § 1401 – § 1485: Education of the Handicapped Act.

[c] Verweis auf die 14. Ergänzungsklausel der amerikanischen Verfassung.

Unterkapitel I – Allgemeine Bestimmungen (§ 1400-1408; Auszüge)

§ 1400 Feststellungen und Erklärungen des Kongresses (Auszüge)
(b) Erklärung

Der Kongreß stellt fest, daß
(1) es derzeit in den Vereinigten Staaten mehr als acht Millionen behinderte Kinder gibt;
(2) den sonderpädagogischen Förderbedürfnissen dieser Kinder nicht eingehend genug entsprochen wird;
(3) mehr als die Hälfte der behinderten Kinder in den Vereinigten Staaten keine angemessenen schulischen Angebote erhalten, welche ihnen die Möglichkeit geben würden, vollständige Chancengleichheit zu erfahren;
(4) eine Million der behinderten Kinder in den Vereinigten Staaten aus dem Schulwesen vollkommen ausgeschlossen werden und den schulischen Bildungsweg nicht gemeinsam mit ihren Altersgenossen beschreiten können;
(5) es viele Kinder mit Behinderungen in den Vereinigten Staaten gibt, die zwar an regulären schulischen Angeboten teilhaben, deren Behinderung dem schulischen Erfolg jedoch im Wege steht, weil diese Behinderung nicht erkannt wird;
(6) aufgrund des unzureichenden Angebotes angemessener Hilfen innerhalb des öffentlichen Schulsystems viele Familien dazu gezwungen werden, diese Dienste außerhalb des öffentlichen Schulwesens zu suchen, häufig in weiter Entfernung ihres Wohnortes und auf eigene Kosten;
(7) Entwicklungen in der Lehrerbildung und in der Ausarbeitung von diagnostischen Verfahren und Unterrichtsmethoden inzwischen so weit fortgeschritten sind, daß, sofern ausreichende Finanzierung gewährleistet ist, die staatlichen und lokalen Behörden, um den Bedürfnissen der behinderten Kinder gerecht zu werden, eine effektive sonderpädagogische Förderung und notwendige Zusatzdienstleistungen für die Erfüllung zur Verfügung stellen können und werden;
(8) die staatlichen und lokalen Schulbehörden die Pflicht haben, allen behinderten Kindern Bildungsmöglichkeiten zur Verfügung zu stellen, aber die derzeitigen finanziellen Mittel nicht ausreichen, um den sonderpädagogischen Förderbedürfnissen der behinderten Kinder gerecht zu werden; und
(9) es im nationalen Interesse ist, daß die Bundesregierung die staatlichen und lokalen Bemühungen, den Bildungsbedürfnissen von behinderten Kindern gerecht zu werden, unterstützt und somit die Erfüllung der verfassungsmäßigen Forderung nach „gleichem Schutz durch das Gesetz"[c] sichert.

(c) Zielsetzung

Ziel dieses Gesetzes ist es sicherzustellen, daß allen Kindern mit Behinderungen eine kostenfreie, angemessene öffentliche Erziehung zur Verfügung gestellt wird, welche ihren Schwerpunkt auf eine, den einzigartigen Bedürfnissen der behinderten Kinder angepaßte, sonderpädagogische Förderung und die dazugehörigen Maßnahmen legt; sicherzustellen, daß die Rechte von Kindern mit Behinderungen und deren Eltern geschützt werden; die Staaten und lokalen Behörden in ihrer Aufgabe, Kinder mit Behinderungen eine Erziehung zukommen zu lassen, zu unterstützen; und ferner die Wirksamkeit der Bemühungen, Kinder mit Behinderungen zu erziehen, zu überprüfen und sicherzustellen.

§ 1401 Definitionen (Auszüge)

(a) Was dieses Gesetz betrifft

(1) gelten als „behinderte Kinder" „mentally retarded, hard of hearing, deaf, speech or language impaired, visually handicapped, seriously emotionally disturbed, orthopedically impaired, or other health impaired children, or children with specific learning disabilities"[d], welche aufgrund dieser Beeinträchtigung sonderpädagogischer Förderung („special education") und zusätzlicher Unterstützungsmaßnahmen („related services") bedürfen.

(15) versteht man unter Kindern mit „specific learning disabilities" jene Kinder, die eine Störung in einem oder mehreren der für das Sprachverständnis und den Sprachgebrauch, ob mündlich oder schriftlich, grundlegenden psychologischen Prozesse haben. Eine derartige Störung kann sich beispielsweise in einer mangelhaften Fähigkeit zuzuhören, zu denken, zu sprechen, zu lesen, zu schreiben, zu buchstabieren oder zu rechnen äußern. Mit unter diese Kategorie fallen auch Störungen der Wahrnehmungsfähigkeit, neurologische Schäden, minimale cerebrale Dysfunktion, Dyslexie und Entwicklungsaphasie. Nicht zu dieser Kategorie gehören solche Kinder, deren Lernschwierigkeiten sich hauptsächlich aufgrund einer Beeinträchtigung des Sehvermögens oder des Gehörs, motorischer Einschränkungen, einer „mental retardation" oder einer „emotional disturbance" bzw. aufgrund umweltbedingter, kultureller oder ökonomischer Benachteiligung ergeben.

(16) wird „special education" verstanden als speziell geplanter Unterricht, der keine Kosten für Eltern oder Vormund verursachen darf, und dessen Ziel es ist, den einzigartigen Bedürfnissen eines Kindes mit einer Behinderung gerecht zu werden. Dieser Unterricht schließt den Unterricht im Klassenzimmer, den Sportunterricht, den Unterricht zu Hause sowie in Krankenhäusern und Institutionen ein.

(17) gelten als „related services" der Transport zur Schule und solche entwicklungsfördernden, korrigierenden und andere unterstützenden Maßnahmen (einschließlich logopädischer und audiologischer Diagnose- und Therapiemaßnahmen, psychologischer Dienste, Krankengymnastik und Beschäftigungstherapie, pädagogischer Angebote zur Freizeitgestaltung sowie psychologische Beratungsangebote und medizinische Dienste, wobei diese medizinischen Dienste allerdings auf diagnostische Zwecke beschränkt sein sollen), die notwendig sein mögen, um das Kind dabei zu unterstützen, von der sonderpädagogischen Förderung zu profitieren.

(18) beinhaltet „free appropriate public education" (kostenfreie angemessene öffentliche Erziehung) sonderpädagogische sowie damit verbundene Unterstützungsmaßnahmen, welche
(A) aus öffentlichen Mitteln, unter öffentlicher Aufsicht und Leitung sowie gebührenfrei zur Verfügung gestellt werden,
(B) den Richtlinien der staatlichen Schulbehörde entsprechen,

---

[d] Die Behinderungskategorien in diesem Zitat werden aus Gründen der im Vergleich zu Deutschland anderen Begriffsbildung in den USA nicht übersetzt.

(C) eine angemessene Vorschul-, Primar- und Sekundarerziehung innerhalb des betreffenden Staates beinhalten, und
(D) im Einklang mit dem ... „individualized education program" zur Verfügung gestellt werden.

(19) ist unter einem „individualized education program" (individualisierter Erziehungsplan) eine schriftliche Darlegung für jedes einzelne behinderte Kind zu verstehen. Diese wird in einer Sitzung von einem Vertreter der lokalen Schulbehörde ..., der Lehrkraft, den Erziehungsberechtigten oder dem Vormund und, sofern dies angebracht ist, dem betroffenen Kind, ausgearbeitet. Notwendige Inhalte dieses Schriftstücks sind
(A) die Darstellung des gegenwärtigen Leistungs- und Entwicklungsstandes des betroffenen Kindes,
(B) die Angabe von Richtzielen für das kommende Schuljahr, aufgeschlüsselt in kurzfristige Lernziele,
(C) die Darstellung der spezifischen Art der Förderung und Stützmaßnahmen, die das Kind erhalten soll, und die Angabe darüber, in welchem Ausmaß das Kind am Unterricht der Regelklasse wird teilnehmen können,
(D) das geplante Datum des Beginns und die voraussichtliche Dauer dieser Maßnahmen, sowie
(E) angemessene, objektive Kriterien und Methoden und Zeitpläne der Evaluation um, zumindest einmal jährlich, herauszufinden, ob die Lernziele erreicht wurden.

**Unterkapitel II – Unterstützung bei der Erziehung aller behinderter Kinder
(§ 1411 – 1420; Auszüge)**

§ 1411: Ansprüche auf und Zuweisung von Subventionen[e]

(a) Berechnungsgrundlage für die Festlegung der maximal möglichen Subventionsansprüchen der Bundesstaaten

(1) Der höchstmögliche Betrag für Bundessubventionen, auf den ein Staat in Einklang mit diesem Unterkapitel Anspruch hat, soll so hoch sein wie
(A) ... die Zahl der behinderten Kinder im Alter von 6 – 21 Jahren in einem Staat, die sonderpädagogische Förderung und zusätzliche Unterstützungsmaßnahmen erhalten ... multipliziert mit
(B)(i) 5 Prozent der durchschnittlichen Ausgaben pro Schüler in den staatlichen Elementar- und Sekundarschulen der USA für das Haushaltsjahr, das am 30. September 1987 endet;
(ii) 10 Prozent der durchschnittlichen Ausgaben pro Schüler in den staatlichen Elementar- und Sekundarschulen der USA für das Haushaltsjahr, das am 30. September 1979 endet;
(iii) 20 Prozent der durchschnittlichen Ausgaben pro Schüler in den staatlichen Elementar- und Sekundarschulen der USA für das Haushaltsjahr, das am 30. September 1980 endet;
(iv) 30 Prozent der durchschnittlichen Ausgaben pro Schüler in den staatlichen Elementar- und Sekundarschulen der USA für das Haushaltsjahr, das am 30. September 1981 endet;
(v) 40 Prozent der durchschnittlichen Ausgaben pro Schüler in den staatlichen Elementar- und Sekundarschulen der USA für das Haushaltsjahr, das am 30. September 1982 endet und für jedes folgende Haushaltsjahr.

§ 1412: Qualifikationsvoraussetzungen (Auszüge)

Um in einem Haushaltsjahr Bundeszuschüsse gemäß diesem Unterkapitel erhalten zu können, muß der Staat dem Minister[f] gegenüber nachweisen, daß die folgenden Voraussetzungen erfüllt werden:

(1) Der Staat hat eine Verfahrensweise verwirklicht, die für alle behinderten Kinder das Recht auf eine kostenfreie, angemessene öffentliche Erziehung gewährleistet.

(4) Jede lokale Schulbehörde in dem Staat führt Akten zu dem individuellen Erziehungsplan jedes behinderten Kindes und das Erziehungsprogramm wird entsprechend den Vorgaben ... dieses Gesetzes ausgearbeitet, überprüft und überarbeitet.

(5) Der Staat hat folgendes verwirklicht:

(A) Verfahrensrechtliche Vorsichtsmaßnahmen wie sie in §1415 dieses Gesetzes gefordert werden.

(B) Verfahrensschritte, welche gewährleisten, daß im größtmöglichen angemessenen Ausmaß Kinder mit Behinderungen, inbegriffen jene Kinder, die in staatlichen oder privaten Institutionen oder anderen Pflegeanstalten leben, zusammen mit Kindern, die nicht behindert sind, erzogen werden. Sonderklassen, separate Beschulung oder die Entfernung von Kindern mit Behinderungen aus dem Bereich der Regelschule erfolgen nur, wenn der Schweregrad der Behinderung so gravierend ist, daß ein Schulbesuch der Regelklasse selbst mit der Unterstützung von ergänzenden Hilfen und Leistungen nicht zufriedenstellend realisiert werden kann[g].

(C) Verfahrensschritte, welche sicherstellen, daß die Test- und Evaluationsverfahren und -materialien, die zur Diagnose und Überweisung von behinderten Kindern eingesetzt werden, so ausgewählt und eingesetzt werden, daß sie weder rassen- noch kulturdiskriminierend sind. Derartige Materialien und Verfahrensweisen sollen, sofern dies nicht eindeutig unmöglich ist, in der Muttersprache oder Kommunikationsform[h] des Kindes angeboten und durchgeführt werden, und ein einziges Testverfahren ist nicht ausreichend, um ein angemessenes Erziehungsprogramm für ein Kind festzulegen.

§ 1415 Verfahrensrechtliche Vorsichtsmaßnahmen (Auszüge)

(a) Einrichtung und Aufrechterhaltung

Jede staatliche Schulbehörde, jede lokale Schulbehörde und jede andere staatlich kontrollierte Erziehungsbehörde, die Zuschüsse entsprechend diesem Gesetz erhält, muß Verfahrensschritte in Einklang mit den Unterpunkten (b) bis (e) dieses Paragraphen einrichten und aufrechterhalten um sicherzustellen, daß behinderte Kinder und ihre Eltern oder der gesetzliche Vormund bei der Bereitstellung einer angemessenen, kostenfreien öffentlichen Erziehung verfahrensrechtliche Vorsichtsmaßnahmen garantiert bekommen.

---

[e] Da in den USA die Kontrolle des Schulwesens eigentlich den einzelnen Bundesstaaten und Gemeinden unterliegt, können Forderungen der Bundesinstanzen meist nur auf indirektem Weg über finanzielle Zuschüsse durchgesetzt werden.

(b) Erforderliche Verfahrensschritte: Anhörungsverfahren

(1) Die in diesem Abschnitt geforderten Verfahrensschritte sollen wie folgt einschließen, nicht aber begrenzt sein auf
(A) die Gelegenheit für die Eltern oder den Vormund eines behinderten Kindes, alle für die Identifikation und die Evaluation des betroffenen Kindes, die Entscheidung über die Schulform und die Bereitstellung einer kostenfreien angemessenen öffentlichen Erziehung wesentlichen Akten einsehen zu können und ein unabhängiges schulpsychologisches Gutachten einzuholen;
(B) Verfahrensschritte, die die Rechte des betroffenen Kindes verteidigen, wenn Eltern oder Vormund des Kindes nicht bekannt oder nicht verfügbar sind oder das Kind ein Mündel des Staates ist. Dies beinhaltet die Einsetzung einer Person ... als Stellvertretung für Eltern oder Vormund;
(C) schriftliche vorherige Information der Eltern oder des Vormunds des Kindes jedesmal wenn die Schulbehörde
(i) vorschlägt, die Identifizierung, die Evaluation, die Entscheidung über die Schulform oder die Bereitstellung einer kostenfreien angemessenen öffentlichen Erziehung zu veranlassen oder zu verändern, bzw.
(ii) ablehnt, die Identifizierung, die Evaluation, die Entscheidung über die Schulform oder die Bereitstellung einer kostenfreien angemessenen öffentlichen Erziehung zu veranlassen oder zu verändern;
(D) Verfahrensschritte, die sicherstellen, daß die in Absatz (C) geforderte schriftliche Mitteilung die Erziehungsberechtigten oder den Vormund umfassend über alle laut diesem Paragraphen[i] verfügbaren Verfahrensschritte informiert, und zwar, sofern dies nicht eindeutig unmöglich ist, in der Muttersprache der Erziehungsberechtigten bzw. des Vormunds; und
(E) die Möglichkeit, hinsichtlich jeglicher Angelegenheit, welche die Identifizierung, die Evaluation, die Entscheidung über die Schulform oder die Bereitstellung einer kostenfreien angemessenen öffentlichen Erziehung betrifft, Einspruch einzulegen.
(2) Wenn entsprechend dem Abschnitt 1 dieses Paragraphen Einspruch eingelegt worden ist, dann sollen die Erziehungsberechtigten oder der Vormund die Gelegenheit zu einem Anhörungsverfahren haben, das, ... unter der Leitung der staatlichen Schulbehörde, der lokalen Schulbehörde oder einer staatlich kontrollierten Erziehungsbehörde stattfindet. Ein entsprechend den Richtlinien dieses Abschnittes durchgeführtes Anhörungsverfahren darf nicht von einem Vertreter jener Behörde geleitet werden, die unmittelbar mit der Erziehung oder Pflege dieses Kindes betraut ist.

(c) Kontrolle der Entscheidung auf lokaler Ebene durch die staatliche Schulbehörde

Wenn das Anhörungsverfahren ... von einer lokalen Schulbehörde oder einer anderen staatlich kontrollierten Erziehungsbehörde durchgeführt wurde, kann jede Partei, die mit den Befunden und Entscheidungen des Anhörungsverfahrens unzufrieden ist, bei der Staatlichen Schulbehörde Berufung einlegen und diese muß eine unparteiische Überprüfung des betreffenden Anhörungsverfahrens durchführen.

(d) Aufzählung der Rechte

Jeder Partei in einem Anhörungsverfahren, das entsprechend den Abschnitten (b) und (c) dieses Paragraphen durchgeführt wird, soll gewährt werden –
(1) das Recht, von einem Rechtsanwalt und Personen mit besonderen Erfahrungen oder Kenntnissen der Probleme behinderter Kinder begleitet und beraten zu werden,
(2) das Recht, Beweismittel zu präsentieren und die Anwesenheit von Zeugen zu erzwingen, diese aufzurufen und ins Kreuzverhör zu nehmen,
(3) das Recht auf eine schriftliche oder elektronische wortgetreue Aufzeichnung des Anhörungsverfahrens, sowie
(4) das Recht auf eine schriftliche Urteilsbegründung ...

(e) Zivilrechtliche Schritte; Rechtsprechung (Auszüge)

(2) Jede Partei, die mit den Befunden und Entscheidungen des gemäß Abschnitt (b) durchgeführten Anhörungsverfahrens unzufrieden ist und die kein Recht auf eine Überprüfung gemäß Punkt (c) dieses Paragraphen hat, sowie jede Partei, die mit den Befunden und Entscheidungen unzufrieden ist, die sich bei der unparteiischen Überprüfung durch die Staatliche Schulbehörde gemäß Punkt (c) ergeben haben, soll das Recht haben, auf der zivilrechtlichen Ebene zu klagen. Diese Klage darf, ungeachtet des Ausmaßes der Kontroverse, bei jedem staatlichen Gerichtshof mit autorisierter Zuständigkeit oder bei einem Distriktgericht des Bundes eingereicht werden. Bei jeder gemäß diesem Abschnitt eingereichten Klage soll das Gericht auf Anfrage einer Partei weitere Beweismittel zulassen und, indem es seiner Entscheidung die vorgelegte Beweislast zugrunde legt, in dem Maße Abhilfe verleihen wie es das Gericht für angemessen erachtet.
(3) Während der Dauer des schwebenden Verfahrens ... soll das Kind, sofern die staatliche oder lokale Schulbehörde und die Eltern bzw. der Vormund des Kindes sich nicht anderweitig einigen, in seiner derzeitigen Schulform verbleiben, oder, sofern für das Kind die erstmalige Aufnahme in eine öffentliche Schule beantragt wurde, soll das Kind mit dem Einverständnis der Eltern oder des Vormunds in die öffentliche Schule aufgenommen werden, bis alle Verfahren endgültig abgeschlossen sind.

---

[f] Gemeint ist hier das U.S. Department of Education.

[g] Um dieser gesetzlichen Auflage weitmöglichster Integration, die innerhalb des Gesetzes selber nicht erläutert wird, entsprechen zu können, wird in den, den Gesetzestext konkretisierenden Bundesverordnungen ein breit gefächertes Angebot zusammenhängender Organisationsformen schulischer Förderung verlangt. Dieses sog. „continuum of services" muß folgende Schulformen beinhalten: Regelklassen, Sonderklassen, Sonderschulen, Unterricht zu Hause und in Krankenhäusern bzw. Institutionen. Ferner muß gewährleistet sein, daß auch die zeitweise, separate Förderung in sog. „resource rooms" oder die Unterstützung innerhalb des Klassenzimmers durch sog. „itinerant instruction" in Verbindung mit dem Unterricht in der Regelklase zur Verfügung stehen (34 Code of Federal Regulations § 300.551).

[h] Bei gehörlosen Kindern also z.B. Gebärdensprache.

[i] Gemeint ist hier der gesamte §1415.

Luciano Galliani

Situation und Probleme der Sonderpädagogik in Italien (1981)

Aus: Situation und Probleme der Sonderpädagogik in Italien. In: Gerhard Klein, Andreas Möckel, Manfred Thalhammer (Hrsg.): Heilpädagogische Perspektiven in Erziehungsfeldern. Bericht der 18. Arbeitstagung der Dozenten für Sonderpädagogik in deutschsprachigen Ländern vom 12. bis 14. Oktober 1981 an der Universität Würzburg. Heidelberg 1982, S. 339–352, Auszug S. 339–343.

Galliani (geb. 1943) ist ordentlicher Professor für Experimentelle Pädagogik an der Universität zu Padua in der Fakultät für Erziehungswissenschaften. Zentrale Themen seiner Studien und Forschungen sind Didaktik, Unterrichtstechnologien und multimediale Kommunikation.

Jorgensen bezeichnet in seinem Bericht (L'enseignement special dans le C. E. – Luglio 1978) über den Stand der Integration behinderter Kinder und Jugendlicher in den Schulen der EWG-Länder ebenso wie die darauf folgende europäische Konferenz über „Schule und Behinderte" (4. bis 7. Dezember 1978 in Rom) Italien als eines der Länder mit den progressivsten und mutigsten Maßnahmen im Hinblick auf die Integration der Behinderten in die sog. „normalen" Schulen (Regelschulen) und die Abschaffung der Sonderschulen.

Dieser Standpunkt, der in politischer und pädagogischer Hinsicht der im Kultusministerium vertretenen Einstellung entspricht, wird bemerkenswert häufig in Italien vertreten.

Das Ziel dieses Vortrags besteht zum einen darin, durch die Darstellung wesentlicher Einzelheiten zu einem besseren Verständnis dieses Problems zu verhelfen; zum anderen soll über den derzeitigen Stand der politischen und pädagogischen Diskussion in Italien berichtet werden, ohne Rücksicht darauf zu nehmen, auch Dinge zu äußern, die möglicherweise manch einem unangenehm sind. Darüber hinaus kann man keine ernstzunehmende Diskussion führen, wenn Wesentliches verschwiegen oder beschönigt wird, so daß die hier anwesenden Pädagogen und Lehrkräfte, die verantwortlichen Politiker und die anderen Fachleute von einer so geführten Diskussion keine interessanten Ergebnisse zu erwarten hätten.

Hauptsächlich werde ich drei Themenbereiche abhandeln:
a) Die Entwicklung der Gesetzgebung zur Integration der Behinderten, verglichen mit Statistiken über die Realität.
b) Die Grenzen dieser Gesetzgebung und die konkreten Probleme, die beim Versuch der Integration entstehen, aus der Sicht einer ersten allgemeinen Beurteilung.
c) Die derzeitige kritische Reflexion bezüglich der Festlegung der Bedingungen wie auch der Grenzen der schulischen Integration und mögliche Tendenzen zur Problemlösung.

Bevor ich nun mit meinem Referat beginne, möchte ich kurz etwas erwähnen, das vielleicht in diesem Kontext unangemessen, meiner Meinung nach jedoch (vor allem auf Kongressen) sehr wichtig ist, um Mißverständnisse zu vermeiden. Dabei handelt es sich um die in unserer Diskussion so wichtigen Begriffe wie: „Behinderter" und „Sonderpädagogik".

Es ist schwierig, ein Phänomen, welches verschiedene Aspekte beinhaltet, zu definieren und zu interpretieren (so biologische, medizinische, pädagogische, existentielle Aspekte usw.).

Jedoch gibt es auch vereinfachte Modelle: So z.B. das Modell der „Betonung der Nosographie und Hyperbiologie", demzufolge man nur die physische Komponente der Behinderung und die entsprechende medizinische Intervention für die Rehabilitation betrachtet; oder das Modell der Betonung der „sozialen Äthiologie", entsprechend dem lediglich die soziale Komponente Gegenstand der Betrachtung ist. Nach dieser Theorie kann durch eine Umorganisation der Gesellschaft die Ursache für Behinderung abgeschafft werden.

Die Behinderung besteht aber leider aus dem Zusammenwirken von zwei Aspekten: einerseits der individuellen Beeinträchtigung mit Charakteristika von beständiger oder relativer Dauer, wobei die Beeinträchtigung pathologischer Genese ist, und andererseits einer Beeinträchtigung, die durch die soziale Realität verursacht wird und den Behinderten möglicherweise eine Marginalexistenz zuweist: Da verschiedene Behinderungsformen verschiedene Probleme mit sich bringen, sollte eine Einteilung der Behinderten in verschiedene Kategorien so neutral und wissenschaftlich abgefaßt sein, daß durch die Verwendung dieses Kategorienschemas letztlich keine Segregations- oder Selektionsprozesse, sondern vielmehr positive Prozesse in Gang gesetzt werden können (welche der Verbesserung der technischen Interventionen und Sondermaßnahmen dienen).

Jedoch auch wenn die Rehabilitationsmaßnahmen durchgeführt werden zur Überwindung pathologischer und sozialer Grenzen unter praktischer Realisierung der 11 Rechte der Behinderten (UNO-Vollversammlung, 9.12.1975) kann nicht behauptet werden, daß damit die wesentlichen Schwierigkeiten beseitigt wären.

Ein Behinderter hat offenbar viel mehr „handicaps" als ein Gesunder und Normaler. Kommunikationsschwierigkeiten – letztlich handelt es sich immer um derartige Probleme – führen zu nicht immer zu behebenden Einschränkungen. Einige dieser Schwierigkeiten, z.B. solche der Sexualität, sind so kompliziert und vielfältig, daß man bisher nicht gewagt hat, diese in entschiedener Weise anzugehen.

Nun sollten wir uns dem komplexen Phänomen der Behinderung wie auch der Realisierung einer besseren Lebensqualität für die Behinderten zuwenden, und zwar auf realistische Weise, indem wir das Problem ohne jegliche Vorurteile und ohne Konformismus betrachten.

Der zweite Begriff bezieht sich auf das Recht auf eine „Sondererziehung", um die UNESCO-Terminologie zu verwenden. Die schulische Integration der Behinderten, sei es die „diskriminationsfreie und totale", sei es die „höchstmögliche", verlangt eine vorläufige Diskussion darüber, welche Erziehung und welche Schule die Integration gewährleisten kann.

Entsprechend der traditionellen Pädagogik bedeutet Erziehung stets eine Weitergabe von Kenntnissen, Werten und Verhaltensweisen, die von der Ordnung in der Organisation sozialer und ökonomischer Beziehungen abgeleitet werden. Voraussetzung hierfür ist ein Konzept der Gleichheit und somit der Normalität und Leistungsfähigkeit.

Muß man daraus ableiten, daß die Schule nur für diejenigen da ist, die fähig sind, einem schulischen Programm zu folgen (das gleiche Programm für alle) und daß diejenigen, die dazu nicht in der Lage sind (die Andersartigen, die Behinderten), einem Sonderprogramm folgen müssen, separiert von den anderen?

Die Unterscheidung zwischen gleich und ungleich ist analog der zwischen universell und individuell. Gleichheit und Universalität sind abstrakte Prinzipien, die aus der Aufklärung kommen, während Begriffe wie individuell und unterschiedlich, die der christlichen Kultur entstammen und in der Psychologie und Soziologie beschrieben werden, etwas über die Realität der menschlichen Existenz aussagen.

Unter diesem Aspekt muß Erziehung auf der Erkenntnis basieren, daß jeder Mensch unwiederholbar einzig ist, wie auch auf der menschlichen Fähigkeit, sich autonom zu entwickeln und zu bestimmen, und zwar im Sinne der Realisation und Bestimmung des eigenen Menschseins. Somit wird der Erziehungsprozeß zu einer interpersonellen Beziehung, welche die Formulierung eines neuen kulturellen und didaktischen Kodex ermöglicht und somit auch die Akzeptanz und Neubewertung des Atypischen und Andersartigen.

Also muß eine Schule einem jeden sein eigenes Recht auf Erziehung garantieren, und das vermag nicht eine Schule, die für alle gleich ist, sondern nur eine Schule, die für jeden einzelnen unterschiedliche Maßnahmen durchführt, d.h. eine Schule, die keine Differenzierung nach Gruppen durchführt, sondern vielmehr eine Differenzierung der Interventionsmaßnahmen für jedes einzelne Individuum.

So ergibt sich eine Entwicklung der institutionalisierten Pädagogik zu einer endgültigen Überwindung der Gegensätze von normaler und Sonderpädagogik.

Man kann praktisch behaupten, daß Sondererziehung sich nicht auf einen speziellen Bereich (der Behinderten) bezieht, sondern auf alle individuellen sonderpädagogischen Interventionen im Hinblick auf die Erfordernisse jedes einzelnen Schülers. Somit muß jede Erziehung eine besondere sein und jede Didaktik eine differentielle.

In diesem Sinne ist die italienische Übersetzung des Berichts von Elisabeth Anderson über die schulische Integration der Behinderten in Skandinavien zu verstehen, die den Titel-Slogan trägt: „Macht aus Regelschulen Sonderschulen (besondere Schulen)!"

1. Die Entwicklung der Gesetzgebung und statistische Hinweise

Der Prozeß der sozialen Integration der Behinderten ist nicht allein lösbar durch die schulische Integration, sondern bezieht sich auch auf andere Interventionsbereiche (den gesundheitlichen, fürsorgerischen, beruflichen usw.). Obwohl wir aus diesem Grunde unser Interesse auf die Gesetze und maßgebenden Erlasse richten, die sich auf die Integration minderjähriger Behinderter in der Regelschule beziehen, werden wir – falls nötig – nicht vergessen, uns auf das allgemeine Rechtsempfinden des Staates im Hinblick auf dieses Problem zu beziehen.

Die Schulpflicht für Blinde und Taubstumme ist primär auf einen königlichen Erlaß aus dem Jahre 1923 zurückzuführen, dem gemäß Sonderschulen und die ersten Sonderkindergärten eingerichtet wurden; jedoch waren hiervon alle physisch, psychisch und mehrfach Behinderten ausgeschlossen.

Als Italien dann Republik wurde, nahm die Zahl der Sonderschulen – als Einrichtungen, die durch private Initiativen gefördert wurden – zu, und diese öffneten sich vor allem im Elementarbereich für die psycho-physisch Behinderten.

Am 31.12.1962 wurde per Reform die Mittelstufenschule gegründet und obligat (eine dreijährige Pflichtschule, die auf die Elementarschule folgt).

Dieses Gesetz sieht die Einrichtung von Sonderklassen für „nicht angepaßte" Schüler vor, die von einer Kommission diagnostiziert wurden, welche sich aus einem Arzt, einem Psychologen und Pädagogen zusammensetzte.

Während das Gesetz per Definition Sonderklassen nur für Verhaltensgestörte oder Intelligenzgestörte oder andere soziokulturell bedingte Behinderungen vorsah – bezüglich der physisch oder sensorisch Behinderten wurden keine Aussagen gemacht –, befanden sich in den Klassen alle Behinderungsarten.

Entsprechend dem Gesetz aus dem Jahre 1966 (zur Finanzierung des Schulentwicklungsplans 1966 bis 1970) wurde sogar die Errichtung neuer Sonderschulen und Sonderklassen angeregt.

Im Jahre 1968 wurden ebenfalls Sonderabteilungen in einigen Kindergärten für Kinder zwischen drei und fünf Jahren eingerichtet. Von 1961 bis 1970 stieg die Zahl der Schüler der Sonderschulen von 24.151 auf 66.404. Gleichzeitig erhöhte sich die Zahl der Sonderklassen von 967 auf 6.626 und die der Schüler der Sonderklassen von 13.768 auf 60.670.

Das Gesetz Nr. 118 vom 30.3.1971, welches sich auf eine neue allgemeine Regelung für Schwerbehinderte und Zivilinvaliden bezieht, durch welches auch der Schulbesuch geregelt wird, ändert die Kriterien, nach welchen bis jetzt verfahren wurde. Es wurden nicht nur die Schranken abgebaut, die den Behinderten am Regelschulbesuch wie auch an einer Berufsausbildung hinderten (wie z.B. durch unzureichende Beförderungsmöglichkeiten, nicht behindertengemäße Bauweise, mangelnde Sozialfürsorge); vielmehr wird in dem Artikel 2.8 behauptet: „Der Schulpflicht muß in normalen Klassen der öffentlichen Schulen nachgekommen werden, abgesehen von den Fällen, in denen gravierende intellektuelle oder physische Beeinträchtigungen das Lernen und die Integration verhindern oder sehr stark erschweren".

Seit diesem Zeitpunkt wird keine einheitliche Linie verfolgt, sondern man folgt eher der Erfahrung, was vielmehr dem erfinderischen italienischen Geist entspricht. Es werden so in der Praxis viele voneinander unabhängige Versuche zur schulischen Integration Behinderter unternommen.

Im Jahre 1975 wurden Schulorgane (Klassenrat, Institutsrat, Gemeinde- und Provinzrat) gegründet, denen der Lehrkörper, die Eltern, gesellschaftliche Gruppierungen, Vertreter der Gewerkschaft und der Gemeinden angehörten.

Das Kultusministerium erließ in den Jahren 1975 bis 1976 drei Dekrete, die dazu beitragen sollten, die Integration der behinderten Schüler im ganzen Land in gleicher Weise durchzuführen. Das erwähnte Modell sieht folgendes vor:

a) Jeder Provinz ist eine Schulgruppe bzw. sind mehrere zur Durchführung der Integration auszuwählen.

b) Jede Schulgruppe soll sich zusammensetzen aus einem Kindergarten (wenigstens drei Gruppen), einer Grundschule (10 bis 15 Klassen), einer Mittelstufenschule (9 bis 24 Klassen).

c) Die maximale Klassenfrequenz beträgt 20 Schüler.
d) In jeder Klasse dürfen nicht mehr als zwei Behinderte sein.
e) Bei der Aufnahme soll nicht zwischen den verschiedenen Behinderungsarten unterschieden werden.
f) Lehrer mit einer Sonderausbildung werden bevorzugt eingestellt.
g) Jede Schulgruppe sollte über ein Team bzw. über mehrere speziell zusammengesetzte psychologisch-sozio-pädagogische Teams verfügen (gebildet aus einem Psychologen, Schulmediziner und einem Sozialarbeiter).
h) Das notwendige Fachpersonal (Fachkräfte für Rehabilitation, Logopädie, Neuropsychiatrie usw.) wird von den Gemeinden und Provinzen gestellt.
i) In jeder Provinz existiert eine Arbeitsgruppe, die ihren Sitz beim Schulamt hat und deren Aufgabe die Auswahl der Schule wie auch die Integration und Koordination der Aktivitäten ist.

So entstand schließlich 1977 das Gesetz Nr. 517, welches die Integrationsmaßnahmen verpflichtend machte, indem

a) die Sonderklassen abgeschafft wurden, die im Jahre 1962 eingerichtet worden waren;
b) auch Taubstumme das Recht erhielten, die Regelschule zu besuchen, in welcher dann eine Sonderintegration notwendig wurde;
c) jeder Schule im Rahmen ihres notwendigen Erziehungsprogramms die Möglichkeit zu integrativen schulischen Aktivitäten und Fördermaßnahmen eingeräumt wurde mit dem Ziel der Realisierung individueller Maßnahmen, bezogen auf die Erfordernisse jedes einzelnen Schülers. Im Rahmen eines derartigen Programms kann jede Elementar- oder Mittelstufenschule Maßnahmen zur Integration und Förderung behinderter Schüler durchführen;
d) ein ausgebildeter Förderlehrer sechs Stunden wöchentlich für jede Klasse (in der sich ein Behinderter befinden muß) zur Verfügung haben muß;
e) die Notwendigkeit von sozial-psychologisch-pädagogischen Diensten und besonderen Integrationsspezialisten im Sinne von Fürsorgern, die die örtlichen Behörden bereitstellen, bestätigt wird (heute Gesundheitsämter, die nach der Reform des nationalen Gesundheitswesens gegründet wurden).

Das Kultusministerium führte ab Juni 1979 Ausbildungskurse für Förderlehrer ein und versuchte durch die Dekrete aus den Jahren 1979, 1980, 1981 das Gesetz aus dem Jahre 1977 besser zu interpretieren mit dem Ergebnis, daß die Durchführung des Gesetzes eingeschränkt und erschwert wurde.

In Wahrheit stehen viele Ansichten und auch scheinbar fehlerlos erscheinende Ideen im Zusammenhang und entsprechen einer optimistischen Sicht dieses Theoriebereichs, wobei eine Reflexion über die Anstrengungen und Schwierigkeiten, die bei der Durchführung der Integration gemacht wurden, fehlt.

Die statistischen Daten aus den Jahren 1977 bis 1980 zeigen sicherlich positive quantitative Ergebnisse ... Die statistischen Daten (ISTAT) beziehen sich auf 92% der Schülerpopulation, da neun Provinzen nicht geantwortet haben. Außerdem war die Anzahl der Schulen, in denen man die Integration durchführte, auf 18.380, d.h. 32,9% der Gesamtzahl der Schulen gestiegen.

Es gibt trotzdem heute noch in Italien 357 Sonderschulen und 812 Sonderklassen oder Sonderabteilungen in Regelschulen.

Wolf Wolfensberger

Die Entwicklung des Normalisierungsgedankens in den USA und in Kanada (1986)

Aus: Normalisierung – eine Chance für Menschen mit geistiger Behinderung. Bericht des Ersten Europäischen Kongresses der Internationalen Liga von Vereinigungen für Menschen mit geistiger Behinderung. Hrsg. von der Bundesvereinigung Lebenshilfe e.V. Bundeszentrale. Große Schriftenreihe Band 14. Marburg/Lahn 1986, S. 45–56, 61.

Wolf Wolfensberger (geb. 1934) wurde in Deutschland geboren. Seine Familie emigrierte in die USA, während er ein Kind war. Er studierte Philosophie, Psychologie, Allgemeine Pädagogik und Sonderpädagogik. 1962 promovierte er am George Peabody College für Lehrer. Seit 1973 arbeitet er als Professor an der Universität von Syracuse/USA.

Wolf Wolfensberger ist ein leidenschaftlicher Vertreter des Normalisierungsprinzips. Seit 1968 ist es für ihn der Maßstab, mit dessen Hilfe die Dienste für Menschen mit geistiger Behinderung gemessen werden sollten. Deshalb hat er ein Instrument (Programm Analysis of Service Systems = PASS) entwickelt, das es erlaubt, verschiedene Aspekte von Dienstleistungen zu bewerten.

Das Normalisierungsprinzip wurde von ihm weiterentwickelt. Um ein Leben so normal wie möglich führen zu können, ist es seiner Meinung nach notwendig, die soziale Rolle von Menschen mit Behinderungen zu verändern. Durch die Aufwertung der persönlichen Kompetenz des Menschen mit Behinderung und seines sozialen Images soll eine größere Wertschätzung erreicht werden. Das Personal, das für diese Aufgabe notwendig ist, wird in einer speziellen Einrichtung, dem Training Institut for Human Service Planning, Leadership and Change Agentry ausgebildet, dessen Direktor Wolf Wolfensberger seit 1973 ist.

„Die geistig Behinderten ein Dasein führen zu lassen, das dem normalen so ähnlich wie möglich ist" – das war der grundlegende Satz, den Bank-Mikkelsen in das 1959 verabschiedete Dänische Fürsorgegesetz einbringen konnte. Es ist dieses Konzept, das zum Ausgangspunkt der gesamten heutigen Normalisierungsbewegung wurde.

Nach 1959 gewann das *Konzept* der Normalisierung in Skandinavien immer mehr an Bedeutung, während man das Wort selbst merkwürdigerweise weitaus seltener gebrauchte. In den späten sechziger Jahren wurden *Bank-Mikkelsen* und *Bengt Nirje* – damals geschäftsführender Direktor der von Eltern geistig Behinderter gegründeten schwedischen Vereinigung – mehrfach zu Vortragsreisen und öffentlichen Veranstaltungen in die USA eingeladen. Sie hinterließen dort einen bleibenden Eindruck. Im ganzen Land zitierte man zum Beispiel *Bank-Mikkelsens* Feststellung, daß man in Dänemark nicht einmal das Vieh unter so schlechten Bedingungen halte, wie er sie in amerikanischen Anstalten für Behinderte gesehen habe. Doch war es *Nirje,* der mit hervorragenden, durch Dias von der Entwicklung in Schweden eindrucksvoll untermauerten Vorträgen den Begriff des „Normalisierungsprinzips" im nordamerikanischen Raum mit Erfolg bekannt machte.

In dieser Zeit war ich an der Universität von Nebraska tätig und arbeitete als Mitautor an einem Buch, das im Auftrag des vom amerikanischen Präsidenten ins Leben gerufenen Ausschuß für geistige Behinderung (President's Committee on Mental Retardation) erstellt wurde. Dieses Buch sollte die Grundlagen für eine Bestandsaufnahme und eine Reform der Anstalten für behinderte Menschen schaffen. Eines Tages – es war 1968 – wurde mir plötzlich klar, daß das Normalisierungskonzept eine ausgezeichnete ideologische und theoretische Ausgangsposition für einen ganz neuen und besseren Aufbau der Dienste für geistig behinderte Menschen sein könnte. Ich arbeitete dann eng mit *Bank-Mikkelsen, Nirje* und *Gunnar Dybwad,* damals Professor an der Brandeis-Universität, zusammen, um zu erreichen, daß sie diese Überlegung in ihren Beiträgen zu dem genannten Buch darstellen würden, was sie dann auch taten. Das Werk erschien 1969 *(Kugel/Wolfensberger 1969)* und wurde zu einem der Grundpfeiler der Reformbewegung in Amerika und einigen anderen Ländern. Teile des Buches wurden ins Dänische, Schwedische und Deutsche übersetzt und spielten eine wesentliche Rolle bei der Verbreitung des Begriffs „Normalisierungsprinzip" in Dänemark und Schweden, wo sich das Konzept offensichtlich schon mehr durchgesetzt hatte als das Wort selbst.

...

Es ist mir nicht möglich, Ihnen die Geschichte der Normalisierung in Nordamerika darzustellen und dabei bescheiden im Hintergrund zu bleiben. Ich habe selbst sechs Dinge getan, die die Verbreitung und den Ausbau der Normalisierung wesentlich mit beeinflußten.

1. Zum ersten unternahmen einige Kollegen und ich den Versuch, die Menschen im Bundesstaat Nebraska, in dem ich damals lebte, dazu anzuregen, auf der Grundlage des Normalisierungsprinzips ein ganzes System von Diensten für geistig Behinderte zu entwickeln. Diese Dienste sollten unter anderem dezentralisiert, umfassend, gemeindenah und nicht institutionalisiert sein. Wenn wir auch unsere Ziele nicht vollständig erreichten, war der Plan doch sehr erfolgreich; der ganze Staat und besonders ein regionales System der Dienste rund um die Stadt Omaha wurden zum Modell – aus allen Teilen Nordamerikas und aus vielen anderen Ländern strömten die Besucher herbei, um sich die Ergebnisse unserer Arbeit anzusehen.

2. Zum anderen reiste ich im Jahre 1969 nach Dänemark und Schweden. Ich war so beeindruckt von dem, was ich dort sah, daß ich nach meiner Rückkehr mehrere Artikel darüber schrieb und sie einer der Zeitschriften der America Association on Mental Dificiency anbot. Diese Publikation beschäftigt sich mit derartigen Themen; sie war und ist die weltweit meistverbreitete Fachzeitschrift für geistige Behinderung. Der Redakteur, einem neuen Paradigma gegenüber wenig aufgeschlossen, lehnte die Artikel mit der Begründung ab, sie enthielten nichts Neues und nichts Wichtiges. Damit erreichte er das ge-

naue Gegenteil dessen, was er wahrscheinlich beabsichtigte. Nachdem die aus fachlicher Sicht gewichtigste Publikation die Verbreitung der Normalisierungsidee abblockte, beschloß ich, Zeitschriften zu übergehen und gleich ein Buch über dieses Thema zu schreiben. So entstand meine erste große Veröffentlichung über Normalisierung, die es sonst wahrscheinlich gar nicht geben würde. Dieses Buch erschien 1972 und hat in der englischen Fassung bis jetzt eine Auflage von 45.000 Exemplaren erreicht.

3. Als Drittes begann ich, ebenfalls etwa 1969, mit dem Versuch, das Normalisierungsprinzip so zu formulieren, wie Wissenschaftler Theorien aufbauen. Die Idealvorstellung einer wissenschaftlichen Theorie geht auf *Wilhelm von Occam* (14. Jahrhundert) zurück. Sie besagt, daß von rivalisierenden Formulierungen derjenigen der Vorzug zu geben sei, die mit einem Minimum von Axiomen ein Maximum an Phänomenen erklärt oder voraussagt. Für das Normalisierungsprinzip bedeutet das dreierlei:

- Es soll sich nicht nur auf geistig behinderte Menschen beziehen, wie das bei *Bank-Mikkelsen* und *Nirjes* Definitionen der Fall war. Ich entdeckte sogar, daß man dieses Prinzip mit Sicherheit nicht nur auf andere behinderte Menschen, sondern darüber hinaus auch auf all jene beziehen könnte, die aus anderen Gründen – wie Lebensweise, Nationalität, Rasse, Alter o.ä. – von ihrer Umgebung abgelehnt und abgewertet werden.
- Das Prinzip muß andere erprobte, bereits bestehende Konzepte niederer Ordnung einbeziehen können, die sich nur auf Teilaspekte des jeweiligen Themas beziehen.

– Da Ziele und Wege im Dienst am Menschen so eng miteinander verknüpft sind, muß das Konzept nicht nur etwas über die Ziele, sondern auch darüber etwas aussagen, welche der zahlreichen und untereinander rivalisierenden Wege zu bevorzugen sind.

Diese Zielsetzungen veranlaßten mich, in einigen sehr wesentlichen Punkten von den Definitionen abzuweichen, wie sie *Bank-Mikkelsen* und *Nirje* formuliert hatten. Diese Abweichungen weiteten sich in den folgenden 14 Jahren noch erheblich aus.

4. Zum vierten erreichte 1969 die Reformbewegung auf dem Gebiet der geistigen Behinderung in Nebraska einen kritischen Wendepunkt. Ein Reformgesetz war verabschiedet worden, und zum erstenmal sah der Staatshaushalt Gelder für kommunale Dienste für geistig Behinderte vor. Um sicherzustellen, daß diese Gelder ausschließlich für die Normalisierung der kommunalen Dienste verwendet wurden, erhielt ich den Auftrag, eine Bewertungsmethode für die Dienstleistungsangebote zu entwickeln, um alles auszuschalten, was den Kriterien der Normalisierung oder anderer Eingliederungsdienste zuwiderlief. Zusammen mit einer Studentin (Linda Glenn) erarbeitete ich ein Verfahren, das sich dann auch für diese Zwecke bewährte. Es wurde bekannt unter der Bezeichnung PASS – für Programm Analysis of Service Systems, d. h. Programm-Analyse für Systeme sozialer Dienste *(Wolfensberger/Glenn 1969)*.

...

Ich arbeitete dann zwei Jahre in Kanada. Wir richteten sofort fünftägige Workshops über die Anwendung von PASS für jeweils 50 bis 100 Teilnehmer ein und bildeten außerdem Menschen für die Leitung solcher Workshops aus. Es zeigte sich, daß diese Workshops der wirksamste Weg waren, Menschen dafür auszubilden, den Gedanken der Normalisierung zu verbreiten.

...

5. Als fünftes fand ich 1983 eine verständlichere Formulierung für die Tatsache, daß Menschen einander so begegnen, wie es ihrem inneren Wesen entspricht, ihrer Sicht der Mitmenschen und der Welt, und weniger damit zu tun hat, wie diese anderen Menschen wirklich sind. Wenn z.B. eine ganze gesellschaftliche Gruppe abgewertet und schlecht behandelt wird, so ist das viel mehr auf die Vorstellungen der sie ablehnenden Umwelt zurückzuführen als auf das tatsächliche Wesen der Abgelehnten selbst. Denn die Maßstäbe für das, was als überlegen bzw. minderwertig gilt, unterschieden sich von Kultur zu Kultur erheblich.

Wie Menschen von anderen eingeschätzt werden, hängt außerdem vor allem davon ab, wie ihre soziale Rolle eingestuft wird. Angesehen in der Rangordnung sind beispielsweise Staatsbürger, Steuerzahler, Wähler, Kunde, Käufer, Ehegatte, Eltern, Angestellter, Arbeitgeber, Nachbar, Gastgeber, Gast, Mieter, Hausbesitzer, Student und viele andere. Diesen Rollen stehen minderwertige gegenüber, etwa Herumtreiber, Trottel, Armer, Vagabund, „Nassauer", Trinker, Schussel, Fanatiker, Schwätzer, Invalide und Verrückter ... Wie jemand eine andere Person oder Gruppe sieht, wirkt sich weitgehend darauf aus, wie er sich dieser gegenüber verhält. So wurde mir klar, daß eine Formulierung des Normalisierungskonzepts und seiner Ziele dann allen anderen überlegen ist, wenn sie die Aufwertung der sozialen Rolle beinhaltet; das gilt vor allem für Menschen, denen man eine gesellschaftlich niedrig eingestufte Rolle zugewiesen hat, in der sie nun sozusagen „eingefroren" sind.

Wird einem Menschen erst einmal eine angesehene Rolle zugestanden, so ermöglichen ihm die anderen auch den Zugang zu den angenehmen Dingen des Lebens. Sieht man ihn dagegen in einer als minderwertig geltenden Rolle, so geschieht Schlimmes: Er wird abgelehnt, isoliert, mit Schimpfworten belegt, mit allen möglichen negativen Vorstellungen in Verbindung gebracht, man verwehrt ihm Selbstbestimmung und Rechte, er wird in die Verarmung getrieben, brutal behandelt, sogar seines Lebens beraubt.

Aufgrund dieser Erkenntnisse überarbeitete ich das Konzept und nannte es statt „Normalisierung" nun „Aufwertung (Valorisation) der sozialen Rolle". Diesen Begriff nahm ich aus dem Französischen, wo seit einiger Zeit das Wort Aufwertung im Sinne von Wertschätzung, meist von Menschen, benutzt wird. In diesem Fall ist es die soziale Rolle einer Person oder Gruppe, der ein bestimmter Wert zugesprochen wird. Daraus ergab sich die folgende formale Definition: Der weitestmögliche Einsatz kulturell positiv bewerteter Mittel mit dem Ziel, Menschen eine positiv bewertete Rolle zu ermöglichen, sie zu entwickeln, zu verbessern und/oder zu erhalten.

Ich betone jedoch ausdrücklich, daß es sich dabei nicht nur um eine bloße Namensänderung, sondern zugleich um eine Änderung des Konzeptes der Normalisierung und damit also auch der Interpretation und Lehre handelt. So wurde mir z.B. klar, daß es zur Aufwertung und Erhaltung der sozialen Rolle eines Menschen vor allem zwei Wege gibt: die Aufwertung des Image und die der Kompetenz …

Die erste Strategie besteht darin, das soziale Image aufzuwerten bzw. zu erhalten. Das „soziale Image" besteht aus den Vorstellungen, die sich *andere* von dieser Person oder Gruppe machen. Dieses Bild von anderen wird beeinflußt durch viele Eindrücke: Man hört, wie die Person angeredet wird, welche anderen Symbole ihr beigefügt werden, wie sie aussieht, wie sie gekleidet und gepflegt ist, was man sie wo und mit wem tun sieht, usw.

Die zweite Vorgehensweise bezieht sich auf die Aufwertung oder Erhaltung der tatsächlichen Kompetenz einer Person oder Gruppe, wobei der Begriff Kompetenz im weitesten Sinne verstanden werden muß, also ihre Fähigkeiten, Gewohnheiten und Dispositionen einschließt. Ein hohes Maß an Kompetenz würde z.B. ausgedrückt durch Höflichkeit, Geduld, Intelligenz, Denkvermögen, emotionale Ausgeglichenheit, Lesen-Können, verbales Ausdrucksvermögen, Wahrnehmungsvermögen, körperliche und sensorische Unversehrtheit und Aufnahmevermögen, Selbsthilfefähigkeiten sowie eine Vielzahl spezieller Fertigkeiten in Spiel und Sport, Hobbys, auf künstlerischem Gebiet (wie Musik) und im akademischen Bereich.

In letzter Konsequenz erscheint mir die Aufwertung des Images noch wichtiger als die der Kompetenz, weil wir von unserer inneren Vorstellung über eine Person stärker beeinflußt werden als von ihrem tatsächlichen Wesen. Die Aufwertung des Images und die Aufwertung der Kompetenz wirken jedoch zusammen wie eine Spirale: Indem das Image eines Menschen aufgewertet wird, bekommt er üblicherweise von der Umwelt mehr Unterstützung, Ermutigung und Gelegenheiten, noch eigenständiger zu werden; mit wachsender Kompetenz wiederum wächst im allgemeinen auch sein soziales Ansehen. Diese Spirale wirkt aber ebenso auch in negativer Richtung. Ein Verlust an Kompetenz führt sehr oft zu geringerem Ansehen, und mit sinkendem sozialen Image werden dem Betreffenden immer mehr Chancen genommen, die ein eigenständiges Verhalten erst ermöglichen und fördern.

…

Als wir anfingen, Normalisierung in unseren Vorlesungsplan aufzunehmen, … stießen wir allgemein auf extremen Widerstand und offenen Haß, insbesondere dann, wenn wir erklärten, wie die Abwertung von Menschen zustande kommt und welche Rolle soziale Dienstleistungssysteme dabei spielen. Drei Faktoren trugen entscheidend zum Abbau dieses Widerstandes bei. Das war zum einen der neue Gedanke der Aufwertung der sozialen Rolle, der die Normalisierung leichter verständlich machte. Er räumte zugleich auch die meisten der zahlreichen Fehlinterpretationen oder Einwände gegen Normalisierung – oder was man dafür hielt – aus dem Wege …

Der zweite Faktor war unsere Entdeckung eines neuen Weges, die Theorie der Aufwertung der sozialen Rolle zu lehren. Wir begreifen sie als ein Bündel von sieben wesentlichen und miteinander in Beziehung stehenden Grundgedanken:

1. Die Rolle des Bewußten und Unbewußten. Vieles, was im Bereich der sozialen Hilfen getan wird, läuft unbewußt ab. Vor allem Abwertung und Abhängig-Machen wurzeln tief im Unterbewußtsein. Deshalb ist ein hohes Maß an Bewußtmachung die wichtigste Voraussetzung für die Qualität der sozialen Dienstleistungssysteme. Das bedeutet,

Werte, Annahmen, Theorien, rationale Begründungen, Analysen, Entscheidungen, Kompromisse usw. ständig und immer wieder von neuem zu definieren.
2. Die Macht von Rollenkreisläufen. Eines der wirksamsten pädagogischen Mittel sind Rollenerwartungen. Die Menschen verhalten sich weitgehend den Rollen entsprechend, die ihnen zugeschrieben werden bzw. die sie selbst gewählt haben; deshalb muß man Menschen, denen soziale Abwertung droht, positive Rollen, Rollenerwartungen, Rollenvorstellungen und Rollenbegriffe vermitteln.
3. Besondere Anstrengungen, wo ein Abwertungsrisiko besteht. Menschen, die bereits als minderwertig eingestuft oder von Abwertung bedroht sind, benötigen in erhöhtem Maße Schutz, Unterstützung, Chancen, Kompensationen usw.
4. Die Macht des Entwicklungsmodells. Hierzu gehört u.a. die Anwendung der besten der bekannten Technologien für die sozialen Dienstleistungssysteme, um die Kompetenz einer Person oder Gruppe zu fördern.
5. Die Macht der Nachahmung. Nachahmung ist von ähnlicher Bedeutung wie die Rollenerwartung und beeinflußt nachhaltig, wie von der Gesellschaft abgewertete Menschen gruppiert werden sollen. So ist z.B. das Bedürfnis abgewerteter Menschen nach positiven Rollenmodellen, die sie nachahmen können, eines der stärksten Argumente gegen Aussonderung.
6. Die Rolle der Bildung eines sozialen Images. Eine der wichtigsten Formen menschlicher Kommunikation geschieht über den Aufbau des Image, und hier vor allem über verbale und visuelle Symbolik. Bisher erfolgte die Imagebildung bezüglich als minderwertig angesehener Menschen weitgehend unbewußt und im negativen Sinn. Statt dessen muß sie aber bewußt eingesetzt werden, um positive Bilder von der Persönlichkeit der so gefährdeten Menschen und ihrer sozialen Rollen zu schaffen.
7. Die Schlüsselrolle der persönlichen Integration und geachteter sozialer Teilhabe.

In unseren Lehrveranstaltungen zeigen wir, wie jedes dieser Themen eine feste Grundlage in der Soziologie und Psychologie hat, wie diese Themen eng miteinander verbunden sind und wie den Herausforderungen der Praxis in den sozialen Diensten begegnet werden kann, indem diese Themen zu Leitprinzipien und -strategien werden. Eine dritte Entwicklung, die die Opposition gegen das Konzept von der Aufwertung der sozialen Rolle abgebaut hat, vollzog sich dadurch, daß – zumindest im Bereich der geistigen Behinderung – die Menschen sich an einige der positiven Folgen dieses Konzepts gewöhnt haben, obgleich sie niemals systematisch mit dem Prinzip vertraut gemacht wurden. Mehr als früher sind sie es z.B. heute gewohnt, daß behinderte Menschen in normalen Wohnungen in der Gemeinde leben, in der freien Wirtschaft arbeiten, am kommunalen Leben aktiv teilnehmen, zur Schule und in Behindertenwerkstätten gehen. Auf diese Weise hat der Fortschritt, der durch die Verbreitung einiger, mit der Aufwertung der sozialen Rolle verbundener Vorstellungen erreicht wurde, wenigstens bei einigen Menschen den Widerstand geringer werden lassen.

Diese Entwicklungen dürfen jedoch nicht so verstanden werden, als würden diejenigen, die die Aufwertung der sozialen Rolle lehren, keinem Widerspruch mehr begegnen.

Selbst heute wird das Konzept von vielen Leuten noch ganz oder teilweise abgelehnt.

Ab 1970, besonders aber nach 1972, begann eine zunehmende Anzahl von Menschen, für solche Hilfen einzutreten, die dem Gedanken der Normalisierung entsprechen; bald wurde Normalisierung in offiziellen Verlautbarungen auf verschiedenen Regierungsebenen und sogar in der Gesetzgebung positiv erwähnt. Unabhängig davon gab es aber zur gleichen Zeit andere Bewegungen, deren Wirken in jedem Fall zu positiven Veränderungen beigetragen hätte. Eine davon war die Bewegung für mehr Rechte für Behinderte und von der Gesellschaft als minderwertig eingestufte Menschen. Eine andere, ähnliche Wirkung hatte der steigende Kampfgeist der Familien behinderter Menschen. Ein weiterer Faktor war die zunehmende Toleranz der Gesellschaft für Verhaltensweisen, die früher als abweichend oder als zu abweichend angesehen wurden. Zum Vierten wäre es zu dem komplexen Phänomen der Deinstitutionalisierung in jedem Fall gekommen, und sei es nur aus irrationalen finanziellen Gründen. Fünftens gab es eine Bewegung, die sich schwer beschreiben läßt und die fast spirituell genannt werden kann: Eine kleine, aber sehr deutlich erkennbare und einflußreiche Anzahl von Bürgern und Mitarbeitern in sozialen Diensten begann eine liebevolle, respektvolle und oft streitbare Solidarität mit behinderten Menschen zu entwickeln. Dieses Phänomen zeigte sich z.B. im Entstehen der „Citizen Advocacy Volunteer"-Bewegung[1] und der Arche-Bewegung (besonders in Kanada), in verschiedenen kommunalen Hilfskreisen sowie individuellen Formen der Freundschaft; und viele Menschen, darunter auch viele Mitarbeiter adoptierten behinderte Kinder.

Das führte zu einer explosionsartig ansteigenden Akzeptanz in der Bevölkerung und einer Ausweitung der gemeindenahen Dienste für diejenigen Menschen, die vorher zu Hause ohne solche Hilfen waren oder in Einrichtungen lebten. So sieht man heute behinderte Menschen an Orten und in Rollen, die sozial geachtet sind, sieht sie integriert in das Umfeld mit geachteten Personen, bei allen möglichen gesellschaftlichen Anlässen und Zusammentreffen, in verschiedenen beschützenden oder freien Wohnformen lebend oder in einer Arbeitsumgebung, in die sie voll oder teilweise integriert sind. Man trifft viele Familien mit behinderten Angehörigen, die ganz selbstverständlich genau die gleichen Dinge tun wie andere Familien.

Literatur: R. B. Kugel/ W. Wolfensberger (Eds.): Changing Patterns in residential services for the mentally retarded. Washington: President's Committee on Mental Retardation 1969. – W. Wolfensberger: The principle of normalization in human services. Toronto 1972 – W. Wolfensberger/L. Glenn: Program analysis of service systems (PASS). Handbook. Toronto 1973.

---

[1] Citizen Advocacy bezieht sich auf eine Vereinbarung, nach der eine unabhängige Stelle geeignete Mitbürger anwirbt, die sich ehrenamtlich als Vertreter, Mentor, Verbündeter, Helfer und/oder engagierter Freund in den Dienst jeweils eines Menschen stellen, der in irgendeiner Weise behindert oder in Eigenständigkeit und Status eingeengt ist.

43 Integrativer Unterricht in Österreich: 15. SchOG-Novelle (1993)

Bundesgesetzblatt für die Republik Österreich Jg. 1993, 188. Stück vom 30.7.1993, S. 3818 u. 3822.

Im Schuljahr 1986/87 wurde in Österreich die erste Volksschulintegrationsklasse im Rahmen eines Schulversuchs in Wien installiert. Seit dem Schuljahr 1993/94 gibt es im Blick auf die Volksschule, d.h. die Grundschule, eine gesetzliche Regelung, die die Integration betrifft. Mit der 15. Novelle zum Schulorganisationsgesetz (= SchOG) wurde in Österreich ein erster wichtiger Schritt zur Verankerung des Rechts auf Integration in die Schule getan. Eltern behinderter Kinder haben nun den gesetzlichen Anspruch auf schulische Integration im Grundschulbereich. Der Nationalrat hat mit Bundesgesetz vom 30. Juli 1993 die Integration in der Regelschule gesetzlich geregelt. Dies ist für den Grundschulbereich ein Meilenstein in der Geschichte des österreichischen Schulwesens. Da der gemeinsame Unterricht von Kindern mit und ohne Behinderungen eine weitgehende Umorganisation des Unterrichts erforderlich macht, wurde auch die parallele Umgestaltung der begleitenden Gesetze im Blick auf das Schulpflichtgesetz, das Schulunterrichtsgesetz und die Lehrerdienstrechtsgesetze vorgenommen.

Kinder mit Behinderung haben nun einen Rechtsanspruch auf integrativen Unterricht in der Regelklasse in zumutbarer Entfernung vom Wohnort. Die Eltern können sich weiterhin für die Sonderschule entschließen, aber sie ist nicht mehr die Normschule zur Erfüllung der Schulpflicht von behinderten Kindern. An die Stelle der Feststellung der Sonderschulbedürftigkeit tritt jetzt die Festlegung des sonderpädagogischen Förderbedarfs. Damit wird der Behinderungsbegriff dynamisiert. Der Förderbedarf muß auf Antrag der Erziehungsberechtigten oder der Schulbehörden für jedes Kind festgelegt werden und orientiert sich an der individuellen Befindlichkeit des Kindes. Ausgangspunkt auch für die Kinder mit sonderpädagogischem Förderbedarf ist der reguläre Lehrplan. Ergänzt wird dieser durch den der Behinderung entsprechenden Sonderschullehrplan. Damit wird vom Prinzip des einheitlichen Lehrplans abgewichen.

Eine wesentliche Neuerung ist auch die Errichtung von sonderpädagogischen Zentren. Hierbei handelt es sich um Sonderschulen, die die Aufgabe haben, durch Bereitstellung und Koordination sonderpädagogischer Maßnahmen in anderen Schulen dazu beizutragen, daß Kinder mit sonderpädagogischem Förderbedarf in bestmöglicher Weise auch in den allgemeinen Schulen unterrichtet werden können. Das Integrationsgesetz ist ein Rahmengesetz, das durch die Erlässe der einzelnen Bundesländer präzisiert und umgesetzt wird.

Schulorganisationsgesetz

§ 9 Abs. 2

Die Volksschule hat in den ersten vier Schulstufen (Grundschule) eine für alle Schüler gemeinsame Elementarbildung unter Berücksichtigung einer sozialen Integration behinderter Kinder zu vermitteln …

§ 10 Abs. 4

Für Kinder mit sonderpädagogischem Förderbedarf findet der Lehrplan der Volksschule insoweit Anwendung, als erwartet werden kann, daß ohne Überforderung die Bildungs- und Lehraufgabe des betreffenden Unterrichtsgegenstandes grundsätzlich erreicht wird; im übrigen findet der der Behinderung entsprechende Lehrplan der Sonderschule Anwendung.

Schulpflichtgesetz

§ 8 Abs. 1

Schulpflichtige Kinder mit sonderpädagogischem Förderbedarf sind berechtigt, die allgemeine Schulpflicht entweder in einer für sie geeigneten Sonderschule oder Sonderschulklasse oder in einer den sonderpädagogischen Förderbedarf erfüllenden Volksschule (Abs. 2 letzter Satz) zu erfüllen, soweit solche Sonder- oder Volksschule (Klassen) vorhanden sind und der Schulweg den Kindern zumutbar oder der Schulbesuch auf Grund der mit Zustimmung der Eltern oder sonstigen Erziehungsberechtigten des Kindes erfolgten Unterbringung in einem der Schule angegliederten oder sonst geeigneten Schülerheim möglich ist.

§ 8a Abs. 2

Der Bezirksschulrat hat anläßlich der Feststellungen des sonderpädagogischen Förderbedarfs die Eltern oder sonstigen Erziehungsberechtigten über die bestehenden Fördermöglichkeiten in Sonderschulen und allgemeinen Schulen und den jeweils zweckmäßigsten Schulbesuch zu beraten … Wünschen die Eltern oder sonstigen Erziehungsberechtigten die Aufnahme in eine Volksschule, so hat der Bezirksschulrat zu informieren, an welcher nächstgelegenen Volksschule dem sonderpädagogischen Förderbedarf entsprochen werden kann.

§ 8a Abs. 3

Wünschen die Eltern oder sonstigen Erziehungsberechtigten die Aufnahme des Kindes in eine Volksschule und bestehen keine entsprechenden Fördermöglichkeiten an einer Volksschule, welche das Kind bei einem ihm zumutbaren Schulweg erreichen kann, so hat der Bezirksschulrat unter Bedachtnahme auf die Gegebenheiten im Rahmen seiner Zuständigkeiten Maßnahmen zur Ermöglichung des Volksschulbesuches zu ergreifen und – im Falle der Zuständigkeit anderer Stellen – bei diesen die Durchführung der entsprechenden Maßnahmen zu beantragen.

Münchener Manifest gegen Aussonderung (1995)

In: Dokumentation 10. Bundeselterntreffen der Bundesarbeitsgemeinschaft (= BAG) Gemeinsam leben – Gemeinsam lernen am 29. und 30. April 1995. Hrsg. Landesarbeitsgemeinschaft Bayern (= LAG). München 1995, Titelblatt-Innenseite.

Betroffene Eltern hatten sich seit Anfang der 70er Jahre um die Integration ihrer Kinder in die Regelschule bemüht. Es kam zunächst zu lokalen Elterninitiativen. Im Oktober 1984 kam es zu einem ersten überregionalen Treffen in Bremen. Im Mai 1985 waren bei dem Treffen in Bonn bereits über 400 Teilnehmerinnen und Teilnehmer aus etwa 100 Initiativen gegenwärtig. Im Jahre 1985 schlossen sich diese Initiativen zur BAG „Gemeinsam leben – gemeinsam lernen/Eltern gegen Aussonderung" zusammen. Es bildeten sich rasch als Zwischenglied zwischen der BAG und den lokalen Elterngruppen LAGs. Schwerpunkt der Elternbewegung ist derzeit die Schule. Seit 1987 gibt es eine von der BAG herausgegebene Zeitschrift, die seit 1993 in den BAG-INFO übergegangen ist, der Teil der Zeitschrift „Gemeinsam leben. Zeitschrift für integrative Erziehung" (Neuwied: Luchterhand Verlag) ist.

Schluß mit der Aussonderung in Deutschland

Es muß Schluß sein mit der Aufteilung der Menschheit in *„Behinderte"* und *„Nichtbehinderte"*. Wir alle sind Menschen mit Stärken und Schwächen. Jeder braucht mehr oder weniger Hilfe. Wir müssen lernen, uns und andere so anzunehmen wie wir sind. Benötigt aber jemand besondere Unterstützung, so muß diese zu den Menschen in den „Regeleinrichtungen" gebracht werden.

Selbstverständliches Miteinander-umgehen-können durch Aussonderung erreichen zu wollen, ist widersinnig. Aber wo sollen Menschen dieses Miteinander lernen? Doch dort, wo gemeinsames Leben und Lernen stattfindet – nicht in Sondereinrichtungen, sondern in den gemeinsamen Lebensbezügen wie Kindergarten, Schule, Wohngemeinschaften, Beruf, Freizeit usw.

Integration
ist das Fundament für gegenseitiges Kennen- und Schätzen-lernen.

Aussonderung
macht Zugriffe auf behinderte Menschen möglich, wie unsere nationalsozialistische Vergangenheit extrem gezeigt hat.

Eine gemeinsame Förderung *aller* Menschen schafft Solidarität und Vertrauen. Sie nimmt irrationale Ängste, Unsicherheiten und ungerechtfertigte Vorurteile. Menschen mit und ohne Behinderung können nur ungezwungen miteinander umgehen, wenn sie dies von frühester Kindheit an lernen dürfen.

Damit diese schöne Vision verwirklicht wird, müssen wir alle unsere Kräfte sammeln, jeder nach seinen Fähigkeiten – im Interesse *aller* Menschen, ob mit oder ohne „Behinderung".

Förderung, die nicht aussondert, ist ein fundamentales Menschenrecht.

Niemand darf aufgrund von Merkmalen, die zu seiner Person gehören, ausgesondert werden. Jeder Mensch hat das Recht auf ein Leben innerhalb seiner sozialen Bezüge.

Deshalb fordern wir eine gemeinsame Erziehung und Bildung für alle im vorschulischen, schulischen und beruflichen Bereich, orientiert an den Bedürfnissen des Einzelnen.

I. Vorschulischer Bereich

a) Frühförderung/Frühberatung
Rechtzeitige Früherkennung und Frühförderung sind für die Entwicklung eines Kindes mit zusätzlichem Förderbedarf von zentraler Bedeutung. Dabei ist wichtig, daß Eltern und Fachleute gleichberechtigte Partner bei der Erziehung und Förderung eines Kindes sind.
...

b) Kindergarten
Wir fordern, daß jedes Kind das Recht hat, einen Kindergartenplatz in seiner Nachbarschaft zu erhalten. Daraus folgt, daß die Kindergärten so eingerichtet sein müssen, daß sie allen Kindern ihres Einzugsgebietes angemessene Betreuungsmöglichkeiten bieten können.
...

II. Schulischer Bereich

Alle Kinder, auch die mit zusätzlichem Förderbedarf, sollen am Unterricht in der Regelschule teilnehmen können. Dafür müssen die Lernziele individuell den Fähigkeiten angepaßt werden. Differenzierte Lernziele werden auf unterschiedlichen Lernwegen erreicht. Das schließt gemeinsames Arbeiten (z.B. im Projektunterricht, in kleinen Gruppen) nicht aus. Deshalb fordern wir:

1. *kurzfristig:* Wahlrecht der Eltern für ihre Kinder zwischen Sonderschule und wohnortnaher Regelschule durch eine entsprechende Änderung der Schulgesetze der Länder.
2. *mittelfristig:* Flächendeckende Schulreformmaßnahmen im Grund- und Sekundarschulbereich, damit die Bedürfnisse aller Kinder und Jugendlichen besser berücksichtigt werden können:

- Verbesserung der Schüler-Lehrer-Relation, um kleinere Klassen und notwendige Fördermaßnahmen einrichten zu können,
- Zusammenarbeit von Lehrern aus dem Regel- und Sonderschulbereich (team teaching), um eine angemessene Betreuung zu gewährleisten,
- bei Bedarf zusätzlicher Einsatz von Sonderpädagogen, Sozialpädagogen und anderen Fach- sowie Hilfskräften, wie Therapeuten oder Zivildienstleistenden,
- offener, projektorientierter, binnendifferenzierter und individualisierender Unterricht,
- differenzierte verbale Leistungsbeurteilung für alle Schüler, die sich an den Lernfortschritten jedes einzelnen Schülers orientiert,
- Prüfungsordnungen müssen Chancengleichheit gewähren, z.B. durch die Bereitstellung von angemessenen Arbeitszeiten und Hilfsmitteln,
- Bereitstellung der notwendigen Sach- und Hilfsmittel,
- Übernahme anfallender Fahrtkosten,
- Einbeziehung der Eltern in die schulische Arbeit.

Einbeziehung des Konzeptes der gemeinsamen Erziehung aller Kinder bei der Lehrer/innenaus- und fortbildung, wobei der Fortbildung besondere Bedeutung zukommt.

III. Beruflicher Bereich

...

IV. Wohnen

...

V. Freizeit und Kultur

Für viele Menschen mit Behinderung ist die Teilhabe am sozialen Leben ihres Umfelds erheblich erschwert, weil sowohl die baulichen Strukturen als auch die inhaltlichen Angebote und sozialen Abläufe ihre Bedürfnisse nicht einbeziehen. Deshalb sind alle gesellschaftlichen Gruppen aufgefordert, integrative Angebote zu schaffen. Sie müssen dabei öffentliche Unterstützung finden:

Alle öffentlichen Einrichtungen müssen behindertengerecht ausgebaut werden.

Das öffentliche Verkehrsnetz muß so gestaltet werden, daß es auch Menschen mit Behinderung benutzen können.

Kultur- und Sportangebote, welche die Integration von Menschen mit Behinderung fördern, müssen entwickelt und öffentlich unterstützt werden.

Um den Zugang zu Freizeit- und Kulturangeboten für alle zu ermöglichen, sind gegebenenfalls moderne technische Hilfsmittel wie z.B. PC, Bildschirmtext, Bildtelephon bereitzustellen.

V. Die Herausforderung der schweren geistigen Behinderung

Sandra Hollstein
„Tanz der Puppen"
1993, Kohle, Aquarell, 100x70 cm

John F. Kane und Gudrun Kane

Aufgaben zur Lenkbarkeit (1976)

Geistig schwer Behinderte lernen lebenspraktische Fertigkeiten.
Bern 1976, S. 11–13 und 73–75.

John F. Kane (geb. 1940), Ph. D., Professor für Geistigbehindertenpädagogik an der Pädagogischen Hochschule Heidelberg, arbeitete in München am Max-Planck-Institut für Psychiatrie zusammen mit seiner Frau Gudrun Kane (geb. 1944), Ph. D., mit schwer geistig behinderten Kindern auf der Grundlage der Verhaltenstherapie. Die Verhaltenstherapie verstärkt erwünschtes Verhalten durch ein durchdachtes System von Anerkennung und Belohnung und gibt Kindern dadurch eine Orientierung darüber, was sie gut gemacht haben. Die Verhaltenstherapie ist eine Gefahr in der Erziehung, wenn sie mechanisch, vom liebevollen Umgang mit einem Kind abgelöst, stur nach Plan ausgeführt wird. An die Möglichkeiten dieser Therapieform knüpften sich in den siebziger Jahren auch in der Heilpädagogik Hoffnungen, die sich jedoch nur zum Teil erfüllten.

Geistig Behinderte stellen ihre Familien und Betreuer vor viele Probleme. Sie sind oft schon in den alltäglichen lebenspraktischen Tätigkeiten in kaum erträglichem Maße abhängig von ständiger Hilfe durch Eltern oder Betreuer. Sie bilden dadurch eine erhebliche Belastung für ihre Umwelt. Ein Abbau dieser Belastung wäre nicht nur eine große Erleichterung für Eltern und Pfleger, sondern die Vermittlung einer gewissen Selbständigkeit wäre auch für das weitere Schicksal der Kinder von ganz besonderer Bedeutung. Denn ein behindertes Kind, das einfachen Anweisungen nachkommt, das sich alleine an- und auszieht, das selbständig ißt und zur Toilette geht, hat bedeutend bessere Aussichten auf Förderung seiner geistigen, sozialen und musischen Fähigkeiten als ein Kind, das in diesen Bereichen unselbständig ist.

Das wirkt sich besonders aus in Kindergärten, Tagesstätten und Heimen. Dort findet man die selbständigen Kinder meist in Gruppen, in denen gezielte Förderungsprogramme durchgeführt werden, während bei den unselbständigen Kindern vorwiegend die pflegerische Betreuung im Vordergrund steht. In der Familie werden die geistig Behinderten oft gerade durch ihre Unselbständigkeit eine große Belastung. Kommt dann noch sehr störendes, unruhiges Verhalten hinzu, so ist das Kind oft nicht mehr tragbar für die Familie, und es muß in ein Heim oder eine Anstalt gegeben werden. Aus den gleichen Gründen hängt eine spätere Rückführung in das häusliche Milieu nicht allein davon ab, ob das Kind seine normale Umgebung nicht mehr durch Unruhe oder aggressives Verhalten übermäßig stört, sondern auch davon, in welchem Grade inzwischen lebenspraktische Fertigkeiten gelernt wurden.

...

Diese Situation wurde lange für ausweglos gehalten, weil man von der Annahme ausging, daß schwerst Retardierte aufgrund ihrer Behinderung nicht bildungs- bzw. lernfähig seien. Hier hat sich in den letzten Jahren ein grundlegender Wandel vollzogen. Verschiedene Untersuchungen, vor allem in den USA, zeigten, daß, zumindest im Bereich der lebenspraktischen Tätigkeiten, auch schwer retardierte Kinder eine gewisse Lernfähigkeit besitzen.

...

Die Schwierigkeiten retardierter Kinder bestehen vor allem darin, daß das Erlernen komplexer Verhaltensweisen ihre Fähigkeiten übersteigt. Deshalb brauchen sie besondere Lernsysteme, die eigens auf diese Schwierigkeiten abgestimmt sind. In diesen Systemen müssen komplexe Verhaltensweisen in eine möglichst große Zahl von einzelnen Lernschritten aufgelöst werden. Das gilt selbst für den Erwerb der grundlegenden lebenspraktischen Fertigkeiten. Obwohl sie einfach scheinen, setzen auch sie sich aus einer Vielzahl von unterschiedlichen Bewegungen zusammen. Ein gesundes Kind erlernt diese Folge von Bewegungen, ohne daß man sie ihm im einzelnen zeigen muß. Es sieht das Ziel, z.B. sich alleine anzuziehen, und es findet einen Weg, der zu diesem Ziel führt. Beobachtet man gesunde Kinder, die z.B. gerade das Ausziehen lernen, so sieht man, daß sie zunächst viele unnötige, oft sehr mühsame Handgriffe machen, die umständlich zum Ziel führen. Allmählich entwickeln gesunde Kinder auch ohne gezielte Anleitung eine einfachere Methode, die sie dann beibehalten.

Bei schwer geistig behinderten Kindern ist die Situation grundsätzlich anders. Sie können nicht den Weg finden, der zum Ziel führt, sondern sie sind darauf angewiesen, daß man ihnen genau zeigt, was sie tun sollen. Da sie außerdem das Gezeigte viel schwerer und langsamer erfassen als gesunde Kinder, soll man ihnen nur einfache Übungsschritte vormachen, die möglichst direkt zum Ziel führen.

Ziel dieses Buches ist es, Pädagogen und Eltern Wege und Methoden zu zeigen, mit denen auch schwer geistig behinderte Kinder zu einer gewissen Selbständigkeit gebracht werden können. Derartige systematische Lernprogramme wurden erstmals von Pädagogen und Psychologen in den USA ausführlich beschrieben. Die Methoden dieser Programme sind nicht neu, viele Erzieher benutzen sie im Alltag. Neu ist die Systematik, mit der diese Methoden in den Programmen angewandt werden. Diese Systematik ermöglicht es, selbst bei starker Behinderung Lernfortschritte zu erzielen.

Auf der Basis dieser Erfahrungen haben wir am Max Planck-Institut für Psychiatrie in München seit 1971 Programme aufgebaut und erprobt, nach denen Kinder lernen können einfachen Anweisungen nachzukommen (Lenkbarkeit), selbständig zur Toilette zu gehen (Sauberkeit), sich alleine an- und auszuziehen (An- und Ausziehen) und selbständig zu essen (Essen). Wir haben über diese vier Programme auf Tagungen und in Veröffentlichungen berichtet, und dabei haben uns die zahlreichen Anfragen aus dem Kreise von Eltern und Pädagogen gezeigt, wie groß der Bedarf an Erziehungshilfen für schwer retardierte Kinder ist, zumal da es bisher auf diesem Gebiet noch kaum systematische, ausführliche Darstellungen in deutscher Sprache gibt.

...

Aufgaben zur Lenkbarkeit
In dieser Tabelle wird der Wortlaut der verschiedenen *Aufforderungen* zum Lenkbarkeitstraining gegeben, und zu jeder Aufforderung werden die entsprechende *Geste*, die Beschreibung der richtigen *Reaktion* und die *Position* von Kind und Therapeuten zum Zeitpunkt der Aufforderung beschrieben. Neben den drei Grundaufforderungen

sind drei Kernaufforderungen in zunehmender Komplexität angegeben. Es ist günstig mit der ersten, einfachsten Kernaufforderung zu beginnen, bevor man zu den komplexeren übergeht. Die angegebenen Gegenstände sind nur als Vorschläge zu betrachten. Sie können durch andere ersetzt oder ergänzt werden, die für den spezifischen Alltag sinnvoller scheinen oder die dem Kind vertrauter sind.

Für die Kernaufforderungen sind in der Liste Vorschläge für eine volle *Hilfestellung* angegeben, da diese im Text nicht ausführlich besprochen ist. Die Hilfen sollten, wie sonst auch, nur gegeben werden, sofern das Kind nicht schon selbständig reagiert und so schnell wie möglich ausgeblendet werden.

Grundaufforderungen

Aufforderung: *Komm zu mir*
Geste: Der Therapeut streckt dem Kind beide Arme entgegen und winkt es gleichzeitig zu der verbalen Aufforderung mit den Händen zu sich.
Reaktion: Das Kind kommt und berührt den Therapeuten oder nähert sich mindestens so weit, daß dieser von seinem Standort aus nur die Hand ausstrecken muß, um es zu berühren.
Position: Das Kind steht mit dem Gesicht zum Therapeuten gewandt, etwa zwei Meter von ihm entfernt.
Aufforderung: *Setz dich auf den Stuhl*
Geste: Therapeut zeigt auf den Stuhl.
Reaktion: Das Kind setzt sich auf den bezeichneten Stuhl. Setzt es sich auf einen anderen, so gilt dies nicht als richtige Reaktion.
Position: Das Kind steht neben dem Therapeuten, etwa zwei Meter entfernt vom Stuhl, mit Blickrichtung auf den Stuhl.
Aufforderung: *Steh auf*
Geste: Der Therapeut streckt dem Kind einen Arm entgegen und hebt die Hand gleichzeitig mit der Aufforderung.
Reaktion: Das Kind steht vom Stuhl auf. Es braucht nicht zum Therapeuten zu kommen.
Position: Das Kind sitzt auf dem Stuhl, der Therapeut steht vor ihm im Abstand von etwa zwei Metern.

Kernaufforderungen

Aufforderung: *Geh zum Fenster, geh zum Tisch, geh zur Tür, geh zum....*
Geste: Der Therapeut zeigt auf den Gegenstand, zu dem das Kind gehen soll.
Reaktion: Das Kind geht zum bezeichneten Gegenstand und berührt ihn.
Position: Das Kind steht neben dem Therapeuten, zwei Meter vom Gegenstand entfernt, mit Blickrichtung auf den Gegenstand.
Hilfestellung: Der Therapeut stellt sich neben das Kind, faßt es an den Armen und führt es zum Tisch. Dort greift er die beiden Hände des Kindes, hebt sie hoch und läßt sie auf bzw. gegen den bezeichneten Gegenstand fallen, so daß sie ihn berühren. Meist kann zunächst die Hilfe beim Fallenlassen der Hände ausgeblendet werden und dann die Hilfe beim Gehen.

Aufforderung: *Bring mir den Ball, bring mir den Teddy, bring mir das Lätzchen, bring mir...*
Geste: Der Therapeut zeigt auf den Gegenstand, den das Kind zu ihm bringen soll und winkt dann mit der Hand zu sich.
Reaktion: Das Kind geht zu dem bezeichneten Gegenstand, nimmt ihn in die Hand, geht zurück zum Therapeuten und gibt ihm den Gegenstand in die Hand oder hält ihn so, daß der Therapeut ihn leicht nehmen kann.
Position: Das Kind steht neben dem Therapeuten, etwa zwei Meter vom Gegenstand entfernt. Der Gegenstand liegt auf einem Tisch, einem Stuhl oder einer Kommode. Er sollte nicht zu hoch liegen, damit er für das Kind gut sichtbar ist. Der Therapeut nimmt den Gegenstand an der Stelle vom Kind, an der er die Aufforderung gegeben hat.
Hilfestellung: Der Therapeut faßt das Kind von der Seite an den Händen, geht mit ihm zum Tisch und greift den gewünschten Gegenstand gemeinsam mit ihm. Dann dreht er das Kind wieder in die Richtung, in der er vorher stand, geht vor ihm her, bleibt an der alten Stelle stehen und nimmt den Gegenstand. Meist können der erste und der letzte Teil dieser Hilfe bald fortgelassen werden, da die geforderten Verhalten der schon gelernten „geh zu"-Reaktion bzw. der „komm"-Reaktion entsprechen. Am längsten muß man meist beim Greifen des Gegenstandes helfen.

Aufforderung: *Leg den Löffel auf den Tisch, leg die Hose auf den Stuhl, leg den Teddy auf den Stuhl, leg ... auf ...*

Die Leg-Aufforderung kann in zwei Schwierigkeitsgraden geübt werden, wobei man am besten erst die leichtere Art (A) übt und dann eventuell die schwierigere Art (B).

(A) leichtere Form der Leg-Aufforderung:
Geste: Der Therapeut hält dem Kind den bezeichneten Gegenstand entgegen und zeigt damit auf die Stelle, auf die es den Gegenstand legen soll, d.h. auf den Tisch, den Stuhl usw.
Reaktion: Das Kind nimmt den Gegenstand vom Therapeuten, geht zur bezeichneten Stelle und legt den Gegenstand dort hin.
Position: Der Therapeut und das Kind stehen nebeneinander zwei Meter von der Stelle entfernt, an die das Kind den Gegenstand legen soll. Der Therapeut hält den Gegenstand in der Hand.
Hilfestellung: Der Therapeut gibt dem Kind den Gegenstand in die Hand und führt es an der Schulter zu der bezeichneten Stelle. Dort führt er die Hand des Kindes, daß es den Gegenstand so losläßt, daß er richtig liegt. Meist kann zuerst die Hilfe beim Hinlegen fortgelassen werden und dann beim Gehen in die richtige Richtung.

(B) schwierigere Form der Leg-Aufforderung:

Geste: Der Therapeut zeigt zunächst zum Gegenstand und dann dorthin, wo das Kind ihn hinlegen soll, parallel zur verbalen Aufforderung.

Reaktion: Das Kind geht zum bezeichneten Gegenstand, nimmt ihn, geht dann zur bezeichneten Stelle und legt ihn dort hin.

Position: Kind und Therapeut stehen mindestens einen Meter entfernt vom Gegenstand und von der Stelle, an die er gelegt werden soll, wobei auch mindestens ein Meter Abstand zwischen den beiden Stellen sein sollte.

Hilfestellung: Der Therapeut hilft dem Kind beim Holen des bezeichneten Gegenstandes wie bei der Bring-Aufforderung. Beim Hinlegen setzt er soweit nötig die Hilfen ein, die bei der einfacheren Leg-Aufforderung beschrieben sind.

Andreas Fröhlich

Basale Stimulation (1991)

Düsseldorf: Bundesverband für spastisch Gelähmte und andere Körperbehinderte 1991, S. 135 f., 138 f., 145 – 149, 156 f., 162 f., 191 f.

Andreas Fröhlich (geb. 1946) hat an der Pädagogischen Hochschule Rheinland-Pfalz studiert und zunächst an einer Schule für Lernbehinderte gearbeitet. Das Studium der Sonderpädagogik (Pädagogik der Körperbehinderten und Sprachbehinderten) absolvierte er an der Erziehungswissenschaftlichen Hochschule Rheinland-Pfalz. 1972 begann er im Rehabilitationszentrum Westpfalz/Landau als Sonderschullehrer zu arbeiten. Im Rahmen dieser Tätigkeit setzte er sich schon bald für das Bildungsrecht von Kindern mit sehr schwerer geistiger und körperlicher Behinderung ein. Er war einer der ersten in Deutschland, der ein umfangreiches Bildungsangebot für diesen Personenkreis entwickelt hat und zeigen konnte, daß es keine hoffnungslosen Fälle gibt.
Sein Förderansatz, der unter dem Namen „Basale Stimulation" bekannt wurde, ist aus der Arbeit mit den sog. Schwerstbehinderten nicht mehr wegzudenken. Er wurde inzwischen mehrfach überarbeitet und weiterentwickelt.
Heute ist Andreas Fröhlich Professor für Allgemeine Sonderpädagogik mit dem Schwerpunkt Geistigbehindertenpädagogik an der Pädagogischen Hochschule in Landau. In den letzten Jahren ist er u.a. durch seine äußerst kritische Auseinandersetzung mit bioethischen Fragestellungen hervorgetreten. Er war einer der ersten, der pränatale Diagnostik als Selektionsinstrument erkannte und vor den Folgen warnte.

Fragen der speziellen Förderung

Die spezielle Förderung von Menschen mit schwerster Behinderung steht im Mittelpunkt der vorliegenden Schrift. Geht es doch darum, für diese Menschen Wege zu finden, auf denen sie aus ihrer behinderungsbedingten Isolation gelangen können. Die häufig fast radikal zu nennenden Einschränkungen der eigenen Aktivität, der Kommunikation und der Selbstbestimmung sollen zumindest im Ansatz überwunden werden. Dazu bedarf es gewisser methodischer Vorgehensweisen, die den besonderen Bedürfnissen und Möglichkeiten schwerstbehinderter Menschen angepaßt sind. In den vergangenen Jahren hat sich der Ansatz der „basalen Stimulation" (BS) in weiten Bereichen durchgesetzt.

Frühförderung

Kindergarten und Schule bedienen sich der basalen Anregungsmöglichkeiten. Auch im Bereich der Intensivmedizin und der Geriatrie zeigen sich neuerdings Möglichkeiten einer Übernahme dieses Konzeptes. Unter basaler Stimulation sollen Methoden einer intensiven und ganzheitlichen Förderung schwer- und schwerstbehinderter Menschen verstanden werden. Diese Methoden orientieren sich an humanen Grundprinzipien, d.h. an Lebenszusammenhängen, die als für alle Menschen gültig postuliert werden. Durch einfachste, gewissermaßen „voraussetzungslose", sensorische Angebote versucht man dem betreffenden Menschen zu helfen, sich selbst und den eigenen Körper zu entdecken. Durch den eigenen Körper werden erste Beziehungen zur sozialen und materialen Umwelt aufgenommen. Damit entsteht ein primärer Wechselwirkungsprozeß zwischen „ich" und der „Welt". Basale Stimulation hilft, die verwirrende Überfülle für den schwerstbehinderten Menschen strukturierter, verstehbarer und weniger ängstigend werden zu lassen. Damit können erste Ansätze von Aktivität, Neugier und Spielverhalten entstehen.

Basale Stimulation und die von ihr abgeleiteten Anregungsformen sind von ihrem Selbstverständnis her keine „Behandlungs"-Methoden. Damit ist ausgedrückt, daß nicht alle Aktivität beim Therapeuten/Pädagogen liegt und das Kind oder der Jugendliche passiv einer Behandlung ausgesetzt ist, sondern es handelt sich um gemeinsame Aktivitäten, die allerdings zu Beginn beim schwerstbehinderten Menschen „Mikroaktivitäten" sein können, Aktivitäten, die vom ungeschulten Beobachter kaum wahrgenommen werden können. Durch basale Stimulation wird versucht, die gesamte Wahrnehmung des betreffenden Menschen anzuregen und zu orientieren. Der eigene Körper mit all seinen unterschiedlichen Bewegungs- und Wahrnehmungsmöglichkeiten, die Haut als Kontaktstelle zur Welt, die Empfindung der eigenen Lage im Raum, das Aufnehmen von Informationen aus der Umgebung, dies erfordert Aktivität und Wachheit. Um die Kombination aus diesen Bereichen geht es im wesentlichen, wenn Therapeuten und Pädagogen versuchen, Stimulationsangebote zu machen. Die Beteiligung des Subjektes, d.h. des schwerstbehinderten Menschen, ist immer erforderlich und nur die Anteile basaler Stimulation können wirkungsvoll sein, die dem aktuellen Bedürfnisniveau des schwerstbehinderten Menschen entsprechen. Dabei kommt es erfahrungsgemäß zu intensiven Wechselbeziehungen zwischen Therapeut, Pädagogen und schwerstbehindertem Menschen. Denn nur bei einer ausgeprägten Sensibilität des Therapeuten/Pädagogen ist es möglich, die feinen Aktionen und Reaktionen des behinderten Partners zu erspüren und darauf einzugehen. Andererseits zeigt es sich, daß oft auch kleinste Signale von schwerstbehinderten Menschen aufgenommen werden können, die dann die Situation unmittelbar direkt beeinflussen.

Der zentrale Ausgangspunkt basaler Stimulation liegt darin, daß wir versuchen wollen, einem schwerstbehinderten Menschen dabei zu helfen, den eigenen Körper, d.h. sein Ich und dessen Möglichkeiten, neu zu entdecken. Vielfältige sensorische und motorische, emotionale und kognitive Einschränkungen haben es zusammen mit den Bedingungen der Umwelt oft unmöglich gemacht, primäre Erfahrungen zu sammeln. Der eigene Körper, das eigene Ich, die emotionale Befindlichkeit, die kognitiven Möglichkeiten – auch wenn sie sehr stark eingeschränkt sind – konnten oft nicht erlebt werden, sie werden nicht benutzt und nicht genutzt. Die von der Behinderung nicht unmittelbar betroffenen Anteile verkümmern zusehends, der schwerstbehinderte Mensch gerät in eine immer tiefere Isolation und damit in eine existentielle Einsamkeit. Da wir aber nur über unseren Körper und seine Möglichkeiten mit uns selbst und der Außenwelt in Kontakt treten können, ist es unabdingbar, eben diesen Körper und seine Möglichkeiten zu aktivieren, ihm angemessene Angebote zu machen ...

Es sei an dieser Stelle mit Bezug auf Heiner Hastedt (1988) darauf hingewiesen, daß die konsequente Leib/Seele-, Leib/Geist-Trennung in der abendländischen Tradition sich verhängnisvoll auf pädagogische und therapeutische Förderung behinderter Menschen auswirkt. Auch die neueren Bemühungen um eine Leiblichkeit bzw. Körperlichkeit huldigen indirekt dieser alten Tradition, wie dies z.B. auch bei Dreher, Klein u.a. deutlich wird. Die starke Orientierung an sensorischer Wahrnehmung und Bewegung respektiert den Körper des schwerstbehinderten Menschen als die Realisation seines Ichs. Er wird angenommen, so wie er ist und insbesondere aber auch, wie er im Laufe seiner eigenen Biographie geworden ist. Es werden keine Anforderungen an ihn gestellt wie er sein sollte, sondern der Therapeut und Pädagoge läßt sich mit ihm aktuell ein, er tauscht sich mit ihm aus über Bewegung, über Spüren, über Nähe und gemeinsame Aktivität. So nur können Möglichkeiten zur eigenen Weiterentwicklung entstehen. Nach unserer Einschätzung ist es nicht möglich jemanden zu erziehen, ihn zu fördern in dem Sinne, daß der Pädagoge oder Therapeut bestimmte Aktivitäten vorgibt. Wir können lediglich Bedingungen schaffen, die es dem Ich ermöglichen, sich selbst weiter zu entwickeln.

Nach diesen grundsätzlichen Vorbemerkungen soll im folgenden versucht werden, die einzelnen Schritte und Aspekte basaler Stimulation näher zu beschreiben. Dabei ist allerdings in Erinnerung zu rufen, daß solche Beschreibungen notwendigerweise größere Zusammenhänge immer wieder außer acht lassen, daß sie Zusammenhängendes auseinanderreißen und in ihrer Beschreibung dem Anspruch der Ganzheitlichkeit kaum entsprechen können. Für eine bedürfnis- und entwicklungsangemessene Förderung muß zunächst die Basis der aktiven Wahrnehmungsmöglichkeiten zugrunde gelegt werden. Wie bereits dargestellt, hat das ungeborene Kind im Austausch mit der mütterlichen Umwelt bereits Fähigkeiten entwickelt wahrzunehmen, auf Wahrgenommenes zu reagieren und selbst Wahrnehmungen in Gang zu setzen. Wir haben gezeigt, daß es sich hierbei insbesondere um:

– somatische, den ganzen Körper einbeziehende Anregungen,
– vestibuläre, das frühentwickelte Lage- und Gleichgewichtssystem anregende,
– vibratorische, auf Schwingungsempfinden hinzielende Stimulation handelt.

Diese drei Bereiche stellen die Grundlage der Förderung schwerstbehinderter Menschen dar. Wir können davon ausgehen, daß hier elementarste und früheste Erfahrungen vorhanden sind, an die man als eine relativ sichere Primärerfahrung anknüpfen kann. Es zeigt sich allerdings, daß gerade für die Kinder, die frühgeboren ihre erste nachgeburtliche Lebenszeit im Inkubator verbringen müssen, aber auch für andere Kinder die nach dem Eintritt der Schädigung weitgehend immobil bleiben müssen, ein tiefes Wahrnehmungsvakuum entsteht. Von der Konzeption an befindet sich das werdende Leben in einer andauernden Anregungssituation vestibulärer, somatischer und vibratorischer Art. Dies bietet ihm der mütterliche Körper. Die zwar medizinisch lebenserhaltende neue Situation bietet ihm aber nur ein Minimum an konstanter sensorischer Anregung, die häufig genug durch die radikale Einschränkung der Bewegungsmöglichkeit, durch Monotonie ihre Anregungskraft verliert. So ist festzustellen, daß nach Eintritt der schädigenden Ereignisse zusätzlich eine massive und erschreckende Isolierung von allen bisher gewohnten und notwendigen sensorischen Informationen erfolgt. Dies kann nicht ohne psychoemotionale Auswirkung bleiben. Allerdings sind kinderpsychologische und -psychiatrische Untersuchungen bei schwerstbehinderten Menschen nach außerordentlich selten, gesicherte Aussagen liegen nicht vor, so daß wir im wesentlichen auf Vermutungen angewiesen sind. Vom methodischen Ansatz her soll die Anregung im vestibulären, somatischen und vibratorischen Bereich versuchen, an die ersten Erfahrungen anzuknüpfen, die vielleicht die letzten stabilen und vertrauten Erfahrungen waren, die dieser Mensch hatte.

An dieser Stelle soll noch einmal auf den notwendigen ganzheitlichen Aspekt verwiesen werden. Dies gilt sowohl für die Versuche, die Situation eines schwerstbehinderten Menschen zu verstehen, als auch für die Förderung selbst. Die einzelnen Bereiche der menschlichen Persönlichkeit können nicht hierarchisch, d. h. in Überordnung und Unterordnung sortiert werden, es gibt keinen Bereich, der wichtiger bzw. gewichtiger als ein anderer wäre. Die Gleichwirklichkeit dieser Bereiche ist zu berücksichtigen, d.h. emotionale Anteile sind ebenso wirklich, d. h. sie wirken ebenso wie körperliche. Gefühl ist also kein „Luxus", sondern ein wesentlicher Bestandteil menschlichen Lebens. Die Gleichzeitigkeit dieser Elemente gilt es wahrzunehmen. Jede Situation, jede Aktivität, jede Wahrnehmung beinhaltet zur gleichen Zeit alle Aspekte, auch dies ist ein Zeichen dafür, daß es nicht vorrangige bzw. nachrangige Anteile gibt.

Aus diesen Überlegungen resultiert eine besondere „Sorgfaltspflicht", in der Planung des eigenen pädagogisch-therapeutischen Vorgehens. Es entsteht eine unmittelbare Verantwortung für alle Bereiche der menschlichen Persönlichkeit, der Rückzug auf den eigenen professionellen Zugriff wird fragwürdig. Die Zerlegung der menschlichen Persönlichkeit in berufstypische Anteile kann nicht akzeptiert werden. Dabei bleibt natürlich eine spezifische berufliche Kompetenz wünschenswert und für die praktische Arbeit auch erforderlich.

Grundlegung der Wahrnehmungsorganisation

Ausgehend von den vorangegangenen Überlegungen soll nun versucht werden, die praktische Förderung darzustellen. Dabei gehen wir in einer Systematik vor, die sich als „entwicklungsanalog" beschreiben läßt. Die Darstellung bedingt ein Nacheinander, das aber den Leser nicht dazu verleiten sollte, exakt dieses Nacheinander in der Praxis zu suchen oder anzuwenden. Häufig werden parallel Angebote gemacht werden müssen. Dies ist aber in einer schriftlichen Darstellung nicht möglich.

Vestibuläre, somatische und vibratorische Informationsaufnahme wurde bereits mehrfach als die Grundlage aller menschlichen Wahrnehmungsprozesse beschrieben. Ihr Vorhandensein darf auch bei sehr schwer behinderten Menschen vorausgesetzt werden. Dieses Vorhandensein bedeutet allerdings nicht, daß alle Angebote in diesen Bereichen positiv akzeptiert werden. Aber auch eine Abwehr, z.B. einer Berührung, ist ein Zeichen dafür, daß diese Berührung überhaupt wahrgenommen wurde, ja, daß sie eine Bedeutung in diesem Fall die einer Bedrohung für das Kind angenommen hat.

Vestibuläre Anregung

Mit dieser Anregungsform knüpfen wir an früher vertraute Bewegungserfahrung an. Raumlageveränderungen, rhythmisches Schwingen, Auf- und Abdrehungen gehören in diesen Bereich. In der letzten Zeit hat sich durch die sogenannte sensorische Integrationstherapie (J. Ayres)[a] vestibuläre Anregung in vielerlei Form durchgesetzt. Hierbei fallen vor allem Drehanregungen ins Auge, die allerdings auch von Vertretern der sensorischen Integrationstherapie immer kritischer betrachtet werden. Für alle folgenden Beschreibungen, die speziell für schwerstbehinderte Kinder entwickelt wurden, die gewisse Analogien zur sensorischen Integrationstherapie haben, die aber doch eigenständig sind, gilt: eine Überstimulierung ist dringend zu vermeiden!

Sanfte Schaukelbewegungen um die Körperlängsachse scheinen am gewohntesten und einfachsten für die Kinder zu sein. In der Regel wird man für eine angemessene Rückenlage sorgen, d.h. eine ausgestreckte Position, wenn dies ohne Überstreckung möglich ist. Eine Rückenlage mit gebeugter Hüfte und gebeugten Knien ist ebenfalls sinnvoll. Wie bei den meisten vestibulären Angeboten werden einfache Hilfsmittel benötigt.

...

Somatische Anregung

Der Körper des Kindes ist das, was für das Kind wirklich vorhanden ist. Mit ihm sammelt es seine Erfahrungen in allen Entwicklungsbereichen, mit ihm drückt es sich aus, mit ihm ist es existent. An diesem Körper realisierten sich aber auch seine Behinderung, seine Entwicklungseinschränkung und alle Schwierigkeiten, die ihm für eine gesunde Entwicklung entgegenstehen. So nimmt es nicht wunder, daß in unserer Arbeit mit schwerstbehinderten Kindern die Arbeit am, mit und für den Körper im Mittelpunkt des Interesses steht. Zu Beginn seien einige Grundprinzipien dargelegt, die sich in allen praktischen Variationen wiederfinden.

Symmetrie ist ein wichtiges Prinzip der fördernden Erfahrungsvermittlung. Unser Körper ist symmetrisch angelegt – die Behinderung läßt aber sehr oft diese Symmetrie nicht in Erscheinung treten. So versuchen wir, als Vermittler von guter Selbstwahrnehmung diese Symmetrie für das Kind deutlich erlebbar zu machen. Das bedeutet zunächst eine gewisse Selbstkontrolle hinsichtlich der guten Ausgangslage des Kindes, die Vermeidung von pathologisch asymmetrischen Positionen, soweit dies je nach Stand des Kindes möglich ist, und vor allem auch eine symmetrische Anregung selbst. Wir müssen hinsichtlich der eigenen Angebote sehr aufmerksam sein, damit diese nicht nur die bevorzugte oder vielleicht auch die besonders schwer beeinträchtigte Körperhälfte betreffen. Es sollen nicht nur einseitig Angebote gemacht werden, die für die andere Körperhälfte gar nicht in Erscheinung treten. Der Körper als Ganzes muß erfahrbar werden. Für Kinder mit schwersten Behinderungsformen spielt die Entwicklung einer Seitigkeit, einer Dominanz der rechten Körperseite z.B., erst in der späteren Entwicklung eine Rolle. In den Entwicklungsbereichen, die jetzt angesprochen sind, ist Symmetrie das dominierende Prinzip. Die Spiegelbildlichkeit des Körpers, seiner Organe und

---

[a] J. Ayres: (1984). Bausteine der kindlichen Entwicklung. Berlin, Heidelberg, New York.

seiner Extremitäten befähigt ihn umfassend, im eigentlichen Wortsinne, sich Objekten zu nähern, sie sich einzuverleiben, sie aufzunehmen. Die Erkennungsfunktion des Mundes mit Unterstützung der beiden Hände stellt einen solchen Höhepunkt symmetrischer Aktivität dar.

Spannung und Entspannung sind weitere Grundprinzipien der somatischen Anregung. Entspannung ist notwendig, um aufmerksamer spüren zu können. Spannung ist notwendig, um Aktivität einzuleiten, ihr harmonischer Wechsel befähigt uns, Bewegung aufzubauen. Am Beginn der Förderung sind sehr viele Kinder aufgrund der Schwere ihrer Schädigung nicht in der Lage, solchen harmonischen Spannungsauf- und -abbau zu koordinieren. So müssen unsere Hände einen Teil dieser Erfahrungen vermitteln. Durch Lagewechsel, durch manuelle Anregung können Körperpartien Spannung bzw. Entspannung erfahren. Dies überschneidet sich mit dem im nächsten Abschnitt beschriebenen Komplex der Bewegungserfahrung. Spannung und Entspannung müssen erlebbar gemacht werden, d.h. es ist wenig sinnvoll, in einer therapeutischen Einheit nur und ausschließlich Entspannendes anzubieten und das Kind mit einem ganz niedrigen muskulären, aber auch perzeptorischen Tonus aus der Förderung zu entlassen. Genausowenig ist es sinnvoll, nur aktivierend, anspannend, anspornend zu arbeiten, um das Kind dann vielleicht auf einem Höhepunkt der Anspannung alleine zu lassen. Es findet nur schwer und wenig orientiert aus dieser Spannung heraus. Es ist ein Wechsel, der innerhalb einer Fördereinheit angeboten werden sollte.

Rhythmisierung ist ein drittes Grundprinzip. Hierbei ist nicht ein Tagesrhythmus gemeint, sondern ein biologischer Rhythmus, der im wesentlichen von der kindlichen Atmung bestimmt wird. Der Atemrhythmus (vgl. Marianne Fuchs, 1989)[b] bestimmt sehr stark unsere Selbstwahrnehmung. In Phasen der Ausatmung können wir wacher und aufmerksamer den eigenen Körper und seine Funktionen, aber auch seine Blockaden realisieren. Die kürzere Einatemphase stellt dann wieder eine Reaktivierung dar. Viele schwerstbehinderte Kinder haben aber, wie wir zeigen konnten, eine sehr irreguläre und arhythmische Atmung. Häufig sind die Einatemphasen hektisch und ziehend, die Ausatmung nicht ruhig und langanhaltend. Eine zusätzliche Hilfe ist notwendig. Wesentliche Anregung der körperlichen Selbstwahrnehmung kann die verbesserte Rhythmisierung der Atmung sein. Ausatemhilfen stehen hierbei an erster Stelle, das Kind soll die eigene Ausatmung deutlicher spüren. Die Ausatmungsphase soll verlängert und die Intervalle zwischen Ein- und Ausatmen gleichmäßiger werden.

...

Die weitere Förderung des Kindes im somatischen Bereich zielt auf eine Ausdifferenzierung des Körperschemas und der Körperwahrnehmung. Hierbei spielt die Hautempfindung eine große Rolle, denn die Haut stellt gleichsam die Grenze zwischen Ich und Umwelt dar. Erst durch vertiefte und ausdifferenzierte Erfahrungen kann ich lernen, daß ich da ende, wo die Umwelt beginnt. Die Haut stellt sowohl Grenze wie Kontaktstelle dar. Im Laufe unserer mehrjährigen Arbeit hat sich eine systematische Körperanregung bewährt, die sich an der Babymassage von Frederic Leboyer[c] orientiert.

...

Zusammenfassend läßt sich über die spezielle somatische Anregung sagen, daß sie ein Grundbaustein der Förderung für

Menschen mit schwerster Behinderung darstellt. Sie ist daher mit besonderer Sorgfalt und Aufmerksamkeit zu planen und durchzuführen. Die Beschäftigung mit dem Körper eines Menschen erfordert sehr viel Zuwendung. Um diese Zuwendung geben zu können, ist es erforderlich, daß Pädagogen, Therapeuten, Betreuer, ausreichend Ruhe und Zeit haben, um solche Fördereinheiten durchzuführen. Dies muß nicht in der Abgeschiedenheit eines speziellen Therapieraumes geschehen, dies kann auch in der Gruppe durchgeführt werden, *aber* der einzelne muß sich frei von anderen Aufgaben, von anderen Aufmerksamkeiten und Störungen fühlen können. Andernfalls entsteht zu leicht Hektik, Unaufmerksamkeit und damit kann die körpernahe Arbeit sehr schnell störend, irritierend, unangenehm aufregend und keineswegs förderlich werden.

Vibratorische Anregung

Vibratorische Anregung knüpft, wie die beiden zuvor beschriebenen Anregungsmodalitäten, an die pränatale frühkindliche Erfahrung an. Das Empfinden von Schwingung begleitet auch noch den nichtbehinderten Erwachsenen. Allerdings häufig in Formen, die kaum bewußt wahrgenommen werden. Wir setzen das Schwingungsempfinden nur selten aktiv bewußt ein, um uns Informationen zu verschaffen.

Wie schon dargestellt, bestehen enge Entwicklungsbeziehungen zum Hören, das sich aus dem ganzheitlichen Schwingungsempfinden zu entwickeln scheint. Zunächst wird Stimme über den Körper des Kommunikationspartners gespürt, später dann als einzelnes Phänomen wahrgenommen. Vibration zeigt aber auch eine Nähe zur Atmung (s.o.), Atmung kann durch Vibrationsimpulse von außen verstärkt und rhythmisiert werden. In einem nächsten Schritt zeigen sich dann Auswirkungen auf die eigene Stimmproduktion, die durch Vibration des Körpers angeregt werden kann. (Ein gutes Beispiel hierfür sind kleine Kinder im Kinderwagen, die gerne dann Laute von sich geben, wenn der Wagen über einen Untergrund fährt, der deutlich Schwingung produziert.

Vibration zeigt aber auch Nähe zur vestibulären Anregung, hier gibt es einen Grenzbereich kleinster, vestibulärer Impulse, die fast identisch mit Schwingungsempfindung sind (z.B. kleinste Schwingungen auf dem Trampolin).

Für die spezifische Förderung sehr schwer behinderter Kinder kommen all diese Bereiche in Frage, und es hängt oft von sehr individuellen Entwicklungskomponenten ab, in welche Richtung die Förderung gehen muß, um den Bedürfnissen des Kindes zu entsprechen.

Von besonderem Interesse kann die vibratorische Anregung auch sein, wenn es darum geht, dem Kind sein Skelett, d.h. das Trägersystem des Körpers, erfahrbar zu machen. Gesunde Kinder erleben dieses Trägersystem immer dann, wenn sie sich in heftiger Bewegung befinden. Springen, plötzliches Stoppen, Hüpfen – all dies gibt Impulse auf das Knochensystem, das so in seiner Festigkeit und Stabilität als integrativer Teil des Körpers erfahren wird. Jeder blaue Fleck, jede Beule am Kopf hat auch die Wirkung, daß der eigene Körper als teilweise fest und stabil, widerstandsfähig, aber eben auch schmerzempfindlich erfah-

---

[b] M. Fuchs: (1990). Funktionelle Entspannung. Stuttgart.
[c] F. Leboyer: (1979). Sanfte Hände. München.

ren wird. Für viele sehr schwer behinderte Kinder bestehen diese Erfahrungsmöglichkeiten nicht. Zwar mag man sich über das Fehlen aufgeschlagener Knie und Ellbogen freuen, doch entgehen damit im ganzen dem Kind wichtige Informationen über sich selbst. Vibrationsangebote können nach unserer neueren Einschätzung helfen, dem Kind sein Knochensystem in einer spezifischen Form erfahrbar zu machen.

...

Mit den Bereichen der vestibulären, somatischen und vibratorischen Anregung haben wir ein Grundgerüst zur Begegnung und Förderung schwerstbehinderter Kinder auf elementarem Niveau. Es gibt mit diesen Mitteln die Möglichkeit, die Kinder in ihrer derzeitigen Persönlichkeitsentwicklung anzusprechen, so daß sie das Angebot wahrnehmen und für sich als bedeutsam erfahren können. Für Kinder, aber auch Jugendliche und Erwachsene mit so schweren Beeinträchtigungen, ist es unabdingbar, daß sich die Umwelt auf sie zubewegt und sich der Annäherungs- und Kommunikationsmöglichkeiten bedient, die dem schwerstbehinderten Menschen zur Verfügung stehen. Wir können auf dieser Entwicklungsstufe mit schwerwiegenden Entwicklungsbeeinträchtigungen keine Anpassungsleistung des Behinderten an seine „normale" Umwelt erwarten. Wir müssen unsere Angebote unmittelbar an den betreffenden Menschen heranbringen und sie so strukturieren, daß er sie mit seinen Möglichkeiten identifizieren und integrieren kann. Dies ist eine nicht einfache didaktische und entwicklungspsychologische Aufgabe, die aber einen großen Reiz dadurch gewinnt, daß sie so ganz unmittelbar Begegnung zwischen zwei Menschen herstellt. Eine Begegnung, die auch für den Pädagogen und Therapeuten anregend, spannend und befriedigend sein kann. Es ist also ein wechselseitiges Anbieten, Beobachten, auf den anderen Reagieren und keinesfalls eine einseitige „Behandlung" eines behinderten Menschen. Es ist das Spiel zwischen zwei Menschen, das alle Grundelemente von Kommunikation und Interaktion zwischen Menschen enthält. Somit ist es auch zutiefst pädagogisch, ohne einseitig „belehrend" zu sein.

...

Zusammenfassende Gedanken zur basalen Stimulation

In diesem Kapitel der „Fragen der speziellen Förderung" haben wir uns mit den zentralen Inhalten der basalen Stimulation befaßt. Es ist zu hoffen, daß die vorangegangene Darstellung dazu geeignet war, sowohl Vorurteile abzubauen, als auch Anregungen für eine qualifizierte Praxis zu bieten. Es soll an dieser Stelle noch einmal betont werden, daß die Anregung der Wahrnehmungsorganisation, die Vermittlung primärer Körpererfahrung, das Angebot elementarer Bewegungserfahrung und Wege zu einer individualisierten Kommunikation in die allgemeine Aktivierung münden und keineswegs eine passive „Berieselung" darstellen. Dieser vermeintliche Eindruck von Passivität entsteht immer dann, wenn es dem außenstehenden Beobachter oder auch dem durchführenden Pädagogen/Therapeuten nicht gelingt, sich sensitiv auf das Kind, den Jugendlichen oder Erwachsenen einzustellen, mit dem zusammen er arbeitet. Wenn aufgrund von Zeitmangel, Streß, fehlender Qualifikation und ungenügender Information den Bedürfnissen und Äußerungen der behinderten Partner nicht nachgegangen werden kann, so ist tatsächlich die Gefahr zu sehen, daß diese zu passiven Objekten einer „Behandlung" gemacht werden. Eine Gefahr, die allen therapeutischen und pädagogischen Maßnahmen innewohnt. Dies gilt letztlich auch für den Frontalunterricht in der Schule oder eine rigide durchgezogene Vorlesung an der Universität. Es kommt also auf die Bereitschaft und Fähigkeit an, wechselseitig mit den basalen Angeboten umzugehen und sie im Hinblick auf die Bedürfnissituation des Einzelnen sinnvoll einzusetzen.

Basale Stimulation bietet die Möglichkeit, auch Menschen mit extremen Einschränkungen eine neue Erfahrungswelt zu eröffnen. Im Zentrum dieser Erfahrungswelt steht zunächst der eigene Körper, das Ich. Wenn der Mensch mit sich mehr und mehr vertraut wird, so kann er die ihm zur Verfügung stehenden Sinne auch weiter nach außen richten. Er entdeckt den unmittelbaren Partner, der mit ihm arbeitet und kommuniziert, es entsteht eine erste Beziehungsdyade. Natürlich sind solche Dyaden insbesondere im familiären Bereich immer schon, zumindest ansatzweise, vorhanden. Die intensive gemeinsame Beschäftigung mit dem Körper und seinen Möglichkeiten bietet jedoch eine gute Voraussetzung, diese Dyade auszudifferenzieren, tragkräftiger zu machen und insbesondere in ihren Beziehungsqualitäten zu verbessern. Aus der Dyade können bei einer weiterentwickelten Kommunikationsfähigkeit auch Triaden werden, d.h. mehr Menschen können in die unmittelbare Interaktion mit dem sehr schwer behinderten Menschen eintreten. Auf der Basis einer einigermaßen stabilen Beziehung kann dann eine Sachausweitung erfolgen, d.h. es ist jetzt möglich, sich den Objekten der Umwelt, der unmittelbaren Umgebung zuzuwenden und Erfahrungen mit ihnen zu machen. Erste Spiel-, Neugier- und Erkundungsaktivitäten kommen zum Tragen.

Damit möchte basale Stimulation ein Entwicklungsangebot darstellen zwischen dem Leben in extremer kommunikativer und sensorischer Isolation, hin zu einer aktiveren sozialen und materialen Lebensform. Sie versucht, die entsprechenden Voraussetzungen zu entwickeln, bietet aber gleichzeitig die Möglichkeit eines tiefen emotional kommunikativen Austausches, der insbesondere psycho-emotionale Blockierungen, Gefährdungen und Störungen mit aufgreift und so eine ganzheitliche Entwicklungsförderung in Gang setzt und trägt.

Basale Stimulation als eine lediglich methodische Variante zwischen Physio- und Ergotherapie zu sehen, bedeutete eine entscheidende und nicht zu tolerierende Verkürzung der Arbeit. Vielmehr ist sie als eine kommunikations-, interaktions- und entwicklungsfördernde Anregungsform zu verstehen, die sich in allen Bereichen an menschlichen Grundbedürfnissen orientiert.

Peter Singer

Die schiefe Bahn: von der Euthanasie zum Völkermord? (1979)

Aus: Praktische Ethik. Aus dem Englischen übersetzt von Jean-Claude Wolf. Stuttgart 1984, S. 209 – 214. Titel der englischen Ausgabe: Practical Ethics. Cambridge University Press, 1979.

Singer (geb. 1946), ist Professor für Philosophie und Ethik an der Monash Universität in Melbourne. Das Buch, aus dem hier zitiert wird, erregte 1988 Aufsehen, als Singer zu einem Symposion der Lebenshilfe erst eingeladen, dann auf Grund der heftigen Proteste wieder ausgeladen wurde. Singer vertritt in der Philosophie einen utilitaristischen Standpunkt (Präferenz-Utilitarismus), der in den angelsächsischen Ländern eine größere Verbreitung gefunden hat als auf dem Kontinent. Der abgedruckte Absatz ist dem 7. Kapitel entnommen.

Bevor wir dieses Thema verlassen, müssen wir einen Einwand in Erwägung ziehen, der in der Anti-Euthanasie-Literatur so gewichtig ist, daß er einen Abschnitt für sich beansprucht darf. Er liefert zum Beispiel den Grund dafür, daß John Lorber[a] die aktive Euthanasie ablehnt:

„Ich lehne die Euthanasie ganz und gar ab. Obwohl sie in sich völlig logisch ist und in fachkundigen, gewissenhaften Händen die humanste Weise darstellen könnte, mit einer solchen Situation fertig zu werden, wäre die Legalisierung der Euthanasie eine äußerst gefährliche Waffe in den Händen des Staates bzw. von unwissenden oder skrupellosen Individuen. Man muß nicht weit zurückgehen in der Geschichte, um zu wissen, welche Verbrechen begangen werden können, wenn Euthanasie legalisiert würde."

Wäre die Euthanasie der erste Schritt, der uns auf eine schiefe Bahn bringt? Würden wir aus Mangel an deutlichen moralischen Stützen, die unseren Abstieg kontrollieren, geradewegs in den Abgrund von staatlichem Terror und Massenmord stolpern? Die Erfahrung des Nazismus, auf die sich Lorber ohne Zweifel bezieht, wird oft als Illustration dessen verwendet, was aus der Freigabe der Euthanasie folgen könnte. Präzisiert findet sich das etwa in einem Artikel von Leo Alexander[b] – auch er Arzt:

„Welche Ausmaße die (Nazi-)Verbrechen schließlich auch immer angenommen haben, es wurde allen, die sie untersucht haben, deutlich, daß sie aus kleinen Anfängen erwuchsen. Am Anfang standen zunächst nur feine Akzentverschiebungen in der Grundhaltung der Ärzte. Es begann mit der Auffassung, die in der Euthanasiebewegung grundlegend ist, daß es so etwas wie Leben gebe, das nicht lebenswert sei. Im Frühstadium betraf das nur die schwer und chronisch Kranken. Nach und nach wurden zu dieser Kategorie auch die sozial Unproduktiven, die ideologisch Unerwünschten, die rassisch Unerwünschten und schließlich alle Nicht-Deutschen gerechnet. Entscheidend ist freilich, sich klar zu machen, daß die Haltung gegenüber den unheilbar Kranken der unendlich kleine Auslöser für einen totalen Gesinnungswandel war."

Erörtert man die Lehren, die aus dem Nazismus zu ziehen sind, ist es vor allem wichtig, einen offensichtlichen Trugschluß zu vermeiden. Die Nazis haben fürchterliche Verbrechen begangen; aber das bedeutet nicht, daß *alles*, was die Nazis taten, fürchterlich war. Wir können die Euthanasie nicht nur deshalb verdammen, weil die Nazis sie durchgeführt haben, ebensowenig wie wir den Bau von neuen Straßen aus diesem Grund verdammen können. Wenn die Euthanasie aus irgendeinem Grund zwangsläufig zu den Greueltaten der Nazis führen würde, dann wäre das ein Grund, die Euthanasie zu verdammen. Aber ist für die Massenmorde der Nazis nicht eher der Rassismus verantwortlich zu machen als die Euthanasie?

Alexander isoliert die Euthanasie, weil sie impliziert, „daß es so etwas gibt wie Leben, das nicht lebenswert ist". Lorber könnte mit Alexander in diesem Punkt kaum übereinstimmen, weil das von ihm empfohlene Verfahren, ausgewählte Säuglinge nicht zu behandeln, sich genau auf dieses Urteil gründet. Obwohl die Leute manchmal so reden, als ob es für immer verboten sein sollte, ein Leben als nicht lebenswert zu beurteilen (vermutlich haben sie das „Leben eines Mitglieds der Spezies Homo sapiens" im Sinn, wenngleich das Spezies-Vorurteil erst gerechtfertigt werden müßte), gibt es Zeiten, in denen ein solches Urteil offensichtlich korrekt ist. Ein Leben körperlichen Leidens, das nicht durch irgendeine Form von Freude oder durch einen geringen Grad von Selbstbewußtsein gemildert wird, ist nicht lebenswert. Wenn wir Entscheidungskriterien dafür aufstellen können, wen man sterben lassen darf und wem Behandlung zukommt, dann können wir auch Entscheidungskriterien – vielleicht dieselben Kriterien – dafür aufstellen, wer getötet werden sollte.

Somit ist es nicht die Auffassung, daß einige Lebewesen kein lebenswertes Leben haben, durch die sich die Nazis von normalen Leuten, die keine Massenmorde begehen, unterscheiden. Was aber ist es dann? Etwa die Tatsache, daß sie über die passive Euthanasie hinausgingen und die aktive Euthanasie praktizierten? Viele machen sich wie Lorber Sorgen darüber, daß ein Programm der aktiven Euthanasie ungeheure Macht in die Hände einer skrupellosen Regierung legen könnte. Diese Sorge ist nicht zu unterschätzen, aber sie sollte auch nicht übertrieben werden. Skrupellose Regierungen verfügen bereits über wirksamere Mittel, um ihre Gegner loszuwerden, als die von Ärzten aus medizinischen Gründen durchgeführte Euthanasie – „Selbstmorde" werden arrangiert, „Unfälle" ereignen sich. Nötigenfalls lassen sich Mörder dingen. Unsere beste Verteidigung gegen solche Möglichkeiten ist es, alles Mögliche zu tun, um unsere Regierung demokratisch, offen und in den Händen von Leuten zu erhalten, die nicht den ernstlichen Wunsch haben, ihre Gegner zu töten.

---

[a] John Lorber = Early Results of Selective Treatment of Spina bifida. In: British Medical Journal, 27. Oktober 1973, S. 201–204.
[b] Leo Alexander = Medical Science under Dictatorship. In: New England Journal of Medicine 24 (1949), S. 38–47.

Ist es ihnen mit dem Wunsch erst wirklich ernst, dann werden Regierungen einen Weg finden, ganz gleich ob Euthanasie legal ist oder nicht.

Im Fall des Nazismus war es die rassistische Einstellung gegenüber „Nicht-Ariern" – daß sie Untermenschen und eine Gefahr für die Reinheit des Volkes seien –, die die Massenvernichtung möglich machte. Auch meinte das sogenannte „Euthanasie"-Programm nicht die Art von Euthanasie, die aus ethischen Gründen gerechtfertigt werden könnte – wie man aus der Tatsache ersehen kann, daß die Nazis ihre Operationen vollständig geheimhielten, die Verwandten über die Todesursache der Betroffenen täuschten und bei bestimmten privilegierten Gruppen wie Kriegsveteranen oder Verwandten des Vollzugspersonals Ausnahmen zuließen. Nazi-Euthanasie war niemals freiwillig und geschah oft eher gegen den Willen als nichtfreiwillig. „Nutzlose Mäuler beseitigen" – diese von den dafür Verantwortlichen verwendete Phrase gibt eine bessere Vorstellung von den Absichten des Programmes als das Wort „Gnadentod". Sowohl rassischer Ursprung als auch Arbeitsfähigkeit gehörten zu den Faktoren, die bei der Auswahl der zu tötenden Patienten eine Rolle spielten. Zwischen diesen Praktiken und den Vorschlägen derer, die heute die Euthanasie zu legalisieren versuchen, besteht keine analoge Verbindung.

Auch wenn man das Fehlen einer wirklichen Parallele zwischen Nazi-„Euthanasie" und gegenwärtigen Vorschlägen zugeben mag, könnte dennoch das Argument der „schiefen Bahn" als dienlich angesehen werden, uns davon zu überzeugen, daß das gegenwärtige strikte Verbot, unschuldige menschliche Wesen direkt zu töten, einen nützlichen Zweck erfüllt. Wie willkürlich und ungerechtfertigt die Unterscheidungen zwischen menschlich und nichtmenschlich, Fötus und Säugling, Töten und Sterbenlassen auch sein mögen, das Verbot, unschuldige Menschen zu töten, zeigt zumindest eine praktikable Grenzlinie. Die Unterscheidung zwischen einem Säugling, dessen Leben vielleicht lebenswert ist, und einem, dessen Leben es definitiv nicht ist, ist viel schwieriger. Vielleicht könnte jemand, der sieht, daß gewisse Arten von menschlichen Wesen unter bestimmten Umständen getötet werden, zu der Schlußfolgerung gelangen, daß es nicht falsch ist, andere zu töten, die von der ersten Art nicht sehr verschieden sind. Wird so die Grenze für akzeptables Töten allmählich zurückverschoben? Wird, in Ermangelung irgendeiner logischen Sperre, am Ende jeglicher Respekt vor dem menschlichen Leben verlorengehen?

Wenn unsere Gesetze so geändert würden, daß jeder einen Akt der Euthanasie vollziehen dürfte, würde das Fehlen einer klaren Trennungslinie zwischen denen, die berechtigterweise getötet werden können, und jenen, bei denen das nicht möglich ist, eine wirkliche Gefahr darstellen; aber das ist nicht das, was die Befürworter der Euthanasie vorschlagen. Wenn Akte der Euthanasie nur von einem Mitglied der ärztlichen Zunft und unter Mitwirkung eines zweiten Arztes durchgeführt werden dürften, ist es unwahrscheinlich, daß sich die Neigung zum Töten in der Allgemeinheit unkontrolliert verbreiten würde. Ärzte haben durch die Möglichkeit, eine Behandlung zu verweigern, bereits jetzt ein gutes Stück Macht über Leben und Tod. Es gibt aber keinen Hinweis darauf, daß Ärzte, die jetzt zulassen, daß schwer behinderte Säuglinge an Lungenentzündung sterben, dazu übergehen könnten, rassischen Minderheiten oder politischen Extremisten Antibiotika vorzuenthalten. Hingegen kann sich die Legalisierung der Euthanasie umgekehrt sogar als eine Kontrolle über die Macht der Ärzte auswirken, weil sie das aufdecken und der Prüfung eines weiteren Arztes unterwerfen würde, was heute manche Ärzte in eigener Initiative und insgeheim tun.

Es gibt jedenfalls kaum historische Anhaltspunkte dafür, daß eine Einstellung, die das Töten einer Kategorie menschlicher Wesen erlaubt, zu einem Zusammenbruch der Beschränkungen gegen das Töten anderer Menschen führt. Bei den Griechen der Antike war es gängige Praxis, Säuglinge zu töten oder auszusetzen, aber sie hatten offenkundig mindestens ebenso viele Skrupel in bezug auf das Töten ihrer Mitbürger wie mittelalterliche Christen oder moderne Amerikaner. In traditionellen Eskimogesellschaften war es Sitte, daß ein Mann seine betagten Eltern tötete, aber ein Mord an einem normalen gesunden Erwachsenen kam fast nie vor. Wenn diese Gesellschaften fähig waren, menschliche Wesen in verschiedene Kategorien einzustufen, ohne ihre Einstellung von einer Gruppe auf die andere zu übertragen, dann sollten wir mit unserem verfeinerteren Rechtssystemen und unserem größeren medizinischen Wissen dazu ebenso in der Lage sein.

Damit soll nicht bestritten werden, daß ein Abweichen von der traditionellen Ethik der Heiligkeit des Lebens nicht das Risiko unerwünschter Konsequenzen mit sich brächte. Gegen dieses Risiko müssen wir den offenkundigen Schaden abwägen, der durch die traditionelle Ethik entsteht – für jene nämlich, deren Elend unnötig verlängert wird. Wir müssen auch fragen, ob die verbreitete Akzeptierung von Abtreibungen und passiver Euthanasie nicht bereits Risse in der traditionellen Ethik bloßgelegt hat, die sie nur noch einen schwachen Schutz gegen jene bieten läßt, denen der Respekt vor individuellem Leben fehlt. Eine vernünftigere, wenn auch weniger scharf umrissene Ethik kann langfristig einen festeren Grund legen, um nichtgerechtfertigtem Töten Widerstand zu leisten.

Bundesvereinigung Lebenshilfe e. V.

Lebensrecht niemals in Frage stellen (1989)

**Aus: Die Lebenshilfe-Zeitung vom Juni 1989, Nr. 3, Leitartikel.
Abdruck in: Geistige Behinderung 28 (1989), S. 240–242.**

Die Sensibilität für Fragen der Bioethik ist in Deutschland nach den Erfahrungen in den dreißiger Jahren höher als in den zwanziger Jahren in der Weimarer Republik. Das zeigte sich bei der Einladung des australischen Philosophen Peter Singer im Jahre 1988. Bioethik hat für Eltern und behinderte Kinder nicht nur wissenschaftliche, sondern unmittelbar existentielle Bedeutung. Die Diskussion schlug hohe Wellen. Es kam auch bei anderen Veranstaltungen, auf denen Peter Singer sprechen sollte, zu Auseinandersetzungen und heftigem Widerstand. An der Art des Protestes, der zum Teil handgreiflich war, wurde heftig Kritik geübt. Man warf den Protestierenden vor, die Meinungsfreiheit zu verletzen. Es sollte jedoch nicht vergessen werden, daß die Diskussion in den zwanziger Jahren, die ebenfalls als lediglich „akademisch" gedacht war, in kurzer Zeit aus dem akademischen Raum heraus trat und in die Politik geriet, und zwar nicht erst nach 1933. In populärwissenschaftlicher Weise wurden Rassenhygiene und Volksgesundheit in die Bevölkerung getragen und auf diese Weise das Rechtsbewußtsein geschwächt. Es zeigte sich damals, daß die Eltern behinderter Kinder nur mit wenig Unterstützung von anderen gesellschaftlichen Gruppen rechnen können. Insofern kann in der Protestwelle im Anschluß an die Ein- und wieder Ausladung von Peter Singer ein ermutigendes Zeichen gesehen werden.

Die Bundesvereinigung Lebenshilfe für geistig Behinderte hat ein gemeinsam mit der Bishop Bekkers Foundation, Niederlande, für Anfang Juni 1989 vorgesehenes internationales Symposium „Biotechnik – Ethik – Geistige Behinderung" kurzfristig abgesagt. Die seit über einem Jahr mit Unterstützung der Europäischen Gemeinschaft und staatlicher Stellen auf Bundes- und Landesebene geplante Veranstaltung verfolgte das Ziel, die Auswirkungen des für geistig behinderte Menschen problematischen (vorläufig eingefrorenen) „Gesundheitsprogramm 2000" der Weltgesundheitsorganisation (WHO) aus ethischer, medizinischer und rechtlicher Sicht kritisch zu untersuchen. Darüber hinaus sollten die Gefahren aufgezeigt werden, die mit der rasanten Entwicklung der Gentechnologie für Menschen mit Behinderung verbunden sind.

Auch die in vielen Ländern sich abzeichnenden Tendenzen, die Sterbehilfediskussion auf neugeborene Behinderte auszudehnen, sollten unter der Überschrift „Lebensrecht für behinderte Menschen – auch für schwergeschädigte Säuglinge!" widerlegt werden. Zusätzlich sollten konkrete Handlungsperspektiven zum Schutz behinderten Lebens entwickelt werden.

Eingeladen waren rund 40 renommierte Wissenschaftler aus aller Welt, darunter der langjährige Präsident der Internationalen Liga von Vereinigungen für Menschen mit geistiger Behinderung (ILSMH), Prof. Dr. Peter Mittler, Großbritannien, und der Historiker und Psychiater Prof. Dr. Klaus Dörner, Gütersloh.

Angesichts der Zusammensetzung der Teilnehmer, der Zielsetzung der einzelnen Programmpunkte und der angekündigten Referate gab es aus der Sicht der Veranstalter keinen Zweifel daran, daß die wissenschaftliche Auseinandersetzung den biotechnischen Herausforderungen der nächsten Jahre Argumente gegenüberstellen würde, mit denen der uneingeschränkte Schutz des Wertes behinderten Lebens betont und verteidigt werden sollte. Unter diesen Voraussetzungen glaubten die Veranstalter, die persönliche Konfrontation mit einer Person eingehen zu müssen, die den Euthanasiegedanken weltweit vertritt: Auf Empfehlung der Australischen Mitgliedsvereinigung der Internationalen Liga wurde Peter Singer, Direktor des Zentrums für Bioethik, Monash-Universität in Clayton, Victoria (Australien), eingeladen, ein in Oxford (England) ausgebildeter Philosoph, der die Sterbehilfe für neugeborene Behinderte mit missionarischem Eifer zu verbreiten versucht und seinen Thesen einen wissenschaftlichen Anstrich geben will.

Die Thesen Singers würden – so die Australische Elternvereinigung – in Südostasien „breit und offen" diskutiert. Die in Marburg versammelten Wissenschaftler müßten sich warnend damit auseinandersetzen, daß die Euthanasie trotz der fürchterlichen Tötungsmaschinerie der Nationalsozialisten in vielen Ländern nicht nur für unheilbar schwerstkranke alte Menschen, sondern auch für Säuglinge mit Behinderungen neue Anhänger gefunden habe.

Die Veranstalter wollten im Streitgespräch mit Wissenschaftlern aus aller Welt Singers „Ethik" als das entlarven, was sie ist: ein Horrorgebilde, das unseren Moralvorstellungen widerspricht und in eklatanter Weise gegen die Menschenrechte verstößt.

Doch diese Absicht konnte nicht verwirklicht werden. Die Einschätzung, die Veranstaltung mit Singer durchführen zu sollen, hat sich als Fehler erwiesen und letztendlich zur Absage der gesamten Veranstaltung geführt.

Mitte Mai wurde der Bundesvereinigung Lebenshilfe für geistig Behinderte bekannt, daß Singer seinen Aufenthalt in der Bundeszentrale zu weiteren Auftritten in der Bundesrepublik nutzen wollte, um seine persönlichen Ansichten zur Ethik und Euthanasie auch in der deutschen Öffentlichkeit zu verbreiten: Der Fachbereich „Sondererziehung und Rehabilitation der geistig Behinderten" der Universität Dortmund wollte Singer direkt im Anschluß an das Symposium zu einer öffentlichen Veranstaltung „Haben schwerstbehinderte neugeborene Kinder ein Recht auf Leben?" einladen und damit dazu beitragen, daß seine mit „einsichtigen Gründen" versehenen „ethischen Positionen" publik gemacht werden. Daraufhin wurde Singer von der Bundesvereinigung Lebenshilfe mit sofortiger Wirkung ausgeladen.

Als Reaktion darauf sagten zwei angesehene Wissenschaftler aus den Niederlanden ihre Teilnahme an dem Symposium mit der Begründung ab, die Ausladung Singers zeige, daß man in Deutschland nicht frei diskutieren könne und international gültige Spielregeln der wissenschaftlichen Auseinandersetzung nicht einhalten wolle.

Zwischen allen Stühlen

Die Ausladung Singers kam zu spät. In den letzten Tagen vor dem geplanten Beginn des Symposiums überschlugen sich die Ereignisse. Schnell entwickelte sich die

Auffassung, daß es der Lebenshilfe nicht anstünde, „über Lebensrecht zu diskutieren". Es war auch innerhalb der Lebenshilfe nicht mehr vermittelbar, daß ein erbittertes Streitgespräch mit einem Befürworter der Euthanasie nicht eine Diskussion über, sondern eine Verteidigung des Lebensrechtes behinderter Menschen sein sollte.

Die immer häufiger gestellte Frage, ob es ein Fehler war, Singer einzuladen oder auch die Frage, ob die Lebenshilfe zur Erreichung ihrer Ziele nicht besser eine öffentliche Veranstaltungsform gewählt hätte, wurde zu einer Diffamierungskampagne benutzt: Gerade von jenen Gruppen, die sich ebenfalls für das Lebensrecht einsetzten, wurde das Schlagwort „Euthanasie-Kongreß" geprägt. Ihr Sprecher Udo Sierck verfaßte in der Berliner Tageszeitung „taz" einen Artikel „Lebenshilfe hofiert Todeshelfer". Zum „Beweis" dafür, daß auch nach der Ausladung Singers Euthanasiebefürworter zu Wort kommen sollten, wurde ausgerechnet und wider besseres Wissen auf das Referat von Klaus Dörner verwiesen, einem der entschiedensten Gegner der Euthanasie. In einer Meldung der Deutschen Presse-Agentur (dpa) wurde ein unglaubliches Zitat aus einem Flugblatt der Krüppel- und Behinderten-Initiativen u.a. wiedergegeben: Die Bundesvereinigung habe „das Recht zur Tötung behinderter Menschen moralisch, ökonomisch und juristisch absichern" wollen. Dies ist eine Verleumdung, gegen die wir uns auf das Schärfste verwahren!

Diese Eskalation der Ereignisse führte schließlich dazu, daß das gesamte Symposium abgesagt werden mußte. Offensichtlich hat die Bundesvereinigung Lebenshilfe für geistig Behinderte an einer Frage gerührt, die für viele ein Tabu ist. So bleibt dringend zu klären:

– Wie geht man in der Bundesrepublik, in der Lebenshilfe, mit den Thesen von Befürwortern der Euthanasie um?
– Wie und wann und wo soll die Auseinandersetzung mit ihnen geführt werden?
– Darf man so tun, als ob es das Gedankengut der Früheuthanasie in Deutschland nicht gäbe?
– Kann man weiter darüber hinwegsehen, daß z.B. die deutsche Gesellschaft für Medizinrecht schon im Juli 1986 Empfehlungen zu den Grenzen der ärztlichen Behandlung für schwerstgeschädigte Neugeborene veröffentlicht hat, aus denen hervorgeht, daß es Fälle gibt, „in denen der Arzt die medizinischen Behandlungsmöglichkeiten nicht ausschöpfen muß, wenn es nach dem aktuellen Stand der medizinischen Erfahrung trotz der Behandlung ausgeschlossen ist, daß das Neugeborene jemals die Fähigkeit zur Kommunikation mit der Umwelt erlangt ..."?
– Wie stellt sich die Öffentlichkeit zu der Tatsache, daß Singers Thesen an deutschen Universitäten längst Eingang gefunden haben und daß der Reclam-Verlag Peter Singers Standard-Werk „Praktische Ethik", in dem seine Vorstellungen zur Euthanasie nachzulesen sind, bereits seit 1984 in deutscher Übersetzung vertreibt und mit dem zynischen Nachwort versieht, das Buch stelle eine der „klarsten und anregendsten Erörterungen ... zentraler moralischer Probleme" dar?

Wir dürfen den Kopf nicht in den Sand stecken. Behindertes Leben in Frage zu stellen, grassiert auch in Deutschland. Das Symposium sollte der Beginn einer Auseinandersetzung für das Lebensrecht behinderter Menschen sein. Dieser Versuch ist gescheitert. Wir haben daraus gelernt, daß die Konfrontation mit einem Peter Singer nicht unter dem Dach der Lebenshilfe stattfinden darf. Wir werden unbeirrt für unser oberstes Ziel kämpfen: das uneingeschränkte Lebensrecht für alle Menschen und damit auch für Menschen mit einer geistigen Behinderung.

Kinsauer Manifest (1992)

Aus: Euthanasie. Sind alle Menschen Personen? Hrsg. von Michael Frensch, Martin Schmidt und Michael Schmidt. Schaffhausen 1992, S. 143–145.

Das „Kinsauer Manifest" entstand im Anschluß an eine Sommerakademie der Sophien-Stiftung in Kinsau mit dem Thema: „Euthanasie – Ein Angriff auf die Person des Menschen". Das Manifest ist ein Beispiel für das Entsetzen, das die leichtfertige Diskussion um die Euthanasie seit dem Jahre 1988 auslöste. Die Initiative für die Sommertagung ging von den beiden Ärzten Michael Schmidt und Martin Schmidt aus. „Wir stehen am Beginn einer sich ausbreitenden Erkrankung des ethischen Bewußtseins", schreiben sie in der Einleitung (S. 12/13). Der Bericht führt über 150 Unterzeichner des Manifestes aus den Bereichen Politik, Medizin, Philosophie und Heilpädagogik auf.

Der Schutz des Lebens ungeborener, behinderter und sterbender Menschen soll ausdrücklich in das Grundgesetz aufgenommen werden. Dies wurde öffentlich vorgeschlagen. Der Vorschlag ist gut gemeint. Daß er gemacht wird, ist dennoch erschreckend. Er zeigt nämlich, daß das Menschsein der genannten Gruppen nicht mehr selbstverständlich und ihr Grundrecht auf Leben deshalb gefährdet ist. Behinderte und Sterbende werden mit Ungeborenem auf eine Stufe gestellt, ohne daß zugleich der gesetzliche Schutz der Ungeborenen massiv verbessert würde. Was bedeutet das? Wird es künftig Gremien geben, die über lebenswertes und lebensunwertes Leben befinden? Wird es künftig ein Indikationsmodell für Pflegebedürftige geben? Wird künftig ihr Recht auf Leben abgewogen werden gegen das Interesse derer, die physisch und materiell die Last der Pflege zu tragen haben – eine Last, die weit schwerer wiegen kann als die einer ungewollten Schwangerschaft? Werden die Kirchen Konfliktberatungsstellen nach dem Muster der bereits bestehenden einrichten, deren Konsultationsbescheinigungen straffreie Tötung ermöglichen?

Diese Fragen sind leider nicht theoretisch. Fünfzig Jahre nach Hitlers Mordprogramm hat die Kampagne für Euthanasie in unserem Land wieder begonnen. Verschiedene reale Faktoren bilden den Hintergrund: Die anormale Altersstruktur unserer Gesellschaft, der Pflegenotstand, die wachsenden Pflegekosten, die extremen medizinisch-technischen Möglichkeiten der Lebensverlängerung. Die Einstiegsdroge auf dem Weg in die Euthanasiegesellschaft ist die sogenannte „Tötung auf Verlangen". Sie wird bereits institutionell organisiert und stößt auf eine gewisse öffentliche Akzeptanz. Angeblich führt keinerlei schiefe Ebene von der Tötung „auf Verlangen" des Opfers zur Tötung gegen den Willen des Opfers – zur Tötung von Menschen also, deren Leben nicht ihnen selbst, sondern der Gesellschaft als „lebensunwert" erscheint. Das ist eine katastrophale Illusion. Die Nationalsozialisten wußten sehr wohl, warum sie die massenhafte Ermordung geistig Behinderter psychologisch vorbereiteten durch den Film „Ich klage an", einen Film, der Sympathie wecken sollte für eine Mitleidstötung auf Verlangen. Als Mitleidstötung deklariert waren auch die Morde der Wiener Krankenschwestern an lästigen Alten. Im übrigen: Ist die Tötung auf Verlangen erst einmal legalisiert und gesellschaftlich akzeptiert, dann hat auch der, der nicht freiwillig aus dem Leben geht, die Last selbst zu verantworten, die sein Leben für andere bedeutet. Es wird sehr bald zur gesellschaftlichen Pflicht jedes dauerhaft Pflegebedürftigen, die Umwelt von der Last seiner Pflege zu befreien, indem er um die Tötung ersucht. Unter solchen Umständen mag dann wirklich das Leben für sensible Kranke unerträglich werden. Ob das Leben Behinderter, die solche Wünsche nicht äußern können oder wollen, lebenswert ist oder nicht, darüber befindet dann die interessierte Mitwelt. In einer hedonistischen Gesellschaft heißt dies: Wo Leid nicht beseitigt werden kann, wird der Leidende beseitigt.

Schon jetzt hat die jeder schwangeren Frau unaufgefordert angediente vorgeburtliche Diagnostik dazu geführt, daß die Existenz junger Behinderter als Unfall betrachtet wird, den die Eltern zu verantworten haben.

Hier schließt sich der Kreis: Was zu Anfang als „Recht auf den eigenen Tod" eingeklagt wurde, wird schließlich zur „Pflicht zum Tod". Das „Recht zu töten" – und zwar auch diejenigen, die dieser Pflicht nicht nachkommen – ist der absehbare dritte Schritt.

Der wichtigste gegenwärtige Propagator der Euthanasie, Peter Singer, will konsequenterweise auch das Lebensrecht aller Kinder in den ersten Lebensmonaten aufheben und deren Leben zur Disposition ihrer Eltern stellen. Sie seien zwar Menschen, aber nicht alle Menschen seien Personen, sondern nur solche, die tatsächlich über Selbstbewußtsein und Rationalität verfügen. Behinderten Menschen wird zugemutet, daß nicht nur ihre Behinderung, sondern ihre ganze Existenz öffentlich als bedauerlicher Unfall hingestellt wird. Das Grundgesetz unseres Landes kennt die Unterscheidung von Menschen und Personen nicht. Da es voraussetzt, daß jeder Mensch Person ist, spricht es nur von Menschenrechten.

Das Bundesverfassungsgericht hat das ausdrücklich gemacht: „Wo menschliches Leben existiert, kommt ihm Würde zu; es ist nicht entscheidend, ob der Träger sich dieser Würde bewußt ist und sie selber zu wahren weiß." (BVG 39,2 ff. [41]). Dabei muß es bleiben.

Nur wenn die billige und bequeme Möglichkeit der Euthanasie gänzlich außer Betracht bleibt, können menschliche Kräfte mobilisiert und soziale Phantasie geweckt werden. Nur dann werden menschliche Antworten gefunden auf die Frage des Alterwerdens, der Pflegebedürftigkeit, der Behinderung und des unheilbar Krankseins in unserer Gesellschaft.

In besonderer Weise konfrontiert mit dieser Situation ist der Arzt. Das ärztliche Berufsethos steht und fällt damit, daß der Arzt keine andere Aufgabe übernimmt als den Dienst am Leben. Ihn zum Herrn über Leben und Tod machen zu wollen heißt, das ärztliche Berufsethos von Grund auf korrumpieren. Allerdings ist ein neues Nachdenken über die Grenzen der ärztlichen Behandlungspflicht geboten. Es ist nicht human, jeden Menschen, dessen Organismus definitiv versagt und mit dem es zu Ende geht, mit allen Mitteln zum Leben zu zwingen. Menschen haben ein Recht darauf, daß man sie menschenwürdig sterben läßt. Absichtliche Tötung aber, gewaltsame Beendigung des Lebens, also die sogenannte „aktive Sterbehilfe", rührt an die Grundlagen der Menschlichkeit in unserer Kultur. Sie darf in keiner Form zu einer legalen Möglichkeit werden.

Bioethik-Konvention des Europarates (1997)

Die Bioethik-Konvention verpflichtet alle Staaten, die ihr beitreten, in der Anwendung von Medizin und Biologie bestimmte ethische Grenzen zu überwachen. Die Konvention trägt die Nr. 164 der europäischen Verträge und wurde am 4. April 1997 nach umstrittenen, weil nicht öffentlichen Beratungen zur Unterzeichnung aufgelegt („opened for signature"). Im Vorfeld der Beschlußfassung hatte sich in den neunziger Jahren Widerstand von Abgeordneten, Verbänden und Kirchen gebildet, u.a. eine „Internationale Initiative gegen die geplante Bioethik-Konvention" um die Düsseldorfer Publizistinnen Ursel Fuchs und Wilma Kobusch (1994). Die Bundesrepublik Deutschland, Polen und Belgien traten der Konvention nicht bei (Stand 1998). Einige Bestimmungen in der jetzigen Fassung, nach denen medizinische oder biologische Forschung an geistig behinderten Menschen auch ohne deren Zustimmung ermöglicht wird, bedrohen geistig behinderte Kinder und Erwachsene in Heimen und müssen nach den Erfahrungen der NS-Zeit schwere Bedenken erregen (Neuer-Miebach 1997, Emmrich 1997, Krebs 1998). Die Unterordnung der Ethik unter die Interessen naturwissenschaftlicher Forschung bedroht den gesellschaftlichen Frieden und ist abzulehnen.

Entwurf eines Übereinkommens zum Schutz der Menschenrechte und der Menschenwürde im Hinblick auf die Anwendung von Biologie und Medizin:

Bioethik-Konvention

Artikel 6
(Schutz von nicht-einwilligungsfähigen Personen)

1. Vorbehaltlich der Regelungen von Artikel 17 und 20 dürfen an nicht-einwilligungsfähigen Personen Eingriffe nur zu ihrem unmittelbaren Nutzen vorgenommen werden.

2. Medizinische Eingriffe an einer minderjährigen Person, die nach Maßgabe der Rechtsvorschriften nicht einwilligungsfähig ist, dürfen nur mit Einwilligung ihres Vertreters oder einer gesetzlich bestellten Behörde oder Person oder Gremium vorgenommen werden.

Die Meinung des Minderjährigen ist entsprechend seines Alters und seiner Reife als zunehmend ausschlaggebender Faktor zu berücksichtigen.

3. Medizinische Eingriffe an einer erwachsenen Person, die nach Maßgabe der Rechtsvorschriften aufgrund einer geistigen Behinderung, einer Krankheit oder aus einem ähnlichen Grunde nicht einwilligungsfähig ist, dürfen nur mit Einwilligung ihres Vertreters oder einer gesetzlich bestellten Behörde oder Person oder Gremium vorgenommen werden.

Die Person, bei der der Eingriff vorgenommen werden soll, ist soweit wie möglich in das Einwilligungsverfahren einzubeziehen.

4. Den in den vorstehenden Ziff. 2 und 3 genannten Vertretern, Behörden, Personen oder Gremien sind die in Artikel 5 genannten Informationen unter den gleichen Bedingungen zugänglich zu machen.

5. Die in den vorstehenden Ziff. 2 und 3 genannte Einwilligung kann jederzeit im besten Interesse der betroffenen Person zurückgezogen werden.

Artikel 17
(Schutz von nicht-einwilligungsfähigen Personen in der Forschung)

1. Forschung an einer Person, die nicht in der Lage ist, eine Einwilligung nach Artikel 5 zu geben, ist nur erlaubt, wenn die nachfolgenden Voraussetzungen sämtlich erfüllt sind:

i) Die in lit. (i) bis (iv) des Artikels 16 genannten Bedingungen sind erfüllt;

ii) Die Ergebnisse der Forschung haben das Potential eines direkten Nutzens für die Gesundheit des Probanden;

iii) Eine gleichermaßen wirksame Forschung kann an einwilligungsfähigen Personen nicht durchgeführt werden;

iv) Die nach Artikel 6 erforderliche Einwilligung ist ausdrücklich und schriftlich erteilt worden;

v) Die Versuchsperson erhebt keine Einwände.

2. In Ausnahmefällen und entsprechend den gesetzlich vorgesehenen Schutzbestimmungen kann auch Forschung, die nicht das Potential eines direkten Nutzens für die Gesundheit des Probanden hat, vorbehaltlich der in der vorstehenden Ziff. 1, lit. (i), (iii), (iv) und (v) niedergelegten Bedingungen und der nachstehenden zusätzlichen Bedingungen erlaubt werden:

i) Die Forschung hat zum Ziel, durch beträchtliche Verbesserung des wissenschaftlichen Verständnisses über den Zustand, die Krankheit oder die Störung des Probanden zur schließlichen Erreichung von Ergebnissen beizutragen, die in der Lage sind, der betroffenen Person, oder anderen Personen in der gleichen Alterskategorie, oder die von der gleichen Krankheit oder Störung betroffen oder in dem gleichen Zustand sind, einen Nutzen zu bescheren.

ii) Das Risiko und die Belastung für den Probanden durch die Forschung sind nur minimal.

Winfried Mall

Entspannungstherapie mit Thomas – Erste Schritte auf einem neuen Weg (1980)

In: Praxis der Kinderpsychologie und Kinderpsychiatrie, hrsg. von R. Adam, A. Dührssen u.a. 29 (1980), S. 298–301.

Winfried Mall (geb. 1952) ist Diplom-Sozialpädagoge und arbeitete mehrere Jahre lang im psychologisch-heilpädagogischen Fachdienst des St. Josefshauses, Rheinfelden-Herten, und in der Diakonie Stetten (Kernen) im Remstal. Mall schildert im folgenden Fallbericht einen ersten Versuch mit einem schwer behinderten Kind mit autistischen Zügen, das nicht sprechen kann. Bezeichnend ist die Kombination von verschiedenen Ansätzen, die Mall zusammenfassend „basale Kommunikation" nennt. In einer Fußnote dankt Mall Sigrun Carl, Lehrtherapeutin für Funktionelle Entspannungstherapie, Freiburg, Frau Maria Pflueger-Jakob, Diplom-Psychologin, Leiterin des Psychologischen Dienstes und Prof. Dr. A. Sagi, Direktor des St. Josefshauses Herten, Rheinfelden/Baden. Im Text bezieht sich Mall außerdem auf die Funktionelle Entspannung von Marianne Fuchs (Stuttgart 1974). Bezeichnend für die Anfänge der Arbeit mit schwerbehinderten Kindern in den siebziger Jahren ist unter anderem, daß sich Therapie und Erziehung kaum unterscheiden lassen.

Kennenlernen

Thomas (Name und Daten sind verändert) wurde am 29.8.1970 geboren. Er hat weder Mutter noch Vater jemals gekannt. Die ersten Monate blieb er im Krankenhaus, dann lebte er, bis er sechs Jahre alt war, im Säuglingsheim, für das er schließlich zu alt wurde. Aufgrund der eingetretenen starken Entwicklungsverzögerung (Gehen mit 3 Jahren, keine Sprache) wurde er am 21.6.1976 im St. Josefshaus Herten aufgenommen. Die Ärzte vermuten bei Thomas einen frühkindlichen Hirnschaden, eventuell aufgrund einer Rhesusfaktor-Unverträglichkeit, sie sehen auch Hinweise auf eine zerebrale Bewegungsstörung. Er zeigt ausgeprägte autistische Verhaltensweisen.

Ich lernte Thomas im Oktober 1978 in seiner Wohngruppe kennen. Er ließ Kontakt mit sich aufnehmen, wirkte dabei jedoch zurückhaltend. Er schaute einen kaum an. Es kam vor, daß er auf andere Kinder zuging, wenn auch oft nur, um sie an den Haaren zu ziehen. Zu einem Jungen bestand sogar eine Art Freundschaft. Ihn schob Thomas gern auf dem Dreirad durch die Gruppenräume. Was mir auffiel, war, daß Thomas sehr häufig starke Erregung zeigte, wobei er auf den Zehen durch die Räume lief, dabei mit den Händen wedelte oder Dinge herunterwarf und dazu hohe, gepreßte Schreie ausstieß. Auch hüpfte er mit steifen Beinen vorwärts, preßte die Arme vor die Brust und schnaubte mit gewaltigem Druck durch die Nase, bog den Kopf nach hinten und drehte sich um sich selbst. Alle seine Bewegungen zeigten ein Zuviel an Spannung und Kraft, waren unangepaßt und dadurch oft zerstörerisch. Wenn er jemanden anfaßte, war es meist ein Zwicken, oder er zog an den Haaren. Sein Greifen war gleich ein Zupacken, sein Loslassen ein Werfen. Er selbst war ständig in Bewegung, unfähig, eine Sekunde ruhig zu stehen. Thomas machte einen unglücklichen, trostlosen Eindruck mit seinen klagenden Lauten und seinem Gesicht, das fast nie lachte, und wenn, nur als verzerrtes Grinsen.

Anfänge

Die ersten Sitzungen bei mir benötigte Thomas, um sich an die neue Situation, den ungewohnten Raum, die unbekannte Person zu gewöhnen. Von Anfang an war es ihm am liebsten, wenn er sich an mich lehnen durfte und Körperkontakt mit mir hatte. Wenn ich ihn aber zu ungewohnten oder plötzlichen Bewegungen führte oder ihn in neue Körperstellungen brachte, geriet er schnell in Panik, machte sich völlig steif und krallte sich fest, egal woran. Dazu weinte und schrie er. Spielzeug, das ich ihm anbot, benutzte er ganz kurz sinnvoll, dann warf er es weg. Meine anfänglichen Ziele in der Arbeit mit Thomas waren, seine verspannte Haltung aufzulockern, ihn zu einer verbesserten Gleichgewichtskontrolle zu führen sowie ein gelöseres Lautieren zu erreichen. Ich setzte dazu in der Hauptsache Übungen aus Rhythmik und Psychomotorischer Übungsbehandlung ein mit Wiegen, Hüpfen, Schaukeln, Krabbeln, dazu auch viel Körperkontakt. Es gelang mir, Thomas zu kleinen Fortschritten zu führen. Als ich jedoch begann, den Schwierigkeitsgrad etwas zu steigern, kehrte die frühere Panik wieder, die sich auch auf die inzwischen gewohnten Übungen übertrug.

Reflexion

Da stellte ich folgende Überlegungen an: Thomas hat aller Wahrscheinlichkeit nach noch nie in seinem Leben, vor allem nicht als Säugling und Kleinkind, die Geborgenheit und Sicherheit einer emotional warmen und verläßlichen Beziehung erlebt. Nach dem, was wir über Krankenhäuser und Säuglingsheime wissen, dürfte er ständig wechselnden Bezugspersonen ausgesetzt gewesen sein, die alle wenig Zeit für ihn hatten und ihm vor allem keine emotionale Geborgenheit geben konnten. Auch die Aufnahme im Heim für geistig Behinderte konnte diesbezüglich wohl keine entscheidende Änderung bringen.

...

Ich kam bei meinen Überlegungen zu dem Schluß, in der Übungsbehandlung mit Thomas an der Wurzel seiner Angst anzusetzen. In der Zeit bei mir sollte Thomas sich angenommen, geborgen und sicher fühlen können. Damit sollte ihm möglich werden, ganz allmählich aus seiner Abkapselung herauszutreten, sich „gehen zu lassen", sich „loszulassen". Mein Ziel war nun zunächst, zu erreichen, daß sich Thomas bei mir wohl und sicher fühlt. Aus dieser neuen Sicherheit heraus wollte ich dann versuchen, ihn auch zu neuen Umwelt- und Bewegungserfahrungen zu führen, die er nun ohne Angst und Panik bewältigen würde.

...

[Mall lernt die funktionelle Entspannungstherapie von Marianne Fuchs mit ihren Möglichkeiten kennen.]

Beginn der Entspannungstherapie mit Thomas

All das versuchte ich, auf Thomas zu übertragen, wobei mir Frau Carl entscheidende Anregungen geben konnte. In Thomas Atemrhythmus wurde seine tiefe Verspannung überdeutlich. Oft staute er den Atem beängstigend lange, bis dieser sich explosionsartig entlud, wobei Thomas sich auch körperlich zusätzlich versteifte. In Phasen besonderer Erregung preßte er die Luft, die er durch den Mund eingeatmet hatte, mit lautem Schnauben durch die Nase. Oder er schrie in hohen, gepreßten, überlang gezogenen Tönen, in einem fast bodenlosen „Aus". Ein gelöster harmonischer Rhythmus von „Aus" und „Ein" war eigentlich nie zu beobachten, selbst wenn ich ihn auf den Schoß nahm, mit ihm koste und versuchte, ihn zur Entspannung zu bringen. Zunächst beging ich den Fehler, Thomas meine Vorstellung von einem harmonischen Rhythmus aufzwingen zu wollen, was natürlich nicht ging. Dann erkannte ich, daß ich zuvor mich in Thomas einfühlen, mich in seinen monentanen Rhythmus einschwingen und diesen aufnehmen muß, daß ich Thomas dort abholen muß, wo er sich befindet.

„Basale Kommunikation"

Ich begann, mich in Thomas' Rhythmus einzustimmen, indem ich mit ihm atmete, meinen Rhythmus seinem anglich. Dann versuchte ich, mit ihm auf der Ebene seines eigenen Rhythmus in Kontakt zu kommen. Ich machte mein „Aus", das ich seinem „Aus" angepaßt hatte, durch Brummen, Summen und Tönen hörbar. Damit wollte ich Thomas so viel sagen wie: „Ich lasse dich so, wie du bist; du darfst so sein", aber auch, auf einer noch tieferen Ebene: „Es ist jemand da wie du." Es dauerte etwa einen Monat, bis Thomas begann, mein Tönen aufzugreifen und mitzutönen. Nun konnten wir in einen Austausch eintreten, den ich mit „basaler Kommunikation" beschreiben möchte, eine Kommunikation allein auf der Körperebene, jenseits von Sprache und Symbolen, ähnlich der Kommunikation zwischen einem Neugeborenen und seiner Mutter. Durch leichte Variation meines Tönens konnte ich Thomas ermuntern, das, was er gerade fühlte, hörbar zu machen, so seine Erregung mal hinauszuschreien, oder auch seine Entspannung ausklingen zu lassen. Und ich konnte in dieser Kommunikation Thomas anregen, sich mal „gehen zu lassen", „loszulassen", so, wenn ich seinem gepreßten Schrei ein lockeres, lautes Tönen entgegensetzte, oder seinem verspannten Lachen ein gelöstes Lachen gegenüberstellte und er dies aufgreifen konnte.

...

Ausblick, Ziele, Hoffnungen

Den weiteren Weg mit Thomas sehe ich darin, den kleinen Keim von Vertrauen, der wohl gelegt ist, weiter wachsen und sich verwurzeln zu lassen. Allmählich soll Thomas lernen, auf seinen eigenen Füßen zu stehen und sich sicher zu fühlen, in seinem Körper wie in seiner Umwelt. Unter immer neuen Umständen, in immer neuen Lagen soll er sich „lassen" können, soll er „Fehlhaltungen" und Verspannung vermeiden. Ansatzpunkte dabei bleiben weiterhin sowohl seine Psyche, seine Gefühle, wie auch sein Körper. In beiden soll er lernen, in sich zu ruhen, Gleichgewicht zu halten. Der Weg wird lang sein, es bleibt viel zu tun.

...

Nachtrag

Nachdem ich Thomas 155 mal bei mir gehabt habe, sind einige bemerkenswerte Veränderungen zu schildern:

Aus der basalen Kommunikation, in der ich Thomas vermittle: „Es ist jemand da wie du", wächst immer mehr der Ansatz zu einer wirklich inter-personalen Kommunikation. Thomas sitzt mir lange gegenüber, lächelt mich an, berührt mit seinem Gesicht ganz sanft das meine, streicht meinen Bart, umarmt mich. Es ist, als ob er mich immer

deutlicher als Person erkennt und sagen will: „Das bist ja DU!" Dabei kann er lange in einem harmonischen Rhythmus atmen.
...

Sein Gang wird langsam sicherer und weniger steif, er will auch weniger geführt werden. Die Treppen steigt er mit weniger Angst und Verspannung allein hinauf und hinunter. Ganz überraschend zeigten sich diese Veränderungen. Sie sprechen dafür, daß der eingeschlagene Weg richtig ist und lassen auf weitere Überraschungen hoffen.

Ursula Braun

Unterstützte Kommunikation – ein Weg aus der Isolation nichtsprechender Menschen (1995)

In: Forum Logopädie, Heft 4, 1995, S. 7–12

Ursula Braun arbeitet als Sonderschullehrerin an einer Schule für Körper- und Sprachbehinderte in Arolsen/Hessen. Von 1982 bis 1987 studierte sie Körper- und Geistigbehindertenpädagogik an der Universität Dortmund und promovierte dort im Jahre 1993 über das Thema „Unterstützte Kommunikation bei körperbehinderten Menschen mit einer schweren Dysarthrie". Sie gehört zu den Gründungsmitgliedern der deutschsprachigen Sektion von ISAAC (= Gesellschaft für Unterstützte Kommunikation), deren Vorsitzende sie seit 1990 ist. Sie ist auch Mitherausgeberin der ISAAC-Zeitung.
Wir drucken diesen Beitrag ab, der insofern aus dem Rahmen fällt, als es sich nicht um eine Primärquelle handelt. Der Grund für den Abdruck liegt aber darin, daß der Beitrag „Unterstützte Kommunikation - ein Weg aus der Isolation nichtsprechender Menschen" einen guten Überblick zum Fachgebiet der „Unterstützten Kommunikation", das in Deutschland noch unterentwickelt ist, bietet. Die Väter und Mütter der einschlägigen Forschungen sind u.a. Blackstone, Mirenda, Musselwhite/St. Louis, McNaughton, Shane, Vanderheiden. Der vorliegende Beitrag hat den Vorzug, daß über die Forschungen der genannten Wissenschaftlerinnen und Wissenschaftler berichtet wird. Dies enthebt uns der Aufgabe, einige Artikel hier abzudrucken, zumal sie bislang auch nicht in einer deutschen Übersetzung verfügbar sind.

Die Bedeutung einer intakten Lautsprache für die Lebensqualität läßt sich von denjenigen, die selbstverständlich über dieses Kommunikationsmedium verfügen, nur erahnen. Kann sich ein Mensch gar nicht oder kaum verständlich mit Hilfe der Lautsprache verständigen, so hat dieser Umstand nicht nur erhebliche Folgen auf seine sozialen Bezüge, sondern verändert möglicherweise seine gesamte Lebenssituation. Eindrucksvoll und bedrückend werden die gravierenden Auswirkungen des Nicht-Sprechen-Könnens in den Autobiographien bzw. Artikeln nichtsprechender Menschen geschildert (z.B. Brown). Als Anregung zur Lektüre sei hier eine Passage aus dem faszinierenden Buch von Ruth Sienkiewicz-Mercer zitiert:

„Bis zu diesem Tag, an dem Wessie meine Ja- und Nein-Zeichen entdeckte, hatte niemand vom Personal in Belchertown jemals diese Signale bemerkt. Mehr als drei Jahre lang war ich nicht in der Lage gewesen, den Menschen, von denen mein Überleben abhing, meine Gedanken und Gefühle mitzuteilen. Als mich meine Eltern zum erstenmal nach Belchertown brachten, hatten sie Dr. Soong und anderen von meinen mimischen Äußerungen berichtet, aber niemand schenkte damals ihren Worten Be-

achtung. Jeder glaubte, ich sei ein hilfloser Krüppel. Durch den ständigen Wechsel des Personals war bald niemand mehr da, der sich noch an diesen Hinweis meiner Eltern erinnern konnte" (a.a. O., S. 171f).

Der Einsatz der Lautsprache als Kommunikationsmedium ist für die meisten Menschen so selbstverständlich und unverzichtbar, daß sie nichtsprechenden Menschen mit einer völligen Hilflosigkeit begegnen. Da „Nicht-Sprechen-Können" eines Gegenübers im täglichen sozialen Miteinander in der Regel nur im Kontakt mit Babys und Kleinkindern erfahren wird, existiert anscheinend kein angemessenes Verhaltensrepertoire, das eine Kommunikation mit einem nichtsprechenden Menschen erleichtern könnte. Kommt dann auch noch erschwerend hinzu, daß nonverbale Verhaltensweisen behinderungsbedingt verändert sind (z.B. Blickkontakt nicht hergestellt oder gehalten werden kann), so entstehen bei unvorbereiteten Partnern/Partnerinnen häufig so starke Irritationen, daß ein Gespräch gar nicht erst initiiert bzw. der Versuch zur Kontaktaufnahme abgebrochen wird (vgl. Kraat 1985, 55).

Nicht-Sprechen-Können wird zudem von vielen Unbeteiligten mit einer kognitiven Behinderung gleichgesetzt. Zwar kann eine kognitive Behinderung tatsächlich die Ursache für das Nicht-Sprechen-Können eines Menschen darstellen, die Verallgemeinerung „fehlende Lautsprache bedeutet eine geistige Behinderung und ein beeinträchtigtes Sprachverständnis" ist jedoch keineswegs gerechtfertigt. Für nichtsprechende Menschen ist es in solchen Fällen kaum möglich, die von ihren Partnern vorgenommene Einschätzung zu revidieren. So berichtet Sienkiewicz-Mercer:

„Obwohl meine Mutter und mein Vater Dr. Soong erklärt hatten, wie ich mich verständlich machte, bezweifle ich sehr, daß er meine mimischen Signale überhaupt wahrnahm. Es wäre aber sowieso gleichgültig gewesen. Während er mich untersuchte, murmelte er unverständlich vor sich hin. Ich hätte nicht einmal sagen können, ob er mit mir, mit der Schwester oder nur mit sich selbst sprach. Da ich ihn nicht bitten konnte, lauter zu sprechen oder zu wiederholen, was er gesagt hatte, nahm er an, ich sei schwachsinnig. (...) Für jeden Menschen, selbst für einen erfahrenen Experten der Sprachpathologie, wäre es schwierig gewesen, in so kurzer Zeit meine Intelligenz korrekt einzuschätzen. Aber bei Dr. Soongs offensichtlichem Mangel an Erfahrung auf diesem Gebiet und angesichts der Sprachbarriere hatte ich keine Chance" (a.a.O., S. 77).

Die spezielle Problematik des Nicht-Sprechen-Könnens steht im Mittelpunkt des sonderpädagogisch-therapeutischen Ansatzes der „Unterstützen Kommunikation". Im folgenden soll eine kurze Skizze dieses Fachgebietes gegeben werden. Für eine intensivere Lektüre stehen inzwischen einige deutschsprachige Veröffentlichungen, u.a. Adam (1993), Gangkofer (1993), Kristen (1994) und Braun (1994 a u. b), sowie eine Fülle von internationaler Fachliteratur, u.a. Blackstone (1986) Musselwhite/St. Louis (1988) und von Tetzchner/Martinsen (1992), zur Verfügung.

Was ist „Unterstützte Kommunikation"?

Der Begriff „Unterstützte Kommunikation" ist der mehr oder weniger geglückte Eindeutschungsversuch des angloamerikanischen Fachterminus „AAC". AAC steht für „Augmentative und Alternative Communication" und bezeichnet Maßnahmen, die ergänzend (augmentative) bzw. ersetzend (alternative) zur Lautsprache Kommunikation möglich machen sollen.

Ergänzend zur Lautsprache sind derartige Maßnahmen insofern, als sogenannte „nichtsprechende" Menschen häufig durchaus über lautsprachliche Fähigkeiten verfügen, die zumindest von ihren engsten Bezugspersonen verstanden werden (vgl. Vanderheiden/Yoder 1986, 14). So kann ein lautsprachlich geäußertes „Uh!" für „Ja!" und „Uh! Uh!" für „Nein!" für bestimmte Bezugspersonen so deutlich sein, daß es für die Kommunikation mit diesen Menschen nicht notwendig erscheint, hier Alternativen zu suchen. Unvertraute Partner/innen jedoch verstehen diese Lautäußerungen möglicherweise nicht, so daß es unverzichtbar werden kann, für die Kommunikation über den Kreis der engen Bezugspersonen hinaus ein eindeutigeres Ja/Nein-Signal anzubieten. Somit deutet der Begriff AAC bereits darauf hin, daß es darum geht, vorhandene lautsprachliche Fähigkeiten so weit wie möglich auszunutzen und nur dann durch zusätzliche Möglichkeiten zu ergänzen, wenn es die Kommunikationssituation erfordert.

Ergänzend zur Lautsprache sind derartige Maßnahmen aber auch insofern erforderlich, als sie möglicherweise einen Weg zur Lautsprache darstellen können. So kann „Unterstützte Kommunikation" dazu dienen, das Lautsprachverständnis eines nichtsprechenden Menschen zu fördern und mit Hilfe von kognitiv leichter zu erfassenden Ausdrucksmöglichkeiten (z.B. Gebärden, Bildern) expressive Kommunikation anzubahnen.

Unterstützte Kommunikation zielt somit nicht nur darauf, vorhandenen kommunikativen Fähigkeiten zum Ausdruck zu verhelfen, sondern versteht sich auch als eine Möglichkeit, derartige Fähigkeiten zu entwickeln.

Der Eindeutschungsversuch „Unterstützte Kommunikation" wurde in Anlehnung an die niederländische Übersetzung „Ondersteunde Communicatie" vorgeschlagen (vgl. Braun 1994, 22) und hat sich in der Bundesrepublik inzwischen weitgehend etabliert. Unglücklich an diesem Terminus erscheint, daß fast zeitgleich die Übersetzung „Gestützte Kommunikation" für „Facilitated Communication" in Deutschland eingeführt wurde und es durch die Ähnlichkeit der beiden Begriffe verständlicherweise zu Verwirrung gekommen ist. Daher an dieser Stelle eine kurze Abklärung: Bei der „Facilitated Communication" (FC) handelt es sich um eine spezielle Form der „Unterstützten Kommunikation", die wissenschaftlich heiß umstritten ist (vgl. u.a. Archer 1992, Shane 1993). Bei dieser Methode werden nichtsprechende Menschen von einem Partner körperlich gestützt, während sie auf eine Kommunikationshilfe zeigen bzw. schreiben. Befürworter/innen der Methode berichten von verblüffenden Erfolgen: Menschen, die für schwerst geistig behindert gehalten wurden, äußern sich demnach mit Hilfe von FC in bis dahin ungeahnt differenzierter Weise (vgl. die Autobiographie von Birger Sellin 1993).

...

Festzuhalten ist, daß „Unterstützte Kommunikation" als Oberbegriff zu verstehen ist, während die „Facilitated Communication" oder „Gestützte Kommunikation" eine mögliche Form der „Unterstützten Kommunikation" darstellt.

„Nichtsprechende" Menschen

Die Gruppe der Menschen, die von „Unterstützter Kommunikation" profitieren können, ist heterogen, denn es gibt verschiedene Gründe dafür, daß ein Mensch sich nicht oder kaum verständlich mit Hilfe der Lautsprache äußern kann. Vanderheiden/Yoder

(1986, 8) unterscheiden vier mögliche Ursachen:
- angeborene Behinderungen (z.B. durch eine Cerebralparese)
- erworbene Behinderungen (z.B. durch ein Schädel-Hirn-Trauma)
- fortschreitende Erkrankungen (z.B. Amyothrophische Lateralsklerose, Multiple Sklerose)
- temporäre Behinderungen (z.B. durch Luftröhrenschnitt, Verbrennungen im Gesicht).

Entsprechend facettenreich zeigt sich die pädagogisch-therapeutische Arbeit mit den Betroffenen: Ein Kind, das von Geburt an nicht über eine funktionelle Lautsprache verfügte und dessen Leben von frustrierenden Kommunikationserfahrungen geprägt wurde, muß unter Umständen erst einmal lernen, welche Kraft der Kommunikation innewohnt, wie stark es seine Umwelt durch eine erfolgreich verlaufende Kommunikation verändern kann. Auch die Kenntnis der pragmatischen Regeln des kommunikativen Geschehens (z.B. das System des Sprecherwechsels, die Notwendigkeit, auf Fragen eine Antwort zu geben etc.) läßt sich bei einem solchen Kind nicht voraussetzen, sondern muß in vielen Fällen systematisch erarbeitet werden. Bei frühgeschädigten Menschen ist zudem davon auszugehen, daß der Spracherwerb unter erschwerten Bedingungen verläuft und ein beeinträchtigtes bzw. verändertes Sprachverständnis nicht ausgeschlossen werden kann.

Ein Erwachsener dagegen, der ein Leben lang selbstverständlich über Lautsprache verfügt hatte und plötzlich durch einen Unfall seiner bisherigen Fähigkeiten beraubt wurde, muß sich zwar auf der einen Seite mit dem schmerzhaften Verlust seiner Kompetenzen auseinandersetzen, kann jedoch für den Aufbau eines unterstützenden Kommunikationssystems zum Teil auf seine bisherigen kommunikativen Erfahrungen zurückgreifen.

Angesichts der Heterogenität der Zielgruppe stellt sich im Bereich der Terminologie die Problematik, mit welchem Begriff sich die Menschen, für die Unterstützte Kommunikation genutzt werden kann, beschreiben lassen.

...

„Nicht-Sprechen-Können" des einen Partners impliziert ein „Nicht-Verstehen-Können" durch das Gegenüber. Insofern wäre der Begriff „nichtverstandene Menschen" ebenso gerechtfertigt. Zum anderen ist der Begriff auch deswegen ungünstig, da „nichtsprechende" Menschen häufig durchaus mit Hilfe der Lautsprache kommunizieren können (s.o.). Treffender wäre daher die Umschreibung: Menschen, die sich nicht, bzw. nur schwer verständlich, bzw. nur einem vertrauten Personenkreis gegenüber, bzw. nur unter günstigen Umständen lautsprachlich verständigen können. Mangels einer brauchbaren Alternative wird hier dennoch an dem Begriff „nichtsprechend" festgehalten.

Grundlegende Positionen der „Unterstützten Kommunikation"

Die Theorie der Unterstützten Kommunikation läßt sich als Teil eines Paradigmenwechsels innerhalb der Sonderpädagogik bzw. Sprachtherapie verstehen: Während traditionell die Ausrichtung der Förderung primär an der Entwicklung der Lautsprache orientiert war, wurde unter dem Einfluß der linguistischen Pragmatik die pädagogisch-therapeutische Aufmerksamkeit zunehmend auf die kommunikativen Fähigkeiten insgesamt verlagert. So formulierte Motsch bereits 1980:

„Ziel der Kommunikationstherapie ist die Verringerung der Kommunikationsbehinderung zwischen dem Sprachbehinderten und seinen Kommunikationspartern. (...) Die Verbesserung der linguistischen Kompetenz des Sprachbehinderten wird weiterhin ein wesentliches Ziel sprachtherapeutischen Handelns bleiben. Diese Verbesserung wird aber erst eine Bedeutung für das Leben des Sprachbehinderten erhalten, wenn sie als verbesserte Kommunikationsfähigkeit einen Beitrag zur besseren Lebensbewältigung des Sprachbehinderten leistet."

Das primäre Ziel von Maßnahmen der Unterstützten Kommunikation ist es, nicht-sprechende Menschen aus ihrer kommunikativen Isolation zu befreien. Kommunikation soll für nicht-sprechende Menschen nicht zu einem permanenten Frustrationserlebnis werden, da sonst die Gefahr besteht, daß die für eine erfolgreiche Kommunikation notwendigen Fähigkeiten nicht erworben werden können bzw. vorhandene Fähigkeiten verschütten.

...

In Anlehnung an einen Terminus aus der modernen Gehörlosenpädagogik läßt sich Unterstützte Kommunikation als ein Ansatz der „totalen Kommunikation" bezeichnen, d.h. sämtliche Möglichkeiten, einem nicht-sprechenden Menschen ein wirksames Kommunikationssystem bereitzustellen, werden genutzt. Die Kommunikationsmodi können je nach den Erfordernissen der Situation und der Partner/innen wechseln und z.T. völlig unübliche Formen annehmen, das einzige maßgebende Kriterium ist die Effektivität für den jeweiligen Benutzer/die jeweilige Benutzerin (vgl. Vanderheiden/Lloyd 1986, 55f).

Die Lautsprache als besonders vielseitiges und flexibles Kommunikationsmedium bleibt zwar immer im Blickfeld von Interventionen im Bereich der Unterstützten Kommunikation, gleichzeitig jedoch erkennt die Disziplin an, daß zahlreiche Menschen ihre kommunikativen Bedürfnisse nicht bzw. noch nicht bzw. nicht überall mit Hilfe der Lautsprache verwirklichen können.

Vorbedingung für den Einsatz von Unterstützter Kommunikation?

Theoretisch umstritten ist die Frage, ob es Vorbedingungen für die Nutzung von Unterstützter Kommunikation gibt. Einige Autoren/innen vertreten die Ansicht, daß Unterstützte Kommunikation erst dann sinnvoll erscheint, wenn als kognitive Mindestvoraussetzung das fünfte sensomotorische Stadium nach Piaget erreicht wird (z.B. Shane/Bashir 1980; Owens/House 1984). Abgesehen von der Tatsache, daß es schwierig erscheint, bei einem nichtsprechenden Menschen das Erreichen dieser Mindestvoraussetzung sicher zu diagnostizieren (vielleicht reagiert das Kind nicht, weil es zu stark kommunikativ frustriert ist?), wird dieser Ansatz der Tatsache nicht gerecht, daß Unterstützte Kommunikation eine Möglichkeit zum Erwerb des Symbolverständnisses darstellen kann (s.o.).

Gangkofer (1995, 59) bezieht sich in diesem Zusammenhang auf Wygotski und führt aus, daß nichtbehinderten Kindern schon lange vor dem Beginn des symbolischen Denkens in ihrer Umwelt Sprache zur Verfügung steht. So haben sie die Möglichkeit, in die Symbolfunktion von Sprache hereinzuwachsen, sie nach und nach zu entdecken und für sich selbst einzusetzen. Das selbstverständliche Vorhandensein des zu erlernenden Symbolsystems erscheint somit notwendig für dessen spätere Nutzung. *„Daraus folgt, daß alternative*

(= unterstützte, U.B.) Kommunikation nicht erst ab einer bestimmten Entwicklungsstufe des Denkens eingesetzt werden soll, sondern daß sie vielmehr die Basis für jede weitere Entwicklung zu jedem Zeitpunkt ist" (Gangkofer, a.a.O.).

…

Von erfolgreichen Interventionen mit geistig schwerstbehinderten Menschen berichten u.a. Kangas/Lloyd, 1988 und Mirenda 1993. Ob und wann Unterstützte Kommunikation mit Menschen, die (noch) nicht über die Symbolfunktion verfügen, angemessen erscheint, kann nur im Einzelfall entschieden bzw. ausprobiert werden.

Unterstützende Kommunikationsmöglichkeiten

Welche Möglichkeiten existieren nun, Lautsprache zu ergänzen oder zu ersetzen? Zu unterscheiden ist zwischen
- körpereigenen Kommunikationsformen und
- der Nutzung externer Kommunikationshilfen, die elektronisch oder nichtelektronisch sein können (vgl. Musselwhite, St. Louis 1988, 100).

Körpereigene Kommunikationsformen

Körpereigene Kommunikationsformen sind alle Kommunikationsmöglichkeiten, die mit Hilfe des Körpers vollzogen werden können. Körpereigene Kommunikationsformen können z.B. sein:

- Nutzung von Lautsprachresten
- Blickbewegungen, evtl. verbunden mit Vokalisationen
- Mimik
- Zeigebewegungen
- konventionelle oder individuelle Zeichen für Ja/Nein (z.B. Augenbewegung nach oben für „Ja" und nach unten für „Nein")
- Gebärden
- Fingeralphabet
- individuelle Systeme (z.B. das Schreiben von Buchstaben mit dem Kopf in die Luft)

Körpereigene Kommunikationsformen im Rahmen der Unterstützten Kommunikation sind in vielen Fällen identisch oder ähnlich zur nonverbalen Kommunikation natürlichsprechender Menschen.

Allerdings besteht für nicht-sprechende Menschen die Notwendigkeit, diese Form der Kommunikation so systematisch und zum Teil in so ungewöhnlicher Art und Weise zu benutzen, daß es nicht sinnvoll erscheint, diese beiden Begriffe gleichzusetzen (vgl. Braun 1994a, 29a). So wird es kaum vorkommen, daß ein natürlichsprechendes Kind von 8 Jahren wiederholte Blickbewegungen von seinem Teller zum Kühlschrank einsetzt und dazu lautiert, um seiner Mutter mitzuteilen, daß es etwas zu Essen haben möchte.

Die Tatsache, daß körpereigene Kommunikationswege nichtsprechender Menschen teilweise der nonverbalen Kommunikation natürlichsprechender Menschen entsprechen, teilweise jedoch ungewöhnliche Formen annehmen oder bei gleichen Formen andere Bedeutungen transportieren, ist eine der Ursachen dafür, daß so häufig Mißverständnisse auftreten. So ist auch zu verstehen, wie es kommen kann, daß ein nichtsprechender Mensch durch Lautierungen und heftige Augenbewegungen „Ja" signalisieren möchte, ein unvertrauter Partner dieses Verhalten jedoch als Anzeichen für eine aufkommende Übelkeit interpretiert.

Eine besondere Bedeutung im Bereich der körpereigenen Kommunikationsmöglichkeiten nimmt die Nutzung von Gebärden ein. Neben individuell entwickelten Systemen werden inzwischen vielfach die Gebärdensprache für Gehörlose bzw. Abwandlungen dieser Gebärden eingesetzt (vgl. u.a. Adam 1993, Bober 1994 u. 1995). Die Vorteile körpereigener Kommunikationsmöglichkeiten liegen darin, daß sie schnell spontan und ortsunabhängig benutzt werden können, ohne daß ein Hilfsmittel herangezogen werden müßte. Im Umgang mit vertrauten Partnern/Partnerinnen sind körpereigene Kommunikationsmöglichkeiten häufig die effektivste Art der Verständigung. Im Umgang mit unvertrauten Menschen und bei der Vermittlung komplexer Inhalte scheitert diese Form der Kommunikation jedoch sehr häufig.

Insofern ist es unverzichtbar, das Kommunikationssystem für einen nicht-sprechenden Menschen um weitere Elemente zu ergänzen. Hier gewinnt die Nutzung von externen Kommunikationshilfen ihre Bedeutung.

Externe Kommunikationshilfen

Im Bereich der nichtelektronischen Kommunikationshilfen werden u.a. eingesetzt (für den gesamten folgenden Abschnitt vgl. Braun 1991):
– Kommunikationskästen mit konkreten Objekten (z.B. Schuhkartons, in denen jeweils ein Gegenstand liegt, der eine Schulaktivität repräsentiert)
– Kommunikationstafeln (z.B. große Pappkarten mit einer Anzahl von Photos, Bildsymbolen oder Buchstaben/Wörtern)
– Kommunikationsbücher (z.B. Photoalben oder Münzsammelalben, in denen das für den Benutzer wichtige Vokabular thematisch geordnet von Photos oder Bildsymbolen dargestellt wird)
– Kommunikationsschürzen (Schürzen, an denen z.B. mit Hilfe von Klettband Bildsymbole angebracht wurden)
– zu Kommunikationstafeln umfunktionierte Schwimmbretter, die für die Kommunikation im Schwimmbad genutzt werden können
– Kommunikationsposter an den Wänden (z.B. beim Eßplatz, auf der Toilette, am Wickeltisch)
– einzelne Bild- oder Wortkarten an einem Metallring, der z.B. am Gürtel befestigt werden kann.

In der amerikanischen Literatur findet sich die Forderung „Make environment a communication-board!", was soviel bedeutet wie „Gestalte die Umgebung des nichtsprechenden Menschen zu einer Kommunikationstafel!". Diese Forderung, so überspitzt sie auf den ersten Blick erscheint, bietet ein hervorragendes Motto für die Arbeit mit nichtsprechenden Menschen. Es gilt, in möglichst vielen Kommunikationsräumen Hilfsmittel bereitzuhalten, die herangezogen werden können, falls die Kommunikation mit körpereigenen Möglichkeiten nicht funktioniert.

Nichtelektronische Hilfsmittel haben hier viele Vorteile:
– Sie sind robust.
– Sie können leicht transportiert werden.
– Sie sind relativ einfach herzustellen.
– Sie sind leicht modifizierbar.
– Sie sind preiswert.
– Sie erfordern keine Computerkenntnisse.
– Sie haben keine technischen Störungen.

Der größte Nachteil nichtelektronischer Hilfsmittel liegt jedoch darin, daß sie den Benutzer/die Benutzerin abhängig machen von der körperlichen Nähe und der totalen Aufmerksamkeit ihrer Partner/innen. Zudem wird der Erfolg der Kommunikation zu einem großen Teil davon bestimmt, ob die Partner/innen „kokonstruieren" können. Damit ist u.a. die Fähigkeit gemeint, die angezeigten Bildsymbole richtig zu interpretieren und gegebenenfalls auch zu verstehen, daß das Symbol für „Schere" nicht nur „basteln" oder „Haare schneiden" bedeuten kann, sondern eventuell für „kaputt", „scharf", „spitz" oder sogar für „Dauerwelle" eingesetzt wird.

Im Bereich der elektronischen Hilfsmittel (eine gute Übersicht zu dieser Thematik findet sich bei Weid-Goldschmidt 1994) sind zunächst stationäre Computer zu nennen, die mit entsprechender Software und nach Möglichkeit einer synthetischen oder digitalisierten Sprachausgabe (s.u.) ausgestattet werden. Es existieren inzwischen verschiedene Ansteuerungsmöglichkeiten, die auch körperlich schwerbehinderten Menschen die Nutzung eines Computers möglich machen.

...

Dennoch ist ein stationärer Computer nur sehr begrenzt als Kommunikationshilfe für Nichtsprechende geeignet. Wie der Name schon sagt, ist ein solches Gerät eben stationär, d.h. an einen bestimmten Platz gebunden und nicht ohne Aufwand an eine andere Örtlichkeit zu transportieren. Kommunikation läßt sich jedoch nicht auf den Raum beschränken, in dem der Computer angeschlossen ist, sondern findet überall statt. Insofern muß an eine elektronische Kommunikationshilfe die Anforderung gestellt werden, daß sie transportabel sein sollte.

Eine Möglichkeit, das Dilemma der stationären Geräte zu umgehen, ist die Nutzung von Laptop-Computern oder Notebooks. Eine andere Möglichkeit sind die speziell für die Zielgruppe nichtsprechender Menschen hergestellten Kompaktgeräte, von denen inzwischen eine ganze Anzahl auf dem Markt erhältlich ist. Diese Geräte lassen sich in drei Gruppen unterteilen:

– Kommunikationshilfen mit Schriftausgabe über Drucker oder Display (z.B. der alte Canon Communicator, Komobil).

Diese Gruppe verliert zunehmend an Bedeutung, da die Wichtigkeit der Sprachausgabe immer stärker erkannt wird. Zudem verfügt nur eine begrenzte Anzahl von nichtsprechenden Menschen über ausreichende Lese/Schreibkenntnisse, um ein solches Gerät zu bedienen.

– Kommunikationshilfen mit digitalisierter Sprachausgabe und begrenzter Speicherkapazität (z.B. Digivox, Alphatalker, Tinytalker, Macaw, MyVoice, Message-Mate).

Die Sprachausgabe dieser Geräte funktioniert nach dem Tonband-Prinzip, d.h. alle Mitteilungen werden von einer Bezugsperson aufgesprochen und können dann durch Tastenaktivierungen abgerufen werden. Die Sprachausgabe klingt aber „natürlich", auch Geräusche und Tierstimmen können aufgenommen werden, was die Nutzungsmöglichkeiten für Spielaktivitäten erhöht... Allerdings bleibt der Benutzer/die Benutzerin auf das beschränkt, was aufgenommen wurde. Für den Einsatz dieser Geräte sind keine Schriftsprachkenntnisse erforderlich.

– Komplexe Kommunikationshilfen mit synthetischer Sprachausgabe und hoher Speicherkapazität (z.B. Touchtalker, Lighttalker, Polycom, Hector, DynaVox, AAC, Lightwriter).

Eine synthetische Sprachausgabe ermöglicht es, alles, was über Buchstaben in ein Gerät eingegeben wird, aussprechen zu lassen. Somit läßt sich ein derartiges Gerät als sprechende Schreibmaschine nutzen.

Gleichzeitig können Wörter, Phrasen oder Sätze eingespeichert und dann über einen vorher festgelegten Code mit wenigen Tastenaktivierungen abgerufen werden. Durch die Nutzung von Minspeak, einer auf Bildern basierenden Kodierungsstrategie (vgl. Baker 1982, Braun 1991), lassen sich die Geräte Touchtalker und Lighttalker auch von nichtsprechenden Menschen einsetzen, die nicht über Schriftsprachkenntnisse verfügen.

Die Vorteile von tragbaren elektronischen Kommunikationshilfen sind hoch: Sie erlauben eine ortsunabhängige (Ausnahmen: Schwimmbad, Sandkasten o.ä.) Kommunikation und eröffnen neue Kommunikationsfelder, z.B. den selbständigen Einkauf oder Telefongespräche. Sie erleichtern den Kontakt zu unvertrauten Partnern/Partnerinnen, können zu einem höheren Ausmaß an Gesprächssteuerung und einer geringeren Anzahl an Verstehenskrisen führen (vgl. Braun 1994). Als Nachteile lassen sich nennen: Die Einarbeitungszeit in solche Geräte ist für Nutzer/in und Betreuer/in hoch, die Geräte sind technisch anfällig und müssen gewartet werden. Der hohe Preis derartiger Kommunikationshilfen sollte dagegen nicht abschrecken, denn schließlich handelt es sich hier um eine im individuellen Fall notwendige „Sprechprothese", die ebenso wie „Gehprothesen" bzw. Rollstühle von den Krankenkassen übernommen werden müssen.

...

Überlegungen beim Einsatz Unterstützter Kommunikation

Die vielfältigen pädagogisch-therapeutischen Überlegungen, die die Entwicklung und den Einsatz eines unterstützenden Kommunikationssystems vorbereiten und begleiten, können hier nur angerissen werden. ... (s. insbesondere Kristen 1994)

Ursi Kristen ist auch diejenige, die in ihren Veröffentlichungen ...besonders nachdrücklich betont, wie stark das Gelingen einer kommunikativen Begegnung zwischen nichtsprechenden Menschen und ihren Partner/innen von einer vertrauensvollen und stabilen Beziehung zwischen beiden abhängig ist. In dem von ihr, aufbauend auf Ursula Haupt (u.a. 1982 u. 1983), entwickelten Ansatz der personenzentrierten Kommunikationsförderung macht Kristen deutlich, daß die innere Haltung der Kommunikationspartner nichtsprechender Menschen einen entscheidenderen Faktor bildet als die Art der eingesetzten Kommunikationsformen.

Zu bedenken ist in diesem Zusammenhang, daß nichtsprechende Menschen häufig schon eine lange persönliche Geschichte von frustrierenden Kommunikationserfahrungen durchlebt haben, so daß es unter Umständen lange dauern kann, bevor sie zu einem Partner das nötige Vertrauen entwickeln, um sich auch an schwierigere Kommunikationsinhalte heranzuwagen.

Aufbauend auf einer vertrauensvollen und stabilen Beziehung gilt es dann, ein unterstützendes Kommunikationssystem aufzubauen. Dazu muß zunächst die Frage geklärt werden, wie eine Kommunikationshilfe angesteuert werden kann. Bei Menschen mit schweren Körperbehinderungen kommt dabei der geeigneten Positionierung eine hohe Bedeutung zu. Möglicherweise liegt eine so starke Behinderung vor, daß schon das Heben des Kopfes und der Kampf gegen die Schwerkraft mit einer ungeheuren Anstrengung verbunden sind. Die Ansteuerung einer Kommunikationshilfe wird dann vielleicht nur möglich, wenn zusätzliche Stützen eingebaut werden. Vielleicht lassen sich auch andere Positionen (z.B. eine liegende Position) finden, die die Nutzung einer Kommunikationshilfe erleichtern. Die Bedeutung einer interdisziplinären Zusammenarbeit wird hier überaus deutlich.

Gesetzt den Fall, eine günstige Positionierung wurde erreicht, so stellt sich bei körperbehinderten Menschen als nächstes die Frage, auf welche Art und Weise der Zugriff auf die Kommunikationshilfe geschieht, also welche Selektionstechnik angewendet wird. Am günstigsten ist die direkte Selektion, d.h. die direkte Ansteuerung über die oberen oder unteren Extremitäten bzw. die Nutzung eines Stirnstabes als Zeigehilfe oder Drückhilfe. Einige Menschen sind jedoch so schwer körperlich beeinträchtigt, daß sie nur über die Scanning-Methode eine Kommunikationshilfe nutzen können. In diesen Fällen gibt der Partner oder ein elektronisches Gerät die verschiedenen Wahlmöglichkeiten vor (der Partner über Abfragen, das Gerät über eine Leuchtanzeige), der nichtsprechende Mensch reagiert mit einem Ja/Nein-Signal (z.B. durch Aktivierung eines Schalters). Über Scanning-Methoden lassen sich auch bei extremen Formen von Körperbehinderungen Kommunikationshilfen einsetzen.

Die nächste Aufgabe ist die Auswahl, Repräsentation und Organisation des Vokabulars. Die Auswahl des Vokabulars muß sich in hohem Maße an den Interessen des jeweiligen Benutzers/der jeweiligen Benutzerin orientieren. Dabei besteht die große Gefahr, daß die betreuenden Personen ihre eigenen Bedürfnisse in der Pflege mit den Bedürfnissen des nichtsprechenden Menschen gleichsetzen. Nur so ist zu erklären, warum so viele Kommunikationstafeln im ersten Vokabular „essen", „trinken" und „Toilette" enthalten. Möglicherweise liegen die Kommunikationsinteressen des betroffenen Menschen jedoch in ganz anderen Bereichen. So nutzt eine meiner Schülerinnen derzeit z.B. fast nur ihre „Michael-Jackson-Tafel"!

Für die Repräsentation des Vokabulars bei Menschen, die nicht oder noch nicht über Schriftsprachkenntnisse verfügen, existieren inzwischen zahlreiche Bildsymbolsammlungen (vgl. Franzkowiak 1994). Für die Organisation des Vokabulars wird im allgemeinen der Fitzgerald-Schlüssel, der sich an der Struktur eines Aussagesatzes orientiert, empfohlen. Die ersten Spalten einer Kommunikationstafel enthalten demnach mögliche Subjekte, die nächsten Spalten mögliche Verben, es folgen Adjektive und mögliche Objekte.

Die Tatsache, daß nichtsprechende Menschen über einen hochgradigen Mangel an Kommunikationserfahrungen verfügen, macht es darüber hinaus notwendig, daß Kommunikationsstrategien mit ihnen erarbeitet werden müssen. So kann nicht davon ausgegangen werden, daß die Betroffenen ein erlerntes Gebärdensystem oder eine noch so gut ausgearbeitete Tafel auch tatsächlich ohne weitere Anleitung nutzen können. Zudem stehen ihnen in der Regel keine Modelle für diese ungewöhnlichen Formen der Kommunikation zur Verfügung. Ein systematisches Training in der Nutzung unterstützender Kommunikationssysteme ist daher unverzichtbar.

Die Arbeit mit nichtsprechenden Menschen erfordert eine sorgfältige und fortlaufende Dokumentation. Dazu eigenen sich neben schriftlichen Aufzeichnungen in besonderem Maße Videomitschnitte, die für Therapeuten/innen und Lehrer/innen außerordentlich aufschlußreich sein können.

Literatur:

Adam, H.: Mit Gebärden und Bildsymbolen kommunizieren. Würzburg 1993.

Archer, A.: Where is the „facile" in facilitated communication? In: Communicating together 10, 1992, H.4, 5–7.

Blackstone, S.: Augmentative communication: An introduction. Rockville: ASHA 1986.

Baker, B.: Minspeak: A semantic compaction system that makes self-expression easier for communicatively disabled individuals. In: Byte 7, 1982, 186–202.

Bober, A.: Schau doch meine Hände an. In: ISAACs Zeitung 1/94, 3–10 und 1/95, 3–12.

Braun, U.: Kleine Einführung in AAC. In: ISAAC's Zeitung 1991, Nr. 1, 2–8.

Braun, U.: Minspeak – eine Kodierungsstrategie. In: ISAAC's Zeitung 1991, H. 2; 9–15.

Braun, U.: Unterstützte Kommunikation bei körperbehinderten Menschen mit einer schweren Dysarthrie, Frankfurt a.M. u.a. 1994a.

Braun U. (Hrsg.): Unterstützte Kommunikation. Düsseldorf 1994b.

Brown, Ch.: Mein linker Fuß. Berlin 1982.

Franzkowiak, Th.: Verständigung mit grafischen Symbolen. In: Braun, U. (Hrsg.): Unterstützte Kommunikation. Düsseldorf 1994, 22–32.

Fröhlich, A.D.: Kommunikation und Sprachentwicklung bei körperbehinderten Kindern. In: Fröhlich, A.D. (Hrsg.): Kommunikation und Sprache körperbehinderter Kinder. Dortmund 1986, 11–29.

Gangkofer, M.: Bliss und Schriftsprache. Bottighofen 1993.

Gangkofer, M.: Über eine Diagnose, die unseren Geist behindert und unsere Kommunikation stört. In: Babst, J. (Hrsg.): 2. Deutsche Minspeak-Konferenz 1995, Tagungsband. Dortmund 1995.

Haupt, U.: Die Behandlung von Dysarthrien. In: Knura, G.: Neumann, B. (Hrsg.): Pädagogik der Sprachbehinderten (Handbuch der Sonderpädagogik Bd. 7). Berlin 1982, 227–233.

Haupt, U.: Sprachheilbehandlung. In: Haupt, U.; Jansen, G.W. (Hrsg.): Pädagogik der Körperbehinderten (Handbuch der Sonderpädagogik Bd. 8). Berlin 1983, 290–297.

Kangas, K.A.; Lloyd, L.L. : Early cognitive prerequisites to augmentative and alternative communication: What are we waiting for? In: AAC 1988, H. 4, 211–221.

Kraat, A.W.: Communication interaction between aided and natural speakers. Madison: ASHA 1985.

Kristen, U.: Praxis Unterstützte Kommunikation. Düsseldorf 1994.

McNaughton, Sh.; Lindsay, P.: Facilitated Communication: A good way to travel, a runaway train or both? In: Communicating Together 10, 1992, H. 4, 2–4.

Mirenda, P.: Bonding the uncertain mosaic. In: AAC 9, 1993, 3–9.

Motsch, H.-J.: Sprach- und Kommunikationstherapie? In: Grohnfeldt, M. (Hrsg.): Handbuch der Sprachtherapie, Bd. 1, Grundlagen der Sprachtherapie. Berlin 1980.

Musselwhite, C.W.; St. Louis, K.W.: Communication programming for persons with severe handicaps. Boston: College-Hill Press 1988.

Sienkiewicz-Mercer, R.; Kaplan, St. B.: Ruth – Ich sage ja zum Leben. München 1981.

Owens, R.E.; House, L.J.: Decision-making processes in augmentative communication. In: Journal of Speech and Hearing Disorders 49, 1984, 18–25.

Sellin, B.: Ich will kein inmich mehr sein. Köln 1993.

Shane, H.C.; Bashir, A.S.: Election criteria for the adoption of an augmentative communication system: Preliminary considerations. In: Journal of Speech and Hearing Disorders 5, 1980, 408–414.

Shane, H.: FC: Facilitated or „Factitious" Communication. In: Communicating Together 11, 1993, H. 2, 11–13.

Tetzchner, S. von; Martinsen, H.: Sign teaching and the use of communication aids. London: Whurr Publishers 1992.

Vanderheiden, G.C.; Yoder, D.E.: Overview. In: Blackstone, S. (ed.): Augmentative Communication. An introduction, Rockville: ASHA 1986.

Weid-Goldschmidt, B.: Ich habe auch eine Stimme. In: Braun, U. (Hrsg.): Unterstützte Kommunikation. Düsseldorf 1994, 34–45.

Rosemary Crossley

Gestützte Kommunikation (1997)

Übersetzung aus dem Englischen, deutsche Bearbeitung und Nachwort: Ralf Schützendorf. Weinheim/Basel 1997, S. 22 ff.

Facilitated Communication (abgekürzt FC) – allgemein übersetzt als „Gestützte Kommunikation" – geht auf die Australierin Rosemary Crossley (geb. 1945) zurück. Sie war Lehrerin in einer Einrichtung für körperbehinderte Kinder und unterrichtete dort ein Mädchen mit einer schweren Spastik und Anarthrie, bei dem sie durch physische und emotionale Unterstützung Kommunikation ermöglichte. Später wandte sie diese Methode auch bei Kindern und Erwachsenen mit autistischen Verhaltensweisen und anderen schweren Entwicklungsstörungen an, die keine expressiven Ausdrucksmöglichkeiten zur Verfügung hatten. Oft waren diese auch gleichzeitig als geistig behindert diagnostiziert worden. Das Ergebnis war in vielen Fällen von der Diagnose dieser Personen her gesehen völlig unerwartet: Es kam zu gedanklich differenzierten, manchmal geradezu philosophischen Kommunikationen.

Rosemary Crossley konnte aufgrund ihrer Erfolge 1986 das DEAL-Zentrum zur Beratung und Förderung kommunikationsbehinderter Menschen in Melbourne gründen, dessen Direktorin sie ist. Dort lernte Douglas Biklen FC kennen und führte die Methode in den USA ein, von wo aus sie von seiner Mitarbeiterin Annegret Schubert auch in Deutschland bekannt gemacht wurde und als Gestützte Kommunikation sich immer weiter verbreitet.

Schon in Australien, dann aber vermehrt in den USA kam es zu gerichtlichen Auseinandersetzungen, bei denen gestützt kommunizierte Aussagen eine Rolle spielten. Es ging um Sorgerechts- und Mündigkeitsfragen, aber auch in zunehmendem Maß um Mißbrauchsanschuldigungen, bei denen die gestützten Kommunikationen oft einziges Beweismittel waren. Die Gerichte forderten zur Absicherung der Zeugenaussagen wissenschaftliche Untersuchungen der Kommunikationsfähigkeit der FC-NutzerInnen an und initiierten so die ersten kontrollierten Untersuchungen der Gestützten Kommunikation, in denen anfangs keinerlei unabhängige, nicht von den StützerInnen inhaltlich beeinflußte FC nachgewiesen werden konnten.

Inzwischen liegt eine große Anzahl von sog. Validierungsstudien vor, in denen in der Regel im Einzelfall überprüft wurde, ob die gestützten Kommunikationen authentisch sind. Die Ergebnisse sind zum großen Teil negativ. Unter kontrollierten Bedingungen ließen sich nur bei einem geringen Teil der untersuchten Personen authentische FC-Kommunikationen nachweisen, die zudem auf viel niedrigerem Kommunikationsniveau lagen.

Die Angaben zum Prozentsatz der Versuchspersonen, bei denen FC validiert werden konnte, schwanken und haben eine steigende Tendenz. Aber auch bei Einbezug neuerer Untersuchungen mit positiven Ergebnissen steigt die Erfolgsquote nicht über 15%. Bei der gestützten Kommunikation handelt es sich also um eine wissenschaftlich umstrittene Methode, die auf keinen Fall ohne Einwilligung der Sorgeberechtigten angewendet werden sollte. Außerdem empfiehlt es sich, bei Einsatz von FC auf eine schnellstmögliche Reduzierung der Stützung hinzuarbeiten und von vornherin Aufgabenstellungen einzubeziehen, aus denen sich ablesen läßt, daß keine inhaltliche Beeinflussung durch die stützenden Personen stattfindet.

Das Trainingsprogramm zur Gestützten Kommunikation

Das Trainingsprogramm zur Gestützten Kommunikation ist eine Methode, mit der Menschen mit schweren kommunikativen Beeinträchtigungen unterrichtet werden, Kommunikationshilfen mit den Händen zu benutzen. Ein Stützer (facilitator) hilft dem Benutzer einer Kommunikationshilfe, die motorischen Beeinträchtigungen zu überwinden und funktionale Bewegungsmuster zu entwickeln. Der Stützer benutzt seine/ihre Hand zur Unterstützung oder zur Hemmung der Bewegung des Benutzers einer Komunikationshilfe. Das unmittelbare Ziel ist es, dem Benutzer einer Kommunikatonshilfe eine Auswahl zu ermöglichen und ihm/ihr so eine Möglichkeit zur Kommunikation zu eröffnen, die vorher nicht bestand. Kontinuierliche Übung bei der funktionalen Benutzung von Kommunikationshilfen wie Bildtafeln, Sprachsynthesizern oder Tastaturen führt zu einer Steigerung der motorischen Fertigkeiten, einer Steigerung des Selbstvertrauens und einer Verminderung der Abhängigkeit. Sobald sich die Fertigkeiten verbessert haben und das Selbstvertrauen gestiegen ist, ist der Grad der Stützung (facilitation) zu reduzieren. Das langfristige Ziel für Schüler ist eine unabhängige Benutzung einer Kommunikationshilfe der eigenen Wahl.

Dieses Programm ist eine Unterrichtsmethode, die für gehende Personen geeignet sein könnte, deren Möglichkeiten, über Verbalsprache zu kommunizieren, eingeschränkt sind, und die aufgrund von motorischen Beeinträchtigungen Gebärden nicht oder nur ansatzweise anwenden können. Viele dieser Menschen sind als autistisch und/oder geistig behindert eingestuft worden. Durch das Trainingsprogramm zur Gestützten Kommunikation haben viele dieser Menschen eine funktionale Möglichkeit zur Kommunikation erhalten und so enthüllt, dass sie wider Erwarten die Fähigkeit haben zu verstehen und somit ein geistiges Potential besitzen. Meine anfängliche Anwendung der Gestützten Kommunikation hatte keine theoretische Basis: Es war eine Handlung, zu der ich durch bestimmte Umstände gezwungen wurde. Nachdem ich schon fünf Jahre Kinder mit Zerebralparese unterrichtet hatte, suchte ich 1977 einen Weg für eine Kommunikation mit einem 16-jährigen Mädchen, bei der eine athetotische Zerebralparese diagnostiziert wurde. Sie benutzte keine verständliche Verbalsprache und wurde als schwer geistig behindert eingestuft.

…

Damit sie auf vor ihr plazierte Gegenstände sehen konnte, war es notwendig, ihre Hüften zwangsweise zu beugen und so ihren Kopf nach vorne zu bringen. Um auf Gegenstände zeigen zu können, musste ich ihren Arm nach innen drehen und ihn so aus der rückgezogenen Position anheben. Mit dieser Unterstützung zeigte Anne, bevor sie Lesen und Schreiben erlernte, korrekt auf Objekte, Bilder und einige Bliss-Symbole, die ihr genannt wurden.

…

Annies Gebrauch der Gestützten Kommunikation löste damals eine beträchtliche Kontroverse aus; sie war natürlich nicht der erste Mensch mit einer solchen Behinderung, der intellektuelle Fähigkeiten zeigte. Therapeuten, die in der Arbeit mit Menschen mit Zerebralparese erfahren sind, waren nicht überrascht, dass solche Menschen ohne Verbalsprache falsch eingeschätzt werden können und ein erhebliches unangetastetes Potential besitzen. Die Anwendung des Trainingsprogramms zur Gestützten Kommunikation bei Menschen, die mit anderen Diagnosen beschrieben werden, ist nach wie vor umstritten. Schon in den Sechzigerjahren wurde die Gestützte Kommunikation vereinzelt bei Menschen mit Autismus angewendet. Rosalind Oppenheim beschrieb in ihrem 1977 erschienen Buch „Effective Teaching Methods for Autistic Children" ᵃ Grundlagen und ein Programm für gestütztes Schreiben, nach dem Kinder mit Autismus unterrichtet werden sollten. Bis vor einiger Zeit ist dieses Buch nur wenigen Fachleuten bekannt gewesen.

Die Entwicklung eines Trainingsprogramms, das auf der gestützten Kommunikation basiert, wurde 1986 durch die Eröffnung des DEAL Centre angeregt.

...

Von den DEAL-Klienten, die als geistig behindert oder autistisch eingestuft waren, wurde zu zwei Dritteln berichtet, sie hätten Zugang zu Programmen zum Erlernen der Gebärdensprache gehabt, aber nur vier hatten mehr als hundert Zeichen erworben. Von den Personen, die älter als zehn Jahre waren, konnten weniger als 5% einen einfachen Satz nach Diktat und weniger als 50% ihren Namen schreiben.

Als man die Zeigefertigkeiten beurteilte, konnten bei 90% der 452 Individuen, die als geistig behindert eingestuft wurden (aber keine Zerebralparese hatten), neuromotorische Probleme beobachtet werden. Diese schränkten die Fähigkeit, eine präzise Auswahl auf einem Kommunikationsmedium zu treffen, erheblich ein. Die am häufigsten auftretenden Probleme waren Störungen der Auge-Hand Koordination, Impulsivität, Perseveration, niedriger Muskeltonus und Schwierigkeiten bei der Isolation des Zeigefingers. Es wurde Stützung gegeben, um durch eine zeitweise Verminderung dieser Probleme zu einer realistischen Einschätzung der intellektuellen Fähigkeiten zu gelangen.

Die Ergebnisse dieser Einschätzung waren zunächst überraschend. 70% der 430 Personen, die älter als fünf Jahre waren, zeigten nutzbare Kenntnisse im Bereich Lesen und Schreiben, d.h., sie waren fähig, einen verständlichen Satz ohne Vorlage zu produzieren (z.B. „It woz nise" für „It was nice"). Nach gründlicher Überlegung waren wir gar nicht mehr so überrascht. Im Gegensatz zu Annie lebten die meisten dieser Menschen in Gemeinschaften und hatten die Möglichkeit, Schulen zu besuchen. Sie konnten gehen und hatten so Zugang zu Büchern, Zeitschriften, Fernsehen oder Schrift auf Verpackungen. Ihre uneffektive Verbalsprache und die Störungen der Handfunktionen haben sie an einer Demonstration ihrer Fähigkeiten gehindert. Zu Beginn benötigten diejenigen Klienten mit ungenutzten Buchstabierfähigkeiten (mit Ausnahme von zwei Personen) Stützung, um eine Tastatur erfolgreich zu benutzen.

Ein Ergotherapeut und ein Krankengymnast am DEAL Centre schlugen Maßnahmen vor, die die speziellen Handfunktionen verbessern könnten. Die Verbindung der gestützten Kommunikation mit der Förderung der motorischen Fertigkeiten wurde Trainingsprogramm zur Gestützten Kommunikation genannt. Nicht alle Nutzer der Stützung haben Fähigkeiten im Lesen oder Schreiben. Stützung wird auch angeboten, wenn die Benutzung von Symbol- oder Bildtafeln ermöglicht werden soll oder eine Auswahl zwischen realen Objekten getroffen werden muss.

Die Gestützte Kommunikation ist alles andere als problemlos. Eigentlich ist sie ein Lösungsversuch für Schulkinder oder Erwachsene mit Einschränkung der Verbalsprache und Störungen der Handfunktionen, deren Kommunikation nicht ausgesetzt werden kann, bis sie eine ergotherapeutische Förderung durchlaufen haben. Die nächstliegenden Einwände ergeben sich aus der Abhängigkeit, die durch die Stützung entstehen könnte, und aus der unbewussten Beeinflussung durch den Stützer. Obwohl das Trainingsprogramm zur Gestützten Kommunikation mittlerweile für eine große Zahl von Menschen hilfreich war, ist es keine ideale Methode; es ist eine Methode, die man anwendet, wenn keine „bessere" zur Verfügung steht.

Das Trainingsprogramm zur Gestützten Kommunikation hat Aufmerksamkeit erregt, weil die Art der Kommunikation, die mit Hilfe von Stützung entsteht, sowohl in ihrem Stil als auch in ihrem Inhalt unerwartet ist. Die mit dieser Methode erreichten Ergebnisse fordern zu einer Neuorientierung auf. Die bisherigen Sichtweisen hinsichtlich der Sprachkompetenz bei bestimmten Gruppen, insbesondere bei der Gruppe der Menschen mit Autismus, müssen neu überdacht werden. Den wichtigsten Beitrag, den dieses Trainingsprogramm auf dem Gebiet der nonverbalen Kommunikation leisten kann, ist eine Neuorientierung

bei der Bewertung der Kompetenzen dieser Menschen, die vormals als geistig behindert eingestuft wurden. Die Testmethoden, mit denen diese Menschen bewertet und eingeschätzt wurden, sind zu überdenken. Eine detaillierte neuromotorische Befunderhebung aller Kinder mit erheblicher Sprachverzögerung und eine frühe Förderung durch Logopäden und Krankengymnasten könnte ein Trainingsprogramm zur Gestützten Kommunikation innerhalb einer Generation überflüssig werden lassen. In der näheren Zukunft sollten die Erkenntnisse, die zu diesem Programm geführt haben, weitere Forschung nach sich ziehen. Diese sollte einen Einblick in und ein besseres Verständnis für die neurologischen Zusammenhänge zwischen Sprache und Bewegung ermöglichen.

Kurzfristig sollte das Ziel einer jeden Intervention in die Kommunikation die freie Rede sein. Es sollte diesen Menschen so weit wie möglich die Gelegenheit gegeben werden, in ihren eigenen Worten zu sagen, was sie sagen möchten; ohne Einschränkungen durch Kommunikationspartner, Technologie oder Umwelt.

Anne McDonald verfaßte ein unveröffentlichtes Plädoyer für das Recht auf Kommunikation:

„Für Menschen ohne Verbalsprache ist Sprechen von der Großzügigkeit anderer abhängig, von deren Bereitschaft, zu interpretieren, zu stützen oder sich Zeit zum Zuhören zu nehmen. Da dies eine absolut notwendige Voraussetzung ist, muss uneingeschränkt das Recht eingeräumt werden, die eigenen Vorstellungen über die Zukunft mitteilen zu können.

Momentan sind eine einfache Unterhaltung und die Zustimmung zu wichtigen

---

[a] Rosalind Oppenheim: Effective teaching methods for autistic children. Springfield, Illinois 1974.

medizinischen Angelegenheiten juristisch gleich zu bewerten. Beides hängt von der zufälligen Verfügbarkeit über Kommunikationspartner ab, die alle notwendigen Fähigkeiten besitzen und sich zur Hilfe bereit erklären. Es gibt keinen Rechtsanspruch auf Anhörung und keinen Rechtsanspruch auf einen Übersetzer. Es ist keine Verpflichtung zuzuhören. Während soziale Interaktionen immer von der Höflichkeit und Toleranz anderer Menschen abhängen werden, muss es einen Rechtsanspruch auf Kommunikation an Orten wie Gerichten, Krankenhäusern oder Schulen geben. Ohne diese juristisch unantastbaren Rechte werden Menschen, die nicht sprechen können, der Gnade der Menschen ausgeliefert sein, die für sie die Entscheidungen treffen und ihnen Kommunikation verbieten können.

Kommunikation fällt in den gleichen Bereich wie Nahrung und Schutz. Sie ist lebenswichtig. Ohne Kommunikation wird das Leben wertlos."

Das Ziel dieses Buches ist es, mehr Menschen in die Lage zu versetzen, so frei wie möglich zu kommunizieren.

Arne Maiwald

Nicht sprechen können, aber alles verstehen (1996)

In: Ursula Braun (Hrsg.): Unterstützte Kommunikation. Düsseldorf 2. Aufl. 1996, S. 18–20 (Auszug).

Arne Maiwald, geb. 1968 in Essen, besuchte dort die Helen-Keller-Schule (Schule für Körperbehinderte). Seit 1988 arbeitet er in der Christophoruswerkstatt in Essen (Arbeit am Computer). Arne Maiwald ist Gründungsmitglied und Vorstandsmitglied von ISAAC (International Society for Augmentative and Alternative Communication) Deutschland, ISAAC-Referent für Benutzerfragen und wirkte an zahlreichen Fortbildungen zur Unterstützten Kommunikation aus der Perspektive eines Betroffenen mit.

Mein Name ist Arne Maiwald. Ich bin 24 Jahre alt und schwerst körperbehindert. Ich möchte etwas vermitteln: „Nicht sprechen können, aber alles verstehen." Es ist nicht einfach, etwas darüber zu berichten. Aber ich versuche es.

Als ich noch klein war, habe ich nur mit meinen Augen gesprochen. Oder ich habe mit meinem Kopf „Ja" und „Nein" genickt. Dies konnten nur meine Eltern und ein Teil meiner Verwandtschaft verstehen. Zu dieser Zeit habe ich mir noch nicht so viel Gedanken darüber gemacht, was es heißt, behindert zu sein und nicht sprechen zu können.

Durch meinen Krankengymnasten, den ich zweimal in der Woche besuchte, ich war 6 Jahre alt, lernten wir einen jungen Mann kennen, der durch Blasen ein Schreibgerät bediente. Wir besuchten ihn zusammen mit meinen Eltern, und er stellte uns das Gerät vor. Ich durfte es ausprobieren. Es war einfach toll. Er hat mir dann später das Gerät geliehen, und ich durfte es bald ein halbes Jahr zu Hause ausprobieren. Bis ich dann in die Schule kam, war ich 7 Jahre alt. Da ging mir doch einiges durch den Kopf. Meine Klassenkameraden waren ja auch alle behindert, aber nicht so schwer wie ich. Sie konnten alle sprechen, laufen, zum Teil alles selbst machen, was ich nicht konnte.

Ich brauchte für alles Hilfe. Ich glaube, daß meine körperliche Behinderung für mich nicht ganz so schlimm war, aber nicht sprechen können fand ich schon sehr schlimm. Ich war oft auch sehr traurig darüber.

In der Schule lernte ich mit einer Schreibmaschine schreiben, die eine Abdeckplatte hatte. Ich bediente sie mit dem Kopfstab. Leider stand sie nicht immer auf meinem Tisch. Und ich konnte nicht immer antworten. Ich konnte ja auch nicht alles aufschreiben. Und so konnte keiner verstehen, was ich wollte. Eine Lehramtsanwärterin gab mir zusätzlich 2 bis 3 mal in der Woche Einzelunterricht, in Schreiben und Lesen. Es war nicht so einfach für mich. Ich konnte nicht so richtig am Unterricht teilnehmen.

Hausaufgaben mußte ich zu Hause auch noch machen. Oft saß ich Stunden dran. Wenn meine Mutter und ich nicht soviel Geduld gehabt hätten, weiß ich nicht, ob ich das alles alleine geschafft hätte. Ich war oft deprimiert. Das wollte ich zu Hause nicht so zeigen. Aber meine Mutter wußte immer, wenn ich etwas hatte. Sie fragte immer, wenn ich aus der Schule kam, wie es war, was wir gemacht haben oder ob etwas Besonderes vorgefallen war. Ich erzählte ihr alles.

„Melde dich!
Klopfe auf den Tisch
und gib nicht auf!"

Sie fragen sich, wie meine Mutter alles herausgefunden hat? Sie hat mir viel vom Gesicht abgelesen und die Fragen so gestellt, daß ich sie mit „Ja" und „Nein" beantworten konnte. Sie machte mir auch immer wieder Mut und sagte: „Melde dich! Klopfe auf den Tisch und gib nicht auf!" Dies hat mir wieder geholfen.

In der Zwischenzeit beantragten meine Eltern beim Landschaftsverband das Possum-Schreibgerät. Es wurde natürlich abgelehnt. Begründung: „Ihr Sohn muß erst schreiben und lesen lernen." Wir gingen zum Verwaltungsgericht. 3 Jahre ging der Schriftverkehr hin und her. Dann mußten wir die Klage zurücknehmen. Und ich bekam nicht das Possum-Gerät, an dem ich geübt hatte, sondern ein Carba-Gerät. Die Schule beantragte das Gerät auch. Und sie bekam das Gerät etwas schneller als ich. Als die Schule das Gerät bekam, war ich schon in der dritten Klasse. Ich dachte: „Jetzt kannst du loslegen mit dem Gerät!" Aber einen Nachteil hatte es auch: Das Schreibgerät stand nicht in meiner Klasse. Es war in einem anderen Raum. So mußte ich immer den Unterricht verlassen und arbeitete mit einer Beschäftigungstherapeutin alleine am Schreibgerät. Ich konnte vieles am Unterricht nicht mitmachen, aber damit mußte ich leben.

Dann bekam ich eine neue Lehrerin, Frau Weid, im Einzelunterricht Deutsch und Mathe. Wir probierten vieles aus. Eines Tages kam sie mit einer Buchstabentafel, so angeordnet wie die Buchstabentafel vom Carba-Gerät. Wir klebten sie in meiner Klasse auf den Tisch. Und ich konnte, wenn ich etwas sagen wollte, darauf zeigen. Man mußte die Wörter nur zusammensetzen. Die Tafel habe ich heute noch und gebrauche sie öfters.

Ich weiß noch, wie ich mit der Tafel nach Hause kam und sie meinen Eltern zeigte. Mein Vater war richtig sauer, daß er nicht auf die Idee gekommen ist. Auch zu Hause klebte sie überall, wo ich saß. Aber mit der Tafel kam auch nicht jeder zurecht. Er muß lesen und schreiben können. Im 5. oder 6. Schuljahr haben wir von dem Canon-Communicator gehört. Wir haben ihn nicht gesehen, nur auf dem Papier. Ausprobiert habe ich den Canon im Krankenhaus, wo ich einige Zeit lag. Und ich konnte ihn bedienen, was man nicht geglaubt hatte. Wir beantragten ihn bei der Krankenkasse, und ich bekam ihn ziemlich schnell. Wir waren erstaunt. Das Gerät konnte ich am E-Rollstuhl befestigen. Das war schon wieder ein Fortschritt für mich.

Ich dachte, die denken,
ich kann nicht denken

Ich konnte jetzt alles aufschreiben. Und die Leute konnten es auf einem kleinen Streifen Papier lesen, den sie auch abreißen konnten.

...

Aber ich war glücklich mit dem kleinen Schreibgerät, denn ich konnte es überall mit hinnehmen. Aber viele Leute beachteten das Gerät nicht, konnten nichts damit anfangen. Sie fragten oft: „Was spielst du da?" So blöde Fragen mußte ich mir oft anhören. Ich fühlte mich verarscht! Ich dachte, die denken, ich kann nicht denken. Sie hatten keine Geduld: „Mach doch schneller!" Dadurch wurde ich nervös und machte Fehler. Dann treffe ich die Tasten nicht so gut, und es dauert viel länger.

Irgendwann wurde ich zur Körperbehinderten-Schule nach Düsseldorf eingeladen. Da wurde der Sprachcomputer Hector vorgestellt, mit dem ich diesen Beitrag auch als Vortrag gehalten habe. Als ich die Stimme hörte, mußte ich lachen. Aber dann habe ich ihn sofort ausprobiert. Ich war happy, das zu hören, was ich geschrieben hatte. Ich konnte es nicht fassen. Hector bekam ich als Leihgerät, ungefähr für 4 Wochen.

...

Wir beantragten Hector bei der Krankenkasse. Es wurde abgelehnt. Ich legte Widerspruch ein. Ich ging persönlich mit meiner Mutter und der Lehrerin zur Krankenkasse und habe den Widerspruch selbst gemacht. Nach diesem Gespräch mit vielem Hin und Her bekam ich Hector. Meine Mitschüler waren froh, daß es nicht mehr so schwer war, mich zu verstehen.

Aber ich muß auch
auf die Leute zugehen

Seitdem ich Hector habe, merken die Leute, daß ich doch was kann. Aber ich muß auf die Leute zugehen. Dabei trifft man unterschiedliche Menschen. Mit vielen komme ich sofort klar. Bei einigen habe ich das Gefühl, sie wollen mich nicht verstehen. Aber es ist schon ein Klasse-Gefühl, den Hector zu haben.

...

Aber auch Hector ist keine Wundermaschine. Er war viel kaputt.

Heute, wenn ich mit meinem Zivi und Freunden raus gehe, spreche ich mit der Kopfsprache. Sie möchten wissen, wie dies funktioniert? Ich schreibe die Buchstaben mit dem Kopf in die Luft und der andere muß die Buchstaben zusammensetzen. Dies ist einfach zu lernen. Ich brauche keine Hilfsmittel mehr mitnehmen, und ich kann überall sprechen.

Sehen wir so arm aus?

Nun möchte ich Ihnen mehrere Beispiele nennen, die ich noch in Erinnerung habe, wie die Menschen reagiert haben, wenn ich mit meiner Mutter spazieren oder einkaufen gegangen bin: Wir machten einen Einkauf in der Stadt, kamen aus einem Gebäude heraus. Da stürzte eine Frau auf uns zu, legte mir eine Tüte mit Obst und Gemüse auf den Schoß und lief weg. Meine Mutter war sprachlos. Und ich konnte es auch nicht fassen. Das war sehr peinlich für uns. Wir dachten: „Sehen wir so arm aus?" Mit diesem Gedanken gingen wir nach Hause.

Meine Eltern sind mit mir spazieren gegangen. Leute kamen uns entgegen. Sie machten blöde Bemerkungen: „Guck mal! Der schläft im Sitzen!" Solche und andere Sachen mußte ich mir öfters anhören.

...

Ich kann Ihnen auch noch etwas Schönes berichten: Als ich Hector noch auf Probe hatte, gingen wir ins Cafe Overbeck. Ich bestellte mit Hector eine Tasse Kaffee und ein Stück Kuchen. Die Kellnerin hörte zu und brachte mir das Bestellte. Sie war sehr nett und ich sehr stolz, weil es so gut geklappt hat. In dem Augenblick hatte ich nicht mehr an meine Behinderung gedacht.

Personenregister

Abel 157
Adam, G. 9, 27
Adam, H. 9, 24, 27, 187, 295, 300, 304
Adam, R. 27, 290
Adenauer, K. 192
Alexander, L. 278f.
Altstaedt, I. 24
Anderson, E. 246
Archer, A. 296, 304
Aristoteles 172
Asperger, H. 20, 24, 95, 172, 216f.
Ayres, A.J. 24, 273

Bacelli, G. 45
Bach, H. 24, 28, 217, 219
Bachmann, W. 10, 12, 24
Bachofen 168
Baker, B. 302, 304
Bank-Mikkelsen, N.E. 227, 249ff.
Bashir, A.S. 298, 304
Becker, K.-P. 24, 218f.
Berendes 156
Berg, Ch. 12, 24
Beschel, E. 10, 24
Besson, W. 28
Biesalski, K. 16, 24
Biklen, D. 306
Binding, K. 17, 38, 74, 78, 106f.
Binet, A. 63
Blackstone, S. 295, 304
Bleidick, U. 24, 216f.
Bleuler, E. 172f.
Bobbe, Ch. 113
Bober, A. 300
Bodelschwingh, F. von 110, 203f., 207
Böhlau, H. 41
Bopp, L. 24, 216f.
Borch, W. 226
Bost, J. 203

Bouhler, Ph. 18, 104f.
Bourneville, D.M. 52
Bradl, Ch. 14, 24
Brandt, K. 18, 104f.
Braun, U. 24, 294ff., 299f., 302, 304, 311
Braune, P.G. 18, 104, 110, 119f., 125
Breitbarth, M. 78
Breitinger, M. 24
Brill, W. 12, 24
Brown, Ch. 24, 294, 304
Brunner, M. 50
Brunotte 110
Bülow, V. von 134
Burckhardt, J. 12f., 25
Burgwitz 113
Busemann, A. 25, 219

Carl, S. 290f.
Comenius, A. 181
Conti, L. 104, 111, 128f.
Creech, R. 25, 294
Crossley, R. 25, 306

Dannenberg 59
Darwin, Ch.R. 16, 38f.
Deinhardt, H.M. 11f., 17, 21, 32, 48, 55, 81, 214
Dilthey, W. 215
DiNola, A.J. 188
Dörner, K. 283f.
Dörpfeld, F.W. 34f.
Drave, W. 9
Dräbing, R. 25, 38
Dreher 271
Dreisow, M. 113, 116
Dührssen, A. 27, 290
Dybwad, G. 250

316

Ebert, H.	9	Guggenbühl, J.J.	54f.
Ecksberg	16, 21	Guggenmoos, G.	13
Eder, K.R.	12, 25		
Ellger-Rüttgardt, S.	12, 24, 90	Hähner, U.	25
Emmrich, M.	25, 288	Hänsel, D.	26
Eschenburg, Th.	192	Halank	156
		Hanselmann, H.	18, 21, 26, 81, 216f.
Fandrey, W.	25	Hase, H.Ch. von	104, 120
Feuser, G.	25, 221	Hastedt, H.	271
Fischer, D.	25, 208	Hauer	141
Fleischer, F.	55	Haupt, U.	302, 305
Flieger, P.	28	Heberlein, E.	115
Florenski, P.	23	Heinemann, G.	26, 192
Flügel, O.	33	Heinen, B.	156f.
Forcher, H.	210	Heiner	113
Fornefeld, B.	25, 222	Heller, S.	54
Franzkowiak, Th.	303, 304	Heller, Th.	18, 26, 54f., 90, 214f., 218
Frensch, M.	25, 286		
Freud, S.	145, 205	Henze, A.	18, 26, 78
Frick, W.	86, 89, 100, 111, 113, 120	Herbart	35
		Heß, R.	131
Fröbel, A.	14	Heyde, W.	104
Fröhlich, A.D.	269, 297, 305	Hildebrand-Nilshon, M.	297
Fuchs, A.	16, 29, 56, 96, 187	Hillenbrand, C.	15, 26
Fuchs, M.	274f., 291	Hiller, G.G.	26, 217
Fuchs, U.	288	Himmler	140
		Hitler, A.	18, 86, 89, 104f., 125, 131, 137, 147
Galen, C.A. Graf von	18, 110, 125	Hoche, A.	17, 38, 74f., 106f.
Galliani, L.	25, 244	Hochstetter, H.	26, 178
Galton, F.	38ff.	Höck, M.	12, 26
Gangkofer, M.	295, 298f., 304	Homburger, A.	26, 215
Gautier, M.	27, 166, 170f.	Horst, W. ter	26, 218f.
Gebhardt	141	House, L.J.	298
Geheeb, P.	32	Hübner, P.	52
Georgens, J.D.	11f., 17, 21, 32, 48, 55, 81, 214	Hümmer, K.	12, 24
		Hugo, V.	94f.
Gerhardt, P.	11	Hunt, D.	160
Gerstenmaier, E.	120	Hunt, G.	161
Glenn, L.	251, 255	Hunt, N.	20, 160ff.
Goddard, H.H.	16, 62f., 65		
Grey, W.R.	39	Ignatiew	157
Gürtner, F.	89, 104, 110	Ignatiew, E.	156

Illyés, S.	24	Krenberger, S.	16, 50
Itard, J.M.G.	44ff.	Kreyssig, L.	18, 104f., 108, 120, 125
Jantzen, W.	10f., 26, 217	Kristen, U.	295, 302, 304
Jesus	126f., 131ff.	Kühne	142
Jorgensen	244	Kugel, R.B.	226, 250, 255
Josenhans	102	Kuhn, A.	18, 134, 144
Jost, A.	75		
Jülich, M.	9, 237	Lammers, H.H.	110
JukeFamile	80	Lazar, E.	94f.
		Leboyer, F.	274f.
Kallikak-Familie	16, 62ff., 71, 80	Lejeune, J.	26, 166, 170f.
Kaminsky, B.P.	188	Lenne, E.	113
Kane, G.	26, 264	Lenz, S.	27, 181
Kane, J.F.	26, 264	LeShan, L.L.	161f.
Kangas, K.A.	299, 304	Lietz, H.	32
Kanner, L.	20, 26	Lincoln, A.	65
Kant, I.	55	Lindsay, P.	305
Kappus, H.	9	Lloyd, L.L.	298f.
Kaspar, F.	10f., 26	Löffler, P.	125
Kasperczyk, P.	216f.	Lorber, J.	278f.
Katschker, M.	193		
Kaup, I.	92f.	Maier, H.W.	71
Kausen, I.	9	Mailloux, A.	52
Kausen, R.	216f.	Maiwald, A.	27, 294, 311ff.
Keller, Ch.	52	Mall, W.	27, 290f.
Kern, F.	13	Mann, F.	32
Key, E.	16, 38f.	Mantegazza, P.	35
Kierkegaard, S.	201	Martinsen	295f.
Kirmsse, M.	10f.	Marx, K.	218
Klee, E. 12,	104	Maudsley, H.	40f.
Klein, G.	25f., 244, 271	Mause, L. de	23
Klevinghaus, J.	10f., 27	McDonald, A.	307, 309
Kobi, E.E.	217	McNaughton, S.	294, 305
Kobusch, W.	288	McLennan	39
Koch, J.L.A.	32f., 83	Meinertz, F.	27, 216f.
Kölle, C.F.	55	Meijer, F.	9
König, K.	20, 166, 181	Mell, A.	50
Kolakowski, L.	20, 27, 198	Mendel, G.	70f.
Kraat, A.W.	27, 295, 305	Meltzer, E.	15
Krafft-Ebing, R. von	33	Meyer, D.	14, 27
Kranz	111	Meyer, H.	10, 27
Krebs, R.	27, 288	Mirenda, P.	294, 299, 304

Mittermaier, G.	156		Rett, A.	170
Mittermaier, R.	156f.		Rödler, P.	9, 28, 222
Mittler, P.	282		Rosenstock-Huessy, E.	23, 28
Möckel, A.	9f., 15, 25ff., 215, 244		Rothfels, H.	12f., 28
Moltke, H.J. Graf von	120		Rottmann, G.	116
Montessori, M.	15, 17, 44f.		Rudnik, M.	12, 28
Moor, P.	28, 81, 216f.		Rush, W.L.	28, 294
Möller, Ch.-R.	12, 28			
Möller, H.	113		Saegert, K.W.	13, 22
Motsch, H.-J.	304		Sagi, A.	290
Musselwhite, C.W.	294f, 299, 304		Schade	157
Muth, J.	233		Schlaich, L.	11
Mutters, T.	19, 154, 156ff.		Schlöss, H.	50
			Schmidt, Martin	25, 286
Neuer-Miebach, Th.	28, 288		Schmidt, Michael	25, 286
Neumann, E.	156		Schmidtke, H.-P.	28
Niemöller, M.	120		Schneider, E.	134, 143f.
Nietzsche, F.W.	39		Schöffthaler, T.	9
Nirje, B.	226, 249ff.		Schönberger, F.	26
Nolan, Ch.	28, 294		Schönenberger	139
			Schröder, S.	24
Oberholzer, E.	69		Schubert, A.	306
Occam, W. von	251		Schütz	156f.
Oelkers, J.	28, 38		Schützendorf, R.	25, 306
Oppenheim, R.	308f.		Schulz-Benesch, G.	15, 28, 44f.
Oswald, P.	44f.		Schweitzer, A.	17, 28
Owen, R.	181		Séguin, É.	15, 17, 22, 28, 44ff., 54f.
Owens, R.E.	298, 304		Seidler, H.	170f.
			Selbmann, F.	11f.
Papen, F. von	86		Sellin, B.	296, 305
Penrose, L.S.	161f.		Sengelmann, H.M.	54f.
Pestalozzi	14		Sengelmann, Th.	11, 15
Pfeffer, W.	28, 221		Shane, H.C.	294, 296, 298, 304
Pflueger-Jakob, M.	290		Siemen, H.-L.	12, 28
Piaget, J.	298		Sienkiewicz-Mercer, R.	28, 294f., 305
Pietzner, C.	28, 181		Sierck, U.	284
Poltrot, R.	134		Singer, P.	22, 28f., 198, 278, 282ff., 287
Premerstein, E. von	10		Soong	294f.
Rall, K.Ph.	16		Speck, O.	10, 28, 218ff.
Reble, A.	28, 38		Spencer, H.	38f.
Reichelt, E.	14, 28		Spranger, E.	29, 215
Rein, W.	15, 32f.			

Sprauer, L.	134f., 137	Wallace, A.R.	38f.
Springer, J.	173	Washington, G.	65
St. Louis, K.W.	295, 299, 304	Weid	312
Stähle, E.	134, 143	Weid-Goldschmidt, B.	301, 305
Steiner, M.	48	Weizsäcker, C.F. von	20, 29, 202
Steiner, R.	15, 48, 166, 181f.	Weizsäcker, V. von	19, 145
Sternfeld, A.E.	188	Westermarck	39
Stinkes, U.	29, 222	Wildermuth, H.	91
Stuckenschneider-Braun, M.	301f.	Wilker, K.	62f., 65, 69, 71
Stutte, H.	156ff.	Wolf, J.-C.	278
		Wolfensberger, W.	29, 226, 249ff., 255
Tetzchner, S. von	295f., 305	Wollasch, H.-J.	10f., 29
Thalhammer, M.	9, 25f., 29, 220f., 244	Wundt, W.	54
Theato	144	Wurm, Th.	18, 100, 103, 120, 124f.
Trüper, J.	15, 32f., 48, 83	Wygotski, L.S.	298
Turpin, R.	27, 166, 170f.		
		Zeutschel, U.	28, 181
Ufer, Ch.	32f., 83	Ziehen, Th.	83
		Ziller, T.	34f.
Vanderheiden, G.C.	294ff., 298, 305	Zimmer, F.	32f.
Villinger, W.	156ff.	Zinzendorf, N.L. Graf v.	181
Waardenburg, P.J.	29, 170f.		

Sachregister

Alkohol 36, 40, 62, 65, 86
Anderssein 221
Anthroposophie 48f., 158, 166f., 170f., 181
Arbeit 14, 228
- Anlernwerkstätten 155
- Beschützende Werkstätten 155
Arbeiterwohlfahrt 158
Arbeitsteilung 52
Ausbildung v. Erziehern 45f.
Autismus 20, 172ff., 290f.

Basale Stimulation 21, 269
- Vestibuläre 273
- Somatische 273
- Vibratorische 275
Besondere Erziehungsbedürfnisse 211
Beziehung, Beziehungsstörung 222
Bildung, Bildsamkeit, Bildungsfähigkeit 22f., 38, 92, 97f., 210f., 217, 219f., 238
Brauchbarkeit 51
Bundesvereinigung Lebenshilfe s. Verband, Verbände

Deutscher Bildungsrat 22, 233ff.
Deutsche Vereinigung für Sprachheilkunde 158
Dialogisches Verhältnis 221
Didaktik 21
- Didaktisches Material 46
Diskriminierungsschutz 20, 213
Down-Syndrom 20, 160f., 166ff., 170f.

Ehe, Heirat 38ff.
Eltern 21, 155, 228
Entscheidungsobjektivität 12
Entspannungstherapie 290f.
Entwicklungshemmung 216
Epilepsie 158, 202

Erblehre 11, 16f., 39ff., 62ff., 92
Erwachsen, Erwachsenenbildung
- Abendklubs 155
- Abendschulen 155
- Alter 229
- Volkshochschule 158
Erziehung 14, 34f., 44f., 49, 215, 220
Erziehungsbedürftigkeit, Erziehungsbedürfnisse 211, 220
Eugenik 17, 38ff., 62ff., 80, 96
Ethik 17, 21f., 33f., 39ff., 40f., 90, 124, 130, 145, 198ff., 202ff., 278ff., 238, 286f., 288f.

Fallberichte s. Individualitätsbilder
Familie 36, 40, 48
Förderung 233ff.
- Förderbedürfnisse 238
- Fördererziehung 219
- Förderschulen 20
- Förderstunden 234
- Förderkurse 234
- Frühförderung 259
Freizeit 228, 260
- Ferienheime 155
- Sommerlager 155
Fremder in der Nähe 222

Gesellschaftskritik 217
Gestützte Kommunikation 306ff.

Heilerziehung 220
Heilpädagogik 16ff., 19, 23, 36, 54, 90ff., 214ff., 218
- Erfahrungswissenschaft 55
- Orthopädagogik 218
- Pädagogische Pathologie 32, 36
- Rehabilitationspädagogik 211

322

- Spezialpädagogik 51
- Theorie und Praxis 52, 55
- Vertiefte Pädagogik 216

Heilung   21, 51, 54, 216
Heime   230f., 236
- Heil- und Pflegeanstalten 14, 18, 21, 44, 100-145
- Heimschulen 14, 215
- Idiotenanstalten 14, 44
- Landerziehungsheime 32, 48
- Kolonien 68, 72
- Sophienhöhe 15, 32ff., 48

Hilfsschule   14, 17, 35, 37, 96ff.
Hydrocephalie   49
Hygiene, Volkshygiene 35f.

Inklusion International 226
Individualität   246
Individualitätenbilder 33, 51, 64ff., 84f., 160f.
Innere Mission   11, 158
Integration   21f., 233ff., 244ff., 257f.

Jahresrhythmus   228
Jugendkriminalität 66, 92f.

Kasuistik s. Individualitätsbilder
Kindergarten,   155, 259, 269
Kommunikation s. Sprache
Konferenz f. Idioten-Heil-Pflege 14, 54

Lebenswert, lebensunwert 17, 74ff., 78f., 106, 128, 146, 193, 279, 282ff.
Lehrerbildung   19
Lehrplan s. Curriculum
Leid   15, 17, 40, 91
Lernbehinderung s. Hilfsschule

Medizin und Pädagogik 32, 35, 44, 50f., 55
Menschenversuche 145f.

Normal, Abnorm, Anormal 34, 54, 80, 80, 215, 218, 227
Normalisation   21, 226ff., 230f., 249ff.
NS-Diktatur   10, 100ff., 104ff., 110ff., 120ff., 125ff., 135ff., 145ff., 279f., 286

Pädagogik
- Allgemeine Pädagogik 23, 34, 51
- Heilpädagogik s. dort
- Reformpädagogik 15f., 38

Pflege   22, 35
Psychiatrie, Jugendpsychiatrie 14, 18, 33, 44, 55, 159
Psychopathische Minderwertigkeit 21, 83
Psychopathologie   21, 33, 94

Recht, Rechtsbruch 40, 104, 127, 193ff., 231f., 237ff., 244ff., 257, 279, 286f., 288f.
- Freigabe der Tötung 67, 74, 79, 90, 198f., 210ff., 213, 279
- Gesetz z. Verhütung erbkranken Nachwuchses 86ff.
- Rechtlosigkeit 107

Salamanca-Erklärung 20, 210ff.
Sammelklassen   16, 97f.
Schule   20, 34f., 45, 91, 210f., 233ff., 238, 257f., 269
- Allg. Anordnung für die Hilfsschulen 18, 97f.
- Integration s. dort
- Kooperation 235
- Schulpflegeausschuß
- Schulpflicht 22, 178ff., 257
- Volksschule 17, 20, 49

Schwachsinn   44f., 51, 62ff., 86ff., 91, 93, 215, 218
Schwere Behinderung 269ff., 290ff.
Solidarität   20, 23
Sozialdarwinismus 18, 38ff., 62ff.
Sozialmedizin   17

Sprache 23, 222, 294ff., 205ff.
Sterilisierung 69, 78ff., 88f., 91

Unterricht 14, 20, 34f., 215, 218, 233ff.
- Anschauung 56
- Entflechten 208
- Gesang 58
- Handarbeit 57
- Hausunterricht 238
- Individualisieren 216
- Integration 234f.
- Krankenhausunterricht 236
- Lesen und Schreiben 14, 16, 20, 46, 48, 57
- Rechnen 20, 57
- Reduzieren 209
- Religion 56
- Turnen 58
- Überforderung 21, 36
- Unterforderung 21

Unterstützte Kommunikation 294ff.

Valorisation 252
Verband, Verbände
- Bundesverband Lebenshilfe 19, 154ff., 282f.
- Paritätischer Wohlfahrtsverband 158
- Verband Deutscher Sonderschulen 14, 158
- Verband Ev. Einrichtungen 11
- Verband der Mütterschulen 159
- Verband der Hilfsschulen Deutschlands s. Verband Deutscher Sonderschulen

Verwahrlosung 93
Vereinte Nationen 20f., 210
Verhaltenstherapie 22, 264ff.

Willensäußerung 230
Wissenschaft 52f.
Wohnheim 231

Zeitschriften 33
- Z. f. d. Behandlung Schwachsinniger 14
- Z. f. d. Behandlung Anomaler 15
- Die Deutsche Sonderschule 15
- Eos 16, 50ff.
- Der Heilpädagoge 52
- Die Hilfsschule 15, 18
- Die Kinderfehler 32ff.

edition bentheim

Wilhelm Pfeffer
Förderung schwer geistig Behinderter
Eine Grundlegung
1988. 313 S., kart., Best.-Nr. 14-7

Wolfgang Drave (Hrsg.)
1. Klasse Regelschule, blind
Eltern und Lehrer blinder Kinder an
Regelgrundschulen berichten
1989. 163 S., 35 Abb., kart., Best.-Nr. 08-2

Wolfgang Drave
Lehrer beraten Lehrer
Beratung bei der Integration von
sehbehinderten Schülern
1990. 356 S., kart., Best.-Nr. 07-4

Lilli Nielsen
Bist du blind? Entwicklungsförderung
sehgeschädigter Kinder
1992. 112 S., kart., 20 Abb., Best.-Nr. 39-2

Lilli Nielsen
Greife und du kannst begreifen
1992. 74 S., kart., 10 Abb., Best.-Nr. 36-8

Lilli Nielsen
Das Ich und der Raum
Aktives Lernen im „Kleinen Raum"
1993. 130 S., kart., 20 Abb., Best.-Nr. 44-9

Patricia Sonksen u. Blanche Stiff
Zeig mir, was du siehst
1993. 64 S., kart., Best.-Nr. 100

Lea Hyvärinen
Sehen im Kindesalter
Normale und abweichende Entwicklung
1993. 100 S., kart., Best.-Nr. 45-7

Manfred Breitinger, Dieter Fischer
Intensivbehinderte lernen leben
1993. 368 S., kart., Best.-Nr. 43-0

Ditmar Schmetz u. Peter Wachtel (Hrsg.)
**Erschwerte Lebenssituationen:
Erziehung und pädagogische Begleitung**
1994. 214 S., kart., Best.-Nr. 49-X

Hanns Kern, Bernd Klostermann
Zugangswege zu Menschen
Aspekte humanistischer Arbeit mit
Behinderten. 3. Auflage.
1994. 146 S., kart., Best.-Nr. 13-9

Heidemarie Adam
Liebe macht erfinderisch
Ausgewählte Studien zur
Geistikbehindertenpädagogik
2. Aufl. 1994. 272 S., kart., Best.-Nr. 32-5

Erwin Breitenbach, Elke Jaroschek
Tolpatschig und ungeschickt
Kindliche Dyspraxien
1995. 100 S., kart., Best.-Nr. 56-2

Erwin Breitenbach
**Material zur Diagnose und Therapie
auditiver Wahrnehmungsstörungen**
1995. 134 S., kart., Best.-Nr. 54-6

Martin Häußler
Mehrfachbehindert-sehgeschädigte Kinder
Behinderungsursachen, ärztliche Diagnosen
und Prävention
1995. 240 S., kart., Best.-Nr. 53-8

K.-H. Schneider / K. H. Stern (Hrsg.)
Seitenblicke. Schule für Geistigbehinderte –
Schule zur individuellen Lebensbewältigung
1995. 172 S., kart., Best.-Nr. 57-0

Petra Luckey
Kalypso. Leben und Lernen mit einem
hochgradig sehbehinderten Kind
1996. 88 S., kart., Best.-Nr. 62-7

Lilli Nielsen
Schritt für Schritt. Frühes Lernen mit mehr-
fachbehindert-sehgeschädigten Kindern
1996. 148 S., kart., Best.-Nr. 52-X

Bernd Klostermann (Hrsg.)
Hand in Hand. Unterricht, Erziehung,
Förderung und Therapie mit mehrfach-
behindert-sehgeschädigten Kindern
1996. 340 S., kart., Best.-Nr. 51-1

Andreas Möckel
Was Hänschen (nicht) lernt …
Das Mund-Hand System nach
Schubeck-Hofmann
1996. Video + Begleitheft, 20 min,
Best.-Nr. 63-5

Heidemarie Adam
**Mit Gebärden und Bildsymbolen
kommunizieren**
2. Auflage 1996. 374 S., kart., Best.-Nr. 47-3

Wolfgang Drave
Hier riecht's nach Mozart und nach Tosca
Blinde Menschen erzählen ihr Leben
1996. 432 S., gebunden, Best.-Nr. 61-9

I. Brand / E. Breitenbach / V. Maisel
Integrationsstörungen
Diagnose und Therapie im Erstunterricht
6. Aufl., 1997. 302 S., kart., Best.-Nr. 55-4

Heidemarie Adam
**Arbeitsplan für den Unterricht
bei Schülerinnen und Schülern
mit geistiger Behinderung**
3. Aufl. 1997. 324 S., kart., Best.-Nr. 64-3

A. Möckel / H. Adam / G. Adam (Hrsg.)
**Quellen zur Erziehung von Kindern
mit geistiger Behinderung
Band 1: 19. Jahrhundert**
1997. 354 S., geb., Best.-Nr. 25-2
Band 2: 20. Jahrhundert
1998. 350 S., geb., Best.-Nr. 26-0

Dieter Fischer
Am Ort der Mühe wohnen
in Förderstätte, Schule, Familie und Heim
1997. 396 S., kart., Best.-Nr. 66-X

Rolf Göppel
Ursprünge der seelischen Gesundheit
Risiko- und Schutzfaktoren in der
kindlichen Entwicklung
1997. 430 S., kart., Best.-Nr. 72-4

Wolfgang Drave, Klaus Wißmann (Hrsg.)
Der Sprung ins kalte Wasser
Integration blinder Kinder und Jugendlicher
in allgemeinen Schulen
1997. 318 S., kart., Best.-Nr. 09-0

E. Fuchs / H. Neugebauer
Frühe rechtzeitige Förderung
Frühförderung sehgeschädigter Kinder
1997. 132 S., kart., Best.-Nr. 70-8

AG Frühförderung im VBS
Alles wirkliche Leben ist Begegnung
Frühfördertagung Ludwigsfelde 1996
1997. 178 S., kart., Best.-Nr. 71-6

G. Jaritz, L. Hyvärinen, H. Schaden
Lilly & Gogo. Schau- und Spielgeschichten
zur Wahrnehmungsschulung
Multimediapaket, Best.-Nr. 50-3

Wolfgang Drave
Sehbehinderung
Unterrichtsmedien
1998. Best.-Nr. 84-8

Dieter Fischer
... den Dialog suchen
Behinderte Menschen fördern,
begleiten und betreuen
1998. 388 S., kart. Best.-Nr. 67-8

Dieter Fischer
Ein Hund, das wär mein größtes Glück
Lieder und Geschichten für und um Kinder
CD und Buch (72 S.) mit Noten
1998. Best.-Nr. 68-6

Norbert Anton (Hrsg.)
Sprech-Stunde. Diagnosegeleiteter Unterricht
und Sprachförderung
1998. 158 S., kart., Best.-Nr. 73-2

Heidemarie Glöckner
Ein starkes Gefühl. Suchtprävention durch
Sexualerziehung in der Grundschule
1998. 318 S., kart., Best.-Nr. 74-0

E. Fuchs / M. Zeschitz (Hrsg.)
Fleckerlteppiche und Frühförderung
20 Jahre Frühförderung mehrfachbehinderter
sehbehinderter und blinder Kinder in Bayern
1998. 252 S., kart., Best.-Nr. 69-4

AG Frühförderung im VBS
**Messen und Beobachten –
Bewerten und Handeln**
1998. 226 S., kart. Best.-Nr. 75-9

Manfred Breitinger
Alltag und schwere geistige Behinderung
1998. 240 S., kart. Best.-Nr. 77-5

Gunnar Schröder
Sowohl – als auch!
Integration von Schülern mit
Lernbehinderungen
1998. 199 S., kart. Best.-Nr. 76-7

Brigitte G. Lobisch
Malen ist Hoffnung
Gestütztes Malen und Zeichnen in der
Kunsttherapie mit behinderten Jugendlichen
und Autisten
1999, 224 S., geb., Best.-Nr. 79-1